本书是国家社科基金一般项目"重庆玉米洞遗址中—晚更新世石制品技术演变研究"（17BKG010）最终研究成果

西北大学考古学系列研究 第6号

# 重庆玉米洞遗址石器工业与技术演变研究

贺存定　著

文物出版社

图书在版编目（CIP）数据

重庆玉米洞遗址石器工业与技术演变研究／贺存定
著．-- 北京：文物出版社，2024.11
ISBN 978-7-5010-8415-9

Ⅰ.①重… Ⅱ.①贺… Ⅲ.①旧石器时代文化-文化
遗址-研究-重庆 Ⅳ.①K878.04

中国国家版本馆CIP数据核字（2024）第081685号

## 重庆玉米洞遗址石器工业与技术演变研究

著　　者：贺存定

责任编辑：陈　峰
封面设计：王文娴
责任印制：张　丽

出版发行：文物出版社
社　　址：北京市东城区东直门内北小街2号楼
邮　　编：100007
网　　址：http：//www.wenwu.com
邮　　箱：wenwu1957@126.com
经　　销：新华书店
印　　刷：宝蕾元仁浩（天津）印刷有限公司
开　　本：787mm×1092mm　1/16
印　　张：25.75
版　　次：2024年11月第1版
印　　次：2024年11月第1次印刷
书　　号：ISBN 978-7-5010-8415-9
定　　价：460.00元

# 序

贺存定教授的著作《重庆玉米洞遗址石器工业与技术演变研究》付梓在即，嘱我为之作序，于是便有了下面的赘言絮语。

这是一本有新意、值得研读的学术著作。该书首先是一本考古报告，它以重庆巫山玉米洞旧石器时代遗址 2011～2015 四个年度发掘出土的材料为写作对象，在对出土标本的系统整理和年代学框架构建的基础上，重点开展石器技术研究，分析了石制品在不同文化分期上的历时性演变，总结了石器生产体系及其反映的人类技术行为，进而通过对比分析，探讨了玉米洞遗址的性质、文化内涵、特点及学术意义。该书又不是一本单纯的考古报告，它在对材料的梳理与介绍之外还辟出专题研究的章节，致力提升研究的深度和学术含金量。该书跃出了玉米洞遗址本身，将其纳入人类起源与演化的宏观背景下开展讨论，从宏观到微观，从石器类型、形态、技术到人类的行为方式及其反映的区域人类演化的连续性，进而探讨了东亚人类演化模式及该地区现代人起源等重大命题，视野开阔，议题广泛，有材料，有观点，读起来不觉枯燥，还会让人掩卷沉思、遐想。

作者力图在研究思路和方法上有所创新。该项研究除了采用传统的类型学与形态学、数理统计与分析、模拟实验、归纳演绎等方法与视角，还借助了"技术—功能"分析法，从理念、方法、工艺、程序四个层次的技术体系来分析石核剥片技术和工具修理技术，试图从石制品本身、石制品制作使用者、石制品研究者三个维度观察、解读石器特征和技术特点，并尝试采用演化考古学与行为生态学的二元理论视角和主观与客观两个层次的因素分析来剖析石器技术与人类行为的变化及其原因。这些努力是否成功，是否为玉米洞文化内涵的分析与阐释注入了新的活力，读者自会做出评判。

作者得出如下结论：一方面，玉米洞的石制品代表中国西南本土起源的一种独特的石器工业，是人类适应特殊环境的成功范例；另一方面，玉米洞的石制品与中国南方乃至东南亚以砾石、块状毛坯制作重型工具的石器工业有较强的趋同性，虽然原料形态和岩性不同，但都是省略剥片程序的一种权宜策略，深受原料条件的制约与影响；玉米洞遗址石器工业的成因以原料条件、功能需求等客观限制因素占主导，技术创新、文化传承等主观能动因素的发挥有限。从玉米洞的窗口观察三峡地区乃至中国南方，华南存在区域性的石器技术，其背后的人群以本土连续演化为主，跨区域交流较少。这些结论是否合理可信，读者会有判断。

本书所涉及的研究内容带有很大的挑战性。本人数度到玉米洞调研，深知该遗址的复杂性和研究的困难。玉米洞洞室庞大开阔平整，非常适合古人类居住、生活。这里深埋着层层叠叠的地层序列，大多层位富含石制品等遗物、遗迹，表明远古人类曾长期在洞内居留过，留下不同时代的文化遗存。除了上部地层含少量燧石等材料的石器，遗址中出土的大多数石制品以灰岩为原料，而且这些石制品多数具有薄锐的边缘和或连续或不连续的疤痕，但鲜有打片所遗留的台面、打击点、半锥体、打击泡、波纹等迹象。如此大量采用灰岩材料制作工具，在国内外旧石器时代遗址中几乎没有相似案例。

众所周知，石灰岩是溶洞中固有的材料，洞顶、洞壁脱落、坍塌都能在地层中留下大量的灰岩角砾、薄片；灰岩材料的硬度相对低，很容易破裂并产生各种痕迹。在观察玉米洞出土的石制品时，我发现少量标本上有不同批次产生的疤痕，新旧掺杂。在拿起石制品观察时，有时会不经意从薄锐的边缘上捏下一个小石片，导致一个新疤痕的出现。这提醒我对这批石制品人工属性的认定和各种痕迹产生机理的判断一定要谨慎。在指导作者就玉米洞的材料做博士论文时，我建议他用同类材料做一下碰撞、踩踏、滚动实验，看非人工制作与使用的其他营力与机制是否会产生以假乱真的标本及痕迹。作者尝试了，也在书中介绍了相关成果。作者认为生活在玉米洞的古人群利用了洞顶、洞壁脱落的薄锐石片做加工与使用，省略了剥片环节，体现出先民巧妙利用自然便利条件的聪明才智和因地制宜机动灵活的适应生存方略。作者还提出这种不经剥片而直接对坯材做加工使用的原料利用方式符合中国南方砾石工业的传统特点。这些认识与观点都有一定的材料依据和逻辑上的自洽性，但是否这些材料都是这样的成因并被古人类如此加以利用，还需要更多学科、方法的研究和多个层面的思考。

后生可畏。作者勇于接受挑战，对这样一处特殊、复杂的遗址采用多重理念、方法开展综合研究，对具有不确定因素的石制品开展多维度的分析，并在宏观的视野下提出自己的明确看法，体现出新一代学人的胆识、勇气和创新精神。这项研究为业内提供了一个重要而特殊的研究案例，对类似和相关的研究会有所启发和借鉴。

但愿未来能有更多的中青年才俊涌现出来，发掘新的遗址，整理业已积累的材料，解决诸多重大课题，使我国的旧石器时代考古学发展不断拓展边际、深化内涵、取得长足的进步！

高星

2024 年 8 月 26 日

# 目录

# 插图目录

# 表格目录

# 第一章　概述

　　人类的起源与演化历来是学界和公众争论不休而又扣人心弦的命题，古人类学的研究既是国际学术界的热点与焦点，也是新闻媒体及社会公众追捧的话题之一。国际上古人类学课题的研究主要集中于非洲与欧洲，新发现、新理论不断涌现，一直是古人类研究的关键区域。我国的古人类学研究自 1929 年北京猿人被发现以来也占据着极为重要的地位，中国大地上先后发现的大量早期人类化石以及旧石器文化不断挑战着"直立人走出非洲"的理论假说，也实证了我国百万年的人类史。在现代人直系祖先的追溯问题上，中国大量早期智人化石的发现和研究也在修正着"非洲单一地区起源"和"同化假说"等相关理论。由于古人类化石的稀缺性和残破性，以古人类化石构建的中国古人类演化史并不清晰，甚至存在诸多争议，幸好还有大量的旧石器时代考古遗存可以从另外一个视角描绘和解析中国古人类的连续进化史和文化发展史。

　　在论证人类起源与演化问题时，古人类学家总是倚重于人类化石的体质演化特征和古 DNA 遗传信息，而忽略人类掌握的石器技术。人类化石是人类起源与演化的直接证据，具有人的自然属性或生物属性，以两足常规直立行走作为人与动物的本质区别，以自然选择和基因遗传作为人类演化的主要驱动力。而考古学家更关注石器技术背后人的社会属性或文化属性，以会制造和使用石器作为"人猿揖别"的主要标志，以石器技术的演变发展作为人类主观演进的驱动力。石器技术演变不仅是旧石器文化发展变化和古人类连续生存演化的重要反映，也是区域文化传统和人群迁移扩散的核心指标。在人类生存演化过程中，人与自然环境的关系很微妙，物竞天择适者生存，顺应时势改造自然，既有依赖适应也有选择改造。就旧石器时代而言，人类的体质进化和文化发展均受制于自然环境，石器技术的形成发展与环境资源的关联依赖非常明显，不同的地理环境资源会形成不同的区域石器技术传统，导致不同的文化面貌和生业经济。

　　石制品技术演变的研究主要集中在两面器技术和勒瓦娄哇技术。这些技术甚至被视为智能的体现，形成不同的文化圈，在世界范围内引起广泛讨论（Schick. 1994；Boëda. 1995）。博尔德根据莫斯特文化的石制品组合将其分为四个主要的类型和一些地方变种，

1

代表了不同人类群体以及不同的文化传统、生活方式以及年代演化关系（Bordes，1968）。国内关于石制品技术演变的探讨主要集中在北方的石叶技术和小石器技术。小石器技术被认为起源于本土，显示出线线进化的特征，其演化路线可以初步概括为"东谷坨—峙峪系"，从旧石器时代早期一直延续到晚期（刘扬，2014）。石叶技术在中国北方有勒瓦娄哇石叶技术与棱柱状石叶技术，石叶技术扩散模式在时间和空间上呈现波浪式推进（李锋等，2016）。广大南方地区的砾石工业则笼统地被认为是属于砍砸器文化圈，技术基本维持在石器技术模式1的体系内，石器技术演变的区域性和系统性则少有人进行梳理和研究。本书所研究的玉米洞遗址即中国南方地区近年来新发现的一个重要遗址，或可成为中国南方地区石器技术的区域多样化和连续演变研究的典型案例。

中国南方的长江三峡地区，以奇特地貌和旖旎风光而闻名于世，同时也以发现丰富而独特的古人类化石、各类石制品和动物遗存而著称。据不完全统计，在过去的几十年时间里三峡地区先后发现了超过100处的古人类—旧石器遗址和第四纪哺乳动物化石地点，其中既有旷野阶地遗址也有洞穴遗址，极具代表性的遗址或地点主要有龙骨坡巫山人、钟家湾洞长阳人、烟墩堡、孙家洞、高家镇、冉家路口、兴隆洞、迷宫洞、大垭口等（高星、裴树文，2010；Pei et al. 2013；卫奇，2004）。这些发现对于开展更新世期间直立人如何起源扩散和适应环境的研究具有重要价值。三峡地区哺乳动物学研究也表明，位于长江上游和中游地区之间的这片区域是研究动物群扩散和环境变化的关键地区，特别是重庆万州盐井沟地区作为大熊猫—剑齿象动物群（狭义）的典型"地点"，很早就获得了国内外的极大关注（Matthew，Granger. 1923；Colbert，Hooijer. 1953；裴文中，1957；周明镇，1957）。三峡地区过去的发现和研究表明，这一区域是研究古人类起源扩散和文化发展以及第四纪哺乳动物演化的重要区域。

玉米洞遗址是长江三峡地区旧石器遗址的又一个重要新发现。几次的试掘和正式发掘中，出土了丰富的石制品和哺乳动物化石遗存，玉米洞洞穴的地层序列极为清楚，跨越时代很长，每层均有文化遗存出土。初步的地层年代测定显示该遗址距今40万~1万年，哺乳动物化石也显示洞穴内沉积物的时代为更新世中晚期。玉米洞遗址石制品的初步研究展示出与众不同的组合面貌和一种独特的技术特征，这种独树一帜的石器组合面貌和独特技术在中国乃至世界范围内都较为罕见（Wei et al. 2017）。玉米洞的发现将会是中国旧石器南北二元结构体系下，南方地区的又一个新的区域技术文化类型。玉米洞遗址展现的石器技术应当引起我们对于中国南方地区旧石器技术起源与演变问题的思考，即本质上被认为由简单石核石片和砾石直接修理工具组成的似奥杜威"石器技术模式1"技术的来源成因与传承演变。在三峡地区这样特殊的环境资源背景下，玉米洞遗址长时段的地层序列和丰富的史前文化遗存对古人类的生存演化和文化适应来讲是极为珍贵的研究材料，其丰富独特的石制品和跨度较长的地层堆积及测年结果为石器技术演变研究提供了绝佳的条件，可以在中—晚更新世连续的时代框架内进行石器技术演变的研究，为探讨中国南方古人类的石器技术、生存模式和演化能力提供文化证据。玉米洞遗址的发现和研究不仅会丰富中国旧石器时代遗址的材料，也为古人类学探讨更为广阔时空范围下的人群演替和技术演变做出积极贡献。

# 第二章　遗址概况

## 第一节　位置与地貌环境

玉米洞遗址行政区划属于重庆市巫山县庙宇镇小营村 7 社，位于山间平坝"玉米淌"东侧的洞包半山腰。遗址北距庙宇镇约 3 千米（直线距离，下同），东北距龙骨坡遗址约 3.5 千米。此地处于重庆巫山、重庆奉节和湖北建始三县的交界处，东北距巫山县城 57 千米，西北距奉节县城约 60 千米，东南距建始县城 60 千米。地理坐标为 N 30° 50′44.4″，E 109°38′09.2″，海拔 1085 米（图 2-1）。

玉米洞遗址所在的庙宇镇处于巫山山脉西端的山间溶蚀盆地——庙宇盆地，盆地位于长江瞿塘峡南部，典型喀斯特峰丛地貌的北缘。该区域属于长江三峡库区东段的渝鄂褶皱山地，主要呈现侵蚀和溶蚀作用形成的中山峡谷间夹低山宽谷的地貌景观，3 个条状中山区与 3 个低山区相间排列，丘陵平坝散布于低山区之间。该区域地貌特征受大地构造和岩性的控制明显，主要可分为碳酸盐岩分布区和砂岩泥岩分布区。碳酸盐岩分布区多形成岭脊状或台原状岩溶中低山和溶蚀洼地。砂岩泥岩分布区则多形成地势低缓的低山。该区域层状地貌发育明显，自分水岭向长江河谷，呈阶梯状下降过渡，呈现出"鄂西期"和"山原期"两个夷平面，相对海拔高程为 800~2200 米。区域地层岩性以古生代和中生代碳酸盐类地层为主，地表和地下喀斯特地貌发育。区域内岩溶槽谷基本沿构造方向展布，嵌于峰丛之间，峰丛内部多发育形态多样的洞穴和裂隙。山溪河流多沿构造线方向发育，河流穿越碳酸盐岩区时多形成深切峡谷地貌，瞿塘峡即长江穿越中山区的典型地貌。河流经过砂岩泥岩区时多形成宽坦河谷地貌，形成适宜古人类生存演化的河流阶地，如大溪遗址即位于瞿塘峡东口宽坦河谷的三级阶地上。

玉米洞遗址所处的区域大地貌靠近庙宇盆地的脊状岩溶地貌边缘，处于中山区和山间小盆地的过渡区域。盆地内仅有一条庙宇河，庙宇河道在流经巫山背斜时受阻形成落水洞流进大溪河，最终汇入长江。庙宇镇南缘的峰丛地貌沿西南—东北方向绵延数

图 2-1　玉米洞遗址地理位置示意图

十千米，并且从庙宇镇南缘至湖北方向呈阶梯状发育连座峰丛，海拔高程在 750～2000 米，峰丛间广泛分布漏斗、槽谷和洼地。玉米洞遗址的地貌特征是碳酸盐岩区的峰丛宽谷边缘景观，由峰丛中的小山包、槽谷、洼地组成（图 2-2、2-3）。峰丛中山体层状节理发育，坡面岩石裸露，山体内洞穴发育。在遗址附近，除玉米洞外还有仙女洞、十八堂等水平型溶洞。山间槽谷和洼地中主要由冲积或洪积物覆盖，现多为农田开垦区。山间植被茂密，多有小溪流淌，山民取水多来源于此，部分洼地位置被打造成人工小池塘。

　　玉米洞遗址所处的小地貌为典型的喀斯特峰丛地貌，遗址所在的山体名为洞包，此山为西南—东北走向的椭圆形石灰岩小山丘，长约 200 米，宽约 100 米，山顶较平坦，岩石裸露植被稀疏，山体内洞穴发育。玉米洞为洞包山体内的主要洞穴之一，该洞穴为一处喀斯特水平型溶洞，发育在三叠系嘉陵江组层状石灰岩中，岩层倾角为 30°。洞口处于山体南侧中段，洞口外部为槽谷地貌，较开阔，现有大量农田、房屋

图 2-2　庙宇盆地及周边地貌

图 2-3　玉米洞遗址周边地形地貌的侧视与俯视图

及三处间歇性采石场。洞口高出槽谷底部约 20 米，洞口略呈直角梯形，长 9.6 米，高 3.3 米，现以水泥砖封闭。洞厅平坦宽大，呈西南—东北向延伸，进深约 70 米，宽 12~20 米、高 1.5~7.5 米，洞厅横剖面基本呈三角形，东北距洞口 22 米处有一个直径约 3.4 米的不规则圆形"天窗"，增加了通风采光效果。支洞较发育，延伸深度超过 100 米，东北距洞口约 100 米处有 2 个不规则圆形"天坑"，"天坑"与洞厅尾端以狭窄洞隙相连通。天坑为现代人为开采方解石爆破坍塌形成，此二坑较大者即为最初玉米洞化石点发现之处（图 2-4）。

图 2-4　玉米洞遗址本体的俯视与侧视图

# 第二节　发现发掘与整理

## 一、玉米洞化石点的发现与挖掘

很多重要的考古发现都是依赖于人民群众提供的关键线索，玉米洞也不例外。玉米洞的发现应该要追溯到 2005 年底，当时中法联合考古队正在重庆巫山县庙宇镇龙骨坡遗址进行考古发掘，发掘民工龙代清（也是龙骨坡遗址的看护人）在庙宇镇上赶集时听说玉米村（现为小营村）开山采石挖到人头骨的事情，他将这一消息告知了正在龙骨坡遗址发掘的中法联合考古队，考古队员黄万波随后即与龙代清一起赴玉米村一探究竟。二人来到事发地并得到了当事人之一的唐承松指认，在玉米淌洞包旁边的天坑中发现人头骨。据唐承松讲述，他们这些村民应采石老板的要求在天坑处挖方解石，此处原本并非"天然天坑"，而是采石爆破时原本内空有洞的山体多次塌陷而形成的"人工天坑"。村民在这天坑中挖方解石时，另一位名叫冉绍清的村民发现人头骨并把它丢到塌陷的乱石堆中，唐承松隐约听到冉绍清说倒霉并丢弃了个东西，但具体丢弃的到底是不是人头骨，是什么样的人头骨均不得而知。尽管后来又找到冉绍清本人对发现人头骨的事情进行详细询问，发现经过与唐承松所述一致，但对人头骨的描述仍然不清，难以判定人头骨的真假和石化程度等关键信息。不管怎样，发现人头骨的线索让龙代清和黄万波确认此处"盛产"哺乳动物化石，并以此地玉米村命名为玉米洞，他们还下到天坑中进行了挖掘，发现了一批动物牙齿和肢骨化石，但未能找到任何人类化石的线索。想要确认传说的人头骨则需要将巨型"人工天坑"中塌陷的乱石和堆积全部进行清理后寻找，这里出土困难且需要大型机械助力方可实施，付出的代价相当大。另外，老乡的认知可能并不可靠，在巫山的岩溶洞穴中发现一些常见的动物化石已属稀松平常，很多老乡的家中都有一些被称为"龙骨"的动物化石，他们很可能将一些动物头骨化石错当成人头骨化石，或者将近现代盗墓散落的人头骨（未石化）错当成远古时期的人头骨化石，因而即使付出巨大代价找寻也可能徒劳一场，玉米洞化石点的发掘就此搁置。2008 年，第三次全国不可移动文物普查时巫山县文物管理所还对玉米洞进行了复查，确认动物化石主要出自两个天坑中较大者，此地被登记备案为一处化石地点。

直到 2011 年，玉米洞化石点的挖掘被重新提上日程。新成立不久的重庆中国三峡博物馆古人类研究所起初的工作主要集中于人类化石和动物化石的寻找，玉米洞因人头骨的传说以及富集的动物化石产出而被重新重视起来。重庆中国三峡博物馆古人类研究所决定于当年10月底赴玉米洞进行挖掘，目的主要是为了寻找人头骨或者其他动物化石遗存。此次挖掘虽然组织了较多的人力物力，但对于在数千立方米的乱石堆积中寻找传说中的人头骨仍然无济于事，除了又发现一批大熊猫—剑齿象动物群成员的化石外，并没有发现其他与人类相关的遗存，但发现疑似灰烬或炭屑沉积层（图2-5）。值得注意的是，人民群众在玉米洞遗址的发现过程中又一次提供了关键信息。在此次挖掘结束时，队员在与挖掘化石的民工闲聊时得到一条重要线索，此玉米洞还有另外的洞口和洞室。我们在此工作这么久竟从未真正认识玉米洞，此消息令挖掘队员颇感意外，随即对玉米洞真正的洞口和洞室进行了考察。原来此洞别有洞天，洞口宽大但被村民用水泥砖封闭并做了一扇钢筋门，洞口内侧有人工垒砌的小平台，洞室开阔平坦，像是被人为平整过，洞顶还有一个天然的天窗。经与洞主于世富确认，早年他曾在此山洞内长期居住过，后来将此洞承包给他的侄儿于毅用来种植蘑菇。于毅为了保持温度与湿度的稳定也为了蘑菇的安全而将洞口封闭，洞室内原本就比较平坦，为了居住和种植蘑菇后来稍微做过一些简单的平整，并未有过较大的地层扰动。良好的洞穴形态和原生的洞穴堆积让化石挖掘

此处与玉米洞洞室尾端相通连

图2-5　玉米洞遗址洞尾天坑化石点挖掘及其地层堆积

队意识到，这里非常适合古人类繁衍生息，地层堆积里很有可能会出土人类文化遗存。时值隆冬，山中气候湿冷伴有降雪，暂时无法开展工作，于是决定第二年开春即来试掘。

2012年4~5月，重庆中国三峡博物馆古人类研究所再次来到玉米洞，在玉米洞的洞室尾端处布设2米×2米的探方T1进行挖掘，洞尾与天坑相连，通道狭窄，仅孩童爬行方可穿过，此处动物化石较为富集。T1的地层堆积与天坑挖掘化石处的堆积相似，表土层清理后即出土动物化石，挖掘大约2米深即有地下水渗出，除发现大量动物化石外并未有人工遗物出土，随即停止了作业。随后又在洞室中靠近天窗和洞壁处布设2米×2米的探方T2，T2的地层堆积与T1明显不同，地层分层明显，有动物化石出土，也在不同层位发现了近百件疑似石制品。挖掘深度进行至5米左右时也出现渗水现象，随即停止挖掘。此次挖掘尤为重要的是在T2发现了人工遗物，表明这里曾经有远古人类居住和活动，也证明洞室前端的地层堆积与天坑及洞尾处截然不同，玉米洞化石点的范围和内涵有了新的扩充，需要重新审视，玉米洞化石点可能要改名为玉米洞遗址了。由于此次挖掘受限于化石挖掘思维和条件，挖掘过程较为粗糙，石制品和动物化石大多是从出土堆中拣选出来，脱离了原生地层，缺乏准确的层位信息和三维坐标，不利于后续的深入研究。另外，在昏暗的洞穴环境中寻找和识别石制品也存在困难，还有部分石灰岩石制品的人工性质也受到质疑。因此，为了弥补缺憾和解决疑问，也为了准确和全面认识玉米洞，我们积极向重庆市文物局和国家文物局申请开展以解决学术问题为目的的主动性考古发掘项目。

## 二、玉米洞遗址的发掘与整理

2012年10~11月，重庆中国三峡博物馆古人类研究所对玉米洞遗址展开了首次考古试掘，在T2的另一侧布设5米×5米规格的探方T3和T4，采用自然层和水平层相结合的方式，以10厘米为一层逐层揭露，T3试掘深度至4米，T4试掘深度约3.4米，各层均详细记录遗物原始出土层位和坐标等信息，共发现可编号石制品和动物化石212件，以及大量小哺乳动物化石和碎骨，还在个别动物骨骼化石表面发现了人工痕迹。此外，在试掘过程中有意收集了一批有利于年代测定的样品送检。此次试掘进一步明确了遗址性质，对地层堆积的成因有了初步了解，也发现了一批具有详细出土信息的文化遗存。尤其是在T4发现的洞顶塌落的巨型岩石及其角落发现的极为集中且数量巨大的小哺乳动物化石，具有重要研究价值。此次试掘无疑取得了重要收获，但由于时间紧任务重，试掘工作做得不够细致，出土遗物不够丰富，地层也并未见底，还有很多问题悬而未决，需要开展进一步的正式考古发掘，于是我们向国家文物局提交了第二年的发掘申请并获得批准。

2013 年 4~12 月，重庆中国三峡博物馆古人类研究所组织了更加强大的力量投入正式的考古发掘当中，全年分上半年和下半年两个阶段对玉米洞遗址进行了较大规模的发掘，在洞口与天窗之间的区域布设 5 米×5 米规格的探方 T5、T6、T7、T8 进行发掘，发掘深度 2.5~4.6 米，T6 发掘最深。发掘过程中水平层结合自然层，以 10 厘米为单位平剖面结合逐层向下揭露，遵循中国旧石器考古发掘规范并借鉴法国旧石器田野作业规范，做好相关记录工作。共计出土编号石制品 2837 件，编号哺乳动物化石 1518 件，还有 100 余件骨角牙器、2 处用火遗迹以及大量未编号的碎骨。本次发掘是玉米洞遗址首次正式的考古发掘，在原试掘基础上更加全面细致地揭露了遗址的情况，在田野发掘方面不断改进完善，细致深入，发掘更加规范，为该遗址日后长期的发掘奠定基础。在地层方面获得较为清楚连续的堆积剖面，在研究该遗址地层的成因、年代的测定、文化的延续、环境的变迁等方面均具有重要意义。在石制品方面获得了更多石器类型和器物组合，为研究石器制作技术、文化传统及古人类生存适应提供更多资料。动物化石方面则在原有基础上有所丰富，增加了动物种类和数量，为进一步研究玉米洞遗址古动物、古环境及年代问题提供更多素材。此次发掘唯一有些不足的是探方地层堆积没有发掘到底，期望不久的将来，延续性发掘能够获得完整地层剖面和地层年代数据。此外，我们在发掘工作结束时组织召开了"重庆巫山玉米洞遗址发掘与研究学术研讨会"，来自中国科学院古脊椎动物与古人类研究所、北京大学、吉林大学等单位的 20 多位专家通过室内标本观摩、遗址现场踏查、学术会议研讨等形式为玉米洞遗址的发掘和研究会诊把脉、建言献策，与会专家一致肯定了该遗址的特殊性和重要性，并且建议放缓发掘工作，拟定合理的长远发掘规划。

2014 年，重庆中国三峡博物馆古人类研究所听从了专家建议，并未组织申报新的发掘项目，而是计划将已有资料进行系统整理，把玉米洞遗址存在的问题梳理清楚，有目的、有计划地开展后续的发掘和研究工作。同时，利用新发掘剖面的契机，与南京师范大学、南京大学的年代学专家合作，积极补充采集新发掘剖面的测年样品，为遗址的年代学研究奠定基础。此外，发掘资料的系统整理也早该提上日程，但资料的繁杂、人员的不足和场地的缺失使得整理工作一再拖延。直到 2014 年 11 月，资料整理工作才得以启动。首先是整理场地的问题，发掘标本存放于三峡博物馆古人类研究所不足 20 平方米的标本室，这里保存了近年来调查发掘的多个遗址的标本及动物化石修复设施和工具，材料杂乱、空间狭小，在此无法开展系统的资料整理工作，博物馆和周边也找不到适宜的整理场所，几经周折，最后突发奇想利用秋冬重庆郊区处于淡季的农家乐场地开展整理工作，方便实惠，场地和经费不足的问题算是基本解决了。然后是人员的问题，古人类研究所本就人手不足，参与工作的两名在编人员非考古专业出身，后期资料整理工作也未能参与，人员更加紧缺，临时招聘技工也未能如愿，我们只能一人身兼数职，加班加点赶工整理资料。最后还有发掘资料的问题，前两次作为化石点进行挖掘的记录资料基本缺失，标本存放也较为混乱，整理起来难度较大，考古试掘的地层划分、发掘精度与正式发掘不能等同，加上时间紧任务重，故而决定暂且只整理 2013 年正式发掘出土的资料，也正是此次整理工作的开展，使得玉米洞遗址 2013 年考古发掘简报在不久后得以发表。为了发掘资料的系统整理我们克服了种种困难，取得了初步的成果，也发现了一些问题，尤其是地层剖面的完整性，不同层位、不同遗址功能区的标本数量分布等问题还需进一步的发掘来解决。于是，我们于 2014 年底向国家文物局申报玉米洞遗址 2015 年新的主动性考古发掘项目。

2015 年 10~12 月，重庆中国三峡博物馆古人类研究所在负责人调离、专业人员稀缺的情况下，仍然组织队伍对玉米洞遗址开展后续发掘工作，拟通过本次发掘获得更加完整的地层剖面和更丰富的实物资料。此次发掘以探方和探沟发掘为主要方法，发掘单位为 T6、T8 和 G1，探方规格为 5 米×5 米，深度 3.7~6.0 米，探沟规格为 1 米×7 米，深度 1.0 米。各单位均以 10 厘米为一水平层，并结合自然堆积层，平剖面结合，逐层向下发掘。另在洞口部位做解剖性发掘，考察洞口堆积与洞内堆积的异同。此次发掘主要是 2013 年度发掘工作的延续，出土编号石制品 378件、动物化石 700 件，还有一批未编号的碎骨，地层深度至 6 米，文化层划分达到 18 层，一定程度上延伸了遗址的文化轴线。遗憾的是，由于时间、经费以及地下水渗出等原因，探方发掘仍未到基岩。洞口的解剖发掘至近 2 米深，仍为扰动层，未真正探到原生文化层，洞口堆积及其包含物的情况还有待于将来进一步的发掘来揭示（图 2-6）。

玉米洞遗址后续的发掘工作由于重庆中国三峡博物馆古人类研究所人事的调整而基本处于停滞状态，虽然在 2017 年曾有过短暂发掘，但并未有实质性进展，发掘验收评价较低，而且由于项目负责人的更替导致发掘思路改变，原有发掘规划和设计被打乱。另外，资料整理工作也长期未得到重视，2015 年发掘及前期试掘等资料整理工作在 2016~2018 年的两年多时间里断断续续由作者独自完成，其中艰辛，一言难尽。

图 2-6 玉米洞遗址洞穴形态平剖面及发掘探方平面分布图

# 第三章 遗址地层与年代

## 第一节 地层堆积

### 一、玉米洞内外地层堆积对比

玉米洞遗址不同部位的地层堆积差别明显。我们主要对遗址洞外的洞口部位、洞尾天坑处（即原化石点发现处）、洞内的近洞口处（T2~T8）和洞尾处（T1 和 G1）进行了不同程度的试掘或发掘工作。洞外洞口部位的地层堆积并未试掘到底，试掘深度近 2 米，出露的堆积可分为上下两层，上层为腐殖土夹角砾，下层主要为较为松散的黏土夹角砾，角砾和黏土均无钙质胶结，角砾几乎没有磨圆，不见石制品和动物化石，可能还未试掘至原生文化层。上层堆积主要为人为耕种、植被腐烂及岩石风化形成，下层为岩壁塌落等机械堆积而成。洞尾天坑处的堆积主要为较纯净的黏土堆积，试掘深度超过 2 米，土质较黏，可分层但不明显，部分土层松散，部分土层胶结坚硬，包含物相近，含大量动物化石，未发现人工遗物，但发现一层黑色疑似用火或腐殖质堆积层（图 2-5）。地层堆积成因应主要为流水作用，应为动物骨头和黏土等轻的堆积和角砾等重的堆积混合沉积而成。洞内洞尾处（T1、G1）地层堆积既不同于洞外也不同于洞室内堆积，试掘深度约 1.5 米，未见底，分层明显且简单，可见地层自上而下明显分为 3 层。1 层为黏土层，局部胶结，土质呈颗粒状，含少量小角砾和动物化石。2 层为角砾夹黏土，大部分堆积相互胶结，角砾有一定程度磨圆，含大量动物化石。3 层为角砾夹黏土，大部分堆积胶结，角砾磨圆程度较深且多有黑色铁锰淋滤附着物，含大量动物化石（图 3-1）。以上不同试掘部位的堆积差别较大，堆积成因也不同，因未发现人工遗物，故简略记述，仅作遗址地层的对比，不作为具有文化层位的遗址地层来分析和探讨。

洞外洞口处地层堆积　　　　　　　　　洞内洞尾处地层堆积

图 3-1　玉米洞洞外洞口及洞内洞尾处地层堆积对比

## 二、遗址地层堆积成因分析

从玉米洞洞厅及天窗等情况来看，玉米洞曾经可能是地下河和落水洞的通道。在地质时期，地上河和地下河及其之间的缝隙在不稳定的各种地质营力作用下，岩层破碎带被逐渐侵蚀溶蚀、坍塌扩大形成洞口，地下河道扩展形成了宽敞溶洞，而岩层中的狭小缝隙则形成落水洞。玉米洞洞厅即为原来的地下河道，而天窗就是落水洞。随着青藏高原的隆起和后期地质作用的侵蚀，洞内原有河流堆积基本消失，仅在玉米洞洞壁保留着许多水流侵蚀和溶蚀作用形成的指向流痕、水平溶沟等遗迹。

现如今洞口及洞内巨厚的堆积层主要来自洞顶及洞壁坍塌的角砾岩块和临时性水流（泥石流、山洪等）带入洞穴的角砾、泥沙、黏土等机械堆积。当然在洞穴形成和后期稳定过程中也少不了反复出现的钟乳石、石笋、"钙板"等化学沉积。还有在洞穴稳定时期的地层堆积过程中，大小哺乳动物和人类在此长期繁衍生息，连续或断续在此洞内占据出没、居住生活，也会形成少量动物堆积和人为堆积。这些堆积成因在考古发掘的过程中均得以证实：地层中曾出土与洞顶层状灰岩相似的巨厚型岩体块（体积超过 4 米×3 米×0.5 米）、大块角砾（30 厘米×50 厘米）及方解石、钟乳石断块等，这些应为洞壁或洞顶塌落之物。部分地层的角砾有一定程度的磨圆，部分角砾表面附着铁锰浸染外壳，且很多角砾的埋藏产状具有规律性，此种角砾夹黏土的堆积物应为洞外随季节性水流带入洞内。堆积中的黏土除了部分为水流由洞外带入外，有相当部分的"岩溶型黏土"应来自石灰岩的化学溶蚀和风化。此外，地层中常见的角砾块表面附着的碳酸钙胶结物和反复发现的"钙板"等碳酸钙沉积，主要是化学沉积形成的堆积物。在地层堆积中发现大量哺乳动物化石和石制品，部分动物化石表面发现有人工痕迹和啮齿类啃咬痕迹，少部分动物化石被加工成骨角牙器，堆积中还发现了数量巨大的人工石制品和两处用火遗迹，这些堆积物毫无疑问都是动物和人类活动所形成。

### 三、地层划分与描述

在人为堆积、动物堆积、机械堆积、化学沉积等堆积成因（裴文中，2004）中，玉米洞遗址的地层堆积显然以机械堆积和化学沉积占主导，人为和动物堆积只能作为辅助，故而地层分层主要以自然层为主，文化层并不明显且被包含于其中。遗址的整体堆积物质主要为角砾和砂质黏土，局部夹粉砂条带和碳酸盐沉积条带，但不同层位的堆积成因并不相同，洞内不同区域的堆积也有差别。从洞穴纵向剖面来看，整体堆积由洞口向洞内微倾斜，而从横向剖面来看，大部分地层堆积基本呈水平分布。洞穴堆积表层虽有一些人为的扰动和平整，但破坏并不严重，大部分地层均为原生堆积。虽然目前为止的发掘我们还未见到完整地层层序，但通过几次试掘和发掘，发掘深度超过 6 米，也基本掌握了洞内堆积结构的总体情况。玉米洞各发掘探方的原生地层堆积物应属同一堆积序列，它们的岩性组合、形成时间、所含动物化石和文化遗物在时空上可大致统一。迄今所揭露的原生地层堆积按岩性变化自上而下大体可分为上中下三套堆积单元（图 3-2）。

上部堆积单元主要由角砾及其间填充的砂质黏土组成，黏土较多，其中夹杂少量大块角砾、方解石、钟乳石断块等，此层角砾棱角分明，外表新鲜没有风化磨蚀，不见流水作用的痕迹，含大量石制品、骨角牙器等文化遗物。此堆积单元的地层堆积几乎没有太明显的变化，反映气候较为稳定，环境也没有太大变化，人类和动物在洞内活动频繁，留下了丰富的文化遗存。

中部堆积单元主要表现为具有明显流水作用的角砾层，其间穿插较厚的不连续黏土互层。此堆积单元角砾层流水作用较为明显，角砾大多磨圆并相互之间轻度胶结，部分角砾因铁锰浸染现象而呈黑灰色，而黏土层多为较纯净的棕黄色黏土，其中夹含少量磨圆小角砾，局部黏土层因碳酸钙沉积而呈现颗粒状。角砾层和黏土层均有石制品和动物化石出土，但部分层位文化遗物较少。此堆积单元在地层上表现为明显的角砾层和黏土层的交替出现，表明堆积形成的时段气候波动较大，环境变化明显，这一时期洞内仍然有人类和动物活动，但活动频率有所减少。

下部堆积单元主要由角砾层夹棕红色薄层黏土组成，部分角砾层受碳酸钙化学沉积影响形成钙板层，部分角砾层有大块洞顶或洞壁塌落的岩块，部分角砾有轻度磨圆。黏土层较薄，覆盖或穿插于角砾层之间，土质较为疏松、纯净。角砾层和薄层黏土中均含石制品和动物化石。

上部堆积单元

中部堆积单元

下部堆积单元

图 3-2 玉米洞遗址上、中、下部三套地层堆积单元划分

三套堆积单元内部还可细分为若干层，洞内不同区域的细分地层存在一些差异。由于发掘分属不同年度，发掘精度有差异，试掘地层与正式发掘地层很难完全准确对应。T5~T8 的正式发掘地层我们根据地层深度、土质、土色、包含物等信息进行了仔细比对，最后对全发掘区地层进行合并统一，除个别地层在部分探方缺失外，发掘区全部地层均统一编号，出土文化遗物以统一后的地层进行编号。现对正式发掘的 T6 探方地层和试掘的 T4 探方地层分别详细描述并进行相互对比，以便更好地统一试掘地层和正式发掘地层。T6 的原生地层（不含①层，该层为扰动层和历史时期地层）中，②层为上部堆积单元，③~⑥层为中部堆积单元，⑦层及以下归为下部堆积单元。T4 的原生地层（不含1 层）中，2 层为上部堆积单元，3~4 层为中部堆积单元，5 层及以下为下部堆积单元。

以 T6 东壁为例，以①~⑱编号地层，自上而下将地层及其岩性描述如下（图3-3）：

①层可分为①a、①b 两层，为近现代扰动层，采集少量石制品和动物化石。

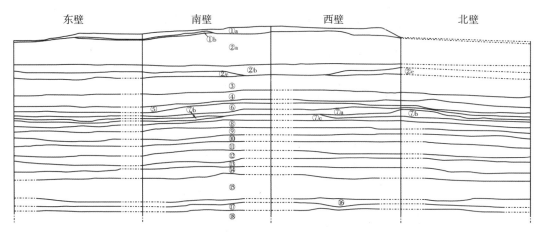

图 3-3　玉米洞遗址 T6 四壁地层剖面示意图

①a 表土层：黑褐色黏土夹角砾，土质疏松，遍布全方，为现代平整洞穴地表时的扰动堆积，含近代人肢骨、陶瓷片、汉代铜钱和小哺乳动物化石，厚 5~16 厘米。

①b 碳酸盐沉积胶结层：含少量石灰岩角砾，仅见于探方东南部，为洞顶滴水形成，厚 0~7 厘米。

②层可分为②a、②b、②c 三层（原②d 层并入③层），含石制品、骨角牙制品和动物化石。

②a 角砾夹灰褐色黏土层：土质较疏松，没有分选的大、小角砾混杂，5 厘米以内的小角砾居多，遍布全方。厚 66~90 厘米。

②b 角砾夹灰色黏土层：较疏松，以小角砾居多，夹杂少量大角砾，局部保存，厚 10~25 厘米。

②c 棕黄色黏土层：土质疏松，较纯净，夹杂个别小角砾，局部保存，厚 13~33 厘米。

③灰白色角砾沉积层：胶结较坚硬，夹大量角砾，角砾分选较好，且绝大部分经过磨圆，表皮为黑褐色铁锰浸染外壳包裹，遍布全方，厚 48~59 厘米，含石制品、骨器、牙器和化石。

④棕黄色黏土层：土质疏松，中部夹杂少许不规则角砾条带，角砾的分选不好，遍布全方，厚 30~35 厘米，含石制品、化石。

⑤角砾夹灰白色黏土层：土质疏松，黏土的黏性很大。角砾分选不好，大部分经过磨圆，表皮为青黑色，覆盖一层较薄的灰白色碳酸钙结晶，遍布全方，厚 17~20 厘米，含石制品、骨器、牙器和化石。

⑥灰白色黏土层：土质疏松，较纯净，遍布全方，厚 11~17 厘米，含石制品、化石。

⑦层可分为⑦a、⑦b、⑦c三层，含石制品、骨器、牙器和化石。

⑦a角砾夹灰褐色碳酸钙沉积层：胶结不甚坚硬，角砾分选不好，大部分角砾经磨圆，表皮为青黑色，遍布全方，厚12~14厘米。

⑦b橘红色黏土层：土质疏松，较纯净，含少量角砾，局部保存，厚5~10厘米。

⑦c小角砾夹橘红色碳酸钙沉积层：胶结不坚硬，角砾分选好，大部分经过磨圆，遍布全方，厚4~11厘米。

⑧红褐色黏土层：土质疏松，较纯净，含少量角砾，厚12~17厘米，含石制品、化石。

⑨角砾夹灰白色碳酸钙沉积层：局部为夹小角砾的灰白色胶结堆积，角砾的尺寸较小，同时存在少量大块角砾，表皮均附着碳酸钙沉积。大部分角砾轻度磨圆。厚7~33厘米，含石制品、化石。

⑩角砾夹灰褐色黏土层：土质较疏松，角砾分选较好，小角砾居多，间或夹杂个别大角砾。大部分角砾经轻度磨圆，遍布全方，厚10~37厘米，含石制品、化石。

⑪灰白色碳酸钙沉积层：胶结较硬，角砾分选不好，表面覆盖有碳酸钙，遍布全方，厚20~46厘米，含石制品、骨器、牙器和化石。

⑫角砾夹棕红色黏土层：土质较疏松，角砾分选不好，含部分大角砾，遍布全方，厚6~25厘米，含石制品、化石。

⑬角砾夹棕红色黏土层：土质疏松，大角砾遍布，角砾分选不好，局部呈胶结状，遍布全方，厚13~23厘米，含石制品、化石。

⑭小角砾夹浅棕色黏土层：土质较疏松，角砾分选较好，亦有少量大角砾，部分角砾轻度磨圆，遍布全方，厚32~46厘米，含石制品、化石。

⑮角砾夹浅棕色黏土层：土质较疏松，角砾分选较好，部分轻度磨圆，遍布全方，厚15~22厘米，含石制品、化石。

⑯夹杂部分角砾的褐色黏土层：较疏松，角砾的分选较为均匀，角砾多为棱角状，以扁平体为主，遍布全方，厚11~25厘米，含石制品和化石。

⑰浅褐色黏土层：疏松，内含少部分角砾，角砾总体为次棱角状，遍布全方，厚10~24厘米，含石制品和化石。

⑱夹杂部分黏土的角砾层：上部呈轻微的胶结状态，下部不胶结，角砾的分选较为均匀，大部分角砾次棱角状，表面为黑褐色的铁锰淋滤，遍布全方，未到底，现已出露27~43厘米，含石制品和化石。

——未见底。

以T3~T4东壁地层为例，以1~5编号地层，自上而下将其地层层序及岩性描述如下（图3-4）：

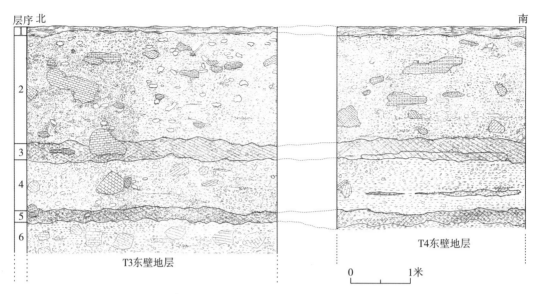

图 3-4　玉米洞遗址 2012 年试掘 T3～T4 东壁地层剖面图

第 1 层：灰黑色黏土夹石灰岩角砾。局部有碳酸盐类沉积，未胶结，土质较为疏松，含大量小哺乳动物化石。厚 15～20 厘米。

第 2 层：棕色黏土夹石灰岩角砾。角砾大小极不均匀，大者长轴近 90 厘米，小者 1～5 厘米，角砾表面未风化，棱角清晰。含石制品及哺乳动物化石。厚 150～190 厘米。

第 3 层：灰白色角砾沉积层，黏土夹石灰岩角砾。角砾多有磨圆，粒径较均匀，尺寸集中于 3～5 厘米，钙质胶结，地层较硬，含少量石制品和哺乳动物化石。厚 25～45 厘米。

第 4 层：棕色黏土夹石灰岩角砾及黏土凸镜体。层中黏土含量较多，局部有较纯净黏土条带，黏土湿后黏性增强，角砾轻度风化，含石制品和哺乳动物化石。厚 80～90 厘米。

第 5 层：浅灰色黏土夹小块角砾，大块角砾开始增多，含少量石制品及哺乳动物化石。未发掘到底，可见地层厚 20～30 厘米。

——未见底。

玉米洞遗址经历几次试掘和正式发掘，整体地层堆积均为上中下三套堆积单元（不含表土及扰动层），整个发掘区各探方地层大致可以统一。T6 为正式发掘探方，位于洞穴北侧靠洞壁处，发掘深度最深，地层更为清楚，地层划分也更为细致。T4 为试掘探方，位于洞穴南侧靠洞壁处，地层较模糊，地层划分较粗。试掘与正式发掘虽然在地层划分标准上有些差异，导致精细程度不同，不同发掘位置地层也有差别，但也基本上可以相互对应。正式发掘的①、②、③层和试掘的 1、2、3 层完全对应，这三层遍布整个发掘区，尤其是③层最具代表性，土质土色包含物极为接近，成为发掘中的标志性地层。而试掘 4 层基本上相当于正式发掘④、⑤、⑥层的合体，黏土层在 T4 并不明显。试掘 5 层并未发掘到底但大致相当于⑦层。由于玉米洞遗址地层沉积相对水平，因此各层的对应关系在发掘深度上也基本可以对应。

# 第二节　年代学研究

## 一、测年方法与数据

玉米洞遗址在 2012 年试掘时即有意识收集地层中包含的可能测年的样品。在试掘结束后，将 2、3、4 层中取得的 5 枚牙齿化石和 4 件碳酸钙结晶样品送往澳大利亚昆士兰大学的放射性同位素实验室，用铀系法对样品所在的地层进行了年代测定。测年结果显示，玉米洞遗址从 2 层顶部到 4 层底部的时代为中更新世到全新世，大约距今 40 万~0.8 万年（Wei et al. 2017），属地质时代的中更新世—全新世，这与出土哺乳动物化石组合得出的动物群年代结论整体上吻合。从初步的铀系法测年数据来看，第 2 层的年代数据为 8.4Ka，时代最晚，测年样品来源于 2 层顶部（距地表约 70 厘米）的牙齿化石，接近 1 层历史时期地层，年代可信度高，而 2 层堆积较厚，中间和底部地层堆积缺乏年代数据。3 层数据为 75.2Ka 和 78.5ka，分别来自同一深度（距地表约 220 厘米）的牙齿化石和碳酸钙结晶，而测年数据相近，说明不同样品指示了相同的结果，年代可信度高。4 层数据为 19.8ka 和 39.8Ka，分别来自出土深度相近（240~280 厘米）的碳酸钙结晶，但年代结果相差较大，而且两个数据出现倒转，即深度较浅者年代反而古老，此层测年数据值得怀疑，仅作为参考数据（表 3-1）。

2013 年的正式发掘结束后，地层堆积揭露得更为清楚，地层划分也更合理细致。为进一步获取更为精确的地层年代数据，搭建遗址的年代框架，2014 年我们联合南京师范大学、南京大学的年代学专家对玉米洞遗址新发掘地层进行了测年样品的重新采集。后来由于部分层位年代数据仍缺失，2016 年我们又对玉米洞遗址开展了测年样品补充采集工作，尤其是对上部堆积中用火遗迹的炭屑等样品以及发掘地层最底部的样品进行重点补充。采集样品包括牙齿化石、骨化石、碳酸钙结晶、黏土、炭屑等，分别用动物牙化石电子自旋共振与铀系结合测年法（ESR-US）、铀系法（US）、光释光测年法（OSL）、加速器质谱碳十四测年法（AMS-$^{14}$C）等方法对样品所在地层进行了精确测年并获得初步测年结果（表 3-2~7、图 3-5）。

表 3-1　玉米洞遗址 2012 年铀系法的测年数据

| Sample Name | Sample wt. (g) | U (ppm) | ±2σ | $^{232}$Th (ppb) | ±2σ | ($^{230}$Th/$^{232}$Th) | ±2σ | ($^{230}$Th/$^{238}$U) | ±2σ | ($^{234}$U/$^{238}$U) | ±2σ | Uncorr. Age (ka) | ±2σ | corr. Age (ka) | ±2σ | corr. Initial ($^{234}$U/$^{238}$U) | ±2σ |
|---|---|---|---|---|---|---|---|---|---|---|---|---|---|---|---|---|---|
| 12YMD T4-2-9 Tooth | 0.01139 | 4.0003 | 0.0022 | 0.81 | 0.005 | 1316 | 10 | 0.08827 | 0.00043 | 1.1870 | 0.0010 | 8.421 | 0.043 | 8.416 | 0.043 | 1.1915 | 0.0011 |
| 12YMD T4-3-54-calcite | 0.0199 | 1.7678 | 0.0012 | 27.03 | 0.039 | 114.97 | 0.41 | 0.5794 | 0.0019 | 1.1452 | 0.0009 | 75.59 | 0.37 | 75.20 | 0.41 | 1.1804 | 0.0012 |
| 12YMD T4-3-54-tooth | 0.00993 | 43.286 | 0.033 | 20.87 | 0.088 | 3868 | 22 | 0.6147 | 0.0024 | 1.1799 | 0.0012 | 78.51 | 0.45 | 78.50 | 0.45 | 1.2246 | 0.0014 |
| 12YMD T3-4-68-1 | 0.15221 | 0.3308 | 0.00018 | 509.0 | 0.9 | 2.12 | 0.01 | 1.0748 | 0.0023 | 1.1648 | 0.0008 | 240 | 2 | 198 | 51 | 1.495 | 0.116 |
| 12YMD T3-4-63 | 0.01942 | 0.0866 | 0.00013 | 5.87 | 0.013 | 51.53 | 0.41 | 1.1501 | 0.0090 | 1.1320 | 0.0029 | 400 | 30 | 398 | 30 | 1.415 | 0.033 |

玉米洞遗址光释光测年样品采集存在困难，主要是在 T6 的各个黏土层中采集测年和环境分析的样品。遗址黏土堆积多为岩溶型黏土，其中石英、长石等矿物稀少，测年效果不理想，部分样品未能成功获得测年数据，仅在第②c 层、第④层和第⑩层获得测年数据且部分黏土层的年代已接近或超过光释光测年法的极限，误差可能较大（表 3-2）。

表 3-2　　　　　　玉米洞遗址黏土样品光释光测年结果

| 样品编号 | 采集地层 | 地层深度 | 埋藏深度 | Age（ka） | Erro | DE（Gy） | Erro |
|---|---|---|---|---|---|---|---|
| NJU-1845 | YMD-②c | 120 厘米 | >10 米 | 86.92 | 7.73 | 332.00 | 25.36 |
| NJU-1846 | YMD-④ | 220 厘米 | >10 米 | 162.45 | 13.94 | 655.98 | 47.45 |
| NJU-1849 | YMD-⑩ | 330 厘米 | >10 米 | 161.76 | 30.31 | 647.24 | 117.96 |

玉米洞遗址地层中出土少量钟乳石残断块，我们分别对来自上、中、下部堆积单元中不同地层中出土的钟乳石断块进行铀系法测年。钟乳石断块来源于洞顶坍塌导致断裂的钟乳石，钟乳石断块形成年代早于地层堆积形成年代，其年代结果可能远远早于所处地层的真实年代，故钟乳石断块的铀系年代结果仅代表地层堆积的最大年代（表 3-3）。

表 3-3　　　　　　玉米洞遗址钟乳石断块样品铀系测年结果

| 样品编号 | Nature | square | Layer | Deep（距地表） | U-series age |
|---|---|---|---|---|---|
| YMC-U27 | 钟乳石断块 | T3 | ②a | 85 厘米 | 34.8±0.7Ka |
| YMC-U8 | 钟乳石断块 | T6 | ②a 上部 | 20 厘米 | 128.0±7.2Ka |
| YMC-U1 | 钟乳石断块 | T4 | ②底部 | 165 厘米 | 62.7±0.2Ka |
| YMC-U28 | 钟乳石断块 | T3 | ③底部 | 220 厘米 | 178.1±0.9Ka |
| YMC-U26 | 钟乳石断块 | T5 | ⑤底部 | 263 厘米 | 249.1±2.6Ka |
| YMC-U10 | 钟乳石断块 | T6 | ⑭ | 430 厘米 | 272.1±3.1Ka |
| YMC-U9 | 钟乳石断块 | T6 | ⑮ | 490 厘米 | 291.3±5.7Ka |

在玉米洞遗址的部分地层堆积中发育典型的碳酸盐岩"钙板层"，在部分角砾和黏土表层也发育并附着次生碳酸盐岩或薄层晶体。我们对 2013 年正式发掘地层出土的钙板残块或次生碳酸盐岩晶体进行采样和测年，次生碳酸盐岩的发育是在地层堆积形成之后发生，其生成年代与地层堆积年代可能存在较长时间间隔，而且有可能在埋藏过程中出现铀的淋滤，因此铀系年代结果只能代表地层堆积的最小年代（表 3-4）。

表 3-4　　　　　　玉米洞遗址次生碳酸盐岩样品铀系测年结果

| 样品编号 | Nature | square | Layer | Deep（距地表） | U-series age |
|---|---|---|---|---|---|
| YMC-U7 | 黏土表面附着发育的次生碳酸盐 | T5 | ③ | 207 厘米 | 100.0±0.4Ka |

续表

| 样品编号 | Nature | square | Layer | Deep（距地表） | U-series age |
|---|---|---|---|---|---|
| YMC-U24 | 钙板层的碳酸盐晶体 | T5 | ③或④ | 230 厘米 | 92.9±0.9Ka |
| YMC-U21 | 黏土表面附着发育的次生碳酸盐 | T7 | ④底部 | 215 厘米 | 95.2±0.4Ka |
| YMC-U19 | 黏土表面附着发育的次生碳酸盐 | T7 | ⑤ | 225 厘米 | 88.5±0.9Ka |
| YMC-U16 | 石灰岩角砾表面附着发育的次生碳酸盐 | T6 | ⑤ | 211 厘米 | 55.7±0.4Ka |
| YMC-U25 | 黏土表面附着发育的次生碳酸盐 | T5 | ⑥ | 280 厘米 | 71.6±0.2Ka |
| YMC-U5 | 原地生成的次生碳酸盐 | T6 | ⑥或⑧ | 286 厘米 | 147.5±0.6Ka |
| YMC-U34 | 黏土表面附着发育的次生碳酸盐 | T8 | ⑧ | 290 厘米 | 59.7±0.3ka |
| YMC-U33 | 石灰岩角砾表面附着发育的次生碳酸盐 | T8 | ⑨ | 305 厘米 | 40.2±0.2ka |
| YMC-U23 | 石灰岩角砾表面附着发育的次生碳酸盐 | T5 | ⑪ | 395 厘米 | 68.6±0.2ka |
| YMC-U22 | 黏土表面附着发育的次生碳酸盐 | T5 | ⑪ | 382 厘米 | 93.0±0.3ka |
| YMC-U20 | 石灰岩角砾表面附着发育的次生碳酸盐 | T7 | ⑪ | 380 厘米 | 64±1ka |
| YMC-U15 | 石灰岩角砾表面附着发育的次生碳酸盐 | T6 | ⑪ | 383 厘米 | 151.5±1.9ka |
| YMC-U2 | 石灰岩角砾表面附着发育的次生碳酸盐 | T6 | ⑬ | 400 厘米 | 111.9±0.4ka |

玉米洞遗址各地层中均有动物骨头化石出土，地层信息翔实可靠，部分骨化石髓腔还存在碳酸盐岩晶体，或可作为较为理想的铀系法测年样品。骨化石中的铀是在动物死亡并埋藏于地层后吸附进入骨骼内部的，而且骨化石在埋藏过程中受各种外力影响，导致对铀及其子体不构成严格的封闭体系，后期很可能发生铀的淋滤。因此，骨化石的铀系年代结果仅代表地层的最小年代，其年代结果可能远小于地层堆积的年代（表3-5）。

表 3-5　　　　　　　　　玉米洞遗址骨化石样品铀系测年结果

| 样品编号 | Nature | square | Layer | Deep（距地表） | U-series age |
|---|---|---|---|---|---|
| YMC-C1 | 骨化石 | T6 | ②a 上部 | 20 厘米 | 4.78±0.02Ka |
| YMC-C4 | 骨化石 | T6 | ②b 上部 | 100 厘米 | 22.64±0.04Ka |
| YMC-C5 | 骨化石 | T7 | ②底部 | 145 厘米 | 17.54±0.03Ka |
| YMC-U30 | 骨化石 | T3 | ③ | 210 厘米 | 46.7±0.2Ka |
| YMC-U29 | 骨化石 | T3 | ④ | 245 厘米 | 57.7±0.2Ka |
| YMC-U32 | 骨化石 | T8 | ⑨ | 300 厘米 | 93.2±0.4Ka |
| YMC-U17 | 骨化石 | T7 | ⑩ | 350 厘米 | 93.6±0.4Ka |
| YMC-U31 | 骨化石 | T8 | ⑩ | 334 厘米 | 88.9±0.4ka |
| YMC-U18 | 骨化石 | T7 | ⑪ | 370 厘米 | 112.7±0.5ka |
| YMC-U11 | 骨化石 | T6 | ⑭ | 420 厘米 | 101.2±0.4ka |
| YMC-U13 | 骨化石 | T6 | ⑭ | 416 厘米 | 110.6±0.5ka |
| YMC-U14 | 骨化石 | T6 | ⑮ | 446 厘米 | 74.8±0.5ka |

我们在发掘时曾在第②层的不同部位收集到少量木炭标本，同时也发现两处明显的用火遗迹，残留部分炭屑，这是碳十四测年的理想样品。此外，与炭屑同层出土的动物化石也可作为碳十四测年的比对样品。加速器质谱碳十四（AMS-$^{14}$C）年代分析的对象是炭屑和骨化石样品本身，这些样品都来源于时代较晚的第②层，其年代结果较为可信，直接代表样品所处地层的年代（表3-6）。

表3-6　　　　　　　　　玉米洞遗址炭屑和骨化石样品$^{14}$C测年结果

| 样品编号 | Nature | square | Layer | Deep（距地表） | $^{14}$C age（a BP） |
|---|---|---|---|---|---|
| YMC-C2 | 炭屑 | T6 | ②a 上部 | 20 厘米 | 16585-16169 |
| YMC-C3 | 炭屑 | T6 | ②a 中部 | 60 厘米 | 22458-22010 |
| YMC-C6 | 炭屑 | T5 | ②b 底部 | 120 厘米 | 34985-34286 |
| YMC-C1 | 骨化石 | T6 | ②a 上部 | 20 厘米 | 14225-13965 |
| YMC-C4 | 骨化石 | T6 | ②b 上部 | 100 厘米 | 27810-27445 |
| YMC-C5 | 骨化石 | T7 | ②底部 | 145 厘米 | 41496-40261 |

玉米洞遗址各地层均出土了大量动物牙齿化石，尤其是来自不同层位的水牛、貘、犀牛等动物牙齿的牙釉质较厚，为动物牙化石电子自旋共振与铀系结合测年提供了良好的测年样品，US-ESR测年法可以有效重建铀吸附历史，从而能够更准确地测定牙齿化石的地质年代，其年代结果也可代表地层的直接年代（表3-7）。

表3-7　　　　　　玉米洞遗址牙化石样品电子自旋共振与铀系结合测年结果

| N-Lab | 样品编号 | Nature | species | square | Layer | Deep（距地表） | ESR/U-series age |
|---|---|---|---|---|---|---|---|
| YMC-3 | YMD-T5-②-297 | tooth | Rhinocerotida | T5 | ② | 160 厘米 | 65±7Ka |
| YMC-4 | YMD-T5-③-348 | tooth | Bovidea | T5 | ③ | 217 厘米 | 157±18Ka |
| YMC-6 | YMD-T7-④-598 | tooth | Bovidea | T7 | ④ | 226 厘米 | 155±15Ka |
| YMC-7 | YMD-T7-⑩-960 | tooth | Rhinocerotida | T7 | ⑩ | 335 厘米 | 196±24Ka |
| YMC-8 | YMD-T7-⑪-1016 | tooth | Bovidea | T7 | ⑪ | 370 厘米 | 218±25Ka |
| YMC-9 | YND-T7-⑫-1061 | tooth | Rhinocerotida | T7 | ⑫ | 386 厘米 | 245±24Ka |
| YMC-2 | YMD-T3-7-102 | tooth | Bovidea | T3 | 7（⑫） | 395 厘米 | 295±31Ka |

## 二、不同测年数据的整合分析

通过以上几轮的测年工作，我们获得了较为复杂的年代数据，不同的测年方法、不同的样品年代差异较大（图3-5），需要对上述年代结果进行整合分析，获取不同地层的年代范围，以期建立较为完整的遗址地层年代序列。对玉米洞遗址不同地层、不同方法获得的年代结果进行贝叶斯分析，对每一地层的年代数据与相邻地层的年代关系进行

25

整合，并与深海氧同位素曲线作对比，可大致得出以下结论（表3-8、图3-5、3-6）：

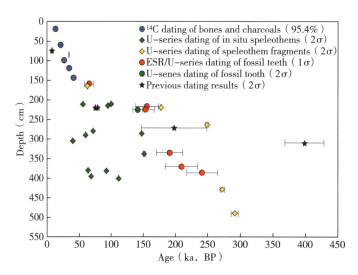

图 3-5　玉米洞遗址多重测年结果（据 Shao et al. 2022）

**表 3-8**　　　　　基于贝叶斯分析的玉米洞遗址地层年代结果

| 地层 | 置信区间 | 起始年代（a. B. C.） | 结束年代（a. B. C.） | MIS |
|---|---|---|---|---|
| L② | 95% | 60791 | 11742 | MIS3 初期至 MIS1 初期 |
| L③ | 95% | 162933 | 100232 | MIS6 中期至 MIS5 中期 |
| L④/⑤ | 95% | 183165 | 125135 | MIS6 初期至 MIS5 初期 |
| L⑥~⑨ | 95% | 206161 | 145832 | MIS7 末期至 MIS6 末期 |
| L⑩ | 95% | 228324 | 161383 | MIS7 初期至 MIS6 中期 |
| L⑪ | 95% | 261568 | 182448 | MIS8 中期至 MIS6 初期 |
| L⑫ | 95% | 269548 | 218506 | MIS8 初期至 MIS7 中期 |
| L⑬~⑭ | 95% | 275036 | 233919 | MIS8 初期至 MIS7 初期 |

注：表中数据来源于黄孟杰硕士学位论文。

1. 第②层堆积较厚，时代延续较长。从测年数据和出土动物化石情况来看，主要时代为晚更新世，绝对年代大致范围为 60791~11742（a. B. C.），相当于深海氧同位素阶段 MIS3 初期至 MIS1 初期。该层堆积与其他地层明显不同，角砾棱角分明，没有钙质胶结现象，也没有铁锰淋滤浸染，几乎看不到水作用的痕迹，表明这个时期气候较为干冷，与末次冰期相对应。

2. 第③层是一个标志层，年代范围介于 162933~100232（a. B. C.），约对应于深海氧同位素 MIS6 中期至 MIS5 中期。这一层地层堆积颜色发白，角砾磨圆，整体堆积略有胶结，水的作用明显，可能是这一层所处的时期雨水充沛，地层冲刷严重导致与③层之间存在明显沉积间断。

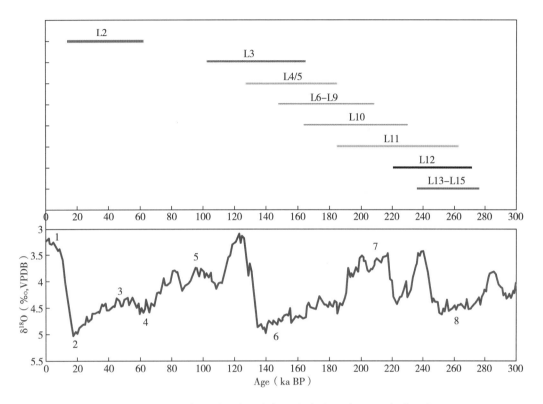

图 3-6　玉米洞遗址地层年代结果与深海氧同位素曲线对比图（据黄孟杰，2020）

3. 第④~⑤层黏土沉积明显，年代大致为 183165~125135（a.B.C.），大体相当于深海氧同位素 MIS6 初期至 MIS5 初期，与③层的年代范围有部分重合。

4. 第⑥~⑨层堆积具有规律性，主要表现为角砾层与黏土层交替出现，水作用明显，角砾多有风化磨圆和铁锰浸染现象，表明这个时期气候以暖湿为主但波动明显，经历了冷暖的交替。这几层堆积的绝对年代的大致范围在 206161~145832（a.B.C.），相当于深海氧同位素阶段 MIS7 末期至 MIS6 末期，与④、⑤层年代范围略有重合。

5. 第⑩层的年代范围为 228324~161383（a.B.C.），相当于深海氧同位素 MIS7 初期至 MIS6 中期，与⑥~⑨层的年代范围部分重合。

6. 第⑪层年代范围大致在 261568~182448（a.B.C.），约对应于深海氧同位素 MIS8 中期至 MIS6 初期，与⑩地层的年代范围出现部分重合。

7. 第⑫年代范围为 269548~218506（a.B.C.），约相当于深海氧同位素 MIS8 初期至 MIS7 中期，与⑪层的年代范围出现部分重合。

8. 第⑬~⑮的年代范围为 275036~233919 （a. B. C.），相当于深海氧同位素阶段 MIS8 初期至 MIS7 初期，与⑫层年代范围有所重合。

总体来看，玉米洞遗址从目前发掘所见原生地层的年代大致从距今近 30 万年延续至距今 1 万年，地质时代上属于中更新世晚期至全新世，考古时代上经历了旧石器时代的早、中、晚期。除②、③层之间出现沉积间断外，其余各层堆积均表现出连续沉积。玉米洞遗址各层堆积中均包含石制品和动物化石，说明在约 30 万年前，人类文化遗存一直连续或局部时段断续演变至今。

# 第四章　遗存形成过程与模拟实验分析

## 第一节　遗存形成过程

### 一、遗存的埋藏学观察

从前文关于洞穴的形成过程来看，洞内的地层堆积主要由洞内溶蚀坍塌和流水搬运等机械堆积而成，化学沉积和动物堆积以及人为堆积伴随其间。从前文各探方和探沟的发掘情况来看，T1 和 G1 发掘地层与 T2～T8 明显不同，T1 和 G1 位于洞穴尾端，虽然未发掘到底，但从揭示的地层堆积来看，地层分层简单且更清晰，堆积主要为黏土夹角砾，但角砾磨圆胶结，仅出土动物化石，动物化石多被浸染呈红色，不见人工遗存，堆积成因主要为流水搬运，没有人为堆积。而 T2～T8 地层堆积明显更厚更复杂、分层更多，各层均有文化遗存出土，堆积成因更为多样。由于 T1 和 G1 不涉及文化遗存，而 T2 挖掘粗糙、地层相关信息记录不清，故本文遗存形成过程和分期以及后续的研究分析大都基于 2012～2015 年发掘的 T3～T8。虽然 T3～T8 各探方发掘均未到底，发掘深度也有所不同，但大部分探方发掘至 4 米深，仅 T6 发掘至 6 米深，仍可作文化遗存在平面和剖面分布上的对比。文化遗存在平面分布上疏密有别，除了 T3、T4 试掘探方发掘较为粗糙、文化遗物本身数量较少之外，其余正式发掘探方采集遗物标准统一，遗物密集区在不同层位的平面分布有一定的位移，暗示了人类活动的功能分区和人类行为的多样化。文化遗存在剖面上的分布有明显区别，各层出土文化遗物的数量不等，部分层位出土石制品和动物化石的数量差别较大，反映不同时期人类活动的强度和持续性有明显差别（图 4-1）。从地层堆积的成分和规律来看，大致可以分为上、中、下三套大的堆积单元，代表三个大的冰期与间冰期的旋回，各堆积单元内又可以进一步细分，尤其是中部堆积单元和下部堆积单元可以角砾层和黏土层的交替出现进一步区分出大的冰期或间冰期内的冷暖气候环境变化。玉米洞洞穴地层堆积中角砾层和黏土层的交替变化是中—晚更新世冰期—间冰期气候环境周期变化的反映，与深海氧同位素记录和黄土—古土壤交替变化有较好的对应关系。玉米洞遗址超过 6 米厚的原生堆积和目前划分出的 18 层地层表明玉米洞遗址至少存在 5 层明显的黏土层和 4 层不明显的黏土层，记录了中—晚更新世的古气候波动变化情况，经历了 5 个明显的气候旋回和 4 个不明显的气候旋回。从地层分层和年代数据来看，玉米洞遗址目前划分出 18 层，各层均有石制品、动物化石等文化遗物，似也可称为 18 层文化层，所代表的人类活动历史大约从 30 万年前连续或断续绵延至 1 万年前甚至更晚。2016 年笔者博士论文的一些章节对部分石制品做了初步的分层研究，但分层研究是按照自然地层分层来进行，过于细致的地层分层不利于长时段观察文化的发展变化，故本书为了更好地呈现和对比不同时期玉米洞遗址的文化遗存，我们根据堆积成因、地层分布规律、年代数据和文化遗物，将玉米洞遗址的文化遗存大致分为三期，分别对应地层堆积的三个大的堆积单元和冰期—间冰期气候旋回，也对应考古分期中的旧石器时代早期、中期和晚期，在气候环境变化背景下来考察玉米洞遗址文化的历时性演变。

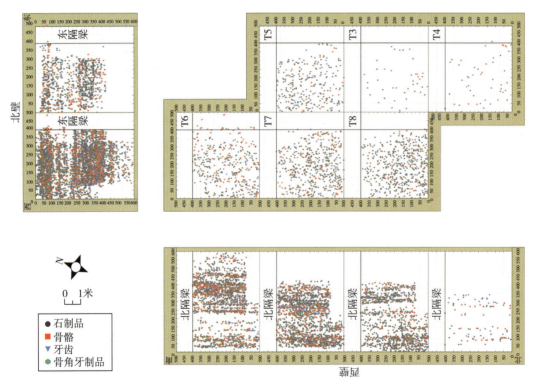

图 4-1　玉米洞遗址文化遗物平剖面分布图

　　第一期文化遗存，即旧石器时代晚期遗存，主要包含②~①层的文化遗存，主要类别有石制品、动物化石、骨角牙器、用火遗迹等，绝对年代大约从距今 6 万年至距今 1 万年。这一时期的地层堆积虽然只区分了两层，但地层较厚，尤其第②层可区分为多个亚层，整体堆积特征较为一致，亚层不明显且在各探方有不同程度缺失。这一时期的地层堆积也有明显规律，主要为土质较疏松的角砾夹黏土层，含大型块状角砾，大小角砾混杂，没有明显分选，角砾棱角分明，几无磨蚀，不见流水作用痕迹，也无铁锰浸染现象。从堆积成因和洞穴结构推测，这个时期洞口位置可能已经高于洞外槽谷中的片流，洞外流水无法倒灌进入洞穴，地层主要为洞顶和洞壁垮塌机械堆积和人类活动的人为堆积。这一时期地层堆积中人类活动明显加剧，主要反映在文化遗物的丰富、用火遗存的出现和动物骨角牙材料的开发利用。具体表现为在石制品数量明显增多且出现了雕刻器、矛形器等一些典型的旧石器时代晚期代表性器物类型，发现两处早期地层未曾出现过的用火遗迹，动物化石表面明显的人工改造痕迹和骨角牙器大量出现，动物群成员中大型食草动物幼年个体的狩猎倾向选择等一系列的变化和新元素。这一期的文化遗存主要处于MIS1-3阶段，属于冰期，气候环境主要为凉爽干燥，地层堆积特征也与末次冰期的气候特征相符。从地层堆积和文化遗存的丰富程度来看，这一时期气候环境虽然局部出现干冷但总体应适宜人类生存繁衍，动植物资源丰富，人类活动繁盛，形成了遗址最为丰富的文化遗存。遗存的丰富也指示着人类适应能力的增强和行为的多样化，遗存在较厚的地层中连续堆积也反映人类活动的长期性和持续性。

第二期文化遗存，即旧石器时代中期遗存，主要包含⑨~③层的文化遗存，主要有石制品、动物化石和少量骨器，绝对年代大约从距今20万年至距今7万年。这一时期的地层堆积特征鲜明，主要表现为较厚的角砾层和较明显的黏土层交互出现。个别角砾层中的角砾分选明显，角砾明显磨圆且多有铁锰沉积包裹，黏土层较厚但局部发育，部分黏土层有明显的沉积分层，黏土受钙质胶结呈大颗粒状。本遗址虽然未做沉积物粒度、磁化率等手段的分析，但从地层特征和角砾长轴分布等情况的观察，可以证实遗址在这个时期长期经受水动力的改造。但是，不同层位和不同区域的流水作用有明显差异，在③、④层所处的地质时期水动力较为强劲，流水作用痕迹更为显著，水动力改造可能正是导致第一期文化与第二期文化之间存在沉积间断的原因。同时，从地层沉积的厚度和地层特征的显著性观察，洞穴两侧的水动力沉积明显强于洞穴中部。而且，这一时期部分层位的石制品和动物化石明显减少，相当多的石制品和动物化石表面有明显的流水磨蚀或钙质胶结物附着。这一期文化遗存主要处于MIS5-6阶段，属于间冰期，较厚的黏土层和磨圆角砾层反映雨量充沛、温暖湿润的气候环境，也反映出这一时期的洞穴堆积可能经历了季节性雨水的冲刷，部分石制品和动物化石可能来自洞口或洞外的搬运沉积。因此，从地层堆积成因和文化遗存分布来看，这一时期的洞穴状况可能并不适宜古人类进行连续性的洞内活动，洞穴可能是间歇性或者季节性活动场所，人类活动有间断或频率有所降低。

第三期文化遗存，即旧石器时代早期遗存，主要包含⑱~⑩层出土的文化遗物，主要为石制品、动物化石和少量骨器，绝对年代大约从距今 30 万年延续至距今 20 万年。从地层堆积来看，这一期文化遗存并未发掘到底，沉积物呈现明显规律性，主要是以薄层的角砾和黏土交替出现，但角砾层和黏土层均较薄，部分角砾层"钙板化"，少量角砾也有轻度磨圆和铁锰浸染，而黏土土质疏松，较为纯净。从洞穴结构和堆积成因来看，该洞穴形成时间很早，堆积主要是洞内的风化坍塌以及山坡片流或者季节性洪水（如泥石流）将角砾块冲刷后带入洞内沉积形成的角砾层，而黏土层主要代表为岩溶黏土，还有平缓流水带来的泥沙沉积。大部分洞内形成的角砾棱角分明，没有铁锰浸染，而小部分洞外带入的角砾则表现出轻度磨圆和黑色铁锰沉积。这一期文化遗存主要处于 MIS7-8 阶段，属于冰期，从堆积结构和规律来看，气候以冷湿为主，可能还出现几次不连续的冰冻事件，这一时期气候波动频率较快，但气候变化幅度不大且有冷暖交替的小气候旋回，环境有变化却不明显，不影响人类和动物群活动。从地下⑱（或更深地层）至⑩层均出土石制品和动物化石来看，该洞穴长期被古人类和动物占据。这一时期的石制品大部分棱脊清晰，属未经搬运的原地埋藏，应为古人类在洞内进行石制品打制与使用而遗留，但也有少部分石制品表面有较明显的风化溶蚀，说明可能经过短时间的暴露或短距离搬运，应为古人类在洞外活动形成的文化遗物经流水作用带入洞内沉积下来。这种情况也间接地说明这一时期的一些山坡片流和季节性流水会对古人类利用洞穴造成一定的侵扰，在堆积中形成洞穴外的冲积物和洞内堆积混杂的状况。动物化石的情况与石制品类似，大部分棱角清晰无磨蚀，小部分轻度磨蚀，反映了动物化石形成和埋藏的情况也较为复杂，既可能有古人类肢解消费后的遗留，也可能是动物相互之间的猎食残留或动物自然死亡于洞内埋藏，还有可能是洞外流水作用的搬运或有啃咬行为的动物搬运。

## 二、遗存出土概况

玉米洞遗址的文化遗存材料主要来自 2011~2012 年两次试掘和 2013~2015 年的正式发掘，登记编号的出土品和采集品合计超过 6776 件，其中石制品 3404 件，动物化石超过 3372 件。2011 年的初次试掘是作为化石点挖掘，挖掘方式略显粗放，采集了大量动物化石，化石主要来自洞外天坑处和 T1，数量应超过 1000 件，石制品也有少量采集，主要出自 T2，但本次试掘存在标本遗失和层位不清现象，脱层石制品较多，后期整理登记编号的石制品数量为 107 件。2012 年的二次试掘较为正规，但在对遗址和石制品属性认识不清的情况下，工作重心放在人类和动物化石的寻找上，地层划分较粗，发掘工作不够精细，出土石制品 70 件、动物化石 142 件（含 7 件骨制品），主要出自 T3~T4。2013 年的第一次正式发掘出土文化遗存数量最多、种类最丰富，出土石制品 2857 件、哺乳动物化石 1530 件（含骨角牙制品），打制或局部磨制的骨角牙制品 113 件和两处用火遗迹，主要出自 T5~T8。2015 年的第二次正式发掘是 2013 年发掘工作的延续，出土石制品 374 件、动物化石 700 件，主要来自 T6、T8 和 G1。

虽然玉米洞遗址经历多次发掘，但遗憾的是因为时间、安全、地层出水等原因，所有发掘探方均未见基岩层。各探方发掘深度不一致，T1 发掘深度约 1.5 米，T2 发掘深度近 5 米，T3~T4 约 3.5 米，T5、T7、T8 发掘深度为 4 米左右，T6 发掘最深，约 6 米。不同探方在遗址的位置不同，除 T1 外，其余各探方均有文化遗存出土。由于各探方发掘面积、地层厚度及所处位置不同，出土文化遗存的数量有较大差异。从文化遗物的平面分布来看，靠近洞口一侧的 T6、T7、T8 文化遗物明显更为密集。从文化遗物的剖面分布来看，所有探方文化遗物连续分布，但上部和下部地层的文化遗物分布相对密集，而中上部地层的文化遗物分布相对稀疏（图 4-1）。

我们根据前文地层堆积、测年数据及文化遗存的差异，可将玉米洞遗址的文化遗存分为三期（不含 T1、T2 和洞外天坑处的文化遗存）：

第一期遗存主要包含玉米洞遗址 2012~2015 年度发掘 T3~T4 的 1~2 层，T5~T8 的①层和②a、②b、②c 层发现的各类遗迹、遗物与其他遗存。其中 1 层和①层为扰动土层，除去近现代遗迹和遗物之外的其他旧石器时代遗存并入第一期文化遗存。本期遗存实际发掘面积约 94~96 平方米（除去隔梁和台阶），发掘厚度 1~2 米。

第二期遗存主要包含玉米洞遗址 2012~2015 年度发掘 T3~T4 的 3~7 层，T5~T8 的③~⑨层发现的各类遗存。本期遗存实际发掘面积 45.3~76.5 平方米（除去隔梁和台阶），发掘厚度 2~2.3 米。

第三期遗存主要包含玉米洞遗址 2013~2015 年度发掘的 T5~T8 的⑩~⑱层发现的各类遗存。本期遗存除 T6 发掘至⑱层外，其余探方均发掘至⑫层，本期实际发掘面积 22~26 平方米，发掘厚度 1~2 米。

第一至三期文化遗存虽然受发掘面积、地层厚度等因素影响，所获文化遗存数量上存在一些差异，但仍可从整体作一些宏观的统计和对比（表 4-1）。

表 4-1　　　　　　　　　　　玉米洞遗址各期文化遗存统计表

| 遗存类型<br>遗存分期 | 石制品 | 骨角牙制品 | 动物化石 | 遗迹 | 合计（件） | 百分比（%） |
|---|---|---|---|---|---|---|
| 第一期文化遗存 | 1262 | 66 | 546 | 2 | 1876 | 36.89 |
| 第①层 | 20 | 0 | 0 | 0 | 20 | 1.07 |
| 第②层 | 1242 | 66 | 546 | 2 | 1856 | 98.93 |
| 第二期文化遗存 | 1133 | 36 | 598 | | 1767 | 34.74 |
| 第③层 | 96 | 6 | 66 | | 168 | 9.51 |

| 遗存类型<br>遗存分期 | 石制品 | 骨角牙制品 | 动物化石 | 遗迹 | 合计（件） | 百分比（%） |
|---|---|---|---|---|---|---|
| 第④层 | 82 | 9 | 72 | | 163 | 9.22 |
| 第⑤层 | 227 | 17 | 228 | | 472 | 26.71 |
| 第⑥层 | 134 | 1 | 95 | | 230 | 13.02 |
| 第⑦层 | 300 | 3 | 68 | | 371 | 21.0 |
| 第⑧层 | 147 | 0 | 29 | | 176 | 9.96 |
| 第⑨层 | 147 | 0 | 40 | | 187 | 10.58 |
| 第三期文化遗存 | 902 | 13 | 528 | | 1443 | 28.37 |
| 第⑩层 | 245 | 4 | 123 | | 372 | 25.78 |
| 第⑪层 | 246 | 6 | 215 | | 467 | 32.36 |
| 第⑫层 | 188 | 0 | 98 | | 286 | 19.82 |
| 第⑬层 | 33 | 0 | 3 | | 36 | 2.49 |
| 第⑭层 | 42 | 1 | 13 | | 56 | 3.88 |
| 第⑮层 | 130 | 2 | 43 | | 175 | 12.13 |
| 第⑯层 | 8 | 0 | 13 | | 21 | 1.46 |
| 第⑰层 | 1 | 0 | 14 | | 15 | 1.04 |
| 第⑱层 | 9 | 0 | 6 | | 15 | 1.04 |
| 合计 | 3297 | 115 | 1672 | 2 | 5086 | |
| 百分比（%） | 64.83 | 2.26 | 32.87 | 0.04 | | 100 |

注：数据来源于 2012~2015 年 T3~T8 发掘出土资料。

## 三、存在疑点与问题

玉米洞遗址从化石点到遗址的确认过程中，一直都存在不同程度的质疑和问题。首先，起初挖掘方式较为粗放，相关记录缺失，在未有较多数量或确凿的人工制品时就盲目提出有骨器等文化遗存，很难令人信服；其次，在进一步的发掘过程中，出土石制品数量有所增加但仍主要局限于石灰岩石制品和动物化石时，不同学者对这种特殊埋藏环境下的石灰岩石制品人工属性存疑；再次，在发现了硅质岩石制品、骨角牙器等其他遗存时，石灰岩石制品数量也在增加，典型标本也在出土，人工属性的质疑声小了，但仍然存在部分石制品是否能够确定为人工制品的问题；最后，即使我们发掘确认的标本中也不能保证百分之百都是确凿无疑的人工制品，何况地层中可能还有作为断块或残片的石制品，我们很难识别。为此，我们还专门召开了玉米洞遗址考古发掘论证研讨会，以求解决相关争议和问题。具体存在的疑点和问题归纳如下。

### 1. 洞外骨制品的人工属性问题

玉米洞作为化石点被发现之时，在洞外天坑处就有学者发现 1 件疑似骨器标本，后

来在 2011 年的试掘中又发现 1 件类似标本并与初次发现的疑似骨器进行对比（黄万波
等，2016）。笔者对于在洞外天坑处发现的骨器持怀疑态度。理由主要有：第一，洞外
天坑发现的疑似骨制品并不典型，人工打制特征和痕迹均不清楚，不能排除自然营力形
成假骨器的可能性。第二，发现的两件疑似骨器均为采集品，没有详细的地层和坐标记
录，天坑处经历爆破等近现代人为扰动，即使是真骨器也不能排除晚期形成的可能性。
第三，天坑处地层与遗址有文化遗物的地层截然不同，二者可能并无太大关联，且在天
坑处长期挖掘但并未发现任何其他人工遗物。第四，动物骨骼破碎的成因复杂，受各种
营力综合作用，且仅有两例，也很可能是偶然形成的以假乱真的假骨器。

2. **埋藏环境与部分石制品人工属性的争议**

玉米洞遗址石灰岩石制品的人工性质随着大量典型石制品的出土逐渐得到确认，尤
其是硅质岩石制品的出土和典型骨角牙器的出现，进一步佐证了共出石制品的人工属
性，这促使我们有底气将一些非典型石制品也进行采集记录。不可否认，有一小部分石
制品的性质可能仍然存疑，尤其是面对洞穴遗址复杂的埋藏环境和石灰岩石制品的特殊
性。而且，在发掘过程中也发现有个别岩块边缘存在即将脱落碎片的现象和新旧片疤共
存现象。这些问题和现象都需要进行石制品与曙石器的仔细辨别，对曙石器成因做系统
研究并结合实验考古学分析予以"验明正身"。石制品人工属性的辨别需要结合遗址的
地质地层、埋藏学、石制品原料、考古实验、石制品的人工特点、工具生产过程、古生
态环境和文化对比等综合分析予以科学鉴定（李超荣，2006）。本书在后面将针对上述
问题进行石灰岩石制品埋藏实验的分析和研究。

3. **石灰岩原料是否适宜制作石制品的质疑**

古人类对石制品原料特性有清楚的认知，制作石制品的原料是经过明确选择的。一
般来说，传统观念认为石灰岩不适宜制作石制品，因为石灰岩是以方解石为主要成分的
碳酸盐岩，硬度低，也不具备各向同性和脆性（陈武、季寿元，1985）。因此，玉米洞
遗址石制品发现之初，我们对石灰岩石器的人工属性持谨慎态度。后来，石灰岩石制品
出土数量越来越多，人工性质越发清楚，而且玉米洞遗址的石灰岩石制品主要以硅质灰
岩为原料，这种硅质灰岩较普通石灰岩具有较好的硬度、均质性和韧性，在"优质原
料"缺乏的情况下，不失为一种有效的替代原料。此外，在巫山龙骨坡、盘县大洞、黔
西观音洞等遗址都发现较多的石灰岩石制品（侯亚梅等，2006；Boëda et al. 2011；李炎
贤、文本亨，1986；李英华等，2009；黄慰文等，2012），石灰岩不是理想原料但并非
不能作为原料。况且，还有少量硅质岩、骨角牙等其他材料作为补充。玉米洞遗址的石
制品中，石灰岩在原料构成中占据绝对优势，是一个值得注意的现象，后面会有原料利
用策略的专题分析来解答这一问题。

### 4. 石制品组合面貌与加工技术的特殊性问题

玉米洞遗址的石制品组合面貌确实与众不同，石核、石片等剥片产品数量较少，断块与碎片等工具加工修理产生的副产品也较少，而工具数量占绝对优势。这与传统工具少而其他产品多的石制品组合面貌截然不同，确实是一个值得注意的疑点。断块与碎片少的问题可能与发掘精细程度有关。石灰岩的脆性和节理发育等特点可能在打制石器时产生较多断块，而遗址地层中广泛分布形态各异的石灰岩角砾，这些人工断块与自然角砾在形态特征上很难区分。此外，玉米洞遗址剥片较少，工具多为"修边工具"，工具加工修理简单，少有大幅度的改造，因而仅会在刃缘修理时容易产生碎屑而很难形成大量的断块。碎片碎屑理应在地层中存留，可能因为发掘出土未做筛洗或流水作用冲刷带走，未能有较多发现。玉米洞遗址虽然石核、石片数量很少，但制作工具的毛坯多为片状毛坯，考虑到玉米洞遗址原料质地和形态的特殊性，以及独特的石制品组合面貌，可能反映的是一种区域性特殊的石制品剥片技术和工具加工策略，本书在后面的打制模拟实验分析中对此问题有专门回应。

### 5. 石灰岩工具的使用功效问题

玉米洞遗址的石制品遭受质疑，除了上述原因之外，还有一个石灰岩石器的使用功效的问题。该遗址的工具数量占比很大，一般认为石灰岩质软，即使能够制作成工具，在古人类具体的行为活动中并不能很好地完成相应任务。尤其是在砍砸、切割、挖掘等行为中石灰岩工具的功能是否能够稳定发挥？工作效能表现又如何？这样多的工具类型是否都具有较好的使用功效也成为质疑石灰岩石制品的关键问题。后文对此问题进行了使用模拟实验的分析和验证。

# 第二节　模拟实验分析[1]

## 一、埋藏实验

### （一）埋藏实验背景

#### 1. 曙石器问题引发的埋藏实验研究

埋藏实验是伴随曙石器之争而形成的一种辨别石制品真伪的重要途径。"曙石器之争"曾引起剧烈纷争，对其理解大致分为两种观点：其一，曙石器即为假石器，均为自然营力所破碎的碎石与碎骨，与人工无干；其二，曙石器是人类所制作的最原始的石

---

〔1〕 本节内容作为阶段性成果曾发表于各考古学期刊，本书略有删改。

器，是人类最早文化的代表（梁钊韬，1962；捷夫，1962；冰酷，1962）。尽管后者将曙石器定义为人类初期的人工制品，但其人工性质的认定又回到了石制品真伪的判定上。如今虽然"曙石器之争"已成为过去式，但面对复杂多样的石制品属性和埋藏环境，石制品真伪的分辨依然任重而道远（Peacock and Evan.1991）。在石制品鉴定的实际操作中，有些石制品往往因时代久远、原料劣质、埋藏环境复杂或加工程度浅等原因而存在诸多争议，即使参照某些石器鉴定标准（贾兰坡、王建，1978；张森水，1999）或经由权威专家凭借经验定性，仍然不能令人完全信服。作为人类最早文化的代表性遗址如西侯度、上那蚌、龙骨坡和人字洞等均存在不同程度的争议，争论的核心仍是石制品的人工性质问题（卫奇，2000）。此外，性质明确的遗址也存在石制品属性不清的问题，典型石制品人工性质的确认不言自明，但人工性质模棱两可的"非典型石制品"的确认则需要进行特征组合分析，结合遗址的地质地层、古生态环境、埋藏学、石制品原料、工具生产过程、石制品的人工特点、考古实验和文化对比等综合分析予以科学鉴定（李超荣，2006）。因此，石制品人工属性的确定显得尤为重要，遗址的后续研究乃至遗址的真实性和科学性都需要建立在正确为出土石制品定性的基础之上。

　　作为判断石制品人工属性的重要途径，模拟实验被越来越多的学者重视和应用。一般来说，石制品的模拟实验主要可以分为三种类型：埋藏实验、打制实验、使用实验（高星，2002），三种实验类型互相补充并各有所侧重。埋藏实验主要是伴随着曙石器的论战而产生，在石制品研究的初期，模拟实验主要用来区分石制品是人工制作还是自然形成，尤其是曙石器的争论使得埋藏实验大为流行。1913年，莫伊尔（J. Moir）曾将一大把燧石放在布口袋里并使其不断晃动来进行打片实验，结果很奇怪，与人工制品截然不同。据此，莫伊尔认为，自然力不可能造成人工石制品的特征。沃伦（S. Warren）也用另外一些方法进行实验，他将石锤向石块乱扔，并在海滩上滚动大石头来造成石块破碎。这些实验都是想验证自然力是否会造成类似于人工特征的旧石器（Johnson.1978；Trigger.2006；陈淳，1993）。纳什（Nash）曾研究过洞穴内壁坠落物对下部沉积的影响，他将重物从不同高度掷落到碧玉和凝灰岩碎屑上，实验结果显示，在形态特征方面这种自然作用产生的痕迹与人工修整的痕迹不同（Nash.1993）。克努森（Knudson）曾记录了牛群在饮水槽周围踩踏玻璃的实验效果，结果显示踩踏标本具有许多随意边缘片疤，最容易受力而随机发生改变的部位恰好也是人工修理的最理想边缘（Knudson 1979）。人类的踩踏可以形成与刻意修理极其相似的破损，破损疤的数量、分布及边刃的角度和石制品接触的下部沉积物密切相关（Flenniken.1977；Gifford-Gonzalez.1985；Pryor.1988；Nelson.1991；McBrearty.1998）。奥德尔（George H. Odell）和考恩（Frank Cowan）为研究犁耕区耕地行为对石制品的影响做了一系列实验，得到大量典型的带有犁耕破损痕迹的标本和一些规律性认识（Odell.1986）。在我国，裴文中在 20 世纪 30 年代也曾采用模拟实验方法对北京人遗址的石制品进行研究，对曙石器的成因进行了系统分析，指出温差、地层压力、地层崩塌、大自然的各种动力作用均可形成以假乱真的假石器，他还讨论了地表上由于车辆碾压、人畜踩踏等原因造成的石块破碎现象，对曙石器的争论产生了重要影响（裴文中，1987）。

**2. 玉米洞遗址石制品的埋藏实验**

埋藏实验的一个重要作用即观察人类活动现场被弃置后遗物和遗迹在自然状态下或人工模拟的各种自然营力作用下发生改变的情况和规律（高星，2002），为石制品真伪的辨别提供依据。当然，形成假石器的可能性因素很多，有些是单个原因造成，有些是多种因素共同作用的结果，但具体到某个遗址或某类石器，结合具体遗址背景排除无关因素，做有针对性的埋藏实验对识别石制品具有非常直观而重要的意义。

玉米洞遗址是三峡地区新近发现的一处重要的中—晚更新世洞穴遗址，位于重庆巫山县庙宇镇小营村，距离著名的龙骨坡遗址仅 3.5 千米。该遗址以时代跨度大、石器工业面貌特殊、石灰岩石器比例高而著称（Wei et al. 2015）。目前为止，玉米洞遗址发掘深度已超 6 米，可划分出 18 层文化层，各层均有石制品和动物化石出土。该遗址从堆积成因来看，至少经历了机械堆积、化学堆积、人为堆积和动物堆积（裴文中，2004）的多重作用。玉米洞遗址石制品发现之初，有学者对它的人工属性持怀疑态度，认为石灰岩岩块在洞壁塌落、人与动物踩踏、流水动力等作用下可能形成假石器。该遗址特殊的石器工业面貌进一步加深了这种猜疑：遗址石制品的原料以石灰岩占绝对主导，而石灰岩一般硬度较低，不具备良好的各向同性和韧性，传统观念认为并不适宜制作石器；石制品加工技术以单向的简单加工修理为主，对原坯改造程度浅，多呈"修边石器"，与具有薄锐边缘的石块受力破损形成的假石器相类似；石制品组合以石器占绝对优势，少见石核、石片及断块（贺存定，2016），与常规的石制品制作产生的类型组合存在矛盾之处。鉴于学者对玉米洞遗址出土石制品人工属性的怀疑和猜测，我们通过埋藏实验的手段对其进行验证和对比研究，结合前人研究成果，为玉米洞遗址石灰岩石制品属性的判定提供佐证，对一些疑点和问题作出合理解释，为石灰岩石制品"正名"。

从玉米洞遗址的背景和地层成因情况来看，形成假石器的可能性因素主要有踩踏挤压、流水动力、地层挤压三个方面。针对玉米洞遗址石制品的特点和埋藏状况，地层挤压我们暂时无法模拟，主要设计了踩踏实验和滚动实验两个内容来模拟流水动力作用和踩踏挤压作用对石制品的影响，进而为验证辨别玉米洞遗址石制品的人工属性提供参考。实验借鉴了成功模拟实验的相关流程和模式（高星、沈辰，2008；方启，2009），但实验形式和内容与前人实验有较大区别。需要指出的是，在玉米洞遗址的埋藏环境下开展实验，实验的原始情境不可复原，一些自然营力也无法再现和重演，我们的实验不能与真实情境直接类比和对应，但可以为石制品的研究提供参考和启示。实验中可能还有一些因素未被考虑和涉及，而这些未被考虑或涉及的因素或可改变和修正我们原有的认知，我们只能尽量客观地模拟和研究各种现象，从而使认识更趋近于真相。

（二）踩踏实验

**1. 实验目的与设计**

在玉米洞遗址的形成过程中，洞壁或洞顶在重力作用下塌落会造成岩块分裂破碎，形成形态各异的块状或片状毛坯，甚至会偶然形成具有人工特征的石片，可以为石器制作提供理想的毛坯，但很难形成以假乱真的成品石器。人为堆积和动物堆积也是洞穴堆积形成的重要组成部分，玉米洞遗址各层均有丰富的石制品和哺乳动物化石出土，且鹿、牛、犀、象是动物群的主角，洞穴内人的高频率踩踏和大型动物的高强度踩踏可能会对地表暴露的石块或石片造成反复的挤压碰撞，从而容易形成逼真的假石器。基于玉米洞遗址人与动物堆积的长期性和石灰岩原料的特殊性，我们对人与动物的踩踏是否能够形成石灰岩假石器进行实验验证。

原料的岩性对于标本微痕的形成和特征的表现至关重要，实验选择的原材料为片状和块状的石灰岩角砾毛坯，采自玉米洞遗址外部的采石场。踩踏的主体和形式不同，对标本造成的破损痕迹也有所区别，踩踏主体主要考虑以牛为代表的硬蹄和以人为代表的软蹄，实验标本的埋藏形式分为浅层埋藏和地表暴露，标本与地层下部的接触物也分为角砾和黏土两种。通过以上不同形式的交叉和组合来考察不同的埋藏环境对于标本破损痕迹的影响程度。牛的踩踏为环绕一棵杉树进行绕圈踩踏，人的踩踏为在一条山间缓坡小路上来回进行往返踩踏。

**2. 实验过程与记录**

针对踩踏实验的特点，对每一件实验标本进行以下几个步骤的观察与记录（图4-2）：

1）实验标本的制备。本次试验共选择了7件实验标本，有2件经过二次加工，形成明显刃缘，其余标本均未经加工，但多具有较薄锐的边缘或可使用的尖角。为了便于观察，将实验标本用喷漆喷涂为橙红色。

2）实验主体选择。踩踏主体分为牛和人：牛选择了农户放养的黄牛，4岁，公牛，体重约700千克；人选择了穿软质橡胶底运动鞋的男性，身高168厘米，体重87.5千克。

3）实验前的准备。对实验标本进行实验前的观察与记录，将实验标本编号登记、定位照相、测量描述。

图 4-2　石灰岩石器踩踏实验

4）实验的实施。对踩踏实验过程进行详细记录，并对实验标本进行阶段性观察与描述。

5）将实验结束后的标本进行清洗、晾干，在显微镜下观察微痕特点，记录相关特征。

本次对 7 件标本进行了踩踏实验，简明的实验要素见下表（表 4-2），按照不同的踩踏形式将实验的观察和结果描述如下：

表 4-2　　　　　　　　　　石灰岩石器踩踏实验要素表

| 标本编号 | 岩性 | 毛坯类型 | 模块类型 | 是否修理 | 踩踏主体 | 踩踏次数 | 地面接触物 | 标本位移状态 | 埋藏形式 |
|---|---|---|---|---|---|---|---|---|---|
| USE12 | 石灰岩 | 片状 | Type 其他 | 否 | 牛 | 77 | 黏土 | 一直稳定 | 暴露地表 |
| USE13 | 石灰岩 | 块状 | Type8 | 否 | 人 | 100 | 灰岩角砾 | 后期稳定 | 暴露地表 |
| USE14 | 石灰岩 | 片状 | Type13 | 是 | 牛 | 79 | 黏土 | 一直稳定 | 暴露地表 |
| USE15 | 石灰岩 | 块状 | Type11 | 否 | 牛 | 57 | 灰岩角砾 | 一直稳定 | 浅层埋藏 |
| USE16 | 石灰岩 | 片状 | Type1 | 否 | 人 | 100 | 灰岩角砾 | 一直活动 | 暴露地表 |
| USE17 | 石灰岩 | 片状 | Type8 | 是 | 牛 | 100 | 灰岩角砾 | 一直活动 | 暴露地表 |
| USE18 | 石灰岩 | 片状 | Type6 | 否 | 人 | 200 | 黏土/角砾 | 后期活动 | 暴露地表 |

注：模块类型为以石器形态划分的一种具有几何形态模型的器物类型。

USE12，石片，打击点和放射线清晰，半锥体凸出，背面全疤，未经加工。长11.66、宽 12.17、厚 2.44 厘米，重 258.5 克。踩踏主体为牛，标本暴露于地表，与地表接触物为黏土，踩踏次数 77 次，标本在踩踏过程中始终处于活动状态，偶尔发生短距离位移。

USE13，扁平角砾块，一侧厚重，另一侧薄锐，未经加工。长 12.51、宽 8.03、厚 5.45 厘米，重 477.6 克，薄锐边缘刃角 26°~35°。踩踏主体为人，标本暴露于地表，与地表接触物为固定的较大块灰岩角砾，该标本在踩踏次数前 50 次时处于不稳定状态，薄锐处与角砾接触而发生细碎崩断，后来标本逐渐与角砾面贴合，处于稳定状态，踩踏至 100 次时几乎无变化。

USE14，石片，背面全疤，两侧边薄锐，对两侧边进行错向加工，形成一直刃和一凸刃，刃口长分别为 6.0、8.4 厘米，刃角 30°~45°，长 9.31、宽 7.27、厚 1.9 厘米，重 172.9 克。踩踏主体为牛，标本暴露于地表，与地表接触物为黏土，踩踏次数 79 次，标本一直处于活动状态，踩踏时因踩踏到标本的部位不同发生过位移和翻转。

USE15，三棱状角砾块，一面为稍平坦的自然面，两薄锐侧边夹成一锐尖，未经加工。长 14.43、宽 8.34、厚 4.48 厘米，尖角 45°，重 501.9 克。踩踏主体为牛，标本较厚，将其浅层埋藏于地表下 5 厘米，使得暴露于地表的标本面与路面持平，标本始终处于固定状态，与地表接触物为颗粒状小块灰岩角砾，踩踏次数 57 次，未发生位移。

USE16，片状毛坯，两侧边和一端较厚重，另一端薄锐，薄锐端中部呈陡直断口状，未经加工。长 15.57、宽 9.93、厚 4.1 厘米，刃角 23°~36.5°，重 639.2 克。踩踏主体为人，标本暴露于地表，与地表的接触物为较大块的灰岩角砾，且接触面不平整，标本一直处于高度活动状态，踩踏次数在 50 次时挤压碰撞已产生较多同向崩疤，至 100 次时同向崩疤有所增加。

USE17，片状毛坯，整体形状呈扇形，在薄锐边缘处加工出弧形凸刃，单向加工为主，片疤连续清晰。长 14.37、宽 13.08、厚 3.25 厘米，刃角 24°~46°、重 836.8 克。踩踏主体为牛，标本暴露于地表，与地表接触物为较小块灰岩角砾，标本一直处于活动状态，在牛的转圈随机踩踏中被踩踏频率最高，达 100 次，踩踏过程中发生过较大位移和翻转。

USE18，片状毛坯，一端厚重，另一端薄锐，薄锐端呈弧形凸刃，未经加工。长 15.34、宽 11.2、厚 4.73 厘米，刃角 24°~26.5°，重 640.46 克。踩踏主体为人，标本暴露于地表，起初与较软质的黏土接触，踩踏开始后即处于稳定状态，踩踏次数 50 次时标本无变化，至 100 次时仍无变化。后来将此件标本另行放置于较大块的角砾上，接触面较平整，起初因为标本不固定而在一侧边产生不连续的 4 个同向疤，后来标本逐渐稳定后基本不会产生新疤，踩踏次数至 100 次时也几乎无变化。

3. 实验结果与相关认识

本次实验产生的微痕特点：本次实验对 7 件标本都进行了实验前后的对比观察，具体变化特征可概述为：实验标本是否经过加工修理对实验结果的影响很小；实验标本整体形态未发生断裂等明显改变，残损、断裂率为 0；踩踏崩疤集中于标本的薄锐边缘，其他部位除了漆皮脱落外几无变化；崩疤数量较少，形态尺寸也较小，多为单向崩疤，形状深浅不一，崩疤形式以羽翼式为主（6 件），个别标本以断裂式为主（1 件），薄锐处呈现断裂式凹缺崩疤；崩疤分布以分散分布为主，仅 1 件呈现较连续分布，崩疤也基本呈单层分布，仅个别片疤呈现双层叠压（图 4-3）。

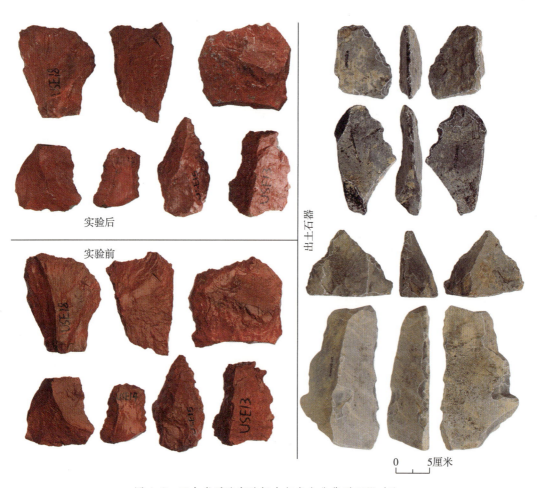

图 4-3　石灰岩踩踏实验标本与出土非典型石器对比

相关认识：综合微痕特点和实验过程记录，基本可以得出以下认识：1）标本原料的脆性对实验具有直接影响，容易产生崩疤；2）薄锐部位比厚重部位更易产生崩疤，体积较小的标本比体积大的标本更容易产生崩疤；3）标本与黏土接触基本不会产生新疤；4）与角砾接触时接触面贴合则标本处于稳定状态，不易产生新疤，而接触面不贴合时标本处于活动状态，容易产生新疤；5）踩踏结果与软蹄、硬蹄关系不大，踩踏的冲击力和重力影响也较小；6）暴露于地表更容易使标本处于活动状态而产生新疤，浅层埋藏则使标本更容易处于稳定状态而不易产生新疤。

### 4. 小结与讨论

踩踏实验标本产生崩疤与接触物的质地、形态关系密切，与接触物的贴合程度、稳定状态也有直接关联，而原料、踩踏力、软硬蹄等其他因素影响较小。踩踏实验标本的形制模拟出土文物而制备，实验过程中整体形态未发生明显变化，仅在可能作为刃缘的部位形成崩疤。实验标本的踩踏崩疤与出土文物的刃缘修理疤在片疤的数量分布、形态大小、深度等方面均有较大区别。仅 USE16 一件相似性略多，也是因为其同时具备了多项与崩疤形成直接关联的因素。通过踩踏实验标本和出土非典型石器刃部片疤情况的对比可以发现：出土石器比实验标本具有更多数量的羽翼式片疤，而实验标本往往具有较多断裂式崩疤；小片疤是实验标本和出土石器共有的，但出土石器具有更多的中疤和大疤，片疤深浅程度也较高；在片疤分布上，实验标本和出土石器的差别最为明显，出土石器因人为有意识地加工而形成连续修疤和双层或多层的修疤形态，而实验标本多为不连续和单层修疤；在片疤方向上，实验标本和出土石器都以单向为主，但出土石器规律性更强（表 4-3）。

表 4-3　　　　　　　　实验标本与出土石器刃部片疤情况对比

| 踩踏实验标本 | | | | | | 出土非典型石器 | | | | | | |
|---|---|---|---|---|---|---|---|---|---|---|---|---|
| 编号 | 羽翼式疤 | 断裂式疤 | 方向 | 大小 | 深度 | 分布 | 编号 | 羽翼式疤 | 断裂式疤 | 方向 | 大小 | 深度 | 分布 |
| USE12 | 2 | 4 | 单向 | 小疤 | 浅平 | 不连续、单层 | T5：668 | 31 | 0 | 异向 | 小、中疤 | 中凹 | 连续、多层 |
| USE13 | 3 | 1 | 异向 | 小疤 | 浅平 | 不连续、单层 | T6：14 | 22 | 0 | 单向 | 小疤 | 中凹 | 连续、双层 |
| USE14 | 5 | 1 | 错向 | 小疤 | 浅平 | 不连续、单层 | T7：259 | 17 | 0 | 单向 | 中疤 | 中凹 | 连续、单层 |
| USE15 | 2 | 1 | 单向 | 小疤 | 浅平 | 不连续、单层 | T7：761 | 6 | 0 | 单向 | 小、中疤 | 深凹 | 较连续、单层 |
| USE16 | 13 | 4 | 单向 | 小疤 | 中凹 | 较连续、单层 | T5：687 | 16 | 1 | 异向 | 中疤 | 中凹 | 连续、双层 |

| 踩踏实验标本 | | | | | | 出土非典型石器 | | | | | |
|---|---|---|---|---|---|---|---|---|---|---|---|
| USE17 | 5 | 3 | 单向 | 小、中疤 | 中凹 | 不连续、单层 | T8：567 | 11 | 1 | 单向 | 小、大疤 | 中凹 | 连续、双层 |
| USE18 | 4 | 1 | 单向 | 小疤 | 中凹 | 不连续、单层 | T5：648 | 15 | 0 | 单向 | 小、大疤 | 中凹 | 连续、双层 |

注：片疤大小：最大长 0.5 厘米以内为微疤，0.5~1 厘米为小疤，1~2 厘米为中疤，2 厘米以上为大疤。片疤深度：最深处 2 毫米以内为浅平，2~5 毫米为中凹，5 毫米以上为深凹。

本实验主要考虑了人和部分哺乳动物在洞内活动的踩踏作用可能会形成假石器。遗址背景表明人在洞内活动是长期而反复的，但人在洞内活动可能也有功能分区，整个遗址平面分布的石制品均受高频踩踏的可能性并不大，可能处于通道位置的石制品被踩踏的频率会略高。大型动物的踩踏作用强度会更大，但大型动物在洞内活动主要是洞穴被古人类废弃时的间歇性占据，因而大型动物对石块的踩踏频率应该很低。即使是高频率或高强度踩踏，也还需要具备与地表的硬质接触物不贴合、不稳定等因素才可能会形成高仿石制品，因此人和动物的踩踏作用形成高仿石制品的概率较低。

本次实验结果显示实验标本与出土石器区别明显，可以倾向性推断踩踏作用并不能形成足以以假乱真的假石器。但考虑到本次试验操作过程中存在一些诸如标本个体差异，实验标本数量少，踩踏力度、次数和部位的不确定等因素，出土石器中仍然可能存在个别踩踏作用形成的疑似石制品，在具体的鉴别中需格外仔细和谨慎。

（三）滚动实验

**1. 实验目的与设计**

滚动实验实际上是一种变通类比流水动力作用的模拟。流水作用可以将岩块磨圆也可以使其破裂，尤其是山区具有落差的流水作用对石块的碰撞磨圆更加激烈。玉米洞遗址的地层向洞内缓倾，部分地层流水作用明显，甚至有山洪的迹象。部分地层的石制品表面有轻度磨圆，可能经过缓慢流水的冲刷或短距离的搬运。因此，推测流水作用和缓坡形成的动能和势能会促使石块滚动和相互碰撞从而产生疤痕，可能形成假石器。鉴于此种背景和现象，我们通过模拟缓坡滚动来观察挤压碰撞对标本造成的疤痕，对上述推测进行实证，进而与出土石器进行对比研究，总结其形成的机制和规律。

流水搬运石制品的滚动挟裹着泥沙而前进，石块处于游离状态，除了彼此的挤压碰撞，还有与地表的岩石碰撞和摩擦，其原来的情境很难复制。我们主要设计模拟流水滚动的动能和翻滚的势能，观察石块之间摩擦、挤压和碰撞的相互影响，具体是将石制品分散装入石块与黏土混合的装入编织袋中，从山坡上滚落一定距离后，观察石块彼此间的挤压碰撞产生的疤痕。

**2. 实验过程与记录**

针对滚动实验的特点，对每一件实验标本进行以下几个步骤的观察与记录（图4-4）：

图4-4　石灰岩石器的滚动实验

1）实验标本的制备。本次试验共选择了6件实验标本，均为石灰岩，采自遗址附近的采石场，考虑了不同尺寸和类型的石制品，个体差异明显，有些经过二次加工，有些直接选自接近石器形态和功能的毛坯。为了便于观察，将实验标本用喷漆喷涂为橘红色。

2）实验前的准备。首先将实验标本进行详细的观察与记录，主要包括编号登记、定位照相、测量描述等，然后将遗址地层出土的大小角砾块和黏土以1∶2的比例均匀混合装入编织袋，同时将实验标本分散装入其中，扎紧封口。

3）实验背景。场地选择在遗址附近一处采石场搬运石料的斜坡上，坡长41.2米，坡度约40°，坡上堆积与遗址地层堆积相似，为黏土和角砾的混合，黏土为主，坡面略显湿滑。

4）实验实施。滚动实验分两个回合实施：第一个回合因考虑不周，编织袋底脚突出，不利于翻滚，在滚动过程中需借助少量人力才得以翻滚，用时较长，约4分钟；第二个回合经过改善，编织袋呈椭圆柱体，滚动顺利，用时1分30秒。

5）将实验结束后的标本进行清洗、晾干，在显微镜下观察微痕特点，记录相关特征。

本次试验共记录了6件实验标本的性状特征，简述如下：

USE22，片状毛坯，整体呈长方形，两侧修型加工，两端薄锐不做修理，与薄刃斧形制类似，腹面较平坦，背面略凸，器身没有自然面。长13.63、宽7.93、厚2.5厘米，重275.23克，刃角13.5°~31°。实验产生明显崩疤1个、碎屑疤3个。

USE23，片状毛坯，整体呈三角形，未经加工，石片特征明显，近端较厚，两侧及远端较薄锐，右侧边和远端夹呈一舌形尖。长10.34、宽5.27、厚2厘米，尖角44.5°，重89.25克。实验发生局部断裂，产生碎屑疤2个，不见明显崩疤。

USE21，片状毛坯，整体呈梯形，未经加工，近端略厚重，远端和一侧边薄锐，腹面不平坦，背面保留少量光滑石皮，从台面至远端有一条直纵脊。长15.9、宽9.58、厚4.93厘米，重488.8克，刃角26°~38°。实验产生明显崩疤2个、碎屑疤7个。局部棱脊处有漆皮脱落。

USE24，厚重的大石片为毛坯，整体呈直角梯形，未经加工，远端和一侧边汇合成一尖角，呈现三棱状手镐面貌。长22、宽14.2、厚6厘米，重1961.55克，尖角50°。实验产生碎屑疤4个，不见明显崩疤，个别棱脊处有磨损，漆皮脱落。

USE19，块状毛坯，未经加工，形态为具有平行节理面的梯形扁平灰岩石块，两面均较平坦，一个直断面和一个斜断面形成类似手镐的尖角。长19.7、宽10.1、厚3.56厘米，重1824.58克，尖角51°。实验未产生明显崩疤和碎屑疤，仅在棱脊处有明显磨损，漆皮少量脱落。

USE20，块状毛坯，节理较发育，整体形态略呈长方形，一侧厚重一侧薄锐，薄锐边经过简单修理形成刃缘。长14.37、宽8.97、厚5.17厘米，重655.23克，刃角38.5°~42°。实验产生明显崩疤1个、碎屑疤4个，棱脊处有磨损。

3. **实验结果与相关认识**

本次试验产生的微痕特点：本次试验观察了6件标本的实验前后变化，具体特点可归纳为：实验产生的崩疤数量很少，形态整体也较小，标本棱脊处漆皮因摩擦而有所脱落；实验产生的羽翼状崩疤很少，分布杂乱无规律，崩疤方向也具有不固定性；在标本的薄锐处和棱脊处较易产生摩擦碰撞形成的碎屑微疤，其分布也无规律可循，碎屑微疤与修理疤区别明显而与使用疤具有一定的相似性；标本发生断裂现象者1件，可能与体积小、较薄锐有关（图4-5）。

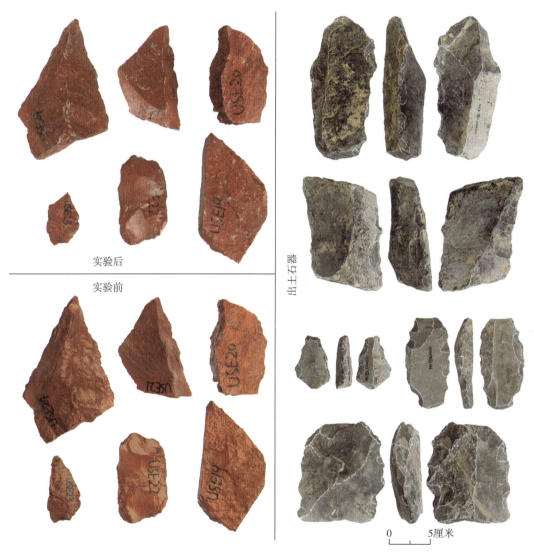

实验后

实验前

出土石器

0    5厘米

图4-5 滚动实验标本与出土非典型石器对比

相关认识：综合微痕特点和实验过程记录，基本可以得出以下认识：1）厚重者很难发生断裂，但不排除因节理发生的断裂；2）实验两个回合的滚动相当于一次急速搬运和一次缓速搬运，搬运速率对微痕影响更大，急速更容易碰撞产生崩疤，而缓速则是摩擦较多；3）搬运的距离和时间决定了标本被改造的程度，距离越远时间越长，改造越大，反之则越小；4）搬运的坡度对标本影响也较大，一般情况下坡度较大会形成较大的动能，冲撞力度更大，从而更容易产生片疤。

## 4. 小结与讨论

实验表明搬运速率和形式对标本的影响至关重要。本实验未能模拟标本在流水搬运中的游离状态，从而降低了碰撞发生的概率。缓速搬运形成的作用力主要是摩擦和挤压，碰撞较少，而急速搬运形成的强大动能更有利于碰撞的发生，因此实验结果更多地表现为摩擦挤压形成的微疤，而碰撞造成的中小片疤较少。通过实验标本与遗址出土石器的对比分析，实验产生的微疤与人工加工的修理疤在形态大小、方向深度、数量分布等方面均有较大区别，遗址出土石器与滚动形成的假石器较易区分（表4-4）。

表4-4 实验标本与出土石器刃部片疤情况对比

| 滚动实验标本 | | | | | | 出土非典型石器 | | | | | | |
|---|---|---|---|---|---|---|---|---|---|---|---|---|
| 编号 | 羽翼式疤 | 断裂式疤 | 方向 | 大小 | 深度 | 分布 | 编号 | 羽翼式疤 | 断裂式疤 | 方向 | 大小 | 深度 | 分布 |
| USE19 | 1 | 0 | 单向 | 小疤 | 浅平 | 不连续、单层 | T7：523 | 25 | 0 | 异向 | 小、大疤 | 中凹 | 连续、双层 |
| USE20 | 5 | 0 | 单向 | 小疤 | 浅平 | 不连续、单层 | T7：513 | 24 | 0 | 错向 | 小、中疤 | 中凹 | 连续、双层 |
| USE21 | 8 | 1 | 异向 | 微疤 | 浅平 | 不连续、单层 | T7：141 | 26 | 1 | 对向 | 小、中疤 | 中凹 | 连续、双层 |
| USE22 | 4 | 0 | 异向 | 微、小疤 | 浅平 | 不连续、单层 | T8：246 | 26 | 2 | 复向 | 小、中疤 | 中凹 | 连续、单层 |
| USE23 | 2 | 1 | 单向 | 微疤 | 浅平 | 不连续、单层 | T8：231 | 29 | 1 | 复向 | 小、中疤 | 中凹 | 连续、双层 |
| USE24 | 4 | 0 | 异向 | 微疤 | 浅平 | 不连续、单层 | T6：533 | 18 | 0 | 单向 | 小、大疤 | 中凹 | 连续、双层 |

注：片疤大小：最大长0.5厘米以内为微疤，0.5~1厘米为小疤，1~2厘米为中疤，2厘米以上为大疤。片疤深度：最深处2毫米以内为浅平，2~5毫米为中凹，5毫米以上为深凹。

玉米洞遗址的地层堆积显示，大部分地层的石制品为原地埋藏，没有流水作用的痕迹，石制品大部分棱脊清晰、没有磨蚀，不存在流水搬运现象，也就不会与流水作用形成的假石器相混淆。而小部分地层有流水作用，石制品轻度风化磨蚀，经过洞外到洞内的短距离、短时间的搬运，这种搬运与大江大河的流水搬运不同，不足以形成碰撞片疤较多的假石器。此外，遗址堆积本身的倾斜度较小，势能转化的动能也较小，很难形成较多的碰撞，假石器形成的概率也较小。该遗址流水作用可与大江大河流水作用相比较的可能仅有山洪或泥石流的爆发，这种性质的流水作用在遗址中并未有明证，其概率也不得而知。

因此，结合流水作用在本遗址的表现形式和滚动实验结果来看，普通的流水作用对石块的影响不大，难以形成假石器。另外，本次实验未能复原标本与搬运途中固定物体之间的摩擦碰撞以及标本在水中的游离状态，对可能存在的山洪等特殊现象也未能重演，这些因素可能会对实验结果的准确性有一定影响。

（四）结论与讨论

石灰岩石器的埋藏实验是一种实地实验，在玉米洞遗址的情境中涉及人与动物踩踏作用和机械滚动作用两个相对独立的实验变量，通过对这两个实验变量的精心处理或控制，观察石灰岩实验标本的变化和表现。实验结果及与遗址出土非典型石器的对比表明，二者差别明显，能够区分。结合遗址背景，我们可以得出具有限定性的结论：单独的人与动物踩踏作用和机械滚动作用在玉米洞遗址很难形成以假乱真的石灰岩假石器，玉米洞遗址绝大部分的石制品人工性质应确认无疑。

诚然，玉米洞遗址的实验情境不止踩踏和滚动，可能还涉及构造运动或地表水下渗导致的地质坍塌、地层挤压作用，但这种地质营力我们模拟实验很难再现。虽然这种营力的模拟实验我们无法开展，我们还是可以从侧面做一些简单的分析和讨论。从玉米洞遗址的发掘情况来看，地层中出土有少量钟乳石、大块的洞壁岩块以及石块子母分离但仍贴合的现象。这种情况反映了地质坍塌、地层挤压作用的存在，但也显示这种作用并不普遍。即使复原这种模拟实验，单独的坍塌作用可能会致使大块角砾分裂而形成少量似断块、似石片毛坯，或者部分石块上具有少量崩疤，单独的地层挤压也可能造成少量石块摩擦挤压形成崩疤。坍塌挤压作用的结果应与踩踏实验和滚动实验的结果相似，形成的假石器不具备石器的基本要素，不易造成混淆。

假石器的形成并非只有一种作用力，可能是多种作用力交织合力而成，因此，在多重营力作用下的假石器仍然会变得扑朔迷离，值得我们注意。所幸多重营力共同作用于同一个石器的概率很小，并不能对遗址整体性质造成重大影响，少量石器的人工属性也不必过于担忧，还可以通过组合分析来进行推证。因此，我们对待石灰岩石器仍然需要谨慎态度，既不能以传统观念的偏见而轻易否定它，也不能以简单的主观臆测去肯定它。

## 二、打制实验

（一）打制实验背景

### 1. 打制实验简史及意义

模拟打制实验是解读史前考古遗存和人类行为的一种重要手段。古人类是打制并使用石器的直接执行者，而考古学家是石器谈今论古的观察者，二者存在着巨大的鸿沟。由于研究者没有亲历石器的制作和使用过程，因而在解释考古遗存时需借鉴民族学原始部落石器制作的行为和技术。但令人苦恼的是，对于时代久远的遗址来说，借鉴民族学材料可能会掺杂与古人类行为模式毫不相干的信息（Wobst. 1978；Binford. 2001）。所幸，模拟实验为考古遗存的解释另辟蹊径。作为模拟实验的重要组成部分，石器的打制实验可以从石器本身、石器制作者、研究者三个不同的视角（Odell. 2004；乔治·奥德尔，2015）来综合解读古人类行为和文化。

打制实验起初也是为了区分自然和人工石片，后来逐渐演变为石器研究的分析手段，侧重于石器打制过程和生产技术的分析，同时也为判断石料对技术和成品的影响提供参考。石器的打制实验起步较早，1868 年伊万斯（J. Evans）即将模拟打制实验引入公众视野，并以此作为验证石器人工性质的重要手段（Johnson. 1978）。1897 年，霍尔姆斯（W. Holms）采用石片拼复方法来复原石器打制过程，又于 1919 年详细记录了他的打片实验，并指出石器生产是一个缩减的过程，在这一过程中有许多不同的阶段，而这些阶段中的石器形态并不相同（Holmes. 1919），并由此引发阶段类型学的研究。1930 年，庞德（A. Pond）记录了一位石器复制专家的打片技巧和经验，探讨了石料对于工具式样和形状的影响。他认为对于生产同一类型的石器工具来说，劣质原料会造成很大的形态差异，打制者的技能要比原料的形状更重要（Pond. 1930）。但遗憾的是，19 世纪至 20 世纪初少数学者尝试的模拟实验研究逐渐没落并没有引起足够的重视。打制实验的复苏和发展源于一次石器打制实验的国际会议，而打制实验被引入科学殿堂离不开两位石器打制实验巨擘的倡导和推动。博尔德（F. Bordes）从 20 世纪 40 年代起就用模拟实验来复原欧洲旧石器工具的生产技术和过程，并根据自己的实验对一些考古发现作出了合理的解释（Johnson. 1978）。美国考古学家唐·克雷布特利（D. Crabtree）从 6 岁起就跟两位石器打制专家学习打片，后来他的实验打片经验和技巧被作为范例进行参考和研究（Crabtree D. E. 1965）。1964 年，斯旺森（E. swanson）在法国莱赛济发起召开了一次石器打制实验的国际学术会议，弗朗索瓦·博尔德（F. Bordes）、唐·克雷布特利（D. Crabtree）等石器打制专家都出席了会议（Jelinek. 1965），该会议确立了打制实验在旧石器分析中的重要地位（陈淳，1993）。从此以后，石器打制实验变得流行起来，尤其是通过剥片实验和复制特定的工具类型来展示高超的制作技艺，实践反思石器加工的技术和方法，探讨原料破裂机理和原料对制作技艺的影响，评估古人类的技能水平和认知能力。这种打制实验即石器技术分析的一种拓展和外延（Whittaker. 1994；乔治·奥德尔，2015）。

石器的打制实验对理解石器制作过程的复杂性以及对了解石器打制的专业知识和技术特点都具有重要意义（Stout. 2002；Nonaka. 2010；Roux. 1995）。国外的研究者不仅会对遗址常用的优质原料如硅质岩（Pelegrin. 2006）、黑曜岩（Shea and Davis. 1992）等进行打制实验，也会对劣质原料如石英（Callahan. 1992；Driscoll. 2011）等进行实验，同样取得了显著的成果。中国的学者也对较优质原料的模拟打制实验有些有益的尝试（夏竞峰，1995；赵海龙，2016；高星、沈辰，2008；杨石霞，2015），但对劣质原料涉及较少。中国的旧石器遗址对劣质原料的开发利用不在少数，结合我国区域环境资源的实际情况，开展劣质原料的实验考古学研究显得必要而迫切，是了解原料对石器工业面貌的影响以及东西方文化差异的重要途径。

**2. 玉米洞遗址的打制实验**

位于重庆市巫山县的玉米洞遗址发现于 2012 年，遗址地层序列很长，时代跨度较大，遗存丰富多样，是我国近年来新发现的一处具有独特石器加工技术特征的旧石器时代洞穴遗址。该遗址石器工业特征主要表现为以石灰岩为原料的石器占绝对优势，且石器类型以工具为主，少见石核、石片、断块和碎片，工具加工程序简化，基本缺失剥片程序，以简单加工的"边缘修理"为主，少见"侵入性修理"（贺存定，2016）。这种反常的原料利用、器物组合及加工技术令人费解，需要给出令人信服的合理解释。

在充分掌握和了解遗址背景的基础上，我们认为玉米洞遗址石核石片数量很少表明制作工具的毛坯并不是通过常规的剥片来获得，很可能是自然选择玉米洞周边分布的形态各异的块状或片状毛坯（图 4-6）。很显然，这种适合制作工具的天然毛坯经不起长时间大数量的消耗，想要保持可持续发展，选择天然毛坯不能满足需求时，人为制造毛坯仍然是必然选择。人为制造毛坯却又不使用常规的剥片方式，考虑本遗址原料质地和形态的特殊性，古人类可能会根据原料尺寸采取与之相应的剥片技术（高星，2001；Kuhn. 1995；Andrefsky. 1994；王社江，1990）。相关实验证明，摔碰法是一种粗放、高效的生产毛坯方式，在原料丰富的地区非常适用。这种方法在长江三峡地区较为流行，被称为"扬子技术"（高星等，2008）。对于玉米洞遗址节理发育的石灰岩原料而言，用类似摔碰法的方式获取毛坯可能是因材施法的最佳选择，风化塌落的大型石块相互撞击产生巨大冲击力，石块受力后内部沿节理或受力方向分裂，形成形态各异的块状或片状毛坯，这种"剥坯"技术受原料质地和节理影响，很难形成特征明确的石核、石片产品。而且，这种"剥坯"方式生产的产品与洞顶自然塌落碰撞产生的毛坯很难区分，古人既可选取人工生产的合适毛坯也可选取自然碰撞产生的有效毛坯进行工具的简单加工修理，从而形成"修边器物"的权宜工具。另外，在长江流域的一些遗址中，经常发现用扁平砾石或天然石块直接加工成工具的例子，这种石器加工策略用毛坯选择替代了剥片程序，不会产生石核和石片等剥片产品。这样的工具制作策略，缩短了工具制作程序，无需进行大量的剥片和粗坯修型工序，无从产生大量石核、石片和断块，但会形成大量简单加工的工具成品。这与玉米洞遗址石器出土状况非常匹配，在缺失优质原料的情况下，简单加工、以量补质，具有相当的合理性。

图 4-6　玉米洞遗址部分原料毛坯产状及出土石器

基于上述推测和假设，我们认为玉米洞遗址理应存在"摔碰法"剥坯技术，工具制作主要采用毛坯选择→修型→修刃或毛坯选择→修刃两种简化的加工策略。为了证实这种假说，本书以石器制作轨迹为基础，对石灰岩石器进行模拟打制实验，考察玉米洞遗址的石器加工技术和策略。

（二）打制实验的实施

1. **实验目的与设计**

本文打制实验的重点是对石器加工程序及技术特点进行复原分析，实验形式主要分为剥坯实验和工具制作实验。针对玉米洞遗址的实际情况，对毛坯制造和工具修整有所侧重，尤其注重原料对制作程序和制作技术的影响与制约，进而客观对待玉米洞遗址石器的非侵入性修理等技术特点，探讨其形成的深层次动因。

前文推测玉米洞遗址加工工具的毛坯可能采用摔碰法来获取，这种摔碰法剥坯方式与流行于三峡地区的"扬子技术"有异曲同工之妙，剥坯实验将对这种类似于"扬子技术"的摔碰剥坯技术及其产品是否在玉米洞遗址有所表现进行验证。同时，通过剥坯实验，我们可以对石器的技术特点进行研究，充分了解石灰岩原料的物理特性，审视石灰岩原料石器对石器加工过程和石制品成品的影响，探讨该原料的局限性和适用性。

玉米洞遗址的工具制作程序比常规的操作链工序更加简化，基本缺失剥坯工序，工具以简单加工的"边缘修理"为主。工具制作实验将对简化加工程序和非侵入性修理等技术进行可行性和适用性的验证。此外，通过工具制作实验的操作，以石器制作轨迹为基础，对原料采备、毛坯选择或制造、粗坯打制、刻意修整等阶段性程序进行模拟，了解不同阶段石器形态变化特征及石器制作轨迹，切身体会熟悉打制技术、原料、个人技巧之间的关系，以及这些因素对于石器形制和技术特点的影响（陈淳，1993），将出土石器所蕴含的真实信息尽可能多地解读出来，从而更好地阐释该遗址古人类石器制作的策略和适应性行为。

剥坯实验是从剥片技术或毛坯获取角度进行的摔碰实验，具体操作是将大块角砾摔碰破碎来获取片状毛坯和适合制作工具的其他毛坯形态，此项实验技术含量较低但需要投入较大的力量，实验者2人，均为男性，分为两组分别进行。工具制作实验是从石器制作程序和工具加工修理角度进行工具复制的实际操作，此项实验技术要求略高，考虑了个人技术差异和性别差异因素，分为男性熟练工和女性初学者两组差异较大的组别进行。

2. **实验过程与记录**

（1）剥坯实验的实施与记录（图4-7）：

图4-7　摔碰实验

1）选择合适的大块优质石灰岩角砾。本次实验选择了两大块灰岩角砾，分别来自洞内地层出土和洞口堆积裸露采集，测量数据分别为长、宽、厚45厘米×37厘米×23厘米和52厘米×28厘米×18厘米，选择的大块角砾体积重量适中，便于实施摔碰动作。

2）摔碰实施。分两组先后进行，将大块角砾举过头顶或肩膀对准地面等同于石砧的岩块用力进行摔碰，二者碰撞后大角砾块或地面岩块均可能会发生不规则破裂。第一组首次摔碰用力不足未能成功摔裂，再次摔碰即获成功，石核消失或分化为更小单元的石核，石砧存留；第二组摔碰一次即获成功，石核和石砧均破裂，石砧也变身为石核，石核、石砧消失或分化为更小单元的石核、石砧。

（2）工具制作实验的实施与记录（表4-5、图4-8）：

表4-5 玉米洞遗址工具制作实验情况表

| 分组 | 编号 | 预设器型 | 毛坯 | 生产工序 | 结果 | 尺寸（厘米） | 用时（秒） |
|---|---|---|---|---|---|---|---|
| 甲组实验 | 1 | 刮削器 | 片状 | 选坯→修型→事故→调整→修型→修刃 | 尖状器 | 7.5×6.2×2.0 | 85 |
| | 2 | 尖状器 | 片状 | 选坯→修型→事故→调整→修型→修刃 | 刮削器 | 9.6×6.4×2.1 | 92 |
| | 3 | 凹缺器 | 片状 | 选坯→修刃→事故→调整→修型→修刃 | 凹缺器 | 7.6×5.8×1.7 | 63 |
| | 4 | 砍砸器 | 块状 | 选坯→修型→修刃→修理把手 | 砍砸器 | 15.2×13.6×6.4 | 118 |
| | 5 | 手镐 | 块状 | 选坯→修型→修刃 | 手镐 | 17.2×11.6×7.3 | 127 |
| 乙组实验 | 6 | 刮削器 | 片状 | 选坯→修型→事故→调整→修型→事故→废弃 | 失败 | | 291 |
| | 7 | 尖状器 | 片状 | 选坯→修型→事故→废弃 | 失败 | | 214 |
| | 8 | 凹缺器 | 片状 | 选坯→修刃 | 凹缺器 | 10.6×7.8×2.9 | 105 |
| | 9 | 砍砸器 | 块状 | 选坯→修刃→事故→调整→修刃 | 砍砸器 | 15.5×10.4×3.9 | 250 |
| | 10 | 手镐 | 块状 | 选坯→修型→事故→废弃 | 失败 | | 283 |

1）预设目标。设定工作制作目标为遗址常见的石器组合，手镐、砍砸器、刮削器、尖状器、凹缺器各一件，预设目标仅限定满足基本定义，并未对形态尺寸等细节作出要求。打制实验分为甲乙两组，同时进行并计时。甲组为男性，对工具制作有一定经验，掌握一些技巧；而乙组为女性，是工具制作的初学者，几无经验和技巧可言。

2）毛坯选择。两组分别挑选各自制作工具所需的原料毛坯各6件，含加工工具的石锤1件。原料毛坯均为较优质的石灰岩，来自遗址旁的采石场。采石场的原料毛坯既有自然碰撞产品也有人工加工产品，其形态多样，数量充裕。在预设目标的驱使下，挑选毛坯经过反复权衡思考，毛坯与目标石器类型形态接近并且对应。甲组选择毛坯用时合计2分钟，乙组用时合计6分钟。

图 4-8　工具制作实验

3）打制实施。甲乙两组同时开始打制实验，打制过程中两组均发生毛坯意外断裂而改变预设目标的情况，最终甲组用时 6 分钟成功制作手镐、砍砸器、刮削器、尖状器、凹缺器 5 个类型的工具，乙组用时 13 分钟仅成功制作凹缺器、砍砸器两个类型的工具。

（三）实验结果与相关认识

**1. 剥坯实验的结果与相关认识**

摔碰实验显示摔碰法生产毛坯操作简单，效果显著。两组实验结果相似，由于石灰岩的脆性和其内部层状结构和节理，摔碰受力后呈现不规则破裂，分裂为形态各异的小块角砾，这些小角砾中既有因受力而产生的似石片片状毛坯，也有因节理断裂产生的块状毛坯，有些块状毛坯还可作为子石核进一步摔碰。摔碰实验表明，摔碰法能够将大块角砾快速有效破碎，产生形态多样的毛坯，是一种行之有效、快速便捷的生产毛坯的方法。从埋藏实验标本的制备情况来看（贺存定，2017），虽然遗址内部形态大小各异、数量众多的角砾块遍布，但在实际选取过程中发现可以直接用来制作工具的理想毛坯并不如想象的那么多。因而，在自然毛坯不能满足石器制作需求时，主动生产毛坯则成为一种发明创造，通过摔碰破碎大块灰岩角砾来获取形式多样的毛坯，从中挑选接近目标形态的理想毛坯进行加工可以事半功倍、提高效率。

将摔碰实验产生的毛坯与遗址地层出土的角砾和石器的毛坯进行对比可以看出，实验产生的一些块状毛坯与地层中出土的角砾极为相似，很难区分，而实验产生一些具有剥片特征的块状毛坯和片状毛坯则表现出与石器毛坯较高的相似度。这种现象为遗址中石核、石片数量少，缺失石灰岩断块碎片的疑点找到合理解释。摔碰法获取毛坯本质上讲等同于剥片程序，摔碰的母体——石核在摔碰后分解形成更小单元的毛坯，但形式上并没有形成传统认知中特征鲜明的石核和石片，因此，典型的石核和石片在这种获取毛坯的方法中没有明显表现。在摔碰产生的毛坯中，适宜毛坯被挑选带走进行工具的制作，因而适宜毛坯与出土石器毛坯相似度较高；而摔碰产生的不适宜成为加工工具的毛坯则被废弃，其人工性质无疑但特征不明显，这一类毛坯应该被称为断块碎片，混入自然角砾块之中无法区分，因而在石器类型中表现为缺失，这种缺失人为无法识别而非不存在。

**2. 工具制作实验的结果与相关认识**

工具制作实验表明采用简化工序制作工具简单高效，成功率较高，但在两组具有差异化操作的实验中仍存在诸多方面的差距。具体表现在：

（1）甲组用时较短，加工程度相对较深，产生的断块、断片和碎屑较多，打制结果与目标设计接近，成功率较高（5件，100%）；乙组用时较长，加工程度较浅，产生的断块、断片很少，多为碎屑，打制结果与目标设计相差较大，成功率较低（2件，40%）；

（2）差距的主因在于打制经验和设计考虑，甲组对毛坯选择有较好的预判，在原料质量、形态等方面均优于乙组，在打制过程中发生事故时，甲组更能及时改变策略调整思路，挽回失误，获得成功；

（3）实验者性别差异和技术差异也反映操作者的熟练程度和效率高低，对实验结果有一定影响，但总体影响较小。

差异存在但更多的是趋同，两组实验者在很多方面都有相同的体会：两组都认为毛坯的选择至关重要，甚至决定了结果，有些毛坯根本无需加工，刻意加工反而显得画蛇添足；对加工工具的用具——石锤的选择也不可忽视，体积较大的石锤适宜打制大型工具，体积较小的石锤适宜加工小型工具；原料的不可控性超乎想象，在打制过程中很容易发生意外断裂，两组发生事故的概率均为60%；在打制过程中及时改变调整思路设计也极为重要，对实验结果有直接影响。

　　与遗址出土石器相比，实验标本加工修理程度略深，可能由于实验标本过于追求标本形制的理想化和器形定义的模式化，因此在选坯和加工过程中掺杂着许多刻意行为，选坯更加优化，为了定义和形制而刻意修理无须修理的部位。出土石器似乎更注重工具的实用性，注重机能部位的修理和利用石块自身优势，需要修理的地方精细修理，不需要修理的地方则保持原状。也就是说，遗址出土石器的打制是为了满足特定的功能，而我们实验打制则是为了满足特定的形制和定义，目的不同，差别也较明显。但整体来看，出土石器和实验标本在形态和加工技术上的表现相似，主要体现在：毛坯原型与工具成品之间相去不远，多巧妙利用原坯天然形状和边缘形态来进行工具加工设计和修理，对原坯形态改变较少；单向锤击加工修理为主，边缘修理居多，少见侵入性修理，呈现"修边器物"；虽然实验设定了制作工具的类型，但器形不够规范，个体差异仍较大，这种情况与出土石器也较类似，都取决于对毛坯原型的选择。

　　（四）结论与讨论

　　剥坯实验显示摔碰法可简单高效地生产各种形态的毛坯，摔碰法剥坯技术及其产品在玉米洞遗址表现明显，符合玉米洞遗址的实际情况而被广泛应用，是古人类适应玉米洞遗址特殊的原料资源而形成的一种主流剥坯技术。工具制作实验表明，选择与目标形态接近的毛坯进行工具制作，主要经历毛坯选择→修型→修刃或毛坯选择→修刃两种简单省略的加工策略，这种策略简化工序，简单加工、边缘修理，事半功倍，与遗址出土工具的主流制作策略和加工技术雷同，反映了古人类灵活变通地适应特定环境资源而形成的独特石器技术特征。

　　对于玉米洞遗址的石灰岩原料而言，摔碰法虽是一种浪费型毛坯获取方式，但不失为一种高效实用的明智策略。从遗址出土的大量工具来看，其毛坯仅靠洞内采集无法满足需求时，应有相当数量来自洞外自然采集或摔碰制造。摔碰法剥坯为工具的制作提供了大量可自由选择的适宜毛坯却没有形成明确的石核石片，有些毛坯无需加工即可成为锋利适用的"使用石器"，合适的毛坯边缘稍作刃缘修理即成权宜型工具成品，从而造就大量"修边器物"。玉米洞遗址存在的摔碰法剥坯技术与三峡地区流行的"扬子技术"有异曲同工之妙，目的都是为了获取制作工具的理想毛坯，方法都是站立使用摔碰或摔击法来实施，不同的只是摔碰的原材料和表现形式。玉米洞的摔碰技术还与丁村遗址的"摔砸法"（裴文中、贾兰坡，1958）以及国外称之为"Throwing"（Schick. 2003；Toth. 1997）的剥片技术在操作形式上更为接近，代表着一种早期人类近乎本能的极其简单的开料打片技术。这些剥坯技术之间有所区别但联系紧密，且都是适应特定环境和特定原料形态的产物，反映了古人类灵活变通的生存智慧，应属于同一个技术体系。因此，考虑到这种技术的区域性和与特定环境的相关性，我们有理由相信，玉米洞遗址存在因地制宜进行适应调整的非典型"扬子技术"的变体——摔碰法剥坯技术，该遗址的工具毛坯获取方式既有自然选择也有人为制造，反映多样化的生存适应策略。

在玉米洞的工具制作实验过程中，毛坯选择比打制技术更为关键，石灰岩的脆性和节理对打制思路的控制和打制技术的发挥造成影响，优选毛坯简单加工权宜工具成为工具制作策略的首选，原料毛坯的形状比打制技术的发挥更重要。在数量充足、形态多样的毛坯原形中，如果有满足预设工具的类型和功能的毛坯时，工具制作程序甚至可省略为：毛坯优选→工具。当然，这种情况理应存在但概率较小，更多的情况是毛坯原形不能完全满足需求，需进行适当修型加工和刃口加工。因此，毛坯选择→修型→修刃和毛坯选择→修刃这两种模式成为该遗址主流的工具加工策略。这种加工工具的程序和策略在南方砾石工业中多有表现，有源有流。在一些旧石器时代早、中、晚期的遗址中，经常发现利用扁平砾石原始形态直接加工的砍砸器和刮削器等工具，甚至在新石器时代乃至历史时期遗址中，也经常看到利用长条形或扁平砾石直接加工的石斧锛凿等工具。这种石器加工策略同样缺失剥片程序，简化为毛坯选择→修型→修刃或毛坯选择→修刃，与玉米洞遗址的工具加工策略如出一辙。这种石器加工的策略在南方砾石工业中长期存在，并未因时代的发展和技术的进步而退化或消失，是对特殊资源巧妙利用的一种适应性行为。因此，我们认为，在玉米洞遗址更具特色的原料资源条件下，这种巧妙的石器加工策略被发扬光大，成为主流，既是被动选择又是主动适应。

总之，通过本次打制实验，对石灰岩的物理特性及其适用性和局限性有了更为充分的认知，对玉米洞遗址石器形成的方式和过程以及石器加工技术有了更深入的理解，为该遗址石器工业存在的一些疑点和问题找到了合理解释，为理解古人类原料开发利用及生存演化策略的多样性提供了新的视角。此外，本文在打制实验的研究方法和操作规范上还不够成熟，需在以后的实践中进一步完善和检验。

### 三、使用实验

（一）使用实验背景

#### 1. 石器使用实验简史及意义

从石器模拟实验的方法论框架来看，不同的模拟实验具有不同层级的目的和意义。埋藏实验处于第一层，其核心是石器真伪的鉴定，是石器研究的前提；打制实验处于第二层，是器物层面的分析，侧重了解石器的工艺技术特点；使用实验处于第三层，对石器进行类比推理，验证石器不同功能的可能性。使用实验往往与微痕分析、残渍物分析相结合，对石器的使用部位和作用的对象进行模拟，以此证实石器的功能效用、使用方式和作用对象。

使用实验在石器功能学研究上逐渐崭露头角，一些特殊的方法和手段也被运用于微痕研究，成为功能学研究的焦点。塞西尔·柯温（Curwen）是功能学系统研究的先驱（Curwen. 1930；Curwen. 1935），谢尔盖·谢苗诺夫（Sergei Semenov）在使用痕迹方面的研究具有开创意义，影响极其深远（Semenov. 1964），约翰·坎明加（Kamminga and Johan. 1982）、乔治·奥德尔（Odell. 1977）、劳伦斯·基利（Keeley. 1980）等微痕领域的巨擘推动了使用痕迹分析技术的迅猛发展，使得微痕研究成为功能学研究中具有独特视角的方法体系，发展成为较成熟的分支领域。微痕研究被介绍到中国的时间很早（D. 戈尔耶夫，1959），但并未引起重视，这种方法体系在中国的形成显得颇为曲折和尴尬。童恩正先生和张森水先生在 20 世纪 80 年代将微痕研究方法重新介绍到国内（童恩正，1983；张森水，1986），引发少许学者的有益尝试并取得一些重要成果（王幼平，1992；李卫东，1992；侯亚梅，1992；黄蕴平，1994；顾玉才，1995；夏竞峰，1995），但相关研究昙花一现，浅尝辄止。直到 21 世纪初，微痕分析的理论和方法才被系统性地引入国内并展开具体的研究实践（沈辰、陈淳，2001；王小庆，2002），与此同时，首届 "2004IVPP 微痕分析培训研讨班" 在中国科学院古脊椎动物与古人类研究所举办，为中国石器微痕研究的发展起到重要的推动作用（高星、沈辰，2008）。尽管 "低倍法" 和 "高倍法" 技术的适用性仍受诟病，但基于特定的问题，将这两种研究技术相结合是微痕及功能学研究的发展趋势（Yerkes. 1993；Odell. 2001；Odell. 2004）。此外，残留物分析也是功能研究的另一个重要方面，通过在石器表面提取淀粉粒、植硅体、血液等残留物来研究石器的功能和人类行为（Shafer. 1979；Briuer. 1976；Loy. 1983；关莹、高星，2009）。虽然目前这些技术的广泛应用可能还存在一些局限性，也需要保存较好的遗址来实施，但在新形势下都展现出巨大的研究潜力。

使用实验通过石器的使用痕迹来验证基于遗址背景作出的推理和假设。石器是古人类安身立命的重要介质，不同的石器以不同的方式作用于不同的对象，对应多样化的人类行为，石器在使用过程中的功效是检验这种石器功能质量、适用性和持久性的主要标准，也就是说，石器的功能效用是石器的本质属性，功效有优劣之分，但不具备特定功效的石器是不会被古人类选择和使用的。严格意义上讲，一件石制品只有在使用过程中才真正成为 "工具"（Leroi-Gourhan. 1943），未被使用的石器只能称之为 "准工具"。换言之，由使用主体（人）、使用介质（工具）、作用对象所构成的互动过程是定义工具的必要条件（Warnier. 1999）。从这个意义上看，"使用石锤" "使用石片" 甚至使用过的自然石片、石块均可视为石器，但这种石器的识别具有一定的难度，人工使用痕迹的确定需要使用实验的对比和佐证。同时，使用实验还对验证和解释遗址存在的一些文化现象提供对比和参考。显然，使用实验并未局限于器物本身的关联分析，即透物见人了解古人类的行为方式和生存策略，同时还可进一步作拓展外延分析，探讨遗址的性质、人群的生计以及文化的传播交流等更深层次的理论问题（张晓凌，2009）。

**2. 石灰岩石器的使用实验**

石灰岩是以方解石为主要成分的碳酸盐岩，在中国是分布最广的矿产之一，基本上每个地质时代都有沉积，各个地质构造发展阶段都有分布。一般的石灰岩硬度较低，也不具备各向同性和延展性，因此传统观念认为石灰岩并不适宜制作石器。实际上大部分的石灰岩具有良好的加工性、磨光性和胶结性能，不适宜制作石器的主要原因是石灰岩石器硬度较低，在使用时容易发生残断损坏，恐难以胜任其具体的使用功能和任务。由于石灰岩的广布和成因的复杂，其结构和成分较为多样，质量存在明显的区域和种类差异，石灰岩中有些变质的硅质灰岩和白云质灰岩即表现出略高的硬度和较好的各向同性、延展性，在"优质原料"缺乏的情况下，不失为一种有效的替代原料。因此，有些致密石灰岩也被古人类视为石器加工的重要补充原料，尤其在西南地区喀斯特地貌发育的洞穴遗址，石灰岩以量补质在原料组成中占据相当多的比重，盘县大洞、黔西观音洞、巫山龙骨坡等遗址都有大量的石灰岩石器出土（侯亚梅等，2006；Boëda. 2011；李炎贤、文本亨，1986；李英华，2009；黄慰文等，2012）。尽管如此，受传统观念和石灰岩硬度的影响，石灰岩作为少量补充原料或加工石球等特殊类型尚可理解，但当石灰岩作为原料主角并制作成各种类型的石器时，其功能效用可能仍值得怀疑，需要使用实验来进行对比和验证。

石灰岩是否会被广泛用于石器加工，以此制作的石器功能效用如何？这种问题恐怕要具体遗址具体分析，与遗址环境背景和原料资源分布密切相关。玉米洞遗址是以石灰岩石制品著称的遗址，石制品原料、类型和加工技术均具有特殊性。该遗址石制品原料中石灰岩占比98.38%，其他种类的原料很少使用，石灰岩成为石制品原料的首选，是古人类在充分认知和权衡遗址周边资源条件后的一种被动选择，但并非所有种类的石灰岩都被使用，而是选取了相对优质的白云石化微晶灰岩作为主要原料，反映了古人类扬长避短、灵活务实的原料开发利用策略；该遗址石制品类型以石器为主，占比97.88%，石核、石片、断块和碎片等类型很少，玉米洞遗址内外分布着大量满足石器制作、使用要求的原料和毛坯，其中有些毛坯简单加工即可成为有效石器，有些毛坯甚至无需打制修理即可直接投入使用成为使用石器。石器加工程序中剥片程序和粗坯修型程序缺失或较少，石器多为"修边器物"，直接选取适宜的毛坯进行刃缘修理，部分石器存在多个刃缘和把手修理现象（贺存定，2016）。基于玉米洞遗址特殊的石制品原料、面貌组合和加工技术，以及人们对于石灰岩石器功能效用的成见，我们通过使用实验对石灰岩石器的功能效用进行检验，对玉米洞遗址石制品类型和加工技术存在的一些疑虑进行验证和解释，从而更好地理解古人类的生存适应方式和文化特点成因。

（二）实验设计和结果

1. **实验目的与设计**

科学实验须有明确而具体的实验目的，本次模拟实验的主要目的是证实石灰岩是否适宜制作石器以及石灰岩石器的功能效用，同时针对遗址存在的一些特殊现象进行验证分析，具体拟在以下三个方面开展实验：第一，结合出土石器，复制特定的加工石器类型和采集具有特定功能的使用石器类型，通过不同活动事件的使用模拟来验证石灰岩石器是否可以胜任一些常规的行为活动，观察石灰岩石器在砍砸、切割、挖掘等常规动作中的功能和效果；第二，通过选择无需二次加工的有效毛坯直接进行砍砸、刮削等方式使用来观察其使用破损痕迹，进而与出土石器进行对比分析，验证该遗址是否存在天然毛坯经使用所形成的石器类型；第三，玉米洞遗址有尖类石器数量和类型均占据较多比重，此类石器尖部均存在不同程度的残损，疑为使用所致，通过对有尖类石器的使用实验来验证和分析尖部残损的成因；第四，把手修理在出土石器中较为常见，以实验体会来验证和分析把手修理的必要性及原因。

这种实验目的要求模拟实验环境更贴近史前状态，对石器的使用操作以完整而常规的古人类行为活动来体现，实验记录也以古人类行为活动的有效完成为主，石器运动状态为辅（Keeley.1980；沈辰，2008）。本次实验事件主要设计了在遗址附近模拟古人类进行砍树、砍竹子、宰羊和挖掘植物根茎等与古人类生存适应息息相关的行为活动，实验过程中有意识地选用与出土石器相似的石器类型，有目的性地作用于可能的加工对象，详细记录石器使用的时间、次数等并格外关注使用石器的效率和结果。在实验过程中还考虑了事件的完整性和连续性，某件石器多重的功能和使用方式，以及石器使用主体的个体差异和性别差异等因素。古人类在一个事件过程中的行为活动具有复杂性，同一事件可能由不同的人轮流或合作完成，不同的人力量、习惯等均存在个体差异，一件石器的使用往往具有交叉性，伴随着复杂的使用方式和技巧，也作用于不同的对象。比如在肢解动物的事件中，可能需要多人合作，不同的人进行剥皮、割肉、骨肉分离、截断骨头等不同的行为活动，而某一件石器可能既要切割也要刮削，甚至还会进行程度较浅的砍切（砍切软骨及筋腱）。因此，我们的实验设计中，石器在完整连续的事件和行为中被反复使用，最后成为末端产品或废弃品，进而对其使用痕迹进行观察，与出土石器进行对比分析，探讨石器的可能性功能和石器特点成因。

2. **实验过程与记录**

针对实验事件的特点，对每一件实验标本进行以下几个步骤的观察与记录：

（1）实验标本的制备。实验根据不同的内容共制备了 13 件实验标本，原料均为石灰岩，采自遗址附近的采石场，标本的功能类型为砍砸器、刮削器、尖状器、石片及手镐，其中部分标本的使用刃口经过二次加工，有些标本则不经加工使用其毛坯的天然刃口。为便于观察，将实验标本刃缘用喷漆喷涂为橙红色。

（2）实验标本的基本信息。将实验标本进行详细的观察与记录，主要包括编号登记、定位照相、测量描述等，确定石器的使用部位并拍照记录其在使用之前的状况。

（3）实验背景。砍树实验操作者2人，均为男性，身高分别为169厘米、175厘米，体重分别为63.5千克、80千克，二人均无砍树实验的经验，砍伐对象为新鲜椿树，树龄11年，在距离树根130厘米处实施砍伐，树干砍伐处直径10.82厘米。砍竹子实验操作者3人，两名男性一名女性，身高分别为170厘米、175厘米、168厘米，体重分别为82千克、80千克、60千克，三人均无砍竹子实验的经验，砍伐对象为新鲜荆竹，竹龄3年左右。宰羊实验者为2人，其中一人对屠宰动物毫无经验但对石器使用有一定了解，另一人对石器使用毫无经验但对动物屠宰有一定经验，二人互补，实验对象选择了山里放养的母山羊，1岁，21千克，为避免血腥和人性化考虑，使用现代工具将山羊先行杀死。挖掘实验者1人，按对象不同分三次进行，实验对象选择了遗址周边当地俗称为"野百合""野山药"的植物以及竹笋，野百合是多年生草本球根植物，根部具有鳞茎，可食用；野山药为多年生缠绕草质藤本植物，根状茎横生众多，可食用，二者均生长于灌木林中，生长环境处于山石较多的山坡，根系处多靠近基岩和风化的小岩块，竹子是多年生禾本科植物，发育的嫩竹鞭和竹笋均可食用，竹子成片成林生长于山坡较平坦处，根系处多为黏土和零星小石块。

（4）实验实施。砍树实验分阶段进行，中途休息3次，换人3次，使用标本更换1次，在实验实施过程中，初始均为单手砍砸，疲劳后单手和双手交替使用，转圈均匀砍伐树干，直至自然倒掉，砍树实验共记录了2件实验标本的性状特征（表4-6）。砍竹子实验分阶段进行，以一人独立砍断一株荆竹为一个阶段，分段记录成功砍伐一株荆竹所消耗的时间和实验标本的变化，本次共计砍伐了4株荆竹，均使用了USE2这一件标本，故将其分为4个阶段进行描述（表4-7），砍竹子实验共记录了1件实验标本4个阶段实验的性状特征（表4-6）。宰羊实验分阶段进行，主要进行剥皮、开膛、肢解三个内容：剥皮行为的主要动作为切割，在四肢和前胸位置开口，将完整的皮毛剥落，主要使用标本为USE7、USE8和USE11；开膛行为的主要动作为砍砸，将整羊吊在树枝上，腹部开膛后掏出内脏，而后将整羊砍砸分割成两半，主要使用标本为USE5、USE6；肢解行为的主要动作为切割、刮削和砍砸，将四肢、肋骨分割，部分骨肉分离，主要使用标本为USE9、USE10和USE8；宰羊实验共记录了7件实验标本的性状特征（表4-8）。挖掘实验分三次进行，一次用加工过的手镐挖掘野百合的鳞茎，挖掘区域略呈直径 20 厘米的圆形；一次用未经加工的手镐挖掘野山药，挖掘区域按根状茎走向呈不规则长条形；还有一次用加工过的手镐挖掘两个春笋，挖掘区域呈不规则椭圆形，挖掘深度 20~25 厘米；在挖掘前需对挖掘对象附近的植物进行清理，开辟出挖掘区域，挖掘时采用一定的挖掘技巧，尽量保障挖掘对象不受损伤，挖掘过程中对石器选择适宜的把握位置和方向后基本不再变换，使用中单手为主，双手为辅；挖掘实验共记录了 3 件实验标本的性状特征（表 4-9）。

表 4-6　　　　　　　　　　　砍树、砍竹子实验标本情况表

| 标本编号 | 岩性 | 毛坯类型 | 模块类型 | 是否修理 | 使用部位 | 刃部形态 | 刃角（°） | 砍砸对象 | 硬度 | 砍砸次数 | 用时（秒） | 手握部位 | 手的保护 |
|---|---|---|---|---|---|---|---|---|---|---|---|---|---|
| USE3 | 石灰岩 | 片状 | Type6 | 否 | 8-1 | 直刃 | 30~50 | 新鲜椿树 | 中软性类 | 491 | 418 | 4-5 | 手套 |
| USE4 | 石灰岩 | 块状 | Type5 | 否 | 8-1 | 凸刃 | 32~50 | 新鲜椿树 | 中软性类 | 407 | 340 | 4-5 | 手套 |
| USE2 | 石灰岩 | 块状 | Type1 | 是 | 8-1 | 直刃 | 26~42 | 荆竹 | 中软性类 | 749 | 571 | 4-5 | 手套 |

表 4-7　　　　　　　　　　　砍竹子实验不同阶段情况表

| 荆竹编号 | 实验者（性别） | 竹子直径（厘米） | 竹子状态 | 砍伐位置（距竹根厘米） | 砍砸角度（石器与竹竿的夹角） | 砍砸次数 | 用时（秒） | 产生崩疤数（个） | 频率与力度 |
|---|---|---|---|---|---|---|---|---|---|
| 竹1 | 张真龙（男） | 3.06 | 倾斜 | 20 | 大于45° | 215 | 144 | 7 | 频率快力度小 |
| 竹2 | 贺存定（男） | 2.7 | 竖直 | 5 | 小于45° | 27 | 26 | 2 | 频率慢力度大 |
| 竹3 | 张真龙（男） | 2.8 | 竖直 | 5 | 小于45° | 38 | 39 | 0 | 频率慢力度大 |
| 竹4 | 吴雁（女） | 2.55 | 倾斜 | 5 | 大于45° | 469 | 362 | 1 | 频率快力度小 |

表 4-8　　　　　　　　　　　宰羊实验标本情况表

| 标本编号 | 岩性 | 毛坯类型 | 石器类型 | 是否修理 | 使用部位 | 刃部形态 | 刃、尖角（°） | 加工对象 | 硬度 | 动作 | 用时（分） | 手握部位 | 手的保护 |
|---|---|---|---|---|---|---|---|---|---|---|---|---|---|
| USE5 | 石灰岩 | 块状 | 砍砸器 | 是 | 1-4 | 直刃 | 40~60 | 骨 | 中软性类 | 砍砸 | 6 | 5-6 | 无 |
| USE6 | 石灰岩 | 片状 | 刮削器 | 是 | 1-4 | 直刃 | 30~50 | 筋腱和肉 | 软性动物类 | 砍切 | 8 | 7-8 | 无 |

续表

| 标本编号 | 岩性 | 毛坯类型 | 石器类型 | 是否修理 | 使用部位 | 刃部形态 | 刃、尖角（°） | 加工对象 | 硬度 | 动作 | 用时（分） | 手握部位 | 手的保护 |
|---|---|---|---|---|---|---|---|---|---|---|---|---|---|
| USE7 | 石灰岩 | 片状 | 断片 | 否 | 5-8 | 凹刃 | 20~30 | 皮肉 | 软性动物类 | 切割 | 31 | 3-4 | 无 |
| USE8 | 石灰岩 | 片状 | 石片 | 否 | 6-7 | 凸刃 | 10~20 | 皮肉 | 软性动物类 | 切割和刮 | 10 | 2-3 | 无 |
| USE9 | 石灰岩 | 片状 | 石片 | 否 | 8-1 | 尖刃 | 60 | 肉和软骨 | 软性动物类 | 切割 | 12 | 4-5 | 无 |
| USE10 | 石灰岩 | 片状 | 尖状器 | 是 | 8-1 | 尖刃 | 40 | 肉 | 软性动物类 | 切割 | 2 | 4-5 | 无 |
| USE11 | 石灰岩 | 片状 | 刮削器 | 是 | 1-3、5-7 | 双直刃 | 30~45 | 皮肉 | 软性动物类 | 切割 | 48 | 4-5 | 无 |

表4-9　　　　　　　　　　挖掘实验标本情况表

| 标本编号 | 岩性 | 毛坯类型 | 模块类型 | 是否修理 | 使用部位 | 尖部形态 | 尖角（°） | 挖掘对象 | 接触物硬度 | 挖掘次数 | 用时（秒） | 手握部位 | 手的保护 |
|---|---|---|---|---|---|---|---|---|---|---|---|---|---|
| USE25 | 石灰岩 | 块状 | Type11 | 否 | 8-1 | 四棱尖 | 46 | 野百合 | 软硬性混合 | 276 | 380 | 4-5 | 无 |
| USE26 | 石灰岩 | 块状 | Type10 | 是 | 8-1 | 三棱尖 | 34 | 野山药 | 软硬性混合 | 362 | 424 | 4-5 | 无 |
| USE27 | 石灰岩 | 块状 | Type10 | 是 | 8-1 | 三棱尖 | 40 | 春笋 | 软性为主 | 283 | 375 | 4-5 | 无 |

（5）将实验结束后的标本进行清洗、晾干，在显微镜下观察微痕特点，记录相关特征。

3. 实验结果

（1）砍树实验

具有11年树龄、直径10.82厘米的新鲜椿树，两名男性实验者用两件实验标本交替砍砸898次，用时758秒，不借助任何外力成功砍倒。而同样的树干，用现代装柄铁斧也需要砍伐40次，用时70秒。实验标本刃缘存在不同程度的崩损，并附着一些树木残留物。

在使用实验标本的过程中，两名实验者形成一些共识：1）实验标本的体积形态对于砍砸效能的发挥非常重要，如是否适宜抓握，是否利于重力势能和动能的良好结合等；2）蛮力砍砸也能奏效，但略施以方式方法（变换砍砸部位、变换砍砸角度等），砍伐效能明显提高；3）砍砸初始阶段，试验标本容易产生崩疤，而后趋于稳定，产生崩疤的位置反而变得更为锋利；4）崩疤大小、形态、方向均不固定，但不变换使用方向和角度也会产生同向的片疤；5）实验标本若经长期使用或短期特定方式使用所产生的崩疤与人工加工修理的片疤相似，较难区分，而且在使用过程中也可能存在针对局部变钝而进行修理的情况，使得修理疤和使用疤混合。

（2）砍竹子实验

用一件实验标本成功砍伐荆竹4株，除最后一株略施以外力外，其余均砍至自然倒掉。实验标本在四个阶段的使用过程中，除了首次使用崩疤较多外，后面逐渐趋于稳定，局部刃缘有钝化现象并附着竹子残留物，但整体仍保持锋利状态。

从4株相对独立的砍伐结果来看，差异仍然明显，主要体现在：1）性别差异和石器的使用方式对石器效能的发挥和实验结果影响较大；2）砍砸的位置非常关键，靠近根部砍砸相对固定更容易受力，远离根部则容易因晃动而受力较小；3）如果施以外力折压，效率会更高；4）频率与力度的关系掌握得当则效率高，频率快则力度较小，频率慢而力度大，需要准而狠；5）砍竹子与砍树类似，竹子硬度也与树木相近，产生的崩疤也较为一致，与人工修疤相似，若此件标本长期使用或对局部进行再修理，则很难与加工修理疤区分。

（3）宰羊实验

宰羊实验是一项较为复杂的行为活动，涉及割、砍、切等多种技术动作。为了满足不同行为需求，共使用7件标本，不同的标本使用频率和强度不同，其中2件标本反复使用，利用时间较长，1件使用时间很短。整个过程耗时2小时6分钟，其中剥皮过程为了保证羊皮的完整性和美观性，尤其是羊头部位剥皮费时耗力，共计用时1小时20分钟，占总时间的63.5%；而开膛破肚和四肢分离只用时38分钟，占总时间的30.2%；最后将一条羊腿上的骨肉进行分离，用时8分钟，其余部位没有进行剔肉行为，实验结束。解剖完成后观察羊的尸体，在皮和肉上未见石器使用破损留下的碎屑，在骨头砍砸处可见零星石器崩疤碎屑。

从实验结果来看，石灰岩石器在宰羊实验中成功完成了各种使用行为任务，效果良好。在具体的操作过程中我们也总结出一些认识，主要表现在：1）石器数量不在多而在于精，使用效果良好的石器可以一器多用，完成多种行为任务；2）石器在使用初始阶段效率很高，使用一段时间后刃缘会逐渐变钝，经过修理的石器刃缘比自然刃缘更持久耐用；3）由于接触的是油脂和软性对象，石器使用很少产生崩疤，即使砍砸器刃缘也不见大片崩疤，仅表现出刃缘磨耗和局部细碎的崩疤；4）把手部位的修整非常必要，在使用过程中由于油脂的滑润和使用力度的不同，对石器的把握略显困难，把手部位有锋刃或尖角容易导致手指受伤。

（4）挖掘实验

用 2 件手镐成功挖掘一株野生百合和一株山药植物的根茎，分别耗时 380 秒和 424 秒，两件石器在使用过程当中均产生明显的磨损和崩疤，其中一件尖部由于岩性内部结构不稳定，在突然受力不均的情况下发生了崩损和断裂。用 1 件手镐成功挖掘春笋 2 个，合计耗时 375 秒，仅见擦痕未产生崩疤。

从实验结果来看虽然取得了成功，但对石器的损耗比较大，主要形成以下认识：1）手镐的主要机能部位是尖部，偶尔会使用到侧刃，把手部位也较为重要，尖部和把手的形态对于功能效用的发挥均影响较大；2）为了保证挖掘对象的完整，在挖掘时需要扩大挖掘区域，同时挖掘对象周围堆积的质地和包含物对挖掘石器造成挑战，这两个因素共同影响挖掘的效率；3）挖掘过程中力度不均，接触物也不同，挖掘到岩石石块上或用力大小不同可能会造成尖刃发生残损，而挖掘黏土等较软性材料时无论力度大小基本不会发生残损；4）不考虑岩性节理的情况下，灰岩性质较脆，锐尖比钝尖容易发生断裂，横截面薄的尖比横截面厚的尖容易发生断裂。

（三）实验标本与考古标本的对比

玉米洞遗址附近的采石场分布大量形态各异的自然或人为毛坯，制备实验标本的原形毛坯即来源于此。优选原料毛坯使得标本制备可以准确而快速地完成，尤其是选择接近预设形态的天然毛坯可直接作为实验标本，需二次加工的实验标本也多进行简单的刃缘和把手修理即可成形。玉米洞遗址石灰岩良好的毛坯形态和脆性使得打制实验标本变得简单轻松，这一点在石灰岩的打制实验中有更为清楚的体现，玉米洞遗址的石灰岩在石器的打制层面表现出较高的适用性（贺存定，2018）。从出土石器的原料和毛坯情况来看，原料利用以就地取材的白云石化微晶灰岩为主，毛坯利用以形态各异的天然石灰岩毛坯为主而很少进行剥片。从出土石器整体的加工策略和技术来看，石器主要经历毛坯选择→修型→修刃和毛坯选择→修刃这两种制作模式，石器很少进行侵入性修理，利用适宜的毛坯形态简单加工，呈现"修边石器"（重庆中国三峡博物馆，2018）。因此，实验标本的原料毛坯选择和制备思路与出土石器类似，会产生具有相似技术或面貌特征的石器。以相似的石器类型从事相同的行为活动，会产生相似的作用效果，这是实验标本与出土石器在功效上可以直接类比的基础。

砍树和砍竹子实验的实验标本均以砍伐竹木资源为目的来制作，制作程序中 2 件为优选毛坯→使用，1 件为优选毛坯→修型→使用，实验标本制作策略与出土石器稍有不同，即修刃这一程序或可省略。从实验结果来看，不经修刃这一程序的石器在完成砍伐任务时效果良好，似可推测在出土石器中可能也存在省略制作程序的"使用石器"；砍树、砍竹子实验标本均选取一端厚重一端具有薄锐刃缘的重型砍砸工具，主要对应出土石器中的砍砸器，实验标本的体积形态为模块类型5、模块类型6和模块类型1，这三种形态类型也是砍砸器的主要形态，实验标本砍伐的对象是椿树和荆竹，树木和竹子也是遗址古人类最有可能砍伐的对象。因此，以相似的石器从事相同的活动，实验标本的砍砸功能和效果也应与出土砍砸器一致。从实验标本的使用痕迹和出土石器刃缘片疤的对比来看，实验标本的崩疤多以单层浅平的中小羽翼状片疤为主，但由于石灰岩的硬度和脆性，在集中反复使用的部位也会产生较深且大小不等的羽翼状片疤，在出土石器中也能观察到类似片疤形态，也进一步说明实验标本刃缘片疤的成因与出土石器刃缘片疤相似，出土砍砸器中应存在部分未经修理刃缘的"使用石器"（图4-9）。

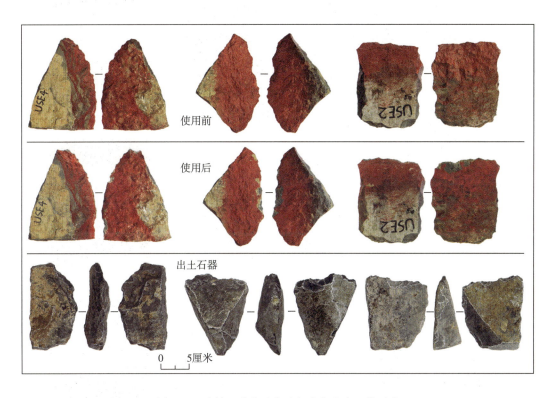

图4-9 砍树、砍竹子实验标本与出土石器对比

宰羊实验以肢解动物为参照，实验标本主要需满足切割、刮削和砍砸功能，故以出土石器的主要类型而复制了刮削器、尖状器、石片和砍砸器等实验标本，其中4件经过修理，类型和形态与出土石器相近，其中3件未经修理使用天然刃口。实验结果显示，未经修理的石器与出土石器在刃缘片疤数量和形态方面反差明显，实验标本中未经加工修理的石器与传统认识的"使用石片"类似，仅在刃缘部位形成磨损或细碎微疤，这种石器并不如加工修理过的石器持久耐用，而且在遗址中很少出土典型石片，因而"使用石片"这种石器在该遗址中应非常少见。实验标本中即使是砍砸功能的标本或反复使用的标本也不能

产生明显的使用疤，其功效的实现主要依赖于修理疤形成的刃缘，实验标本的刃缘修理与出土石器类似，以刃缘简单的单层非侵入单向修理为主，实际使用中仅靠近锋刃的部分才是机能部位，且刃缘状态仅以磨耗为主。因此，出土石器刃缘多经仔细修理，在宰羊实验中的功效应与实验标本相同，但宰羊实验标本的使用痕迹在出土石器中很难观察到。此外，实验标本中未考虑石器使用的舒适性，故几乎未做石器把手的刻意修理，但在实验使用中发现把手修理非常必要，而且在出土石器中把手修理也较为常见（图4-10）。

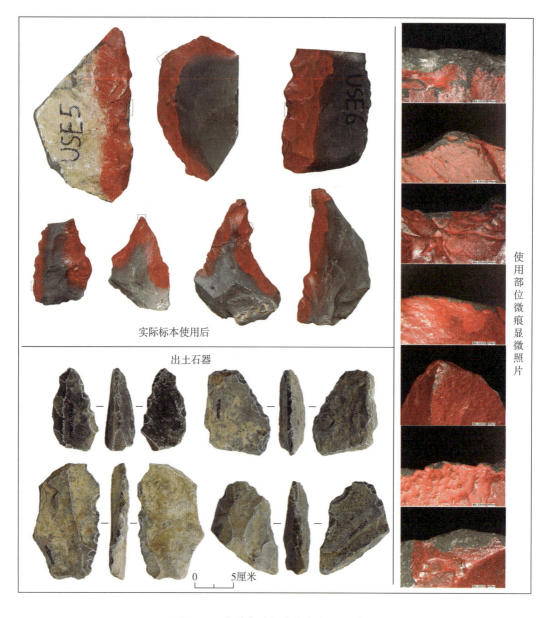

图4-10 宰羊实验标本与出土石器对比

　　挖掘实验以古人类采集活动中挖掘可食用根茎或鳞茎的野生植物为背景，挖掘实验标本的制作主要以遗址出土手镐类工具为原型进行复制，使实验标本大致等同于出土手镐，功效相当。遗址出土手镐多具有三棱状尖角，体积形态以具有汇聚尖的 Type10 或 Type11 模块类型为主，故在实验标本中复制三棱或四棱状尖角的手镐 3 件，其中 2 件优选具有尖角的天然毛坯，形态接近手镐，不做加工或仅做底端修型。从使用效果看，手镐类石器是否经过加工修理对使用功效没有明显影响，手镐类重型工具可能也存在省略修型或修刃的"使用石器"。从使用痕迹来看，实验标本在反复使用或挖掘对象较硬时会产生明显的崩损，受石灰岩硬度和内部结构的影响，尖部会发生不同程度的残断，这种残断状况与遗址中出土的有尖类石器如手镐、尖状器等尖部存在残断的情形相符，可以推证这种残损与挖掘使用有很大关联（图 4-11）。

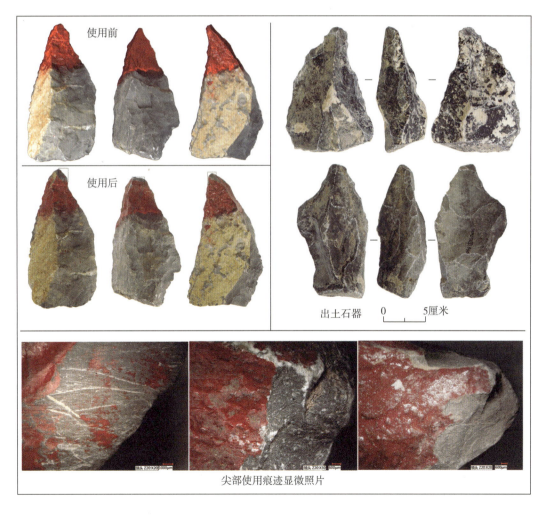

图 4-11　挖掘实验标本与出土石器对比

（四）结论与讨论

本章实验环境背景更多以模拟史前状态来贴近真实，实验标本以出土石器为原型进行制备来满足相似的功能预设，对实验标本的使用操作也模拟古人类可能的行为活动来进行，使得实验标本与出土石器在同等背景下作用于相同的对象，形成相似的使用效果，即实验标本的功效可指示出土石器的功效。在此前提下，使用实验验证了不同类型的石灰岩石器在砍砸、切割、刮削、挖掘等多种常规行为中均能胜任，表现出良好的功能实用性和较高的效率，同时也反映了石灰岩石器在加工皮肉筋腱等软性对象时基本不会形成崩疤，在作用于新鲜树干、竹竿、骨头等中软性对象时容易产生明显的崩疤和损耗，而在接触角砾等硬性类对象时有些有尖类器物可能因节理或使用强度而导致尖部残损。

在使用实验过程中采用了部分未经加工修理但形态和功能能够满足需求的石灰岩石器类型，这类"使用石器"使用功效良好，尤其是对于砍砸器、手镐等重型粗犷类石器而言，未经修理的天然石器和经过加工修理的石器在使用功效上没有太大区别，但在刮削器、尖状器等小型石器类型中，经过修理的石器比自然选择的石器更为经久耐用，效率也更高。而且，经与出土石器对比，"使用石器"产生的使用崩疤与修理疤在某些条件下基本一致，结合玉米洞遗址石器原料和毛坯的特殊性，我们有理由相信，该遗址理应存在利用天然毛坯优选而形成的"使用石器"，这种"使用石器"的类型主要表现为砍砸器和手镐。

使用实验作用的对象主要集中在中软性类材料，即使是挖掘实验中碰到硬性材料的概率也并不高，但很显然石灰岩石器因为自身的硬度、结构和脆性，还是较容易发生崩损和断裂。石灰岩质有尖类石器，使用部位集中在尖部，使用频率较高，发生残损的概率也明显较高。实验表明手镐类石器在作用于硬性对象或结构不稳定、受力不均时容易产生残损断裂，与出土有尖类石器的残损状况相似。因此，我们基本可以判断，遗址出土手镐和尖状器尖部残损比例较高的主要成因是使用所致。

石灰岩虽然不是理想的石器原料，但从本书实验中可以发现所用石灰岩的脆性相对适中，适宜石器的制作，同时在切割、刮削等行为过程中也不易残留碎屑。在肢解动物的实验中，经过二次加工的石灰岩石器比采集天然锋刃的"使用石器"更为有效耐用，这一点进一步验证了前人的实验结果（Jones. 1980），同时，受油脂润滑及加大力度的影响，石器把手处有突起或锋刃容易引起手的不适及创伤。在砍伐和挖掘实验过程中，由于实验标本体积较大和需要较大力度来实施，把手部位会有硌手情况或出现痛感。因此，石器是否适宜把握对其效能的发挥具有直接影响，对把手进行适当修理显得非常必要，因而遗址出土石器中把手修理现象也较为普遍。

　　使用实验的目的是解决具体的考古问题，本书即根据研究对象的实际情况和需要解决的具体问题而开展有针对性的个案实验研究。显然，本书实验并非纯粹的微痕分析，目的不在于探索使用痕迹的规律，而重在为石灰岩石器的功能效用、使用方式和作用对象方面提供参考和对比材料，尤其对解释玉米洞石制品特点成因具有特殊意义。通过石灰岩石器的使用实验，我们对玉米洞遗址石器原料有了更直观、清楚的了解，重新审视了石灰岩不宜制作石器的传统观念，为探讨石灰岩原料的适用性和局限性提供了实例，同时对探讨玉米洞遗址石器工业特点的形成和古人类区域多样化的生存适应方式提供了新思路。

# 第五章　遗存的分类与分期

## 第一节　第一期文化遗存

### 一、遗存的类别与分布

本期遗存共发现火塘遗迹 2 处，出土编号石制品 1262 件、骨角牙制品 66 件、动物化石 612 件（表 5-1）。从发掘出土遗物分布情况看，本期不同类型的遗物在各探方平面分布上明显不同，西侧一排探方的文化遗物分布明显较东侧一排探方更为密集，西侧最靠近洞口位置的 T8 文化遗物平面分布最为密集，而东侧最靠近天窗位置的 T5 文化遗物分布也明显较多。在剖面上来看整体分布较为密集连续，但东西两排探方文化遗物数量差别明显，底部文化遗物数量有减少的趋势。从遗物种类来看，同一排的探方中，靠近洞壁的 T6、T7 化石数量多于 T8，而 T8 在石制品数量上多于 T6、T7，而且两处用火遗迹也均发现于这一期（图 5-1）。除了发掘收集标本的尺度标准不同和遗物后期的自然营力搬运之外，遗物分布的密集程度应能反映人类活动的强度。本期遗物基本为原地埋藏，器物表皮少见碳酸钙沉积物附着，基本未经流水作用搬运，可以反映古人类在洞内不同区域的功能分区，也反映古人类在同一个堆积单元所代表的时期内连续性占据和利用遗址。显然，这一时期的文化遗物分布情况反映了本期人类活动的频率，靠近洞口和天窗位置是古人类制作和使用石器活动的密集区，洞穴北侧近洞壁一侧动物化石相对丰富，而南侧近洞壁处则明显较少。

表 5-1　　　　　　　　　第一期文化遗存各探方出土情况统计表

| 遗存类型 / 遗存分期 | T3 | T4 | T5 | T6 | T7 | T8 | 采集 | 合计（件） | 百分比（%） |
|---|---|---|---|---|---|---|---|---|---|
| 石制品 | 23 | 20 | 199 | 204 | 363 | 433 | 20 | 1262 | 67.3 |
| 动物化石（含骨角牙制品） | 22 | 33 | 99 | 219 | 156 | 83 | | 612（66） | 32.6（3.5） |

续表

| 遗存类型<br>遗存分期 | T3 | T4 | T5 | T6 | T7 | T8 | 采集 | 合计<br>（件） | 百分比<br>（%） |
|---|---|---|---|---|---|---|---|---|---|
| 用火遗迹 | | | 1 | 1 | | | | 2 | 0.1 |
| 合计 | 45 | 53 | 299 | 424 | 519 | 516 | 20 | 1876 | |
| 百分比（%） | 2.4 | 2.8 | 15.9 | 22.6 | 27.7 | 27.5 | 1.1 | | 100% |

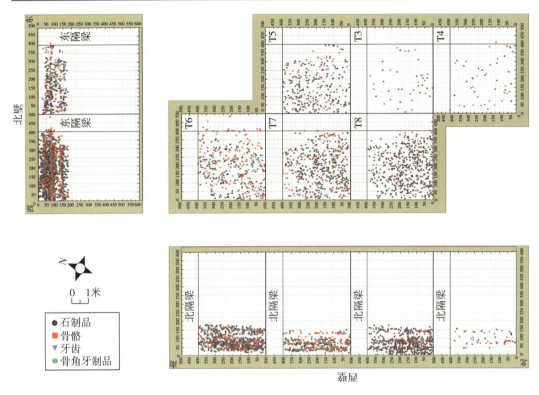

图 5-1　第一期文化遗物平剖面分布图

## 二、用火遗迹

本期共发现火塘遗迹 2 处。其中 H1 位于 T6 西部，叠压于第②a 层下，略呈不规则圆形，最大长 40 厘米，最大宽 36 厘米，厚 1~3 厘米，距地表约 80 厘米（图 5-2：a）。H2 位于 T5 北部，发现于第②a 层底部，形状不规则，最大长 90 厘米，最大宽 40 厘米，厚 1~3 厘米，距地表约 107 厘米（图 5-2：b）（贺存定、吴雁，2018）。这两处用火遗迹处于第②a 层下，H2 所处地层较 H1 更深，时代也应略早。H2 曾采集炭屑样品进行了 $^{14}$C 测年，结果显示距今约 3.4 万年。在 H1 相近地层也采集到炭屑样品进行了 $^{14}$C 测年，结果为距今 2.2 万年（Shao et al. 2022）。两处火塘遗迹的考古时代均处于旧石器时代晚期的不同阶段，遗迹表现形式相似，反映了不同时期相似的用火行为。火塘遗迹形状不甚规则，边界较为模糊，有部分延伸，以小面积的灰烬形式出现，堆积较薄，含少量烧石、烧土和炭屑。火塘遗迹周围及灰烬堆积中未发现集中分布的石制品、动物化石和烧石现象，也没有明显石块垒砌现象。因此，初步推测火塘为两处临时性用火遗迹，使用时间较短，结构简单，没有挖坑和垒砌改造，在地面上直接燃烧，是一种"低投入型"火塘遗迹。

（a） （b）

图 5-2 第一期文化遗存的火塘遗迹

### 三、石制品

本期遗存出土石制品 1262 件，占石制品总数的 38.28%。分别来自 T3（N=23）、T4（N=20）、T5（N=199）、T6（N=204）、T7（N=363）、T8（N=433）的第②层出土品以及扰土层第①层的采集品（N=20）。本期石制品数量较多的是靠近洞口的 T7 和T8，而相对距离洞口较远和洞壁两侧的探方出土石制品数量相对较少。T3、T4 出土石制品数量少除了本身分布原因外，还可能与试掘探方标本采集标准较严有关。石制品类型包括石核（N=1）、石片（N=5）、断块和碎片（N=11）、砾石（N=3）、工具（N=1244），工具类型组合较为多样，可分为砍砸器、刮削器、尖状器、手镐、凹缺器、锥钻、原手斧、雕刻器、矛形器等 9 个大类（表 5-2）。本节是以研究者的视角对玉米洞遗址的石制品进行全面而系统的介绍，故石制品的分类以传统的功能类型学来划分，即按照石制品最终形态和可能的功能为划分标准进行分类介绍。

表 5-2 第一期文化遗存的石制品分类统计表

| 石制品类型 | 数量（件） | 百分比（%） |
| --- | --- | --- |
| 石核（Core） | 1 | 0.08 |

| 石制品类型 | 数量（件） | 百分比（%） |
|---|---|---|
| 石片（Flake） | 5 | 0.40 |
| 工具（Tool） | 1244 | 98.57 |
| 　刮削器（Scraper） | 690 | 55.47 |
| 　砍砸器（Chopper） | 289 | 23.23 |
| 　尖状器（Point） | 163 | 13.1 |
| 　凹缺器（Notch） | 33 | 2.65 |
| 　锥钻（Borer） | 15 | 1.21 |
| 　手镐（Pick） | 48 | 3.86 |
| 　原手斧（Proto-handaxe） | 2 | 0.16 |
| 　雕刻器（Burin） | 3 | 0.24 |
| 　矛形器（Projectile point） | 1 | 0.08 |
| 断块和碎片（Chunk and Fragment） | 9 | 0.71 |
| 砾石（Pebble） | 3 | 0.24 |
| 合计 | 1262 | 100% |

石核1件，占本期石制品的0.08%。

13YMDT6②：345，砸击石核，深灰色石英岩。椭圆形扁平砾石，两端砸击，形成两个错向剥片疤，打击点明显，放射线清楚。长7.84、宽4.83、厚1.7厘米，重104.18克（图5-3：2）。

石片5件，占本期石制品的0.40%。均为锤击石片，其中完整石片3件，纵向断片2件。

13YMDT7②：436，锤击石片，深灰色石灰岩。自然台面，腹面较平，背面略凸，呈三棱锥状。打击点均半锥体不清楚，同心波与放射线不可见。石片侧缘有个别片疤，没有形成连续刃缘。长6.09、宽6.81、厚2.32厘米，重80.39克（图5-3：1）。

13YMDT7②：517，纵向断片，黑褐色石灰岩。有疤台面，腹面略平坦，背面稍鼓。打击点清楚，半锥体微鼓，有锥疤，放射线隐约可见，石片远端局部有断口。长4.32、宽5.74、厚1.46厘米，重34.83克（图5-3：3）。

13YMDT5②：3，完整石片，浅灰色石灰岩。形状为三角形，宽大于长。自然台面，打击点清楚，半锥体微凸，放射线不甚清楚，背面有1个片疤。近端较厚，远端薄锐，有2个正向加工的片疤，无明显的使用痕迹。长5.07、宽8.8、厚1.91厘米，重71.12克（图5-3：4）。

13YMDT5②：258，纵向断片，浅灰色石灰岩。自然台面，打击点清楚，放射线清晰，半锥体不甚明显，有锥疤。背面全疤，形状近似三角形。近端较厚，远端较薄，两侧均有正向加工的片疤，无明显的使用痕迹。长5.63、宽7.54、厚2.95厘米，重101.49克（图5-3：5）。

图5-3　第一期文化遗存的石核和石片
1、4. 锤击石片（13YMDT7②：436、13YMDT5②：3）2. 砸击石核（13YMDT6②：345）
3、5. 纵向断片（13YMDT7②：517、13YMDT5②：258）

工具1244件，占本期石制品的98.57%。类型包括刮削器（N=690）、砍砸器（N=289）、尖状器（N=163）、凹缺器（N=33）、手镐（N=48）、原手斧（N=2）、锥钻（N=15）、雕刻器（N=3）、矛形器（N=1）。

刮削器690件，占本期工具组合的55.47%。按照刃口数量可划分为单刃（N=541）、双刃（N=118）、复刃刮削器（N=31）3型。

单刃刮削器541件。单刃刮削器又可再进一步根据刃缘形态区分为单直刃（N=202）、单凸刃（N=286）、单凹刃（N=53）3种亚型。

单直刃刮削器202件。

13YMDT6②：142，浅灰色石灰岩。块状毛坯，沿毛坯一薄锐边加工出一直刃，刃口长6.94厘米。加工方式不规则，片疤大小较均匀，刃角70°～90°。长8.03、宽4.2、厚2.45厘米，重84.13克（图5-4：1）。

13YMDT6②：128，深灰色石灰岩。块状毛坯，沿毛坯一薄锐边加工出一直刃，刃口长6.4厘米。加工方式不规则，片疤均匀不连续，部分范围直接利用薄锐边当作刃缘，刃角65°～85°。器身表面有部分钙质胶结。长9.64、宽3.88、厚2.76厘米，重104.59克（图5-4：2）。

13YMDT8②：408，深灰色石灰岩。片状毛坯，一面稍平坦，一面有一纵脊。在一侧边加工出直刃，刃口长7.05厘米，刃角65°～93°。以单向加工为主，在另一侧边亦有较连续的片疤但不能形成刃口。长9.44、宽5.83、厚2.48厘米，重148.19

克（图5-4：3）。

13YMDT8②：216，浅灰色石灰岩。块状毛坯，三棱锥状，一面平坦。在一边交互加工出直刃，刃口长11.41厘米，刃角75°~88°。其余边缘亦有部分不连续的片疤。长10.93、宽7.7、厚6.47厘米，重410.63克（图5-4：4）。

13YMDT6②：252，浅灰色石灰岩。层状灰岩毛坯，两斜节理面相交形成一薄锐边，沿该薄锐边加工出一直刃，刃口长8.25厘米。加工方式不规则，刃角65°~88°。长8.36、宽6.6、厚3.29厘米，重169.76克（图5-4：5）。

13YMDT6②：376，深灰色石灰岩。以石片为毛坯，在石片远端加工出一直刃，刃口长7.77厘米，左侧缘经加工剥下大片疤修型，近端亦有少量片疤。加工方式以反向加工为主，片疤大小均匀，刃角58°~98°。器身表面有部分钙质胶结。长8.04、宽7.88、厚2.73厘米，重186.69克（图5-4：6）。

13YMDT6②：343，黑色燧石。以背面有疤的燧石石片为毛坯，在石片远端加工修理出一直刃，刃口长1.98厘米。加工方式以反向加工为主，片疤均匀连续，刃角55°~73°。长1.72、宽2.62、厚0.83厘米，重5.6克（图5-4：7）。

13YMDT8②：383，深灰色石灰岩。块状毛坯，毛坯整体形状类似有肩石锛，在一端单向加工出直刃，刃口长7.7厘米，刃角73°~90°。手握端有少量修疤。长12.36、宽7.55、厚5.08厘米，重436.93克（图5-4：8）。

13YMDT8②：74，浅灰色石灰岩。片状毛坯，在毛坯的一薄锐端加工出一直刃，刃口长8.31厘米，刃角75°~85°。以单向加工为主，片疤连续均匀。另在毛坯一侧的凹缺处有少量片疤。长10.41、宽9.12、厚2.74厘米，重267.11克（图5-4：9）。

13YMDT7②：369，深灰色石灰岩。平面形状略呈直角梯形。块状毛坯，沿毛坯一薄锐边加工形成直刃，刃口长10.06厘米，刃角70°~90°。以单向加工为主。长10.34、宽7.61、厚4.04厘米，重384.75克（图5-4：10）。

13YMDT8②：210，深灰色石灰岩。以石片为毛坯，在石片远端的薄锐处连续修理出直刃，刃口长7.97厘米，刃角48°~70°。以反向加工为主要修理方式，片疤大小不甚均匀。长7.72、宽9.85、厚2.75厘米，重176.36克（图5-4：11）。

13YMDT7②：441，深灰色石灰岩。片状毛坯，沿毛坯一薄锐边交互加工出一直刃，刃口长8.17厘米，刃角70°~110°。片疤均匀连续。长11.54、宽7.13、厚5.27厘米，重354.83克（图5-4：12）。

13YMDT5②：207，浅灰色石灰岩。块状毛坯，一端较厚重，一端稍薄锐。沿薄锐的一端单向加工出一直刃，刃口长6.95厘米。片疤浅平，大小均匀。刃角80°~100°。长9.67、宽7.14、厚3.4厘米，重393.82克（图5-4：13）。

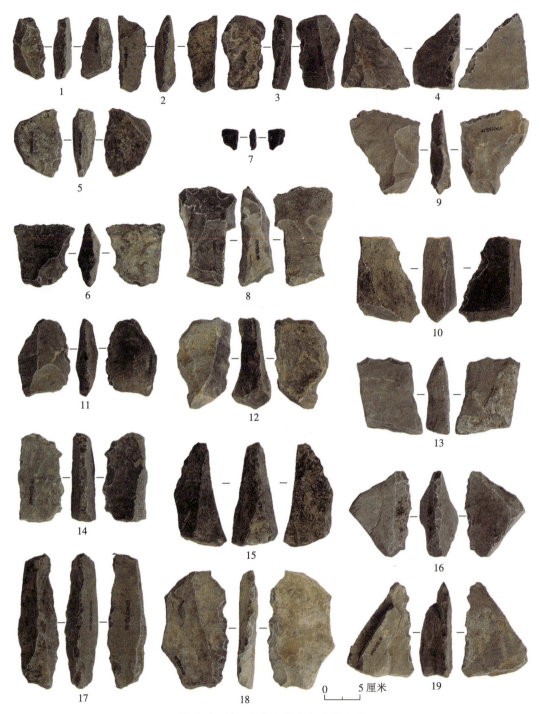

图 5-4　第一期文化的单直刃刮削器

13YMDT6②：142、13YMDT6②：128、13YMDT8②：408、13YMDT8②：216、13YMDT6②：252、13YMDT6②：376、
13YMDT6②：343、13YMDT8②：383、13YMDT8②：74、13YMDT7②：369、13YMDT8②：210、13YMDT7②：441、
13YMDT5②：207、13YMDT5②：161、13YMDT7②：525、13YMDT5②：137、13YMDT7②：136、13YMDT6②：130、
13YMDT8②：38

13YMDT5②：161，深灰色石灰岩。片状毛坯，沿毛坯一侧单向加工出一薄锐的直刃缘，片疤大小不均匀，手握一端有明显的修型疤，刃口长 8.91 厘米，刃角 55°~90°。长 11.24、宽 5.7、厚 3.18 厘米，重 261.15 克（图 5-4：14）。

13YMDT7②：525，深灰色石灰岩。略呈三棱状，块状毛坯，沿毛坯一薄锐边交互加工形成直刃，刃口长 6.95 厘米，刃角 70°~80°。片疤均匀连续，毛坯尖端有断口。长 12.9、宽 5.93、厚 5.11 厘米，重 380.82 克（图 5-4：15）。

13YMDT5②：137，深灰色石灰岩。块状毛坯，一面为平坦的节理面，一面为凸起的角砾表皮，一端厚重，一端薄锐。沿毛坯的薄锐端交互加工出一直刃，刃口长 9.75 厘米，片疤较浅平，大小均匀。刃角为 75°~105°。长 10.85、宽 7.58、厚 5.25 厘米，重 358.66 克（图 5-4：16）。

13YMDT7②：136，浅灰色石灰岩。块状毛坯，长三棱状，一面平坦，一面有一纵脊。沿毛坯一薄锐长边转向加工出一直刃，刃口长 11.42 厘米，刃角 65°~95°。片疤连续均匀。长 16.95、宽 5.35、厚 3.94 厘米，重 371.94 克（图 5-4：17）。

13YMDT6②：130，浅灰色石灰岩。两面均较平坦。片状毛坯，沿毛坯一薄锐边交互加工出一直刃，刃口长 10.9 厘米。片疤大小均匀，刃角 75~90°。器身表面有钙质胶结。长 14.77、宽 9.66、厚 2.34 厘米，重 409.72 克（图 5-4：18）。

13YMDT8②：38。浅灰色石灰岩。以层状节理灰岩为毛坯，整体形状呈三角形。在一薄锐边转向加工出直刃，刃口长 10.55 厘米，刃角 75°~95°。长 12.08、宽 8.74、厚 4.92 厘米，重 361.37 克（图 5-4：19）。

单凸刃刮削器 286 件。

13YMDT8②：193，深灰色石灰岩。片状毛坯，在毛坯的薄锐边缘加工出凸刃，刃口长 12.21 厘米，刃角 70°~95°。加工方式不规律，以单向加工为主。长 15.6、宽 6、厚 4.03 厘米，重 329.68 克（图 5-5：1）。

13YMDT8②：441，深灰色石灰岩。片状毛坯，在毛坯两斜面相交形成的薄锐边缘处加工出微凸刃，刃口长 14.74 厘米，刃角 68°~95°。以单向加工为主。长 15.55、宽 5.82、厚 3.97 厘米，重 339.29 克（图 5-5：2）。

13YMDT8②：491，浅灰色石灰岩。块状毛坯，在一端及一侧边交互加工出凸刃，刃口长 7.07 厘米，刃角 77°~89°。在另一端和一侧边经粗浅加工形成一小短尖，推测为当钻使用。长 12.44、宽 6.58、厚 2.86 厘米，重 221.63 克（图 5-5：3）。

13YMDT6②：143，浅灰色石灰岩。片状毛坯，形状呈矛头形，一面平坦，一面凸起。沿毛坯两侧往一端加工形成凸刃，刃口长 6.39 厘米，刃角 60°~95°。加工方式以从平坦面向凸起面加工为主，手握端一侧为沿节理面垂直破裂缺口，另一侧可见不连续的片疤，疑手握端为复合工具装柄使用。长8.68、宽6.45、厚3.25厘米，重132.03克（图5-5：4）。

13YMDT7②：350，黑褐色石灰岩。平面形状略呈梯形。块状毛坯，沿毛坯两侧边往一端加工形成凸刃，刃口长7.48厘米，刃角70°～90°。修疤较均匀连续。长9.76、宽7.31、厚2.8厘米，重239.36克（图5-5：5）。

13YMD T5②：61，深灰色石灰岩。片状毛坯，整体形状呈三角形，腹面平坦，背面呈三棱状。在薄锐的两边进行正向加工修理，修疤连续不均匀，刃口长9.66厘米。刃角60°～75°。长9.47、宽6.89、厚4.3厘米，重276.55克（图5-5：6）。

13YMDT5②：134，深灰色石灰岩。片状毛坯，腹面平坦，背面有一条中脊。在一侧薄锐边连续修理出凸刃缘，刃口长6.7厘米，修疤均匀。单向修理为主。刃角30°～60°。长9.6、宽5.17、厚2.81厘米，重117.37克（图5-5：7）。

13YMDT8②：410，深灰色石灰岩。块状毛坯，在毛坯的薄锐侧边转向加工出凸刃缘，刃口长8.9厘米，刃角65°～94°。长9.15、宽4.23、厚2.7厘米，重115.24克（图5-5：8）。

13YMD T5②：244，浅灰色石灰岩。片状毛坯，两面均较平坦，手握端为断面，其余部位均有加工，交互加工，刃缘曲折、较钝厚，刃口长10.14厘米。修疤大小较均匀。刃角60°～80°。长10.09、宽8.25、厚2.62厘米，重292.64克（图5-5：9）。

13YMDT8②：204，深灰色石灰岩。一面平坦，一面微凸。块状毛坯，沿毛坯薄锐的弧凸边单向加工出凸刃，刃口长10.29厘米，刃角83°～95°。长10.72、宽8.25、厚3厘米，重241.44克（图5-5：10）。

13YMDT7②：399，黑褐色石灰岩。平面形状呈三角形，片状毛坯，沿毛坯一薄锐边交互加工形成凸刃，刃口长8.51厘米，刃角65°～90°。另一条厚钝的边也有连续浅平的单向修疤，推测为修型。长8.48、宽7.83、厚2.73厘米，重195.78克（图5-5：11）。

13YMDT6②：188，浅灰色石灰岩。平面形状略呈不规则四边形，片状毛坯，两面和一侧边为平坦的破裂面。沿两相交的薄锐边单向加工出弧凸刃，刃口长9.89厘米，刃角70°～100°。长9.85、宽9.82、厚2.36厘米，重193.14克（图5-5：12）。

13YMDT7②：23，深灰色石灰岩。块状毛坯，沿毛坯一薄锐边加工出一凸刃，刃口长10.76厘米，刃角70°～90°。以单向加工为主，片疤均匀连续。部分器身表面覆盖有钙质胶结。长11.28、宽8.41、厚4.25厘米，重361.4克（图5-5：13）。

13YMDT6②：190，浅灰色石灰岩。形状呈矛头形，片状毛坯，一面平坦，一面有一纵脊。沿毛坯两薄锐边均匀连续加工形成凸刃，刃口长7.97厘米，刃角65°～95°。加工方式不规则，手握端经修整，疑似复合工具装柄使用。长11.8、宽7.69、厚2.31厘米，重229.2克（图5-5：14）。

图 5-5 第一期文化的单凸刃刮削器

1~21. 单凸刃刮削器（13YMDT8②：193、13YMDT8②：441、13YMDT8②：491、13YMDT6②：143、
13YMDT7②：350、13YMDT5②：61、13YMDT5②：134、13YMDT8②：410、13YMDT5②：244、13YMDT8②：204、
13YMDT7②：399、13YMDT6②：188、13YMDT7②：23、13YMDT6②：190、13YMDT8②：298、13YMDT8②：336、
13YMDT7②：67、13YMDT7②：242、13YMDT6②：14、13YMDT6②：80、13YMDT7②：198）

13YMDT8②：298，深灰色石灰岩。整体形状呈三角形。片状毛坯，在一边加工出凸刃缘，刃口长 10.08 厘米，刃角 65°~93°。以单向加工为主。长 10.75、宽 9.71、厚 3.63 厘米，重 295.45 克（图 5-5：15）。

13YMDT8②：336，灰褐色石灰岩。一面稍平坦，一面有一纵脊。块状毛坯，在一薄锐侧边转向加工出凸刃，刃口长 13.4 厘米、刃角 75°~90°。长 14.02、宽 9.38、厚 4.13 厘米，重 541.66 克（图 5-5：16）。

13YMDT7②：67，浅灰色石灰岩。片状毛坯，沿毛坯一薄锐边缘加工出一凸刃，刃口长 13.16 厘米，刃角 60°~80°。加工方式以单向加工为主，片疤均匀连续。手握端亦有修疤。长 13.54、宽 8.57、厚 2.32 厘米，重 299.54 克（图 5-5：17）。

13YMDT7②：242，深灰色石灰岩。平面形状似三角形，两面平坦。片状毛坯，沿一薄锐侧边加工出一凸刃，刃口长 9.97 厘米，刃角 70°~90°。以单向加工为主，片疤均匀连续。长 12.01、宽 10.15、厚 2.37 厘米，重 352.31 克（图 5-5：18）。

13YMDT6②：14，浅灰色石灰岩。片状毛坯，沿毛坯两平坦斜面相交的薄锐边加工修理出凸刃，刃口长 12.08 厘米，刃角 70°~100°。加工方式以单向加工为主，片疤均匀连续。部分器身表面覆盖有钙质胶结。长 10.18、宽 8.68、厚 3.53 厘米，重 336.03 克（图 5-5：19）。

13YMDT6②：80，浅灰色石灰岩。平面形状呈不规则四边形，一面平坦，一面有两条棱脊。片状毛坯，沿毛坯两相交薄锐边单向加工形成一尖凸刃，刃口长 9.77 厘米，刃角 80°~95°。加工方向从平坦面向棱脊面加工，表面有钙质胶结。长 11.31、宽 10.09、厚 3.24 厘米，重 369.21 克（图 5-5：20）。

13YMDT7②：198，深灰色石灰岩。块状毛坯，平面形状略呈正方形，两面平坦，沿毛坯一薄锐端加工形成凸刃，刃口长 8.69 厘米，刃角 70°~80°。加工方式不规则，片疤均匀连续。长 9.53、宽 9.78、厚 3.14 厘米，重 476.43 克（图 5-5：21）。

单凹刃刮削器 53 件。

13YMDT6②：177，浅灰色石灰岩，片状毛坯，平面形状呈梯形，一面平坦，一面倾斜与平坦面相交于一薄锐边。沿薄锐边转向加工出一凹刃，刃口长 9.88 厘米，刃角 60°~75°。长 9.8、宽 5.8、厚 2.82 厘米，重 145.1 克（图 5-6：1）。

13YMDT7②：216，浅灰色石灰岩。石片近端断片毛坯直接加工一侧边，远端和另一侧边为断口。刃缘略呈交互加工，微凹，刃口长 5.12 厘米，刃角 55°~68°。长 7.41、宽 6.28、厚 3.29 厘米，重 153.01 克（图 5-6：2）。

13YMDT8②：150，浅灰色石灰岩。块状毛坯，整体形状呈三角形，在一边转向加工出凹刃，刃口长 6.76 厘米，刃角 85°~95°。刃缘处有两个相邻的深凹的大片疤，可当凹缺器使用。长 8.37、宽 5.99、厚 3.03 厘米,重 177.33 克(图 5-6:3)。

13YMDT7②:326,深灰色石灰岩。块状毛坯,形状不规则,一面为平坦节理面,另外一面有一条背脊,在背脊的一侧薄锐边修理出凹刃缘,凹刃刃口长 6.35 厘米,刃角 52°~65°。背脊另一侧也有一定程度的修型。长 8.83、宽 7.31、厚 3.34 厘米,重 189.66 克(图 5-6:4)。

13YMDT8②:416,深灰色石灰岩。片状毛坯,一面不平坦,一面有一纵脊。在一侧边转向加工出凹刃,刃口长 9.92 厘米,刃角 58°~85°。刃缘的中部片疤均较深凹,可当凹缺器使用。长 11.8、宽 6.66、厚 3.96 厘米,重 278.39 克(图 5-6:5)。

13YMDT7②:255,浅灰色石灰岩。片状毛坯,一面平坦,另外一面有一条纵脊,在纵脊的一侧边修理出凹刃缘,刃口长 5.74 厘米,刃角 53°~76°。纵脊另一侧边也有少量不连续修疤。长 9.29、宽 5.47、厚 2.88 厘米,重 136.56 克(图 5-6:6)。

13YMDT7②:225,浅灰色石灰岩。形状略呈长方形,块状毛坯,两面均有纵脊。在薄锐边缘修理出凹刃缘,刃口长 6.55 厘米,刃角 42°~65°。长 9.9、宽 5.56、厚 2.66 厘米,重 177.14 克(图 5-6:7)。

13YMDT8②:218,浅灰色石灰岩。整体形状呈三角形,块状毛坯,在一边单向加工出刃缘,刃口长 8.26 厘米,刃角 85°~93°。刃缘有凹有凸,凹刃处应为主要使用部位。长 9.08、宽 7.09、厚 3.24 厘米,重 162.45 克(图 5-6:8)。

13YMDT6②:273,浅灰色石灰岩。片状毛坯,两面均平坦,沿毛坯一薄锐边加工出一刃缘,刃口长 7.3 厘米。刃缘处有凹有凸,凹刃处应为主要使用刃缘。加工方式不规则,片疤大小均匀,刃角 75°~90°。长 8.67、宽 4.75、厚 2.27 厘米,重 118.88 克(图 5-6:9)。

13YMDT7②:42,深灰色石灰岩。形状呈正三角形,片状毛坯,一面平坦,另一面呈斜面。在远端薄锐边缘单向修理出凹刃缘,刃口长 4.21 厘米,刃角 52°~72°。长 5.55、宽 5.07、厚 2.19 厘米,重 49.72 克(图 5-6:10)。

13YMDT8②:131,黑褐色石灰岩。块状毛坯,整体形状呈三角形,在一端剥下一个大片疤,去薄后加工出凹刃,刃口长 7.13 厘米,刃角 65°~93°。加工方式不规律。长 12.04、宽 8.18、厚 3.55 厘米,重 351.17 克(图 5-6:11)。

13YMDT8②:262,浅灰色石灰岩。块状毛坯,两斜面相交于一薄锐边,在薄锐边单向加工出凹刃,修疤连续均匀呈鱼鳞状,刃口长 7.61 厘米,刃角 85°~95°。厚重一边局部有修型。长 13.3、宽 7.65、厚 4.87 厘米,重 500.26 克(图 5-6:12)。

13YMDT6②:228,浅灰色石灰岩。块状毛坯,沿毛坯一薄锐边交互加工出一凹刃,刃口长 9.53 厘米,刃角 65°~90°。器身表面有钙质胶结。长 10.86、宽 7.51、厚 3.53 厘米,重 331.77 克(图 5-6:13)。

图 5-6  第一期文化的单凹刃刮削器

1~13. 单凹刀刮削器（13YMDT6②：177、13YMDT7②：216、13YMDT8②：150、13YMDT7②：326、
13YMDT8②：416、13YMDT7②：255、13YMDT7②：225、13YMDT8②：218、13YMDT6②：273、
13YMDT7②：42、13YMDT8②：131、13YMDT8②：262、13YMDT6②：228）

双刃刮削器 118 件。

13YMDT8②：406，深灰色石灰岩。块状毛坯，整体形状略呈月牙儿形，一面平坦，

一面凸起。在两侧边加工出一凹刃和一直刃，刃口长分别为 10.91、6.93 厘米，刃角 73°~85°。以单向加工为主。长 14.2、宽 6.14、厚 3.72 厘米，重 3381 克（图 5-7：1）。

13YMDT8②：231，深灰色石灰岩。片状毛坯，平面形状近似长方形，一面为不平坦的破裂面，一面有一纵脊，在纵脊两侧薄锐边加工出一直刃和一凸刃，刃口长分别为 7.68、11.12 厘米，刃角 58°~85°。直刃以单向加工为主，凸刃为交互加工。长 11.9、宽 10.39、厚 3.89 厘米，重 515.47 克（图 5-7：2）。

13YMDT6②：258，硅质岩石片直接使用。石片远端和一侧边较薄锐，有不均匀且不连续的细碎片疤，应为使用所致，刃角 45°~75°。长 7.0、宽 8.12、厚 2.1 厘米，重 84.35 克（图 5-7：3）。

13YMDT7②：218，深灰色石灰岩。块状毛坯，整体形制和功能近似薄刃斧，沿毛坯两端薄锐处加工出两个端刃，一凸刃和一直刃，刃口长分别为 5.3、5.47 厘米，刃角 70°~100°。加工方式以对向加工为主，边缘修理，修疤均匀连续。长 9.61、宽 5.56、厚 3.31 厘米，重 277.88 克（图 5-7：4）。

12YMDC：6，黑灰色石灰岩。石片毛坯，腹向平坦，背面有条纵脊，保留少量石皮。石片两侧边单向加工，形成一直刃，一凸刃，刃口分别为长 7.8、6.65 厘米，刃角 25°~45°。长 9.8、宽 5.98、厚 6.63 厘米，重 206.78 克（图 5-7：5）。

13YMDT7②：175，浅灰色石灰岩。片状毛坯，一面平坦，一面有一纵脊。沿纵脊两侧薄锐边加工出一凹刃和一直刃，刃口分别长为 3.37、6.14 厘米，刃角 70°~85°。直刃为交互加工，凹刃为单向加工。长 7.46、宽 5.13、厚 2.61 厘米，重 102.85 克（图 5-7：6）。

13YMDT5②：196，深灰色石灰岩。片状毛坯，沿毛坯两侧错向加工出两道凸刃，刃口长 7.28~7.37 厘米，刃角 48°~65°，一侧片疤共 2 层，片疤大小较均匀，一侧片疤仅 1 层，片疤大小较均匀。长 7.45、宽 5.67、厚 2.46 厘米，重 13.85 克（图 5-7：7）。

13YMDT6②：210，浅灰色石灰岩。块状毛坯，正反两面均有一条纵脊。沿毛坯两侧错向加工出一直刃和一凹刃，刃口长分别为 6.56、5.66 厘米。片疤大小均匀，刃角 55°~85°。长 7.51、宽 4.23、厚 2.45 厘米，重 75.91 克（图 5-7：8）。

13YMDT3②：11，浅灰色石灰岩。块状毛坯，两面均平坦，修理刃缘主要为薄锐边缘处，形成一凹刃和一直刃，刃口长分别为 7.88、7.84 厘米，刃角分别为 82°~103°、80°~108°。长 11.17、宽 8.05、厚 3.16 厘米，重 371.67 克（图 5-7：9）。

13YMDT5②：284，深灰色石灰岩。片状毛坯，由一侧沿毛坯单向加工出一道直刃，片疤大小较均匀，另一侧沿毛坯交互加工出一道直刃，刃缘较曲折，片疤大小不均匀，两侧均仅 1 层片疤。刃口长 10.54~11.01 厘米，刃角 64°~83°。长为 11.2、宽 6.58、厚 2.91 厘米，重 293.18 克（图 5-7：10）。

13YMDT5②：167，深灰色石灰岩。块状毛坯，沿毛坯两侧错向加工出两道直刃，刃口长 6.42~10.18 厘米，刃角 48°~78°，较宽侧片疤共 3 层，片疤大小不均匀，较窄侧片疤仅 1 层，片疤大小不均匀。长 10.27、宽 9.31、厚 3.65 厘米，重 408.97 克（图 5-7：11）。

图 5-7  第一期文化的双刃刮削器（一）
1~11. 双刃刮削器（13YMDT8②：406、13YMDT8②：231、13YMDT6②：258、
13YMDT7②：218、12YMDC：6、13YMDT7②：175、13YMDT5②：196、
13YMDT6②：210、13YMDT3②：11、13YMDT5②：284、13YMDT5②：167）

13YMDT7②：353，深灰色石灰岩。块状毛坯，一面平坦，一面有三条棱脊相交。沿平坦面两薄锐侧边加工出两直刃，刃口长分别为 6.85、7.86 厘米，刃角 65°~95°。加工方式分别为交互加工和单向加工，片疤均匀连续。长 10.01、宽 10.98、厚 4.38 厘米，重 438.53 克（图 5-8：1）。

13YMDT8②：246，浅灰色石灰岩。片状毛坯，在两侧边加工出两凸刃，刃口长 10.13、10.22 厘米，刃角 75°~95°。以单向加工为主。长 10.78、宽 5.46、厚 2.31 厘米，重 163.95 克（图 5-8：2）。

13YMDT6②：217，浅灰色石灰岩。块状毛坯，沿毛坯两薄锐侧边加工出两直刃，一侧边为转向加工，一侧边以单向加工为主，片疤大小均匀。刃口长分别为 7.21、8.37 厘米，刃角 65°~85°。长 10.76、宽 9.22、厚 3.68 厘米，重 453.09 克（图 5-8：3）。

13YMDT5②：245，深灰色石灰岩。片状毛坯，较长一侧加工方式为沿毛坯交互加工出一道凸刃，片疤大小均匀。较短一侧单向加工出一个较大的片疤形成一个凹缺。两侧刃缘均一层疤，刃口长 4.69~9.62 厘米，刃角 35°~78°。长 9.72、宽 9.01、厚 2.79 厘米，重 308.3 克（图 5-8：4）。

13YMDT5②：65，深灰色石灰岩。片状毛坯，沿毛坯一侧单向加工出一道凸刃，片疤大小均匀，为明显的修理刃。另一侧为使用刃，刃缘形状微凹，刃缘处可见细小的崩疤，为明显的使用刃，刃口长 8.52~10.21 厘米，刃角 53°~72°。长 10.52、5 宽、厚 2.67 厘米，重 168.8 克（图 5-8：5）。

13YMDT5②：164，深灰色石灰岩。片状毛坯，加工方式为沿毛坯两侧单向加工出两道直刃，刃口长 9.06~10.77 厘米，刃角 36°~93°，两侧片疤均 1 层，片疤大小均匀。长 10.95、宽 7.8、厚 2.82 厘米，重 322.19 克（图 5-8：6）。

13YMDT5②：218，深灰色石灰岩。片状毛坯，沿毛坯两侧加工出一道直刃和一道凸刃，以单向加工为主，偶尔可见反向加工的片疤，刃口长 10.01~11.15 厘米，刃角 30°~72°，两侧片疤均 1 层，片疤大小较均匀。长 10.88、宽 8.88、厚 5 厘米，重 387.34 克（图 5-8：7）。

13YMDT8②：449，深灰色石灰岩。块状毛坯，两面各有一纵脊。在两侧边错向加工出一直刃和一凹刃，刃口长分别为 6.7、6.97 厘米，刃角 85°~95°。长 8.13、宽 6.1、厚 2.81 厘米，重 125.65 克（图 5-8：8）。

13YMD.C：8，深灰色石灰岩。整体形状不规则，片状毛坯，背面留石皮，一侧缘修理成直刃，远端修理成凸刃，直刃刃口长 7.13 厘米，凸刃刃口长 7.45 厘米，刃角 42°~65°。长 9.39、宽 8.17、厚 3.42 厘米，重 262.68 克（图 5-8：9）。

13YMDT8②：34，浅灰色层状节理灰岩。块状毛坯，两面平坦，整体形状略呈梯形。在两端同向加工出两直刃，刃口长 5.75、6.48 厘米，刃角 55°~96°。部分器身表面有钙质胶结。长 11.59、宽 8、厚 3.6 厘米，重 466.28 克（图 5-8：10）。

13YMDT8②：161，浅灰色石灰岩。片状毛坯，两面均平坦。在两边同向加工出一凹刃和一凸刃，刃口长分别为 4.26、5.75 厘米，刃角 65°~88°。长 7.63、宽 6.18、厚 1.94 厘米，重 116.75 克（图 5-8：11）。

13YMDT6②：161，深灰色石灰岩，块状毛坯，正反两面均有一纵脊。沿毛坯两薄锐侧边错向加工出两直刃，刃口长分别为 8.51、9.8 厘米。片疤大小均匀，刃角 75°~95°。长 10.42、宽 7.66、厚 3.8 厘米，重 345.34 克（图 5-8：12）。

13YMD.C：7，浅灰色石灰岩。层状灰岩节理断片的片状毛坯，两面均平坦，修理刃缘集中于薄锐边缘处，单向修理出一个凸刃缘和一个微凹刃缘，凸刃刃口长 10.6 厘米，凹刃刃口长 9.88 厘米，刃角 37°～78°。长 16.03、宽 11.57、厚 3.08 厘米，重 569.2 克（图 5-8：13）。

图 5-8　第一期文化的双刃刮削器（二）

1～15. 双刃刮削器（13YMDT7②：353、13YMDT8②：246、13YMDT6②：217、13YMDT5②：245、13YMDT5②：65、13YMDT5②：164、13YMDT5②：218、13YMDT8②：449、13YMD.C：8、13YMDT8②：34、13YMDT8②：161、13YMDT6②：161、13YMD.C：7、13YMDT6②：168、13YMDT7②：321）

13YMDT6②：168，浅灰色石灰岩。片状毛坯，一面平坦，一面有一条纵脊。沿毛坯两薄锐侧边加工出一直刃和一凸刃，刃口分别为 6.76、4.53 厘米。直刃边的加工方式为交互加工，凸刃边的加工方式以单向加工为主。片疤大小均匀，刃角为50°～90°。长7.85、宽4.01、厚2厘米，重73.3克（图5-8：14）。

13YMDT7②：321，深灰色石灰岩。形状似树叶，块状毛坯，正反两面各有一条纵脊和横脊；沿纵脊两薄锐侧边加工出一凸刃和一直刃，刃口长分别为10.77、13.37厘米，刃角75°～90°。凸刃为交互加工，直刃为单向加工，片疤均匀连续。长14.2、宽9、厚3.53厘米，重463.53克（图5-8：15）。

复刃刮削器共31件。

13YMDT5②：52，浅灰色石灰岩。片状毛坯，两侧刃错向加工，端刃交互加工。两侧刃的刃口形状为直刃，刃口长分别为6.35、6.44厘米，端刃为凸刃，刃口长6.86米。片疤均较浅平，大小较均匀，刃角55°～85°。长11.09、宽6.92、厚3.5厘米，重291.94克（图5-9：1）。

13YMDT5②：162，深灰色石灰岩。片状毛坯，一面平坦，一面凸起。加工出3道直刃，刃口分别长为5.26、5.77、6.24厘米。修理方向大部分由平坦面向凸起面打击，亦有部分由凸起面向平坦面打击，两种打片方向无明显的交替规律。片疤均较浅平，大小较均匀。刃角40°～60°。长8.54、宽11.4、厚5.07厘米，重416.29克（图5-9：2）。

13YMDT5②：171，浅灰色石灰岩。片状毛坯，一面平坦，一面凸起。两侧刃由平坦面向凸起面打击，端刃为由凸起面向平坦面打击。一侧刃为凸刃，刃口长11.36厘米，另一侧刃和端刃为直刃，刃口长分别为9.06、4.68厘米。片疤均较浅平，大小较均匀。刃角55°～85°。长为11.85、宽7.64、厚3.62厘米，重362.74克（图5-9：3）。

13YMDT6②：366，深灰色石灰岩。片状毛坯，一面平坦，一面稍不平坦沿毛坯三薄锐边缘加工出三直刃，刃口长分别为5.43、6.21、7.31厘米。加工方式以从平坦面向稍不平坦面加工为主，片疤均匀较连续。刃角65°～90°。长8.94、宽8.57、厚2.06厘米，重243.76克（图5-9：4）。

13YMDT8②：313，深灰色石灰岩。片状毛坯，盘状，一面平坦，一面有一纵脊。在毛坯四周加工形成刃缘，刃角75°～90°。以单向加工为主。纵脊一端有一明显的断口，推测为原两侧边在该处形成一尖，已残断。长10.85、宽9.03、厚3.78厘米，重347.3克（图5-9：5）。

13YMDT7②：35，浅灰色石灰岩。块状毛坯，形似刮胡刀，长条状，两面均为节理面，较平坦，前端呈端直刃，刃口7.59厘米，刃角65°～73°。两侧缘也有连续修疤，较钝厚，与端刃汇合，可作为侧刃或尖刃。长14.58、宽7.56、厚3.57厘米，重449.74克（图5-9：6）。

13YMDT8②：24，浅灰色石灰岩。片状毛坯，两面各有一条近乎垂直的棱脊。在毛坯的三条薄锐边单向加工出两凸刃和一凹刃，刃口长分别为 6.87、7.55、5.12 厘米，刃角 75°~95°。器身表面有钙质胶结。长 9.38、宽 7.81、厚 2.79 厘米，重 239.81 克（图 5-9：7）。

13YMDT5②：290，浅灰色石灰岩。片状毛坯，腹面凹凸不平，背面为节理面。远端反向加工成曲折刃缘，刃角 65°~85°。边缘修理，修疤为单层鱼鳞状，刃缘中有 2 处凹缺，凹缺口长分别为 2.5、2.24 厘米。长为 12.12、宽 10.13、厚 4.42 厘米，重 458.05 克（图 5-9：8）。

13YMDT8②：488，灰褐色石灰岩。一面平坦，一面有一纵脊。片状毛坯，沿毛坯的薄锐边缘加工出一凸刃、一直刃和一凹刃，刃口长分别为 7.31、7.48、3.36 厘米。刃角 75°~93°。凸刃和凹刃以单向加工为主，直刃为交互加工。凹刃处为一个深凹的大片疤。长 11.23、宽 7.59、厚 2.43 厘米，重 248.47 克（图 5-9：9）。

13YMDT3②：35，灰色石灰岩，片状毛坯，毛坯石片特征明显，四微凹刃，刃口长分别为 6.95、5.19、5.84、6.67 厘米，刃角分别为 60°~95°、70°~93°、65°~92°、64°~88°。长 14.14、宽 9.09、厚 2.93 厘米，重 363.92 克（图 5-9：10）。

13YMDT7②：164，浅灰色石灰岩。片状毛坯，整体形状略呈正方形，一面平坦，一面略内弧，其中一边为断口，无修疤，其余三边均有连续修疤，单向修理为主，刃角 54°~82°。长 11.50、宽 10.14、厚 3.68 厘米，重 457.34 克（图 5-9：11）。

13YMDT6②：170，深灰色石灰岩。块状毛坯，沿毛坯四周薄锐边加工出四条直刃，刃口长分别为 5.69、3.84、4.53、4.3 厘米。四周的加工以同向加工为主，片疤较连续均匀，刃角 55°~90°。长 7.44、宽 7.2、厚 3.54 厘米，重 205.72 克（图 5-9：12）。

13YMDT8②：154，黑褐色石灰岩。片状毛坯，一面平坦，一面凸起。毛坯四周均经加工形成刃缘，刃角 75°~105°。加工方式为转向加工，一半由平坦面向凸起面加工，一半由凸起面向平坦面加工。长 10.77、宽 6.54、厚 2.92 厘米，重 249.59 克（图 5-9：13）。

13YMDT8②：452，浅灰色石灰岩。片状毛坯，一面平坦，一面有三条棱脊相交。在三条边缘加工出一直刃、一凹刃和一凸刃，刃口长分别为 7.63、4.17、4.06 厘米，刃角 75°~95°。以单向加工为主，直刃处有一片疤明显晚于其余的片疤。长 10.16、宽 6.55、厚 3.11 厘米，重 214.33 克（图 5-9：14）。

13YMDT7②：477，深灰色石灰岩。片状毛坯，石片特征明显，仅台面处稍作修理，其余边缘均有修疤，单向修理为主，形成曲折刃缘，刃角 32°~67°。长 8.80、宽 7.04、厚 2.07 厘米，重 125.38 克（图 5-9：15）。

13YMDT5②：242，浅灰色石灰岩。毛坯为腹面稍平坦、背面保留部分石皮的石片。在石片的两侧加工出 2 道直刃，刃口长分别为 3.87、4.92 厘米，一侧刃为 2 层疤，另一侧刃为 1 层疤，远端加工出一道凸刃，刃口长 5 厘米，为 2 层疤。以正向加工为主。片疤大小不均匀。刃角 45°~65°。长 7.19、宽 5.81、厚 2.76 厘米，重 106.21 克（图 5-9：16）。

图 5-9 第一期文化的复刃刮削器

1~16. 复刃刮削器（13YMDT5②：52、13YMDT5②：162、13YMDT5②：171、13YMDT6②：366、13YMDT8②：313、
13YMDT7②：35、13YMDT8②：24、13YMDT5②：290、13YMDT8②：488、13YMDT3②：35、
13YMDT7②：164、13YMDT6②：170、13YMDT8②：154、13YMDT8②：452、13YMDT7②：477、13YMDT5②：242）

砍砸器 289 件，占本期工具组合的 23.23%。按照刃口数量可划分为单刃（N＝227）、双刃（N＝48）、复刃砍砸器（N＝14）3 型。

单刃砍砸器 227 件。单刃砍砸器又可再进一步根据刃缘形态区分为单直刃（N =
87）、单凸刃（N=101）、单凹刃（N=39）3 个亚型。

单直刃砍砸器 87 件。

13YMDT7②：289，浅灰色石灰岩。块状毛坯，一面平坦，一面有一纵脊。沿纵脊
一薄锐侧边交互加工出一直刃，刃口长 19.95 厘米，刃角 78°～100°。片疤均匀连续，
经磨蚀。纵脊处亦有较为连续的单向片疤，形成明显晚于经磨蚀的直刃缘。长 21.67、
宽 5.98、厚 4.54 厘米，重 726.92 克（图 5-10：1）。

13YMDT7②：508，黑褐色石灰岩。片状毛坯，一面平坦，一面凸起。沿毛坯的薄
锐边缘加工出一直刃，刃口长 16.34 厘米，刃角 73°～90°。以单向加工为主，片疤均匀
连续，手握端亦有少量不连续的片疤。长 17.72、宽 8.21、厚 3.14 厘米，重 568.3 克
（图 5-10：2）。

13YMDT6②：40，浅灰色石灰岩。块状毛坯，沿毛坯一薄锐边加工出一直刃，刃口
长 6.77 厘米，刃角 65°～80°。加工方式不规则，器身表面覆盖有钙质胶结。长 13、宽
8.83、厚 4.16 厘米，重 679.7 克（图 5-10：3）。

13YMDT5②：189，深灰色石灰岩。平面形状近似平行四边形。块状毛坯，一端厚
重，一端薄锐。沿毛坯的薄锐边加工出一薄锐的直刃，刃口长 10.44 厘米。加工方式不
规则，片疤大小均匀。刃角 60°～80°。长 12.23、宽 7.93、厚 5.34 厘米，重 625.95 克
（图 5-10：4）。

13YMDT8②：3，深灰色石灰岩。块状毛坯，一侧厚重，一侧薄锐。沿薄锐侧边加
工出一直刃，刃口长 7.93 厘米，刃角 78°～90°。加工方式不规律，片疤均匀连续，一
端亦有少量不连续的片疤。部分器身表面有钙质胶结。长 12.57、宽 8.49、厚 4.02 厘
米，重 513.91 克（图 5-10：5）。

13YMD.C：12，深灰色石灰岩。片状毛坯，石片的一侧缘薄锐处加工为刃缘，另
一侧厚重，石片腹面平坦，背面呈斜面，有少量片疤，刃口长 16.54 厘米，刃角 26°～
30°。长 18.7、宽 9.93、厚 3.93 厘米，重 694.29 克（图 5-10：6）。

13YMDT5②：104，深灰色石灰岩。块状毛坯，一面平坦，一面有两条纵脊，一端
厚重，一端薄锐。沿毛坯的薄锐边转向加工出一直刃，刃口长 21.94 厘米。片疤大小均
匀。刃角 65°～95°。长 24、宽 11.2、厚 6.45 厘米，重大于 2000 克（图 5-10：7）。

13YMDT8②：37，浅灰色石灰岩。平面形状似梯形，块状毛坯，一面平坦，一面有
一大的破裂面。在一薄锐侧边交互加工出直刃，刃口长 12.2 厘米，刃角 73°～95°。部
分器表有钙质胶结。长 22.81、宽 10.5、厚 7.29 厘米，重大于 2000 克（图 5-10：8）。

13YMDT7②：259，浅灰色石灰岩。块状毛坯，一面平坦，一面有一纵脊。沿纵脊

一薄锐侧边单向加工形成直刃缘，刃口长 17.05 厘米，刃角 80°~100°。片疤均匀连续，棱脊及另一侧边也有少量不连续片疤。长 21.06、宽 12.23、厚 6.5 厘米，重 1643.81 克（图 5-10：9）。

13YMDT8②：323，浅灰色石灰岩。块状毛坯，一端厚重，一端薄锐。沿薄锐端交互加工形成一直刃，刃口长 11.49 厘米，刃角 75°~95°。一侧边有少量不连续片疤。长 14.2、宽 12.2、厚 9.71 厘米，重 1410.07 克（图 5-10：10）。

13YMDT8②：170，浅灰色石灰岩。平面形状似梯形，块状毛坯，一面平坦，一面凸起。沿一薄锐侧边转向加工出一斜直刃，刃口长 11.84 厘米，刃角 77°~113°。长 3.5、宽 12.1、厚 5.2 厘米，重 919.45 克（图 5-10：11）。

13YMDT5②：119，黑褐色石灰岩。平面形状为梯形，窄端厚重，宽端薄锐。块状毛坯，沿毛坯薄锐的边加工出一直刃，刃口长 9.6 厘米。加工方式不规则，片疤大小不均匀。刃角 65°~90°。长 11.35、宽 9.73、厚 7.37 厘米，重 821.84 克（图 5-10：12）。

图 5-10 第一期文化的单直刃砍砸器

1~12. 单直刃砍砸器（13YMDT7②：289、13YMDT7②：508、13YMDT6②：40、13YMDT5②：189、
13YMDT8②：3、13YMD.C：12、13YMDT5②：104、13YMDT8②：37、13YMDT7②：259、
13YMDT8②：323、13YMDT8②：170、13YMDT5②：119）

单凸刃砍砸器 101 件。

13YMDT8②：248，深灰色石灰岩。块状毛坯，一面平坦，一面稍凸起。沿毛坯的弧凸边加工出凸刃，刃口长 15.34 厘米，刃角 85°～95°。加工方向以单向加工为主，主要由平坦面向凸起面打击。长 15.6、宽 10.16、厚 3.41 厘米，重 610.67 克（图 5-11：1）。

13YMDT5②：240，深灰色石灰岩。平面形状呈梯形，片状毛坯，两面均为平坦的破裂面，窄的一端较厚，宽的一端薄锐。沿毛坯的较宽一端及一侧的前端单向加工出一凸刃，刃口长 11.17 厘米。片疤大小均匀，刃角 70°～105°。长 14.93、宽 11.01、厚 3.93 厘米，重 717.94 克（图 5-11：2）。

13YMDT6②：121，深灰色石灰岩。块状毛坯，沿毛坯薄锐的边缘加工形成凸刃，刃口长 13.66 厘米，刃角 65°～105°。加工方式以单向加工为主，片疤连续均匀。长 12.24、宽 11.41、厚 5.72 厘米，重 731.29 克（图 5-11：3）。

13YMD.C：11，浅灰色石灰岩。以大石片为毛坯，修理远端薄锐刃缘，刃口长 14.65 厘米，刃角 37°～62°。近端为手握部位，略有修型，形似砍刀头重脚轻。长 16.6、宽 9.41、厚 3.48 厘米，重 657.8 克（图 5-11：4）。

13YMDT5②：44，深灰色石灰岩。片状毛坯，沿一薄锐边单向加工出一凸刃，刃口长 17.44 厘米。片疤大小均匀，刃角 70°～90°。长 17.43、宽 10.49、厚 4.83 厘米，重 787.1 克（图 5-11：5）。

13YMDT5②：68，深灰色石灰岩。片状毛坯，一面有一条纵向的节理裂纹。沿毛坯一薄锐边加工出一凸刃，刃口长 17.34 厘米。加工方式不规则，片疤大小均匀，刃角 78°～105°。长 17.5、宽 10.25、厚 5.34 厘米，重 1091.49 克（图 5-11：6）。

13YMDT7②：153，深灰色石灰岩。片状毛坯，一面平坦，一面为一斜平面，两平面相交形成薄锐边。沿薄锐边交互加工形成弧凸刃，刃口长 16.15 厘米，刃角 65°～95°。一端底面边缘有连续单向修疤，片疤浅平，明显晚于凸刃缘的片疤。长 15.79、宽 8.77、厚 4.32 厘米，重 618.1 克（图 5-11：7）。

13YMDT8②：46，深灰色石灰岩。形状略呈半圆形，块状毛坯，两面均不平坦。沿弧凸的边缘转向加工出较薄锐的刃缘，刃口长 11.4 厘米，刃角 75°～95°。部分器身表面有钙质胶结。长 15.32、宽 8.73、厚 4.51 厘米，重 707.79 克（图 5-11：8）。

13YMDT5②：125，浅灰色石灰岩。平面形状呈梯形，片状毛坯，两面均为平坦的破裂面。沿毛坯两边连续加工形成一凸刃，刃口长 17.6 厘米。加工的这两边可见经磨蚀的连续的片疤，大部分旧片疤被新片疤覆盖，推测为在旧石器上重新加工利用。加工方式以单向加工为主，片疤大小均匀。刃角 70°～95°。长 17.96、宽 12.5、厚 3.41 厘米，重 1244.54 克（图 5-11：9）。

13YMDT6②：141，深灰色石灰岩。块状毛坯，器身整体形状呈刀状，一面平坦，一面有一纵脊。沿毛坯两相交的薄锐边加工出凸刃，刃口长 11.5 厘米，刃角 75°～95°。另在靠近一端处从平坦面向另一面打下一个大片疤形成一大凹缺，凹缺口长 6.76 厘米。长 16.21、宽 8.55、厚 4.77 厘米，重 505.58 克（图 5-12：1）。

图 5-11　第一期文化的单凸刃砍砸器（一）

1~9. 单凸刃砍砸器（13YMDT8②：248、13YMDT5②：240、13YMDT6②：121、13YMD.C：11、13YMDT5②：44、13YMDT5②：68、13YMDT7②：153、13YMDT8②：46、13YMDT5②：125）

13YMDT7②：523，深灰色石灰岩。形状不规则，块状毛坯，正反两面各有一条纵脊。沿毛坯薄锐边缘加工出凸刃缘，刃口长 15.96 厘米，刃角 75°～95°。以单向加工为主，片疤均匀连续。长 16.73、宽 8.37、厚 5.23 厘米，重 653.04 克（图 5-12：2）。

13YMDT8②：379，深灰色石灰岩。块状毛坯，层状节理，两面均较平坦。沿毛坯的一端及一侧边单向加工出凸刃，刃口长 11.07 厘米，刃角 83°～100°。手握端一侧经单向加工修理。长 26.16、宽 12.47、厚 3.43 厘米，重 1239.48 克（图 5-12：3）。

13YMDT3②C：1，浅灰色石英岩，块状毛坯，表面略有风化，在一侧边略呈交互修理出凸刃缘，刃口长 21.87 厘米，刃角 75°～103°。长 31.02、宽 18.1、厚 6 厘米，重大于 2000 克（图 5-12：4）。

　　13YMDT8②：443，深灰色石灰岩。形状呈半圆形，块状毛坯，一面平坦，一面凸起。沿毛坯弧凸的边加工出弧凸刃，刃口长 11.72 厘米，刃角 80°~120°。加工方向主要由平坦面向凸起面打击，加工范围大，凸起面仅保留少部分自然面，器身共三层片疤。长 12.2、宽 8.69、厚 5.26 厘米，重 523.65 克（图 5-12：5）。

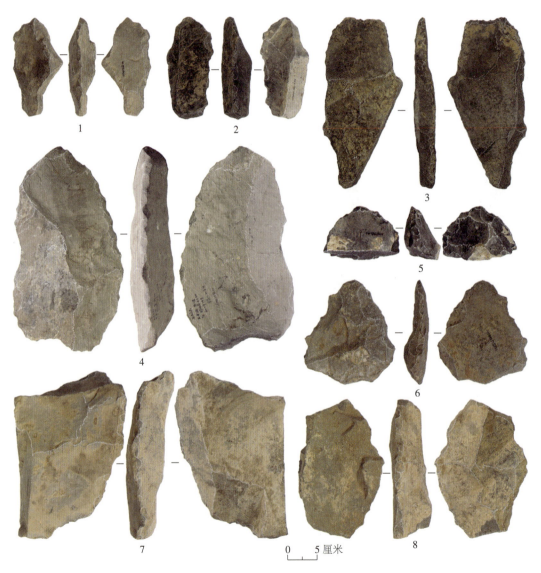

图 5-12　第一期文化的单凸刃砍砸器（二）
1~8. 单凸刃砍砸器（13YMDT6②：141、13YMDT7②：523、13YMDT8②：379、
13YMDT3②C：1、13YMDT8②：443、13YMDT7②：131、13YMDT6②：266、13YMD.C：10）

　　13YMDT7②：131，浅灰色石灰岩。泪滴状，片状毛坯，一面平坦，一面凹凸不平。沿毛坯的薄锐边转向加工形成凸刃缘，刃缘的形状似倒"V"形，刃口长 15.41 厘米，

刃角 70°～100°。片疤均匀连续，手握端亦有少量加工。长 17.04、宽 15.35、厚 3.99 厘米，重 960.56 克（图 5-12：6）。

13YMDT6②：266，浅灰色石灰岩。整体形状呈三角形。块状毛坯，沿毛坯薄锐边加工形成弧凸刃，刃口长 25.45 厘米，刃角 65°～105°。加工方式以单向加工为主，片疤连续均匀，器身表面覆盖有钙质胶结。长 25.48、宽 18.5、厚 5.95 厘米，重大于 2000 克（图 5-12：7）。

13YMD.C：10，浅灰色石灰岩。整体形状不规则，大石片为毛坯，腹面平坦，背面凹凸不平，以薄锐侧缘直接单向加工出凸刃缘，另一侧厚重，手握，刃口长 20.19 厘米，刃角 35°～75°。长 20.31、宽 13.64、厚 6.27 厘米，重 1754.88 克（图 5-12：8）。

单凹刃砍砸器 39 件。

13YMDT5②：249，灰绿色石灰岩。毛坯为背面全疤的石片。在远端加工形成凹刃，凹刃口长 8.72 厘米。以正向加工为主，刃角 55°～85°。长 15.15、宽 8.06、厚 5.27 厘米，重 534.29 克（图 5-13：1）。

13YMDT8②：272，浅灰色石灰岩。块状毛坯。整体形状呈三角形，在一薄锐边加工出一凹刃，刃口长 10.27 厘米，刃角 70°～93°。以单向加工为主，片疤连续。长 14.58、宽 11.27、厚 6.68 厘米，重 709.08 克（图 5-13：2）。

13YMDT5②：210，浅灰色石灰岩。块状毛坯。形状不规则，一面平坦，一面不平坦。早期在毛坯一边打下一个大片疤，该片疤经磨蚀，后期在该大片疤处单向加工形成一凹刃，刃口长 9.94 厘米，刃角 80°～90°。片疤大小均匀。长 15.67、宽 9.43、厚 3.45 厘米，重 463.98 克（图 5-13：3）。

13YMDT7②：147，深灰色石灰岩。块状毛坯。形状略呈三角形，一面平坦，一面有一纵脊。沿一薄锐边单向加工出一较陡直的长刃缘，刃口长 15.77 厘米，刃角 68°～90°。刃缘有凹有凸，以凹刃缘为主。长 15.03、宽 7.64、厚 3.72 厘米，重 446.05 克（图 5-13：4）。

13YMDT7②：17，浅灰色石灰岩。块状毛坯。一端厚重，一端薄锐。沿薄锐端转向加工形成凹刃，刃口长 8.76 厘米，刃角 70°～90°。部分器身表面有钙质胶结。长 15.24、宽 11.31、厚 7.75 厘米，重 1340.93 克（图 5-13：5）。

13YMDT6②：90，浅灰色石灰岩。块状毛坯，沿毛坯唯一的薄锐侧边交互加工出一长凹刃，刃口长 12.61 厘米，刃角 75°～95°。器身表面覆盖有钙质胶结。长 20.84、宽 9.06、厚 5.76 厘米，重 1142.27 克（图 5-13：6）。

13YMDT8②：333，深灰色石灰岩。以形状不规则的大石片为毛坯，一面较平坦，一面为破裂面。在石片远端交互加工出凹刃，刃口长 12.66 厘米，刃角 62°～95°。长

20.72、宽 10.82、厚 4.39 厘米，重 869.92 克（图 5-13：7）。

13YMDT8②：240，浅灰色石灰岩。块状毛坯。两面均平坦，在毛坯的一薄锐边单向加工出凹刃，刃口长 12.05 厘米，刃角 78°~95°。片疤均匀连续。长 13.36、宽 11.38、厚 3.15 厘米，重 612.22 克（图 5-13：8）。

13YMDT7②：452，深灰色石灰岩。块状毛坯。沿毛坯一薄锐侧边转向加工形成凹刃缘，刃口长 6.55 厘米。刃角 75°~100°。长 12.67、宽 7.64、厚 4.31 厘米，重 490.75 克（图 5-13：9）。

图 5-13　第一期文化的单凹刃砍砸器
1~9. 单凹刃砍砸器（13YMDT5②：249、13YMDT8②：272、13YMDT5②：210、13YMDT7②：147、
13YMDT7②：17、13YMDT6②：90、13YMDT8②：333、13YMDT8②：240、13YMDT7②：452）

双刃砍砸器 48 件。

13YMDT5②：146，深灰色石灰岩。片状毛坯。平面形状近似长方形，腹面平坦，背面有一条纵脊。沿两薄锐的长边加工出一直刃和一凸刃，刃口长分别为 16.15、14.25 厘米。加工方式不规则，片疤大小不均匀。刃角 50°~90°。长 17.01、宽 8.2、厚 2.67 厘米，重 554.26 克（图 5-14：1）。

13YMDT7②：364，深灰色石灰岩。层状节理毛坯，两面平坦，形状呈长方形。沿两面异向长薄锐侧边错向加工出两直刃，刃口长分别为 10.51、11.02 厘米，刃角 75°~90°。长 17.02、宽 7.55、厚 2.66 厘米，重 562.2 克（图 5-14：2）。

13YMDT6②：363，浅灰色石灰岩。块状毛坯，一面凹凸不平，一面有一纵脊。沿毛坯一侧和一端同向加工出两直刃，刃口长分别为 15.7、8.28 厘米，刃角 70°~95°。另一侧边亦在一端连续加工形成一小段直刃，应不是主要刃缘。部分片疤经轻微磨蚀，表面覆盖有钙质胶结物。长 17.72、宽 10.95、厚 5.48 厘米，重 1359.05 克（图 5-14：3）。

13YMDT8②：398，深灰色石灰岩。块状毛坯，平面形状近似长方形，两面均平坦。在毛坯两端加工出两直刃，刃口分别长 5.91、3.84 厘米，刃角 72°~93°。一端刃为交互加工，另一端刃以单向加工为主。长 15.2、宽 6.12、厚 4.84 厘米，重 798.81 克（图 5-14：4）。

图 5-14　第一期文化的双刃砍砸器（一）

1~8. 双刃砍砸器（13YMDT5②：146、13YMDT7②：364、13YMDT6②：363、13YMDT8②：398、
13YMDT7②：490、13YMDT8②：465、13YMDT5②：278、13YMDT6②：10）

13YMDT7②：490，深灰色石灰岩。块状毛坯，三棱状，一面平坦，一面有一纵脊。沿纵脊两侧边加工出两直刃，刃口长分别为 11.13、11.5 厘米，刃角 62°~98°。一侧刃为单向加工，一侧刃为交互加工。长 13.44、宽 8.91、厚 6.28 厘米，重 819.97 克（图 5-14：5）。

13YMDT8②：465，深灰色石灰岩。块状毛坯。在毛坯两相交薄锐边加工出一直刃和一凸刃，刃口长分别为 10.49、10.84 厘米，刃角 75°~95°。直刃的加工方式不规则，凸刃以单向加工为主。长 12.31、宽 10.94、厚 5.29 厘米，重 861.86 克（图 5-14：6）。

13YMDT5②：278，深灰色石灰岩。块状毛坯，一面平坦，一面有两条平行的纵脊。沿毛坯两薄锐的长边错向加工出一直刃和一凸刃，片疤大小均匀，刃口长分别为 18.04、15.74 厘米。刃角为 65°~95°。长 21.72、宽 15.01、厚 7.55 厘米，重大于 2000 克（图 5-14：7）。

13YMDT6②：10，深灰色石灰岩。块状毛坯，一面平坦，一面有两条纵脊。沿平坦面两薄锐侧边同向加工出一直刃和一凸刃，刃口长分别为 21.9、18.95 厘米，刃角 75°~95°。片疤均匀连续，部分器身表面覆盖有钙质胶结物，凸刃片疤处的表面均有覆盖。长 23.94、宽 11.01、厚 5.12 厘米，重大于 2000 克（图 5-14：8）。

13YMDT8②：319，深灰色石灰岩。块状毛坯，两面均平坦，在正反两面的薄锐边加工出一直刃和一凸刃，刃口长分别为 11.64、11.9 厘米，刃角 70°~90°。直刃为转向加工，凸刃以单向加工为主。长 14.08、宽 8.67、厚 4.47 厘米，重 507.22 克（图 5-15：1）。

13YMDT6②：361，深灰色石灰岩。块状毛坯，正反两面各有棱脊。沿两薄锐侧边加工出两直刃，刃口长分别为 10.85、9.55 厘米，刃角 75°~85°。一侧边单向加工，一侧边交互加工，片疤均匀连续。部分器身覆盖有钙质胶结。长 13.46、宽 11.05、厚 4.95 厘米，重 925.14 克（图 5-15：2）。

13YMDT7②：513，深灰色石灰岩。块状毛坯，一面平坦，一面有一纵脊，沿纵脊两侧边加工出一斜直刃和一直刃，刃口长分别为 10.24、9.38 厘米，刃角 75°~94°。斜直刃为交互加工，片疤不甚连续。直刃为单向加工，片疤均匀连续。长 12.31、宽 9.26、厚 5.22 厘米，重 708.98 克（图 5-15：3）。

13YMDT5②：154，黑褐色石灰岩。块状毛坯，平面形状近似长方形，一面平坦，一面三条棱脊相交成锥状。沿毛坯两薄锐长边连续打片加工出两直刃，刃口长分别为 10.93、10.33 厘米，刃角 70°~90°。加工方式以同向加工为主，部分片疤经流水磨蚀。长 12.07、宽 9.6、厚 6.02 厘米，重 684.83 克（图 5-15：4）。

12YMD T3②：34，黑灰色石灰岩。片状毛坯。两侧边修理出一凸刃和一凹刃，刃口长分别为 11.12、11.43 厘米，刃角 70°~100°、68°~98°。长 18.34、宽 13.99、厚

3.52 厘米，重 1227.9 克（图 5-15：5）。

12YMD T4②：21，灰色石灰岩。块状毛坯。两侧边修理出一直刃和一凹刃，刃口长分别为 8.79、15.26 厘米，刃角分别为 82°~95°、63°~97°。长 16.11、宽 13.21、厚 5.39 厘米，重 1199.89 克（图 5-15：6）。

图 5-15　第一期文化的双刃砍砸器（二）

1~8. 双刃砍砸器（13YMDT8②：319、13YMDT6②：361、13YMDT7②：513、13YMDT5②：154、
12YMD T3②：34、12YMD T4②：21、13YMDT8②：412、13YMDT5②：200）

13YMDT8②：412，深灰色石灰岩。块状毛坯。一面平坦，一面凸起。在平坦面的两侧边同向加工形成两直刃，刃口长分别为6.2、13.2厘米，刃角75°～98°。长14.6、宽11.69、厚8.75厘米，重1321.19克（图5-15：7）。

13YMDT5②：200，浅灰色石灰岩。块状毛坯，平面形状近似梯形，两面各有一条纵脊。沿毛坯两薄锐的长边错向加工出一直刃和一凹刃，凹刃位于一长边的一端，在该端剥下一个大片疤后再稍做修理，另一端未做加工。直刃口长10.95厘米，凹刃口长4.19厘米，刃角70°～90°。长14.84、宽8.96、厚3.33厘米，重637.06克（图5-15：8）。

复刃砍砸器 14件

13YMDT5②：250，深灰色石灰岩。片状毛坯，平面形状近似长方形。沿毛坯的四条薄锐边连续加工出四道刃缘，刃口长分别为17.17、10.88、9.9、8.05厘米，刃角为60°～100°。两长直刃平行，单向加工，修疤大小较均匀。长17.54、宽9.75、厚3.11厘米，重709.07克（图5-16：1）。

13YMDT8②：306，深灰色石灰岩。片状毛坯，一面平坦，一面有一纵脊。沿纵脊两侧边和一端加工出两直刃和一凹刃，刃口长分别为12.93、14.04、7.04厘米，刃角73°～95°。一直刃和一端刃为单向加工，另一直刃为转向加工，两直刃各与凹刃形成两个尖，均明显残断。长18.42、宽10.84、厚6.06厘米，重1196.64克（图5-16：2）。

13YMDT7②：127，浅灰色石灰岩。片状毛坯，形状略呈长方形，两面各有一条棱脊。沿毛坯薄锐连续加工修理成刃缘，一侧边为转向加工，一侧边和一端为单向加工，刃口长7.78厘米，刃角72°～90°。长15.19、宽10.27、厚2.83厘米，重598.7克（图5-16：3）。

13YMDT7②：196，浅灰色石灰岩。块状毛坯，一面平坦，一面有三条棱脊相交。沿毛坯的薄锐边连续修理加工成刃缘，刃口长9.79厘米，刃角70°～90°。以单向加工为主，修理方向主要为平坦面向有棱脊面加工，片疤均匀连续。长14.06、宽9.56、厚5.43厘米，重581.37克（图5-16：4）。

13YMDT7②：352，深灰色石灰岩。块状毛坯，平面形状不规则，沿毛坯的薄锐边加工形成刃缘，刃缘的形状有直刃、凸刃和凹刃，刃角78°～90°。以单向加工为主，片疤连续。长17.2、宽13.21、厚6.72厘米，重1268.86克（图5-16：5）。

13YMDT5②：150，深灰色石灰岩。片状毛坯，平面形状近似长方形，腹面较平坦，背面有片疤。沿毛坯较薄锐的两长边和一短边加工出三直刃，一长刃为交互加工，刃口长15.13厘米。一短刃为反向加工，刃口长5.78厘米。另一长刃中间有意加工出一短尖，短尖两侧为交错加工，刃口长10.68厘米，刃角为55°～95°。长16.16、宽9.9、厚2.85厘米，重608.91克（图5-16：6）。

图 5-16　第一期文化的复刃砍砸器
1~6. 复刃砍砸器（13YMDT5②：250、13YMDT8②：306、13YMDT7②：127、
13YMDT7②：196、13YMDT7②：352、13YMDT5②：150）

尖状器 163 件，占本期工具组合的 13.1%。按照尖角数量分为单尖（149 件）、双尖（7 件）和复尖尖状器（7 件）3 型。

单尖尖状器 149 件。单尖尖状器又进一步根据尖刃形态划分为正尖尖状器（68 件）和角尖尖状器（81 件）。

正尖尖状器 68 件。

13YMDT7②：141，浅灰色石灰岩。片状毛坯。两侧边分别修理出直刃缘汇聚成尖，一侧边单向修理，另一侧边交互修理，两层修疤，尖部残断。长 6.34、宽 4.21、厚 2.04 厘米，重 54.44 克（图 5-17：1）。

13YMDT6②：338，深灰色石灰岩。片状毛坯，整体呈三棱形，一面平坦，一面有纵脊。纵脊两侧薄锐边加工夹成一短尖，尖角75°。一侧为交互加工，一侧为单向加工，片疤连续。长6.5、宽3.72、厚2.3厘米，重51.52克（图5-17：2）。

13YMDT6②：353，深灰色石灰岩。块状毛坯，一面平坦，一面有两条棱脊相交。毛坯两相交薄锐侧边加工夹成一短尖，尖角85°。一侧边为单向加工，一侧边为转向加工。长7.84、宽5.23、厚1.72厘米，重74.05克（图5-17：3）。

13YMDT6②：176，浅灰色石灰岩。片状毛坯，整体形状呈三棱形，一面平坦，一面有一纵脊。纵脊两薄锐侧边加工夹成一尖，尖已残断。一侧边为交互加工，一侧边为单向加工。部分器身表面有钙质胶结。长11.5、宽9.13、厚5.41厘米，重406.42克（图5-17：4）。

13YMDT7②：177，浅灰色石灰岩。三棱状块状毛坯修理，较薄锐的两侧棱单向修理出两直刃相交成正尖，尖角67°。长12.28、宽7.82、厚6.10厘米，重460.18克（图5-17：5）。

13YMDT5②：131，黑褐色石灰岩。片状毛坯，平面形状呈三角形，一面平坦，一面有3条棱脊相交形成锥状，一端较宽，一端较窄。沿较窄端的两侧加工出一短尖，一侧为单向加工，一侧为交互加工，尖角为70°。长6.13、宽6.11、厚2.53厘米，重量不明（图5-17：6）。

13YMDT5②：10，浅灰色石灰岩。片状毛坯，形状呈不规则四边形，一面平坦，另一面有3条棱脊构成一尖锥，一端较宽，一端较窄。沿两薄锐边同向加工出一尖，尖角为58°。手握端亦单向加工形成一凹刃，凹刃口长4.15厘米。长10.92、宽7.42、厚4.42厘米，重303.06克（图5-17：7）。

13YMDT7②：498，深灰色石灰岩。片状毛坯，整体略呈直角三角形，长直角边与斜边修理出两直刃相交汇聚成尖角，尖部残断，修边一侧为单向修理，另一侧为复向修理。长13.53、宽7.9、厚3.77厘米，重329.62克（图5-17：8）。

13YMDT8②：136，深灰色石灰岩。块状毛坯，形状特殊，似反的"L"形。在两侧边往一端加工夹成一尖，尖已残断，断口较大。一侧边为破裂面的一边缘，转向加工，另一侧边以单向加工为主。从手握端均经加工修理和破裂面的特征推测原毛坯的形状较规则，部分器身脱落后在破裂面上继续加工使用。长18.67、宽8.1、厚4.4厘米，重545.93克（图5-17：9）。

13YMDT8②：103，浅灰色石灰岩。块状毛坯，三棱状，两薄锐侧边往一端经同向加工形成一尖，尖已残断。两侧边的片疤连续均匀，部分器身表面有钙质胶结。长11.98、宽11.9、厚5.6厘米，重613.09克（图5-17：10）。

13YMDT7②：311，黑褐色石灰岩。片状毛坯，毛坯薄锐的两侧边均单向修理出直刃缘，在尖部汇聚，但尖部残断，断口明显，底端略有修整。长11.78、宽8.56、厚3.43厘米，重438.51克（图5-17：11）。

13YMDT8②：346，深灰色石灰岩。片状毛坯，一面平坦，一面有一纵脊。在两侧边往一端异向加工夹成一短尖，尖角62°。一侧边加工至器身中部，一侧边加工至手握端。长11.3、宽8.26、厚4.3厘米，重315.09克（图5-17：12）。

13YMDT6②：9，深灰色石灰岩。片状毛坯，整体呈三棱形，一面平坦，一面有纵脊。纵脊两侧薄锐边加工夹成一尖，尖已残断。两侧边加工以单向加工为主，片疤均匀连续。部分器身表面有钙质胶结。长10.84、宽7.67、厚4.27厘米，重300.59克（图5-17：13）。

13YMDT5②：136，深灰色石灰岩。块状毛坯。形状为三角形，一面平坦，另一面为由三条棱脊形成的一个尖锥。沿两条薄锐的边缘加工出一短锐尖，尖角为55°。一侧缘为交互加工，片疤均匀连续，另一侧缘为不规则的加工方式，片疤大小不均匀。长9.87、宽7.44、厚4.62厘米，重231.53克（图5-17：14）。

角尖尖状器81件。

13YMD.C：4，浅灰色石灰岩。片状毛坯，背面保留自然面，腹面较平坦，整体形状呈平行四边形。两侧缘单向修理呈夹角，尖角71°。长10.93、宽8.65、厚3.24厘米，重257.44克（图5-18：1）。

13YMDT7②：186，浅灰色石灰岩。长条形三棱状毛坯修理。两侧缘汇聚成尖角，尖部较钝，尖角105°，有破损，单向修理为主，修疤连续均匀。长10.35、宽3.59、厚2.67厘米，重93.98克（图5-18：2）。

13YMDT5②：206，浅灰色石灰岩。块状节理毛坯加工，两面平坦。修疤均匀齐整的一边与修疤差异较大的一边形成夹角，尖部稍有残断。底端也有由3个片疤形成的小尖角，疑为有意加工。长11.34、宽9.79、厚2.81厘米，重281.18克（图5-18：3）。

13YMDT8②：328，浅灰色石灰岩。块状毛坯，平面呈不规则五边形，两面均平坦。除手握端外其余边缘往一端异向加工形成一尖，尖已残断，一侧为直刃。另一侧为凸刃。片疤连续。长17.24、宽8.36、厚2.4厘米，重606.95克（图5-18：4）。

13YMDT6②：115，浅灰色石灰岩。片状毛坯，整体形状呈三棱状，器身有一纵脊。沿纵脊两侧边加工夹成一锐尖，尖角55°。一侧边以单向加工为主，一侧边转向加工，手握端特别适合手把握。部分器身表面有钙质胶结。长13.57、宽9.1、厚6.31厘米，重449.82克（图5-18：5）。

13YMDT6②：373，深灰色石灰岩。片状毛坯，三棱状，一面平坦，一面有一纵脊。纵脊两薄锐侧边加工夹成一短角尖，尖角75°。两侧边加工以同向加工为主，手握端一

图 5-17　第一期文化的正尖尖状器
1~14. 正尖尖状器（13YMDT7②：141、13YMDT6②：338、13YMDT6②：353、
13YMDT6②：176、13YMDT7②：177、13YMDT5②：131、13YMDT5②：10、13YMDT7②：498、
13YMDT8②：136、13YMDT8②：103、13YMDT7②：311、13YMDT8②：346、13YMDT6②：9、13YMDT5②：136）

薄锐的边缘亦有较连续但加工方式不规则的修理。长 11.37、宽 5.73、厚 3.43 厘米，重 185.54 克（图 5-18：6）。

　　13YMDT5②：273，黑褐色石灰岩。以石片断片为毛坯进行加工，腹面微鼓，背面有一条纵脊。两侧薄锐边单向加工夹成一角，但尖部残断。长 9.62、宽 6.23、厚 2.04 厘米，重 123.83 克（图 5-18：7）。

　　13YMDT6②：241，深灰色石灰岩。片状毛坯，整体呈三棱状，一面平坦，一面有一纵脊。纵脊两侧的薄锐边加工夹成一短尖，尖角 75°。两侧边的加工以同向加工为主，片疤大小均匀。部分器身表面有钙质胶结。长 10.98、宽 5.72、厚 3.54 厘米，重 205.05 克（图 5-18：8）。

13YMDT7②：329，深灰色石灰岩。片状毛坯，整体形状略呈三角形，底端为齐直断口，两侧边分别修理出曲折刃缘和直刃缘相交夹成角尖，尖部残断。长 11.70、宽 9.85、厚 3.42 厘米，重 357.80 克（图 5-19：1）。

13YMDT7②：112，深灰色石灰岩。块状毛坯，整体略呈直角三角形，修理凸刃斜边与修理的直刃直角边夹成角尖，尖角 58°，修理方式有单向，有转向。长 10.80、宽 8.48、厚 3.66 厘米，重 383.33 克（图 5-19：2）。

13YMDT5②：198，浅灰色石灰岩。块状毛坯，平面形状为不规则的五边形，一端较宽，一端较窄。沿较窄端的两侧加工出一尖，一侧为交互加工，一侧为单向加工，片疤连续均匀，尖已残断。长 9.35、宽 8.79、厚 3.43 厘米，重 325.58 克。尖角 85°（图 5-19：3）。

图 5-18　第一期文化的角尖尖状器（一）

1~8. 角尖尖状器（13YMD.C：4、13YMDT7②：186、13YMDT5②：206、13YMDT8②：328、13YMDT6②：115、13YMDT6②：373、13YMDT5②：273、13YMDT6②：241）

12YMDT4②：37，灰色石灰岩。块状毛坯，平面形状不规则，在尖部两侧边加工出两刃。以正向加工为主。长10.76、宽5.78、厚3.7厘米，重243.49克（图5-19：4）。

13YMDT7②：272，深灰色石灰岩。块状毛坯，层状断块修理，两面平坦，修理断口与修理斜边夹成尖角，尖角处修疤较深，尖角72°。长7.98、宽5.46、厚1.75厘米，重111.87克（图5-19：5）。

13YMDT8②：477，深灰色石灰岩。三棱块状毛坯，一长边和一短边往一端加工夹成一尖，尖已残断。两侧边为同向加工，一侧边仅在靠近尖部处加工，另一侧边依毛坯原有的形状加工至手握端形成凹刃。长9.71、宽12.14、厚3.88厘米，重381.85克（图5-19：6）。

13YMDT8②：292，浅灰色石灰岩。片状毛坯，整体形状呈三角形，一面有一条略弯的棱脊。在毛坯两侧边往一端加工夹成一尖，尖部有一垂直的片疤，尖角120°。一侧边交互加工，一侧边单向加工。长10.44、宽6.31、厚2.85厘米，重191.51克（图5-19：7）。

图 5-19　第一期文化的角尖尖状器（二）
1~8. 角尖尖状器（13YMDT7②：329、13YMDT7②：112、13YMDT5②：198、12YMD T4②：37、
13YMDT7②：272、13YMDT8②：477、13YMDT8②：292、13YMDT8②：320）

13YMDT8②：320，深灰色石灰岩。块状毛坯，整体形状略呈长三角形，正反两面

各有一条近乎垂直的棱脊。两长边往一端加工夹成一短尖，尖角83°。一侧边以单向加工为主，一侧边为交互加工，两侧的片疤大小不太一致，亦不是非常连续。长15.45、宽8.1、厚4.21厘米，重431.12克（图5-19：8）。

双尖尖状器7件。

13YMDT8②：353，深灰色石灰岩。片状毛坯，形态略呈三棱锥状，一长薄锐边与相交的两条边经加工夹成两个尖，均已残断。主尖的两侧边都有连续的修疤，片疤的方向为异向。副尖的一侧边加工粗浅。长9.5、宽6.78、厚4厘米，重152.9克（图5-20：2）。

13YMDT8②：137，深灰色石灰岩。片状毛坯，平面整体形状呈三角形，一面平坦。两边经加工夹成两个尖，主尖残断，附尖为短尖，尖角80°。主尖的两侧边有连续的修疤，副尖的一侧边仅在靠近尖部处做修理。均为单向加工，均为边缘修理。长7.07、宽6.05、厚1.93厘米，重77.93克（图5-20：4）。

13YMDT6②：198，浅灰色石灰岩。块状毛坯。整体略呈三角形，两狭长边修理夹成一长尖，尖部断口处有修理片疤。短边缘和侧缘修理夹成短尖，尖部残断，断口明显。长9.47、宽6.68、厚3.86厘米，重187.81克（图5-20：5）。

13YMDT5②：173，深灰色石灰岩。片状毛坯。形状为三角形，一面平坦，一面有一条棱脊，沿3条棱脊由平坦向有背脊面单向加工出2个尖，2个尖均已残断，尖角分别为52°、63°。修疤连续均匀，部分刃缘有清晰的2层疤。长10.49、宽6.04、厚2.07厘米，重190.57克（图5-20：7）。

13YMDT5②：279，深灰色石灰岩。片状毛坯，整体形状呈平行四边形，腹面有一条纵脊。纵脊两端为尖刃，尖部均残断，断口呈三角形，修疤连续但方向不规律。长9.82、宽6.86、厚2.31厘米，重183.17克（图5-20：10）。

13YMDT6②：5，深灰色石灰岩。三棱块状毛坯，底端斜残断。残断边与一侧边单向修理成一尖角，尖角60°。断面棱脊与侧边修理夹成尖角，尖部残断，断口较大。长11.38、宽9.37、厚4.61厘米，重268.90克（图5-20：12）。

13YMDT8②：245，深灰色石灰岩。块状毛坯，一面平坦，一面不平整。在一长侧边的两端与相交的边经加工夹成两个尖，一个尖已残断，另一个尖为短尖，尖角80°。长侧边为交互加工，另两边以单向加工为主。长13.62、宽10.37、厚5.38厘米，重634.05克（图5-20：13）。

复尖尖状器7件。

13YMDT5②：6，深灰色石灰岩。片状毛坯，平面形状为三角形，背面有2条相交的棱脊。沿3个薄锐的边缘单向加工修理出3个尖，以正向加工为主，修疤均匀连续。1个尖残断，尖角为60°，另2个尖为短尖，尖角分别为60°、65°。长9.67、宽6.31、厚 2.55 厘米，重 142.59 克（图 5-20：1）。

13YMDT8②：117，浅灰色石灰岩。片状毛坯，整体形状呈三角形。在毛坯的四周边缘加工，两两边缘共夹成一个短锐尖和两个厚钝尖，尖角分别为 60°、80°、90°。加工方式有单向加工和交互加工。长 7.95、宽 5.95、厚 1.76 厘米，重 65.84 克（图 5-20：3）。

12YMD T3②：40，浅灰色石灰岩。片状毛坯。一尖残断，另两个尖角分别为 64°、84°。长 9.74、宽 9.48、厚 2.04 厘米，重 204.62 克（图 5-20：6）。

13YMDT8②：429，黑褐色石灰岩。片状毛坯，平面形状为四边形，正反两面各有一条近乎垂直的棱脊。在毛坯的四周边缘加工，两两边缘共夹成四个尖，其中三个尖已残断，另一尖厚钝，尖角 80°。加工方式有单向加工和交互加工。长 9.8、宽 8.02、厚 2.98 厘米，重 184.97 克（图 5-20：8）。

13YMDT4②：3，灰色石灰岩。片状毛坯。尖角分别为 48°、53°、65°。长 9.75、宽 11.07、厚 3.75 厘米，重 323.58 克（图 5-20：9）。

图 5-20　第一期文化的双尖、复尖尖状器

1、3、6、8、10、11. 复尖尖状器（13YMDT5②：6、13YMDT8②：117、12YMD T3②：40、13YMDT8②：429、13YMDT4②：3、13YMDT8②：310）2、4、5、7、10、12、13. 双尖尖状器（13YMDT8②：353、13YMDT8②：137、13YMDT6②：198、13YMDT5②：173、13YMDT5②：279、13YMDT6②：5、13YMDT8②：245）

13YMDT8②：310，灰褐色石灰岩。三棱状片状毛坯。在毛坯的三条边缘加工，两两边缘共夹成三个尖，均已残断。加工方法有单向加工和交互加工。长 13.97、宽 8.24、厚 4.35 厘米，重 394.64 克（图 5-20：11）。

凹缺器 33 件，占本期工具组合的 2.65%。单个凹缺的克拉克当凹缺器占绝对优势，也存在少量具有两个或两个以上凹缺的复合凹缺器，部分复合凹缺器中的凹缺分布于相邻或同一边缘，也有部分复合凹缺器的凹缺处于不同边缘。

13YMDT7②：170，浅灰色石灰岩。块状毛坯，沿毛坯一薄锐边连续打片，在刃缘中部形成一凹缺，凹缺口长 3.4 厘米。加工方式不规则。长 9.11、宽 6.75、厚 2.9 厘米，重 174.36 克（图 5-21：1）。

13YMDT8②：534，深灰色石灰岩，片状毛坯，整体形状呈三角形。在毛坯薄锐的一边中部打下一个深凹的片疤形成凹缺，凹缺口长 1.5 厘米，刃角 73°。凹缺口两侧亦有少量连续的小片疤。长 8.95、宽 6.87、厚 3.12 厘米，重 120.06 克（图 5-21：2）。

13YMDT6②：197，浅灰色石灰岩。片状毛坯。以石片的一侧缘修理出一弧形刃，在刃缘中部修理出一深凹的凹缺，凹缺口长 2.62 厘米，刃角 70°～85°。长 6.5、宽 10.07、厚 3.72 厘米，重 211.95 克（图 5-21：3）。

13YMDT7②：524，黑褐色石灰岩。块状毛坯。沿毛坯一薄锐边单向加工出两同向凹缺，凹缺口长分别为 3.35、2.08 厘米。两凹缺相邻部分亦有打片。长 12.48、宽 7.08、厚 4.27 厘米，重 318.53 克（图 5-21：4）。

13YMDT7②：451，黑褐色石灰岩。片状毛坯。沿毛坯一薄锐边加工出两相邻错向凹缺，凹缺口长分别为 2.16、1.51 厘米。长 9.32、宽 8.09、厚 4.23 厘米，重 304.61 克（图 5-21：5）。

13YMDT8②：402，深灰色石灰岩。块状毛坯，整体形状呈扇形。在弧凸边的中部连续修疤形成弧凸刃，刃口中部 2 个深凹片疤形成的凹缺是主要的使用部位，凹缺口长 2.1 厘米，刃角 58°～73°。长 11.61、宽 8.01、厚 1.62 厘米，重 83.83 克（图 5-21：6）。

13YMD.C：5，浅灰色石灰岩。块状毛坯，整体形状略呈三角形，一面平坦，一面凸起，薄锐边缘处单向修理出曲折刃缘，形成一处凹缺刃，刃角 37°～46°。长 12.34、宽 8.35、厚 5.13 厘米，重 489.87 克（图 5-21：7）。

13YMDT5②：37，浅灰色石灰岩。块状毛坯。在毛坯的较宽端单向加工出一道凹刃，片疤共两层，大小不均匀，凹刃口长 5.14 厘米，刃角 57°。握部亦经加工有两层片疤，片疤大小不均匀。毛坯两侧分布有不连续的片疤。长 8.25、宽 5.46、厚 2.36 厘米，重 177.17 克（图 5-21：8）。

13YMDT6②：43，浅灰色石灰岩。片状毛坯，整体形状呈三角形。其中两边修理出一凸刃缘，凸刃相对的另一端修理出一凹缺刃，凹缺口长 2.38 厘米，刃角 65°~70°。
长 4.2、宽 4.44、厚 1.15 厘米，重 26.26 克（图 5-21：9）。

图 5-21　第一期文化的凹缺器

1~13. 凹缺器（13YMDT7②：170、13YMDT8②：534、13YMDT6②：197、13YMDT7②：524、
13YMDT7②：451、13YMDT8②：402、13YMD.C：5、13YMDT5②：37、13YMDT6②：43、
13YMDT6②：399、13YMDT5②：211、13YMDT6②：165、13YMDT8②：466）

13YMDT6②：399，黑色硅质岩。片状毛坯，整体略呈月牙形。毛坯周身均有修型或修刃片疤，弯曲处由一个大片疤形成凹缺口，缺口内有细碎修理或使用疤。凹缺口长 2.95 厘米，刃角 65°~75°。长 4.58、宽 2.85、厚 1.63 厘米，重 20.13 克（图 5-21：10）。

13YMDT5②：211，浅灰色石灰岩。块状毛坯。沿着毛坯的两侧单向加工出两道刃缘，其中一侧刃为凹刃，片疤大小不甚均匀，凹缺口长 2.66 厘米。另一侧刃为直刃，刃口长 4.06 厘米，刃角为 43°~60°。片疤大小均匀。长 9.16、宽 4.00、厚 2.96 厘米，重 97.59 克（图 5-21：11）。

13YMDT6②：165，浅灰色石灰岩。片状毛坯，腹面平坦，背面有一条背脊。背脊两侧薄锐边缘分别修理出一凹缺刃和一直刃，刃口长分别为 3.79、4.12 厘米，刃角 60°~70°。长 6.82、宽 6.53、厚 2.94 厘米，重 154.92 克（图 5-21：12）。

13YMDT8②：466，深灰色石灰岩。片状毛坯，一面平坦，一面有一纵脊。在两侧边同向加工形成一大一小两个凹缺，凹缺口长分别为 3、1.65 厘米，刃角 85°~90°。长 7.54、宽 5.53、厚 1.81 厘米，重 92.52 克（图 5-21：13）。

手镐 48 件，占本期工具组合的 3.86%。手镐形态变异较大，以三棱状手镐居多。手镐的尖部多有残损，也存在一定比例的残断情况。

13YMD.C：3，深灰色石灰岩。层状灰岩的块状毛坯加工，截面呈梯形，尖部呈三棱状。三棱均有修疤，单向修理为主，右侧缘加工出一个凸尖导致两侧略不对称，尖角 35°。长 11.89、宽 6.51、厚 3.92 厘米，重 265.47 克（图 5-22：1）。

13YMDT5②：66，深灰色石灰岩。块状毛坯，整体形状略呈正三角形，底端厚重，两边薄锐，腹面平坦，为节理面，背面呈三棱状，薄锐边均有连续均匀修疤，两背棱也有修疤，形成 3 个三棱尖角，尖角分别为 63°、72°、80°。长 12.5、宽 13.24、厚 5.59 厘米，重 625.40 克（图 5-22：2）。

13YMDT6②：214，深灰色石灰岩。块状毛坯，整体形状呈三角形，一面平坦，一面有两相交的棱脊。沿两薄锐侧边加工夹成一尖，尖已残断。两侧边的加工以同向加工为主。手握端薄锐边经单向打片修钝加工，部分器身表面有钙质胶结。长 15.73、宽 10.95、厚 4.36 厘米，重 570.71 克（图 5-22：3）。

13YMDT5②：213，深灰色石灰岩。片状毛坯。一面为平坦的破裂面，另一面也平坦，一端较长，一端较窄。沿毛坯的两侧从底端向较窄端加工出一尖，尖已残断，一侧刃缘为交互加工。另一侧为单向加工，有 2 层疤，该侧刃缘靠近手握部亦保留有一厚尖，尖角为 65°。两侧的加工均未超过中轴线，手握端未加工。长 14.27、宽 10.73、厚 4.04 厘米，重 643.03 克（图 5-22：4）。

13YMDT7②：443，深灰色石灰岩。片状毛坯，整体形状呈月牙形，一面平坦，一面有一纵脊。沿纵脊两薄锐侧边往一端加工形成一短尖，尖角73°。两侧边依着毛坯本来的形状形成一凹刃和一凸刃，纵脊靠近尖部处亦有少量片疤。加工方式以单向加工为主。长15.22、宽7.56、厚4.2厘米，重526.03克（图5-22：5）。

13YMDT5②：299，深灰色石灰岩。块状毛坯，整体形状呈长方形，正反两面各有1条倾斜棱脊，两者垂直不相交。3个薄锐的边缘均有清楚的片疤，其中一刃缘为交互加工形成一直刃，另形成短尖的两侧刃为单向加工，片疤不连续，尖部有细小的修疤。尖部断面为三角形，尖角70°。长15.92、宽13.28、厚5.79厘米，重820.41克（图5-22：6）。

13YMDT8②：510，浅灰色石灰岩。片状毛坯，正反两面各有一条近乎垂直的棱脊。沿两侧边往一端加工形成一尖，尖已残断。两侧均加工至手握部，一侧加工方式不规律，一侧以单向加工为主。长15.28、宽12.59、厚4.49厘米，重743.48克（图5-22：7）。

13YMDT5②：43，深灰色石灰岩。块状毛坯，整体形状呈平行四边形，两面各有一条与侧边平行的棱脊。利用毛坯尖角简单修理，修疤很少，形成一短尖，尖角65°。长18.24、宽10.34、厚3.61厘米，重693.39克（图5-22：8）。

13YMDT8②：51，浅灰色石灰岩。片状毛坯，两面均有一纵脊。沿两侧边往一端加工形成一尖，尖已残断，断口较大。两侧边的加工均至手握端，其中一侧边为单向加工形成凸刃缘，另一侧为转向加工，在靠近手握端处加工出一有肩小短尖，可当钻使用。器身表面有钙质胶结。长14.6、宽12.87、厚4.34厘米，重715.81克（图5-22：9）。

13YMDT7②：290，深灰色石灰岩。块状毛坯，三棱状，一面平坦，一面有一纵脊。沿纵脊两侧边往一端加工形成一尖，尖已残断。加工方式以单向加工为主，纵脊靠近尖部处亦有少量修疤。长16.59、宽11.72、厚7.84厘米，重1204.68克（图5-22：10）。

13YMDT5②：35，深灰色石灰岩。狭长大石片加工，腹面略平坦，背面有一条长纵脊。一侧边修疤延伸至底端，另一侧边修疤至中段，两侧边夹成尖角，尖角67°，把手处也有少量修疤，应为修型。长17.84、宽7.93、厚4.64厘米，重574.05克（图5-22：11）。

13YMDT7②：363，深灰色石灰岩。块状毛坯，四棱状，正反两面各有一条纵脊。沿两相交薄锐侧边加工夹成一尖，尖已残断。以单向加工为主，片疤均匀连续。长17.37、宽14.84、厚6.93厘米，重116.63克（图5-22：12）。

13YMDT6②：50，浅灰色石灰岩。块状毛坯，形制特别，正反两面各有一条纵脊。沿两狭长边往一端加工形成一尖，尖已残断，断口较大。加工方式不规则。手握端凸起呈三棱状，一侧为毛坯本来的面貌，肩部明显，一侧经人为修整，略呈溜肩。器身表面有钙质胶结。长33.7、宽13.3、厚7.53厘米，重大于2000克（图5-23：1）。

13YMD.C：2，深灰色石灰岩。块状毛坯，整体形状呈等腰三角形，对称，截面略呈梯形，尖部呈三棱状，三棱均有修理，单向修理为主，底端平坦适宜手握，尖角45°。

长 19.65、宽 10.60、厚 6.57 厘米，重 1210.65 克（图 5-23∶3）。

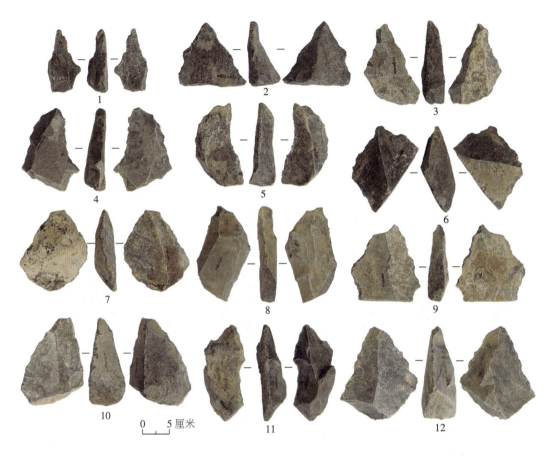

图 5-22　第一期文化的手镐

1~12. 手镐（13YMD.C∶3、13YMDT5②∶66、13YMDT6②∶214、13YMDT5②∶213、
13YMDT7②∶443、13YMDT5②∶299、13YMDT8②∶510、13YMDT5②∶43、13YMDT8②∶51、
13YMDT7②∶290、13YMDT5②∶35、13YMDT7②∶363）

13YMDT8②∶9，浅灰色石灰岩。三棱状块状毛坯，器身表面覆盖有钙质胶结。两侧边往一端同向加工形成一尖，尖已残断。一侧刃的加工至手握端，另一侧仅在靠近尖部处修理。长 22.8、宽 11.4、厚 8.97 厘米，重 238.65 克（图 5-23∶4）。

13YMDT5②∶144，深灰色石灰岩。块状毛坯，整体形状略呈直角三角形，一直角边和斜边修理夹成尖角。尖角处修疤集中，其余部位修疤较少，另底端一边有交互连续修疤，形成一厚重的直刃缘。使用部位应为尖刃和直刃，一器两用。长 22.14、宽 14.76、厚 7.11 厘米，重 1862.91 克（图 5-23∶6）。

13YMD.C∶1，深色石灰岩。片状毛坯，整体形状呈三角形，略对称，截面呈三角形，腹面较平坦。背面保留部分石皮，由腹面向背面单向加工，修疤较连续，周边均有加工修理，尖角 47°。长 25.23、宽 14.84、厚 7.63 厘米，重大于 2000 克（图 5-23：7）。

原手斧 2 件，占本期工具组合的 0.16%。与真正的手斧在形制上较为相似，但从加工技术和制作程序等方面看则明显不同，暂定为原手斧。

13YMDT6②：174、175，灰色石灰岩。块状毛坯，整体形制较对称。沿毛坯两长边两面加工，在尖端聚拢形成舌状尖，尖角 120°，尖部经去薄，两侧边加工连续，共有修型和修刃片疤 3 层，器身保留部分角砾原皮。局部来看，由于器身节理发育，原手斧断裂后又经过再加工，形成一凸刃砍砸器和一手镐。砍砸器利用原手斧的侧缘作为刃缘，未做再加工。而手镐沿一破裂边交互加工与原手斧侧边形成尖角，尖部残损。长 33.29、宽 17.12、厚 5.68 厘米，重大于 2000 克（图 5-23：2）。

图 5-23　第一期文化的手镐和原手斧
1、3~4、6~7. 手镐（13YMDT6②：50、13YMD.C：2、13YMDT8②：9、13YMDT5②：144、
13YMD.C：1）2、5. 原手斧（13YMDT6②：174、175、13YMDT7②：137）

13YMDT7②：137，深灰色石灰岩。整体形状规整，符合手斧形制特点，毛坯为大石片，石片特征不明显，腹面较平坦，背面底端呈棱锥状隆起。周身边缘均有不规律两面修理片疤，均为非侵入性修理，修疤多呈鱼鳞状，不很连续，手握端较钝厚，侧刃缘较锐利，尖部呈舌形刃，略显钝厚。长17.99、宽9.83、厚4.02厘米，重690.40克（图5-23：5）。

锥钻15件，占本期工具组合的1.21%。长尖为锥，短尖为钻，锥5件，钻10件。锥钻形态不规则且差异较大，尖部多有磨损。

13YMDT5②：224，深灰色石灰岩。片状毛坯。两侧边单向修理成有肩的短尖，另台面处也有修理刃缘与一侧边形成尖刃，刃部残断。长7.39、宽11.6、厚3.17厘米，重280.49克（图5-24：1）。

13YMDT7②：161，浅灰色石灰岩。石片毛坯加工，两面均较平坦。石片远端修理出凸刃缘，与一侧边两个凹缺疤形成对称的有肩短尖，尖部略有磨耗。长8.24、宽6.20、厚1.76厘米，重91.65克（图5-24：2）。

13YMDT5②：241，深灰色石灰岩。节理面块状毛坯加工，两面平坦。在毛坯薄锐的一侧边单向修理出凹刃缘，另一侧边靠近尖部仅做简单加工与凹刃夹成短尖。长11.02、宽11.56、厚2.49厘米，重420.13克（图5-24：3）。

13YMDT8②：347，深灰色石灰岩。片状毛坯，整体略呈长方形。利用背面弯脊的走向由腹面向背面加工形成有肩长尖，尖部有一定的弧度，残断，修理范围只限于尖部。长9.71、宽5.83、厚2.67厘米，重174.6克（图5-24：4）。

13YMDT8②：460，深灰色石灰岩。块状毛坯。底端为厚重平坦的节理面断裂，顶端较薄锐并有一条纵脊延伸至顶端，利用纵脊走向单向加工出肩部形成长尖，尖部残断。另外在两侧边也有不同程度的修理，形成凸刃缘和凹缺。长9.62、宽8.09、厚4.72厘米，重344.66克（图5-24：5）。

13YMDT8②：366，深灰色石灰岩。块状毛坯，类似鸟喙。毛坯有一个近乎垂直的破裂面形成一喙状尖，尖部两侧都有同向的连续的修疤。长12.66、宽6.81、厚3.86厘米，重241.92克（图5-24：6）。

13YMDT8②：250，浅灰色石灰岩。块状毛坯，正反两面各有一条近乎垂直的棱脊。在毛坯的一薄锐侧边同向修理形成有肩舌状短尖，在另一边交互加工与现尖部存在的边夹成一尖，尖已残断。长3.37、宽8.11、厚3.34厘米，重226.88克（图5-24：7）。

13YMDT6②：7，深灰色石灰岩。片状毛坯。沿毛坯两侧错向加工出一有肩短尖，一侧肩明显，一侧肩不明显。长5.65、宽6.81、厚2.01厘米，重97.27克（图5-24：8）。

13YMDT8②：229，深灰色石灰岩。以石片为毛坯，利用石片远端和一侧边正向加工形成一有肩短锐尖，尖部两侧均有小片疤。一侧肩片疤较大，肩部明显；另一侧为连续的修疤，肩部不明显。长 5.68、宽 4.32、厚 1.61 厘米，重 42.48 克（图 5-24：9）。

13YMDT8②：227，深灰色石灰岩。片状毛坯。一面平坦，一面凹凸不平。在毛坯的一端加工修理形成有肩尖部，尖部有一小片疤，一侧肩为破裂的节理面，另一侧肩经交互加工形成；另一端为平坦的节理面。长 4.34、宽 5.67、厚 2.24 厘米，重 46.38 克（图 5-24：10）。

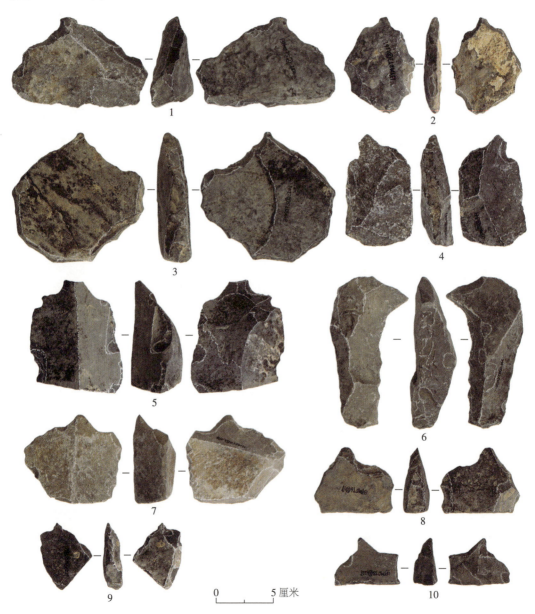

图 5-24　第一期文化的锥钻

1~10. 锥钻（13YMDT5②：224、13YMDT7②：161、13YMDT5②：241、13YMDT8②：347、13YMDT8②：460、13YMDT8②：366、13YMDT8②：250、13YMDT6②：7、13YMDT8②：229、13YMDT8②：227）

雕刻器 3 件。占本期工具组合的 0.24%。均为修边雕刻器。

13YMDT5②：163，修边雕刻器。片状毛坯。深灰色石灰岩。沿毛坯薄锐边缘有连续齐整的修理，修理边与断口形成尖锐夹角，尖角部位往断口方向有一纵向片疤，形成凿形刃口，底端也有少量修型修疤。长 11.17、宽 5.4、厚 2.07 厘米，重 146.91 克（图 5-25：1）。

13YMDT5②：42，修边雕刻器。深灰色石灰岩。片状毛坯，腹面平坦，背面呈三棱状凸起。周边均有连续修疤，其中一端有斜向打击形成的断口，断口与修边形成凿形刃。长 10.18、宽 5.46、厚 2.71 厘米，重 108.84 克（图 5-25：2）。

图 5-25　第一期文化的雕刻器、矛形器、砾石

1~3. 雕刻器（13YMDT5②：163、13YMDT5②：42、13YMDT8②：143）4. 矛形器（13YMDT8②：375）5、6. 砾石

13YMDT8②：143，雕刻器。黑褐色石灰岩。块状毛坯，两面均有一纵脊。沿毛坯两相交边修理夹成一尖，尖部经打片修理形成凿形刃口。一边修理的片疤较大，一边为

小的修理疤。以单向加工为主，部分片疤经磨蚀。长 11.09、宽 4.33、厚 3.3 厘米，重 114.93 克（图 5-25：3）。

矛形器 1 件。占本期工具组合的 0.8%。矛形器也称投掷尖状器或修锃尖状器，在形制和功能上与尖状器和尖刃刮削器明显不同，主要表现在底端根部为捆绑而特意设计制作的修柄收缩处理。此件工具具有明显的修柄捆绑意图。实际上，在刮削器或尖状器中也存在少量此类器物，但因其形制和修锃并不典型，在最初的分类中只作为推测装柄使用的工具而未划归为同一类型。

13YMDT8②：375，矛形器。深灰色石灰岩，片状毛坯加工，形似矛头，器形规整。一侧边为单向加工，另一侧边为复向加工，两侧边汇聚夹成一尖角，尖角约 60°，尖部略有残损。底端两侧有对称且大而深的似凹缺修疤，为有意修柄收窄处理的结果，推测其为捆绑使用的复合工具。长 12.27、宽 7.8、厚 2.38 厘米，重 240.65 克（图 5-25：4）。

断块和碎片 11 件。占本期石制品的 0.87%。其中断块 5 件，碎片 6 件。断块与碎片中除 1 件为赤铁矿石断块，其余均为硅质岩断块和碎片。最大者长 9.29、宽 6.71、厚 4.15，重 300.7 克。最小者长 1.33、宽 1.2、厚 0.55 厘米，重 0.92 克。平均值为长 4.3、宽 3.43、厚 2.04 厘米，重 93.0 克。

砾石 3 件。占本期石制品的 0.24%。石灰岩质磨圆小砾石 1 件。石英岩残损小砾石 2 件，体积均较小，一件呈扁长条形，残断。另一件略呈圆形，破裂，或可称为砸击石片（图 5-25：5、6）。

## 四、动物化石

本期遗存出土动物化石共计 612 件（含骨角牙制品 66 件）。其中动物牙齿 160 件、角 11 件、骨头 441 件。分别来自 T3（N=22）、T4（N=33）、T5（N=99）、T6（N=219）、T7（N=156）、T8（N=83）的编号动物化石标本，绝大多数标本出自第②层，少量来自①层。其中包含了部分地层出土的小哺乳动物化石，主要来自 2012 年试掘探方 T4②a 层上部和底部集中出土的三个编号的三袋筛洗标本。另还有大量小哺乳动物化石和碎骨未纳入编号统计。本期遗存出土动物化石较为破碎，可鉴定标本主要集中在牙齿化石，本章进行了初步的种属鉴定，动物种类较为丰富，尤其是小哺乳动物非常丰富，主要包括 7 目 19 科 39 种（图 5-26）。现将本期发现的典型动物化石简述如下：

大哺乳动物化石主要有：

偶蹄目 Artiodactyla Owen，1848

鹿科 Cervidae Gray，1821

水鹿 *Cervusunicolor* Kerr，1792

鹿（未定种）*Cervus* sp.

牛科 Bovidae Gray，1821

谷氏大额牛 *Bibos gaurus grangeri* Colbert et Hooijier，1953

鬣羚 *Capricornis sumatraensis*（Bechstein，1799）

奇蹄目 Perissodactyla Owen，1848

犀科 Rhinocerotidae Owen，1845

梅氏犀 *Stephanorhinus kirchbergensis*（Jäger，1839）

貘科 Tapiridae Burrett，1830

华南巨貘 *Megatapirus augustus* Matthew et Granger，1923

马科 Equidae Gray，1821

马（未定种）*Equus* sp.

长鼻目 Proboscidea Illiger，1811

剑齿象科 Stegodontidae Falconer，1857

东方剑齿象 *Stegodon orientalis* Owen，1870

食肉目 Carnivora Bowdich，1821

犬科 Canidae Fischerde Waldheim，1817

北豺 *Cuon alpinus*（Pallas，1811）

鬣狗科 Hyaenidae Gray，1869

最后斑鬣狗 *Crocuta crocutaultima*（Matsumoto，1915）

小型哺乳动物化石主要有：

啮齿目 Rodentia：

竹鼠科 Rhizomyidae Milleret Gidley，1918

中华竹鼠 *Rhizomys sinensis*（Gray，1831）

豪猪科 Hystricidae Burnett，1830

华南豪猪 *Hystrix brachyura subcristata* Swinhoe，1870

江山豪猪 *Hystrix kiangsenensis* Wang，1931

帚尾豪猪 *Atherurus macrourus*（Linnaeus，1758）

鼠科 Muridae Gray，1821

大耳姬鼠 *Apodemus latronum*（Thomas，1911）

安氏白腹鼠 *Niviventer andersoni*（Thomas，1911）

社鼠 *Niviventer confucianus*（Milne-Edwards，1871）

川西白腹鼠 *Niviventer excelsior*（Thomas，1911）

褐家鼠 *Rattus norvegicus* Berkenhout，1769

攀鼠 *Vernaya fulva*（Allen，1927）

䶄鼠科 Arvicolidae Gray，1821

西南绒鼠 *Eothenomys custos*（Thomas，1912）

绒鼠（未定种）*Eothenomys* sp.

仓鼠科 Cricetidae Rochebrune，1883

大仓鼠 *Tscheskia triton* de Winton1899

刺山鼠科 Platacanthomyidae Miller et Gidley，1918

灰猪尾鼠 *Typhlomys cinereus*

鼯鼠科 Petauristidae Miller，1912

灰鼯鼠 *Petaurista xanthotis*（Milne-Edwards，1866-74）

小飞鼠 *Pteromys Volans*（Linnaeus，1758）

复齿鼯鼠 *Trogopterus xanthipes*（Milne-Edwards，1867）

皮氏毛耳飞鼠 *Belomys pearsoni*（Gray，1842）

食虫目 Insectivora Bowdich，1821

鼩鼱科 Soricidae Fischer de Waldheim，1817

四川短尾鼩 *Anourosorex squamipes*（Milne-Edwards，1872）

鼩鼱（未定种）*Sorex* sp.

印度长尾鼩 *Soriculus leucops*（Horsfield，1855）

长尾鼩鼱（未定种）*Soriculus* sp.

黑齿鼩鼱 *Blarinella quadraticauda*（Milne-Edwards，1872）

大缺齿鼩鼱 *Chodsigoa salenskii*（Horsfield，1851）

长尾鼩鼹 *Scaptonyx fusicaudus*（Milne-Edwards，1872）

鼹科 Talpidae Fischer de Waldheim，1817

长吻鼹 *Euroscaptor longirestris*（Milne-Edwards，1870）

白尾鼹 *Parascaptor leucurus*（Blyth，1850）

翼手目 Chiroptera Blumenbach，1799

菊头蝠科 Rhinolophidae Lesson，1827

皮氏菊头蝠 *Rhinolophus pearsoni*

蝙蝠科 Vespertilionidae Gray，1821

鼠耳蝠（未定种）*Myotis* sp.

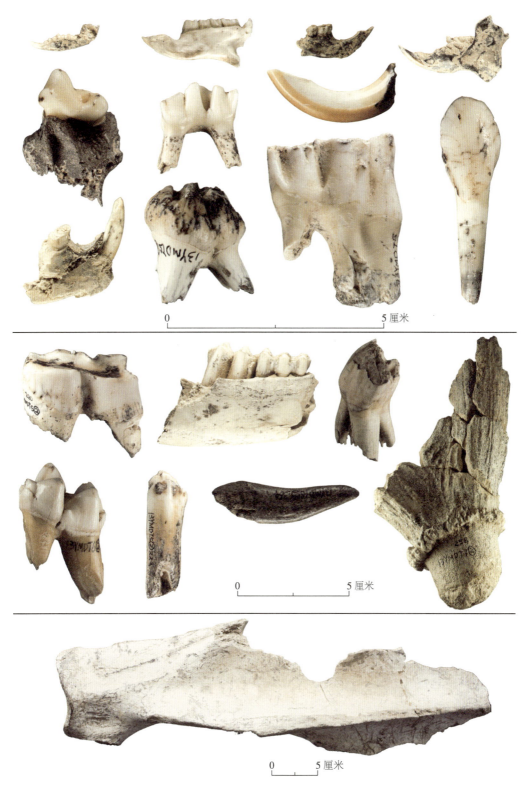

0　　　　　　　　　　　　　5 厘米

0　　　　　　　　　　　　　5 厘米

0　　　5 厘米

图 5-26　第一期文化遗存的哺乳动物化石

遗址动物化石出土状况较为破碎，为了更好地掌握动物群的组成分布和保存状况，我们对本期遗存出土的动物化石进行了系统的信息采集，既有动物种属和解剖学部位鉴定，也有动物骨骼风化磨蚀、表面痕迹等观察分析。将本期遗存出土动物化石分类统计（表5-3），结合标本自身特征和保存状况，可以得出以下初步认识：

1）可鉴定动物化石种属以偶蹄目鹿科和牛科动物最多，占17%。啮齿目竹鼠科和豪猪科动物次之，占5.2%。奇蹄目的犀科和貘科以及长鼻目的象科动物也有一定数量，其余大部分为零星发现。

2）动物化石以破碎的骨片骨块数量最多，占31.5%。牙齿数量次之，占25.3%，尤其小哺乳动物化石几乎均为牙齿或带牙齿的颌骨。四肢骨和关节骨也有一定数量，分别占14.9%和9.3%。其余部位化石较少。

3）动物化石中至少有66件骨角牙制品，占10.8%。相当多的化石表面有明显的人工砍砸和切割痕迹，还有骨片骨块断口的形态、内角度等指标也指向人类对动物长骨的消费和利用（图5-28）。

4）动物化石破碎程度较高，但风化磨蚀程度很低，绝大部分动物化石表面没有风化磨蚀，少见肉食动物啃咬痕迹，个别化石表面偶见浸染或烧烤痕以及啮齿动物啃咬痕（图5-27）。

5）动物化石中犀科和牛科动物牙齿磨耗程度可以明显反映相对死亡年龄，这两种动物以老幼年个体居多。

## 五、骨角牙制品

本期遗存中共识别骨角牙制品66件，占本期发现动物化石总数的10.78%。分别来自2012年发掘的T3~T4（N=2）和2013年发掘的T5~T8（N=64），出土层位主要为2a层和2b层。类型组合中骨制品（N=62）数量最多，角器（N=3）和牙器（N=1）较少。骨角牙制品参照石制品的分类原则和标准，大致划分为骨片（n=2）、骨断块（n=4）、骨刮削器（N=19）、骨尖状器（N=12）、骨锥钻（N=13）、骨雕刻器（N=3）、骨凹缺器（N=2）、骨铲（N=6）、骨砍砸器（N=1）、角刮削器（N=1）、角铲（N=2）、牙铲（N=1）等（表5-4）。骨角牙制品多以较破碎的骨片和骨块为毛坯加工，其中具有典型锤击剥片特征的骨片或骨片毛坯5件、角片毛坯1件，也有少量以残断四肢骨直接加工修理的工具。骨器中的少量刮削器、尖状器等存在两个及以上的功能部位。骨角牙制品形态尺寸普遍较小，尺寸小于10厘米者44件，占66.67%，尺寸大于10厘米者22件，占33.33%。

表 5-3　玉米洞遗址第一期文化遗存出土动物化石统计表

| 部位＼种属 | 象 | 牛 | 鹿 | 豪猪 | 竹鼠 | 羊 | 蝙蝠 | 鼩鼱 | 姬鼠 | 鼹鼠 | 马 | 犀 | 鬣狗 | 豺 | 貘 | 鸟 | 啮齿目 | 未定种属 | 合计 | 百分比 |
|---|---|---|---|---|---|---|---|---|---|---|---|---|---|---|---|---|---|---|---|---|
| 牙 | 1 | 13 | 46 | 9 | 20 | 1 | 1 | 4 | 1 | 1 | 1 | 14 | | 1 | 7 | | 18 | 3 | 141 | 25.27% |
| 下颌骨 | | | 3 | | | | | | 1 | | | | | | | | | 6 | 10 | 1.79% |
| 角 | | 1 | 9 | | | 1 | | | | | | | | | | | | | 11 | 1.97% |
| 头骨 | | | | | | | | | | | | | | | | | | 2 | 2 | 0.36% |
| 肩胛骨 | 2 | | | | | | | | | | | | | | | | | 6 | 8 | 1.43% |
| 脊椎骨 | 1 | 1 | 1 | | | | | | | | | 1 | | | | | | 16 | 20 | 3.58% |
| 肢骨 | | 2 | 5 | | | | | | | | | 2 | | | | | | 58 | 67 | 12.01% |
| 股骨 | | | | | | | | | | | | | | | | 1 | | 2 | 3 | 0.54% |
| 肋骨 | | 1 | 1 | | | | | | | | | | | | | | | 52 | 54 | 9.68% |
| 肱骨 | | | 1 | | | | | | | | | | | | | | | 7 | 8 | 1.43% |
| 腕骨 | | | | | | | | | | | | | | | | | | 10 | 10 | 1.79% |
| 胫骨 | 1 | | | | | | | | | | | | | | | | | 2 | 3 | 0.54% |
| 跗骨 | | | 1 | | | | | | | | | | | | | | | 8 | 9 | 1.61% |
| 尺骨 | | | | | | | | | | | | 1 | | | | | | 1 | 2 | 0.36% |
| 跟骨 | | 1 | | | | | | | | | | | | | | | | 3 | 4 | 0.72% |
| 趾骨 | 1 | 6 | 1 | | | | | | | | 1 | | 1 | | | | | 11 | 21 | 3.76% |
| 掌骨 | | 1 | 1 | | | | | | | | | 1 | | | | | | 3 | 6 | 1.08% |
| 关节头 | | | | | | | | | | | | | | | | | | 2 | 2 | 0.36% |
| 骨块 | 2 | | | | | | | | | | | | | | | 1 | | 173 | 176 | 31.54% |
| 甲壳 | | | | | | | | | | | | | | | | | | 1 | 1 | 0.18% |
| 合计 | 8 | 26 | 69 | 9 | 20 | 2 | 1 | 4 | 2 | 1 | 2 | 19 | 1 | 1 | 7 | 2 | 18 | 366 | 558 | 100.00% |
| 百分比 | 1.43% | 4.66% | 12.37% | 1.61% | 3.58% | 0.36% | 0.18% | 0.72% | 0.36% | 0.18% | 0.36% | 3.41% | 0.18% | 0.18% | 1.25% | 0.36% | 3.23% | 65.58% | 100.00% | |

注：表中数据来源于 2013～2015 年正式发掘标本，不含 2011～2012 年试掘标本。

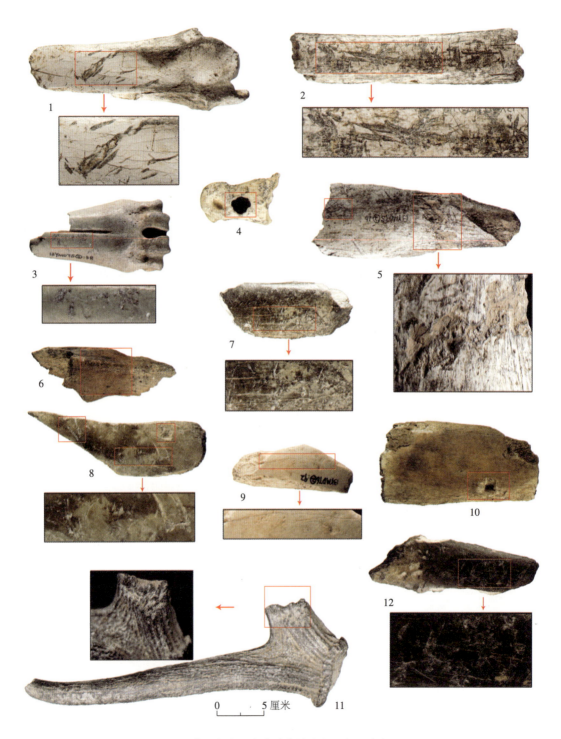

图 5-27　第一期文化遗存动物骨骼化石表面痕迹（一）
1~3、5、7~9、11~12. 人工砍砸刮削切割痕迹　4、10. 食肉动物啃咬痕迹　6. 烧烤痕迹

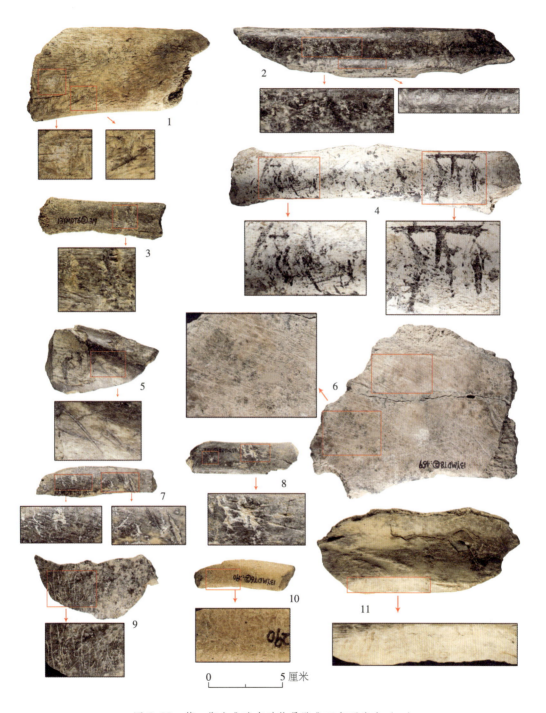

图5-28　第一期文化遗存动物骨骼化石表面痕迹（二）
1~9. 人工砍砸刮削切割痕迹　10. 植物根茎印痕　11. 啮齿类动物啃咬痕迹

表 5-4　　　　　　　　　　　第一期文化遗存的骨角牙制品类型统计

| 类别＼原料 | 骨片 | 骨断块 | 刮削器 | 尖状器 | 砍砸器 | 凹缺器 | 雕刻器 | 锥钻 | 铲 | 小计（件） | 百分比（%） |
|---|---|---|---|---|---|---|---|---|---|---|---|
| 骨 | 2 | 4 | 19 | 12 | 1 | 2 | 3 | 13 | 6 | 62 | 93.9 |
| 角 | | 1 | | | | | | | 2 | 3 | 4.6 |
| 牙 | | | | | | | | | 1 | 1 | 1.5 |
| 合计（件） | 2 | 4 | 20 | 12 | 1 | 2 | 3 | 13 | 9 | 66 | |
| 百分比（%） | 3.0 | 6.1 | 30.3 | 18.2 | 1.5 | 3.0 | 4.5 | 19.7 | 13.7 | | 100.0 |

骨尖状器 12 件，占本期骨角牙制品的 18.2%。在遗址出土的破碎动物化石中常常见到具有尖角的碎骨，这种尖角形态的碎骨可能是人为有意开料加工，但也有可能受各种自然营力破碎形成。本章对骨尖状器的定义采用与石尖状器相似的概念，即满足明显的"两边夹一角"的人工修理与加工特征，与锥钻相区别。骨尖状器还可进一步按照尖角形态分为正尖骨尖状器和角尖骨尖状器。13YMDT6②：339，角尖骨尖状器，以肢骨片状毛坯加工，一侧缘有连续单向修疤，修疤较大，另一侧缘仅在靠近尖部连续修理，其余部位非连续修理，修疤很小，同时在底端也做修型修整，尖角 75°。长 11.4、宽 5.22、厚 1.86 厘米，重 45.13 克（图 5-29：1）。

骨刮削器 19 件，占本期骨角牙制品的 28.8%。骨刮削器的数量相对较多，主要以片状毛坯加工，型式也较为多样。进一步的类型划分可参照石制品第二级分类原则和标准，按照刃口数量分为单刃骨刮削器和双刃骨刮削器，再以刃口部位和刃缘形态划分为直刃、凸刃或端刃、边刃骨刮削器等多种型式。13YMDT6②：324，单刃刮削器，片状毛坯，一面为髓腔较平坦，另一面几乎全疤，仅中心位置保留少量骨自然面。单向加工，片疤较大，刃缘较曲折。长 9.87、宽 2.39、厚 1.44 厘米，重 19.66 克（图 5-29：2）。13YMDT6②：274，双刃刮削器，片状毛坯，形状略呈椭圆形，以两端对向加工为主形成两个凸刃，成为双端刃刮削器。长 4.1、宽 2.96、厚 0.83 厘米，重 4.93g（图 5-31：7）。

骨雕刻器 3 件，占本期骨角牙制品的 4.5%。雕刻器主要指代以雕刻器打法产生的具有凿形短刃的产品，但其功能并不一定是雕刻。这类产品在石制品中有少量发现，骨器中也有发现，可进一步区分为屋脊形雕刻器和修边雕刻器。13YMDT8②：360，屋脊形雕刻器，肢骨的片状毛坯，一侧边利用骨块断面斜向打片一次，另一边斜向打片两次，形成凿形刃口。长 7.02、宽 2.58、厚 2.01 厘米，重 11.82 克（图 5-29：4）。13YMDT2②：182，修边雕刻器，以肢骨的片状毛坯加工，一侧边缘单向修理出连续刃

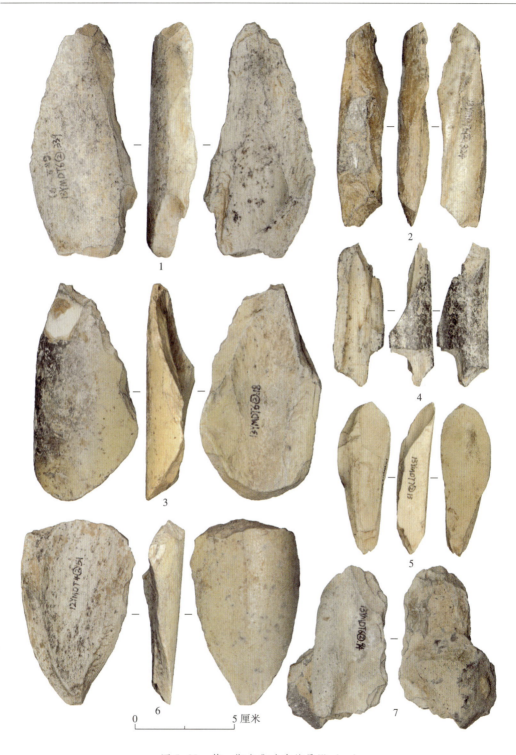

图 5-29　第一期文化遗存的骨器（一）
1、3. 骨尖状器（13YMDT6②：339、13YMDT6②：18）2、5~7. 骨刮削器（13YMDT6②：324、
13YMDT7②：13、12YMDT4②：51、13YMDT6②：94）4. 骨雕刻器（13YMDT8②：360）

缘，修疤连续均匀，另一侧边在近尖端处斜向打出一片较大的片疤，形成断口，断口与修边形成凿形刃。长 12.75、宽 2.62、厚 1.7 厘米，重 18.43 克（图 5-30：4）。

骨砍砸器 1 件，占本期骨角牙制品的 1.5%。骨砍砸器的类型划分更多的是考虑其本身厚重的尺寸形态，这类工具在尺寸和形态上与其他骨角牙器有明显差距，但作为具有砍砸功能的工具类型，骨砍砸器较石砍砸器而言并无优势，因而这类工具数量少且主要以尺寸来与刮削器相区分。13YMDT5②：49，骨砍砸器，以犀股骨残块为毛坯，一面

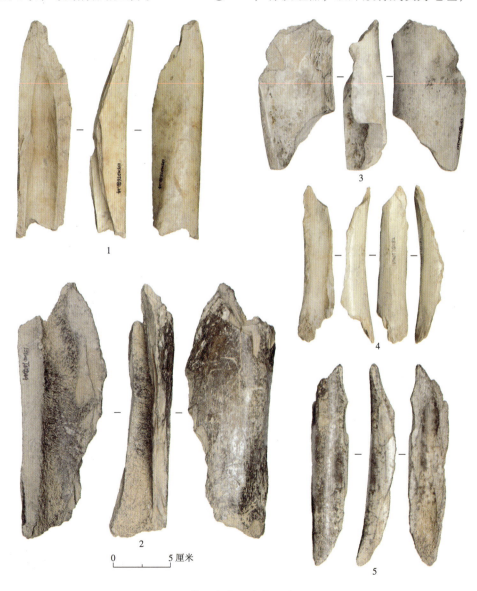

0　　　　　5 厘米

图 5-30　第一期文化遗存的骨器（二）

1、5. 骨尖状器（13YMDT6②：24、13YMDT8②：315）　2. 骨砍砸器（13YMDT5②：49）

3. 骨凹缺器（13YMDT6②：163）　4. 骨雕刻器（13YMDT2②：182）

为髓腔和断面，另一面为股骨自然面，器身表面有黑色浸染。在薄锐一侧边复向加工出凸刃缘，修疤连续均匀，刃角 40°～65°，同时在顶端加工出一短锐尖，尖角 62°。长 20.8、宽 7.31、厚 3.87 厘米，重 200.72 克（图 5-30：2）。

骨凹缺器 2 件，占本期骨角牙制品的 3%。凹缺器以短而深的凹缺而区别于凹刃的刮削器，本期遗存发现的凹缺器均为单个凹缺，或与其他刃缘组合出现。这类工具在石制品中占有一定比重，在骨器中也有少量发现。13YMDT6②：415，以肢骨残块为毛坯，在一侧顶端打击出一个大而深的片疤形成凹缺，凹缺口长 2.2 厘米，最深 0.6 厘米。长 8.39、宽 2.6、厚 1.41 厘米，重 10.83 克（图 5-31：3）。13YMDT6②：163，在骨块顶端单向修理为主形成凸刃缘，在刃缘一侧有两个单向大而深的片疤，似有意加工出凹缺。长 12.43、宽 6.21、厚 3.01 厘米，重 66.40 克（图 5-30：3）。

骨铲 6 件，占本期骨角牙制品的 9.1%。铲是旧石器时代晚期及新石器时代广泛出现的工具类型，是端刃工具的一种特殊类型，具有铲状刃口，刃缘多呈圆弧刃、斜刃、直刃等。本期的骨铲中 5 件均为打制，1 件局部出现磨制。13YMDT6②：292，以鹿的肢骨为毛坯，骨体一侧被人为倾斜砍出斜面，出露髓腔，斜面髓腔两侧均经刮磨，平直而光滑，远端成一较薄锐的铲形刃。长 16.54、宽 4.2、厚 2.0 厘米，重 38.89 克（图 5-32：1）。13YMDT5②：4，以鹿右侧胫骨远端为毛坯，靠近近端处砍砸开料形成铲形刃口，刃缘处经细致修理，胫骨两面均有明显的砍砸痕迹。长 12.41、宽 5.36、厚 3.84 厘米，重 52.38 克（图 5-32：2）。

骨锥钻 13 件，占本期骨角牙制品的 19.7%。在传统的认识中，骨锥一般作为新石器磨制工具的定型器物，与旧石器时代的锥钻在加工技术和形制方面均有明显区别。考虑到本期的骨锥钻均为打制，故仍以旧石器考古中锥钻的定义来区分骨器中的锥钻。骨锥钻还可进一步按照长尖和短尖区分为骨锥和骨钻。13YMD②：C，骨钻，片状毛坯，在一端对向加工形成短尖，肩部明显，尖角有使用痕迹。长 6.44、宽 2.35、厚 1.07 厘米，重 6.46 克（图 5-32：3）。13YMDT5②：124，骨锥，片状毛坯，在较钝厚一端对向加工出一有肩长尖，尖端还有使用形成的崩疤，另外在骨片的一侧边还单向加工出直刃缘，在骨片远端略呈尖角的部位也有少量使用小片疤，存在一器多用现象。长 10.62、宽 3.76、厚 1.5 厘米，重 20.87 克（图 5-32：5）。

骨片 2 件，占本期骨角牙制品的 3.0%。均为典型的锤击剥片形成的骨片，具有与典型锤击石片相似的特征。13YMDT7②：499，锤击骨片，有脊台面，腹面较平坦，中部残留少量骨头自然面，背面均为自然面，有多条切割划痕。长 7.18、宽 4.67、厚 1.06 厘米，重 9.82 克（图 5-32：4）。13YMDT6②：490，锤击骨片，线状台面，打击点和半锥体较明显，宽大于长，腹面较平坦，背面大部分为自然面，有一条横脊。长 3.45、宽 9.14、厚 1.17 厘米，重 9.61 克（图 5-32：6）。

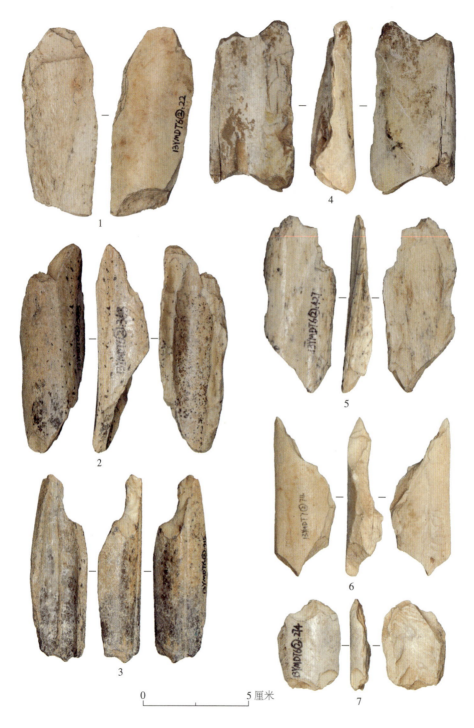

0          5 厘米

图 5-31　第一期文化遗存的骨器（三）

1、2、4、5、7. 骨刮削器（13YMDT6②：22、13YMDT6②：363、13YMDT6②：32、

13YMDT6②：427、13YMDT6②：274）　3. 骨凹缺器（13YMDT6②：415）　6. 骨尖状器（13YMDT7②：74）

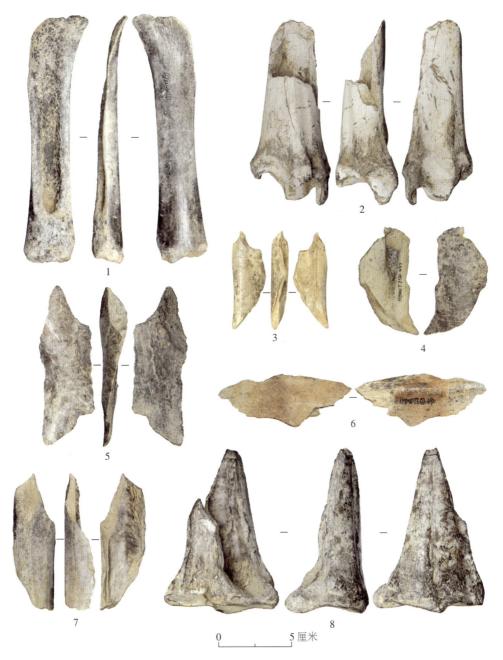

1
2
3
4
5
6
7
8

0 _____ 5厘米

图 5-32　第一期文化遗存的骨器（四）

1、2. 骨铲（13YMDT6②：292、13YMDT5②：4）　　3、5、7、8. 骨锥钻（13YMD②：C、13YMDT5②：124、
13YMDT6②：272、13YMDT7②：309）　　4、6. 骨片（13YMDT7②：499、13YMDT6②：490）

　　骨断块 4 件，占本期骨角牙制品的 6.1%。人工打制痕迹明显，骨块断口形态、内
角度等均指向与加工制作骨器工具有关，骨块的实际数量可能还有更多，但由于混杂于
大量破碎骨头之中，人工与自然破碎骨块未能全部予以准确区别，仅挑选部分具有典型

人工打制痕迹者作为代表。

角铲 2 件，占本期骨角牙制品的 3.0%。本期发现的 2 件角铲在加工技术、形制和尺寸等方面均有明显区别，可分为两种不同的类型。13YMDT5②：115，大型角铲，原料坯材为鹿角，梅枝断裂，主枝砍成一斜面，出露角心形成扁圆形凹坑，斜面与主支过渡处可见明显的砍砸痕迹。刃端呈斜圆刃，刃部磨光，这种磨光可能为使用形成而非磨

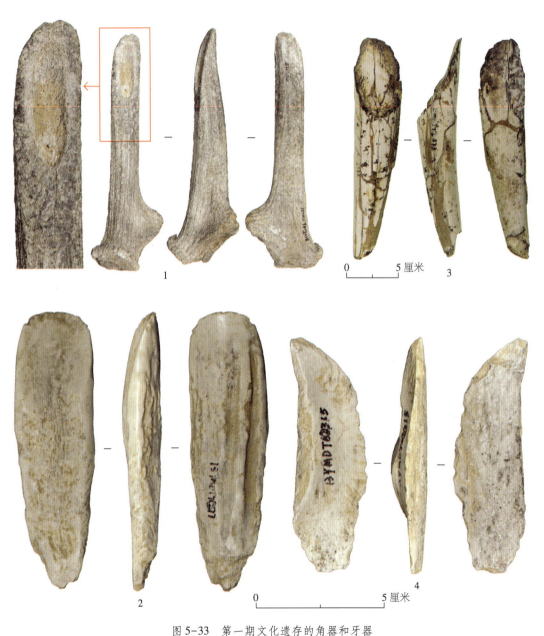

图 5-33　第一期文化遗存的角器和牙器

1、2. 角铲（13YMDT5②：115、13YMDT7②：77）3. 角刮削器（13YMDT6②：315）4. 牙铲（13YMDT7②：473）

制。长 22.03、宽 7.71、厚 4.81 厘米，重 133.22 克（图 5-33：1）。13YMDT7②：77，小型角铲，整体形态呈鞋拔状，原料坯材为鹿角剥片形成的角片，角片原形被改造程度较高，腹面内凹，背面略鼓，保留鹿角自然面。底端略呈尖角，残留砍砸痕迹，刃部形成圆弧形刃缘，刃部及侧缘前段均经过磨光，刃缘处有连续细碎的使用疤。长 10.5、宽 3.06、厚 1.42 厘米，重 21.71 克（图 5-33：2）。

角刮削器 1 件，占本期骨角牙制品的 1.5%。以动物角剥片制作刮削器比较罕见，形制功能与尖刀类似。13YMDT6②：315，以鹿角锤击剥片形成的角片为毛坯，对毛坯改造程度较低，角片特征明显，打击点、半锥体、放射线清晰可见，角片宽大于长，近端厚钝，远端薄锐，形态与刀相近。在远端薄锐边由腹面向背面单向修理形成刃缘，单层修疤，修疤较连续均匀。长 8.82、宽 2.86、厚 1.37 厘米，重 12.24 克（图 5-33：3）。

牙铲 1 件，占本期骨角牙制品的 1.5%。以动物牙齿制作工具在旧石器遗址中较为罕见。13YMDT7②：473，以剑齿象门齿近尖端处加工出铲形斜面，斜面修型呈凸刃，刃角 23°，较为薄锐，刃缘处有连续使用碎疤，背面也有若干砍砸痕迹，门齿尖端远端也有两个较大片疤和若干小疤，形成尖刃。器身有裂缝若干，缝隙中黏土胶结物填充。长 20.96、宽 4.54、厚 3.76 厘米，重 122.12 克（图 5-33：4）。

# 第二节　第二期文化遗存

## 一、遗存的类别与分布

本期遗存未见遗迹现象，发现的遗物主要是石制品和动物化石遗存，出土编号石制品 1133 件、骨角牙制品 36 件、动物化石 634 件（表 5-5）。本期遗存堆积包含了多个具有明显分层的角砾和黏土交互的自然层，各层均含文化遗存。从发掘出土遗物的平面分布情况看，靠近洞口的 T7、T8 文化遗物数量分布最为密集，近洞壁北侧的 T5、T6 也有相当数量分布，而靠近洞壁南侧的 T3、T4 数量较少。从各类不同遗物的分布情况看，T8 的石制品分布明显较其他探方更密集，而化石相对较少。从剖面来看，自上而下似乎表现出疏—密—疏的分层变化，尤其是 T6、T8 部分层位文化遗物数量较少，形成明显间隙性分布规律，在类别分布上，靠下部地层石制品似乎较化石分布更密集些（图 5-34）。遗物分布的密集程度可以反映人类活动的强度，而且密集分布的部位还可能指示遗址的功能分区，但本期遗存堆积成因显示部分地层可能经历水流作用，部分遗物表面具有磨蚀或沉积物附着现象。本期遗物大部分仍为原地埋藏，少量可能经过流水短距离搬运，对遗址内功能分区的判断造成一定影响，但仍可反映古人类在同一个堆积单元所代表的较长时期内断续地占据和利用遗址。

表 5-5　　　　　　　　　　第二期文化遗存各探方出土情况统计表

| 遗存类型<br>遗存分期 | T3 | T4 | T5 | T6 | T7 | T8 | 合计（件） | 百分比（%） |
|---|---|---|---|---|---|---|---|---|
| 石制品 | 17 | 10 | 235 | 295 | 273 | 303 | 1133 | 64.1 |
| 动物化石<br>（含骨角<br>牙制品） | 46 | 41 | 133 | 197 | 128 | 89 | 634（36） | 35.9（2.0） |
| 合计 | 63 | 51 | 368 | 492 | 401 | 392 | 1767 | |
| 百分比（%） | 3.6 | 2.9 | 20.8 | 27.8 | 22.7 | 22.2 | | 100% |

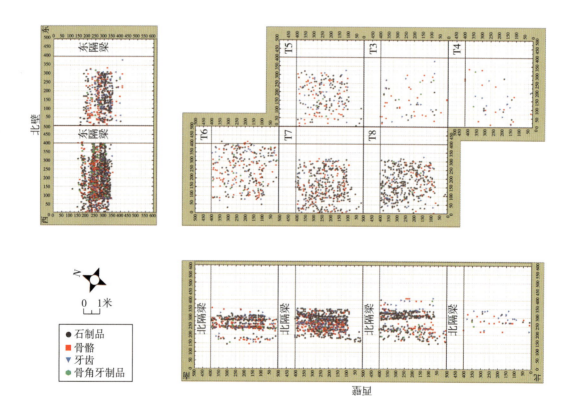

图 5-34　第二期文化遗存平剖面分布图

## 二、石制品

本期共出土石制品 1133 件，占石制品总数的 34.36%。分别来自 T3（N=17）、T4

（N＝10）、T5（N＝235）、T6（N＝295）、T7（N＝273）、T8（N＝303）。石制品出土层位以第⑦层数量最多，占比27.45%，第⑤层次之，占比20.48%，其他层位分布相对较少。本期T3和T4因为试掘采集标准及本身分布较少的原因而显得石制品数量少，其他探方数量差距不大。本期的石制品报道主要以传统的功能类型学进行分类介绍。类型主要包括石核（N＝7）、石片（N＝8）、工具（N＝1101）、断块与碎片（N＝17）等。工具类型组合主要有刮削器（N＝525）、砍砸器（N＝338）、尖状器（N＝114）、凹缺器（N＝63）、锥钻（N＝20）、手镐（N＝41）等（表5-6）。

表5-6　　　　　　　　　　　第二期文化遗存的石制品分类统计表

| 石制品类型 | 数量（件） | 百分比（%） |
|---|---|---|
| 石核（Core） | 7 | 0.62 |
| 石片（Flake） | 8 | 0.71 |
| 工具（Tool） | 1101 | 97.17 |
| 　刮削器（Scraper） | 525 | 46.34 |
| 　砍砸器（Chopper） | 338 | 29.83 |
| 　尖状器（Point） | 114 | 10.06 |
| 　凹缺器（Notch） | 63 | 5.56 |
| 　锥钻（Borer） | 20 | 1.76 |
| 　手镐（Pick） | 41 | 3.62 |
| 断块和碎片（Chunk and Fragment） | 17 | 1.5 |
| 合计 | 1133 | 100% |

石核7件，占本期石制品的0.62%。可按台面数量进一步划分为单台面（N＝2）、双台面（N＝4）和多台面石核（N＝1）。

13YMDT8⑤：643，多台面石核，浅灰色石灰岩。自然台面和人工台面均有，几乎通体均为工作面，器身仅保留少部分自然面。有部分成功的剥片，也有部分剥片不成功、尾部折断呈陡坎状，上下两面的片疤经轻微磨蚀。台面角68°～117°。长10.9、宽10.44、高7.26厘米，重1058.79克（图5-35：1）。

15YMDT8⑦：683，双台面石核，灰色石灰岩。以具有平行节理面的石块进行剥片，剥片少，剥片面较大。台面角分别为95°、115°。其中一个剥片面与石核的一条棱脊形成三棱锥状尖，尖端稍有残损，两侧边也有零星修疤，可能作为手镐使用。长11.4、宽5.06、高6.23厘米，重414.85克（图5-35：2）。

15YMDT8⑦：774，双台面石核，灰褐色石灰岩。整体形态呈长方体，以具有平行节理面的石块剥片，打击点清楚，形成4个剥片面，台面角分别为70°、80°、90°、100°。长12.23、宽6.6、高4.21厘米，重541.84克（图5-35：3）。

13YMDT5⑦：578，单台面石核，深灰色石灰岩。有疤台面，共有主、次两个剥片面，主剥片面剥下的片疤长大于宽，总体较浅平。次剥片面仅有个别成功的剥片，其余的剥片小而不成功。表面覆盖有部分钙质胶结。长 12.16、宽 7.84、高 4.81 厘米，重 502.7 克（图 5-35：4）。

13YMDT8⑤：618，双台面石核，浅灰色石灰岩。自然台面，共有 3 个剥片面，其中两个剥片面均仅有 1 个片疤，另一个剥片工作面的数量较多，多剥下窄长的石片。利用率不高，大部分保留自然面。台面角 65°~108°。长 9.02、宽 7.58、高 10.92 厘米，重 574.7 克（图 5-35：5）。

图 5-35　第二期文化的石核

1. 多台面石核（13YMDT8⑤：643）　2、3、5、7. 双台面石核（15YMDT8⑦：683、15YMDT8⑦：774、13YMDT8⑤：618、13YMDT7⑤：779）　4、6. 单台面石核（13YMDT5⑦：578、13YMDT5⑥：462）

13YMDT5⑥：462，单台面石核，深灰色石灰岩。有疤台面，整体呈锥状，共有 2 个剥片工作面，其中 1 个为连续剥片，打击点较集中，但由于该原料的质地和结构不均匀，大多数的剥片都不理想，成功剥片 5 片。除了主台面外，还有另一有疤台面，但剥片效果不好。长 12.4、宽 13.57、高 12.13 厘米,重 1228.41 克(图 5-35:6)。

13YMDT7⑤:779,双台面石核,深灰色石灰岩。人工台面,使用锤击法进行剥片,打击点和放射线清晰,片疤均较浅平,以长大于宽的为主,台面角分别为 85°~110°、110°~120°。表面覆盖有部分钙质胶结。长 12.58、宽 11.21、高 6.51 厘米,重 1870.35 克(图 5-35:7)。

石片 8 件,占本期石制品的 0.71%。大多为锤击石片,个别石片具有碰砧石片特征和石叶特征,但由于数量少且未发现相关石核,尚不能确认。

13YMDT8⑤:663,锤击石片,浅灰色石灰岩。打击点和台面缺失,半锥体残余小部分且有单向的片疤,破裂面较平坦,背面凸起且有疤。右侧边靠近远端处有连续正向的小片疤。远端部分折断呈垂直状。长 9.47、宽 6.7、厚 3.27 厘米,重 168.42 克(图 5-36:1)。

13YMDT6⑥:706,碰砧石片,黑褐色石灰岩。贝壳状,宽大于长,自然台面,背面有疤并保留部分自然面。打击点和放射线清晰,半锥体明显,远端薄锐并有少量不连续的正向片疤。石片角 125°。长 3.5、宽 6.98、厚 2.55 厘米,重 61.56 克(图 5-36:2)。

15YMDT8⑧:818,碰砧石片,灰色石灰岩。整体呈长方形,人工台面,打击点放射线清晰,腹面微凹,背面隆起,一边薄锐,另一边厚钝呈断面状。长 5.98、宽 4.94、厚 2.41 厘米,重 74.42 克(图 5-36:3)。

15YMDT8⑧:809,似石叶石片。灰色石灰岩,点状台面,打击点放射线较清楚,腹面内弧,背面全疤,有三角形凸起的平面,一侧边薄锐,有零星不连续片疤。长 7.94、宽 3.8、厚 1.71 厘米,重 49.95 克(图 5-36:4)。

15YMDT8⑥:669,似石叶石片。深灰色石灰岩,素台面,台面角 105°,打击点明显,半锥体浅平,有锥疤。腹面较平坦,隐约可见放射线,背面有一条略弯曲的纵脊。较薄锐的一侧边有些许细碎疤。长 8.53、宽 3.30、厚 1.64 厘米,重 45.41 克(图 5-36:5)。

13YMDT6⑥:718,锤击石片,深灰色石灰岩。自然台面,背面全疤。打击点和放射线清楚,半锥体凸出。背面有一条纵脊,近台面处有两个小片疤。台面角 103°。长 4.07、宽 3.9、厚 0.94 厘米,重 9.44 克(图 5-36:6)。

工具 1101 件,占本期石制品的 97.17%。类型包括刮削器(N=525)、砍砸器(N=338)、尖状器(N=114)、凹缺器(N=63)、锥钻(N=20)、手镐(N=41)。

刮削器 525 件,占本期石制品的 46.34%。按照刃口数量可划分为单刃(N=445)、双刃(N=67)、复刃刮削器(N=13)3 型,单刃刮削器又可再进一步根据刃缘形态区分为单直刃(N=145)、单凸刃(N=241)、单凹刃(N=59)3 种亚型。

单直刃刮削器 145 件。

图 5-36 第二期文化的石片
1、6. 锤击石片（13YMDT8⑤：663、13YMDT6⑥：718） 2、3. 碰砧石片（13YMDT6⑥：706、
15YMDT8⑧：818） 4、5. 似石叶石片（15YMDT8⑧：809、15YMDT8⑥：669）

13YMDT5③：303，深灰色石灰岩。片状毛坯，整体呈长条形，在毛坯薄锐一侧边单向加工出直刃缘，刃口长 8.13 厘米，刃角 80°～90°。在两端和厚重侧边亦有修型的不连续片疤。长 12.93、宽 5.2、厚 3.83 厘米，重 314.71 克（图 5-37：1）。

13YMDT6⑨：1152，黑褐色石灰岩。片状毛坯，破裂面较平坦，背面经磨蚀。在远端加工出直刃缘，刃口长 8.32 厘米，刃角 75°～92°。以反向加工为主，修疤较连续。长 8.67、宽 10.71、厚 3.6 厘米，重 293.23 克（图 5-37：2）。

13YMDT7⑥：817，灰褐色石灰岩。片状毛坯，表面覆盖有部分钙质胶结。在一侧边交互加工出刃缘，刃口长 6.31 厘米，刃角 68°～90°。修疤深凹并连续。长 7.87、宽 5.73、厚 2.34 厘米，重 111.87 克（图 5-37：3）。

13YMDT7⑥：828，深灰色石灰岩。块状毛坯，表面覆盖有部分钙质胶结。在一薄锐侧边交互加工出直刃缘，刃口长 8.52 厘米，刃角 67°～100°。边缘修理，片疤均匀连续。长 9.48、宽 4.29、厚 3.17 厘米，重 124.92 克（图 5-37：4）。

13YMDT5⑥：501，灰褐色石灰岩。块状毛坯，整体呈三角形。在一薄锐边单向修理出刃缘，刃口长 8.48 厘米，刃角 72°～99°。片疤均匀连续。长 8.27、宽 6.12、厚 3.03 厘米，重 135.28 克（图 5-37：5）。

图 5-37　第二期文化的单直刃刮削器（一）

1~16. 单直刃刮削器（13YMDT5③：303、13YMDT6⑨：1152、13YMDT7⑥：817、
13YMDT7⑥：828、13YMDT5⑥：501、13YMDT6⑤：600、13YMDT5⑤：384、
13YMDT5⑧：606、13YMDT7⑧：902、13YMDT6⑦：826、13YMDT7③：539、
13YMDT7④：577、13YMDT9⑨：927、13YMDT7⑤：759、13YMDT5⑨：634、13YMDT5⑦：521）

13YMDT6⑤：600，深灰色石灰岩。整体形状呈三角形，块状毛坯，一面平坦，一面凸起。在一侧边加工出直刃，刃口长10.39厘米，刃角65°~85°。直刃缘的一端与另一侧边形成短尖，另一侧边仅有一个片疤。以单向加工为主。凸起面有少量钙质胶结。长11.18、宽7.88、厚5.34厘米，重449.64克（图5-37：6）。

13YMDT5⑤：384，灰褐色石灰岩。块状毛坯，两面平坦。在一侧边单向加工出直刃，刃口长5.2厘米，刃角70°~80°。另一侧边也有少量不连续的浅平片疤。长8.8、宽6.63、厚2.65厘米，重185.02克（图5-37：7）。

13YMDT5⑧：606，深灰色石灰岩。块状毛坯，一面覆盖有钙质胶结。在一侧边略呈交互修理出直刃缘，刃口长8.92厘米，刃角80°~105°。边缘修理，片疤均匀连续。长9.58、宽6.17、厚3.62厘米，重264.73克（图5-37：8）。

13YMDT7⑧：902，灰褐色石灰岩。块状毛坯。在一薄锐侧边修理出直刃缘，刃口长7.52厘米，刃角87°~114°。以单向加工为主，片疤均匀连续。部分器身表面有钙质胶结。长8.72、宽6.28、厚2.82厘米，重217.16克（图5-37：9）。

13YMDT6⑦：826，深灰色石灰岩。片状毛坯，破裂面较平整，背面有疤。刃缘修理集中于片状毛坯的侧缘薄锐处，为反向加工，刃口长7.37厘米，刃角84°~112°。器身表面有部分钙质胶结。长13.75、宽8.4、厚5.21厘米，重518.43克（图5-37：10）。

13YMDT7③：539，黑褐色石灰岩。块状毛坯。在一侧边加工出直刃，刃口长9.48厘米，刃角75°~93°。以单向加工为主，部分器身表面有钙质胶结。长12.51、宽5.24、厚2.91厘米，重208.6克（图5-37：11）。

13YMDT7④：577，深灰色石灰岩。块状毛坯，两面各有一纵脊。在一侧边单向加工出直刃，刃口长6.79厘米，刃角75°~95°。片疤均匀连续呈鳞片状。长7.37、宽4.44、厚2.73厘米，重83.21克（图5-37：12）。

13YMDT7⑨：927，黑褐色石灰岩。块状毛坯，在一侧边单向修理出直刃缘，刃口长7.73厘米，刃角80°~93°。边缘修理，片疤较深凹，均匀连续呈鳞片状。长8.24、宽7.55、厚3.02厘米，重234.72克（图5-37：13）。

13YMDT7⑤：759，黑褐色石灰岩。块状毛坯，一面平坦，另一面有一条纵脊，截面呈三角形。在一薄锐侧边交互加工出刃缘，刃口长8.76厘米，刃角82°~100°。片疤均匀连续呈鳞片状。长9.83、宽5.5、厚3.52厘米，重244.98克（图5-37：14）。

13YMDT5⑨：634，灰褐色石灰岩。块状毛坯，在一端单向加工出较厚钝的刃缘，刃口长6.7厘米，刃角85°~117°。片疤连续。器身表面覆盖有部分钙质胶结。长11.7、宽7.12、厚3.23厘米，重339.41克（图5-37：15）。

13YMDT5⑦：521，灰褐色石灰岩。块状毛坯，两面均平坦。在一薄锐边稍做加工形成直刃，刃口长 6.46 厘米，刃角 55°~87°。片疤大小不均匀亦不甚连续。长 8.24、宽 5.24、厚 2.04 厘米，重 99.68 克（图 5-37：16）。

15YMDT8⑧：878，浅灰色石灰岩。块状毛坯。略呈梯形，两面较平，在一斜面上单向加工为主形成略有起伏的直刃缘。刃口长 12.2 厘米，刃角 50°~70°。长 10.91、宽 9.96、厚 3.84 厘米，重 460.7 克（图 5-38：1）。

13YMDT8⑥：677，浅灰色石灰岩。片状毛坯。在较薄锐一端单向加工出略直的刃缘，刃口长 9.23 厘米，刃角 38°~76°。长 12.3、宽 6.42、厚 3.12 厘米，重 238.98 克（图 5-38：2）。

13YMDT5⑥：478，浅灰色石灰岩。扁平块状毛坯，一面覆盖有钙质胶结。在一侧边单向修理出刃缘，刃口长 5.29 厘米，刃角 84°~103°。长 5.58、宽 4.86、厚 1.17 厘米，重 66.97 克（图 5-38：3）。

15YMDT8⑦：754，深灰色石灰岩。片状毛坯。整体呈三棱锥状，底端有明显的把手修理，修疤似剥片面，底端略呈圆凸状。在棱锥的一条边缘单向修理出直刃缘，修疤较大且连续，刃口长 5.7 厘米，刃角 60°~70°。长 9.25、宽 6.9、厚 6.7 厘米，重 318.31 克（图 5-38：4）。

图 5-38 第二期文化的单直刃刮削器（二）
1~9. 单直刃刮削器（15YMDT8⑧：878、13YMDT8⑥：677、13YMDT5⑥：478、15YMDT8⑦：754、
13YMDT8④：548、15YMDT8⑦：777、15YMDT8⑦：737、13YMDT7⑦：866、15YMDT8⑧：853）

13YMDT8④：548，浅灰色石灰岩。片状毛坯。一面稍平坦，一面凹凸不平。在一薄锐侧边加工出直刃，刃口长7.28厘米，刃角48°～75°。以单向加工为主，部分器身表面有钙质胶结。长8.1、宽6.67、厚2.05厘米，重139.46克（图5-38：5）。

15YMDT8⑦：777，浅灰色石灰岩。石片毛坯。整体形状略呈三角形，近端厚远端薄，两侧边也较厚呈断面，在石片远端由背面向腹面单向加工出直刃缘，刃口长6.4厘米，刃角50°～70°。长7.66、宽5.78、厚2.51厘米，重109.56克（图5-38：6）。

15YMDT8⑦：737，灰褐色石灰岩。扁平片状毛坯加工，呈锛状，底端和侧边也有修型加工，在具有斜面的远端单向加工出略直的刃缘，刃口长7.1厘米，刃角70°～80°。长8.6、宽7.1、厚1.35厘米，重136.15克（图5-38：7）。

13YMDT7⑦：866，灰褐色石灰岩。片状毛坯。在一薄锐侧边修理出直刃缘，刃口长6.51厘米，刃角83°～102°。边缘修理，以单向加工为主，片疤连续。长8.21、宽7.43、厚2.59厘米，重197.26克（图5-38：8）。

15YMDT8⑧：853，灰褐色石灰岩。块状毛坯，整体呈梯形，一面较平，一面有棱脊。在一个长而宽的斜面上单向加工出直刃缘，刃口长9.56厘米，刃角40°～60°。长10.48、宽5.3、厚2.8厘米，重180.66克（图5-38：9）。

单凸刃刮削器241件。

13YMDT5③：304，深灰色石灰岩。片状毛坯，在一端及侧边加工出凸刃，刃口长7.66厘米，刃角70°～90°。以单向加工为主，部分片疤有磨蚀。长14.81、宽7.04、厚2.73厘米，重370.79克（图5-39：1）。

13YMDT5⑥：500，深灰色石灰岩。片状毛坯，破裂面较平坦，背面凸起且覆盖有钙质胶结。在远端修理出刃缘，刃口长10.75厘米，刃角59°～90°。以反向加工为主。长11.38、宽7.06、厚3.12厘米，重249.88克（图5-39：2）。

13YMDT5⑤：368，浅灰色石灰岩。片状毛坯，一面平整，一面凹凸不平。在两端及一侧边加工出凸刃，刃口长8.76厘米，刃角75°～92°。以单向加工为主，片疤经磨蚀。另一侧边有一个较陡直的断口形成凹缺。凹凸不平一面有钙质胶结。长9.12、宽6.08、厚2.19厘米，重133.98克（图5-39：3）。

13YMDT5⑥：484，灰褐色石灰岩。块状毛坯，整体呈三角形，两面平坦，表面覆盖有钙质胶结。在一薄锐边修理出刃缘，刃口长7.62厘米，刃角75°～98°。以单向加工为主。长8.85、宽6.26、厚1.82厘米，重131.86克（图5-39：4）。

13YMDT6⑦：884，黑灰色石灰岩。片状毛坯，破裂面平坦但已被水冲磨，背面有疤和一纵脊。在远端和侧边正向加工出较厚钝的凸刃缘，刃口长9.6厘米，刃角75°～113°。破裂面有钙质胶结，部分片疤经轻微磨蚀。长12.3、宽8.13、厚4.55厘米，重

368.86 克（图 5-39：5）。

13YMDT6⑧：885，深灰色石灰岩。块状毛坯，一面及一侧覆盖有钙质胶结。在两侧边和一端修理出 U 形刃缘，刃口长 4.73 厘米，刃角 70°~91°。加工方式不规律。长 14.1、宽 5.35、厚 4.93 厘米，重 326.38 克（图 5-39：6）。

13YMDT5⑦：506，深灰色石灰岩。块状毛坯，两面均平坦。在薄锐的边缘加工出凸刃缘，刃口长 12.25 厘米，刃角 77°~104°。边缘修理，单向加工为主，片疤总体较为均匀，呈鳞片状。部分器身表面覆盖有钙质胶结。长 14.72、宽 7.27、厚 2.74 厘米，重 373.19 克（图 5-39：7）。

图 5-39　第二期文化的单凸刃刮削器

1~10. 单凸刃刮削器（13YMDT5③：304、13YMDT5⑥：500、13YMDT5⑤：368、13YMDT5⑥：484、13YMDT6⑦：884、13YMDT6⑧：885、13YMDT5⑦：506、13YMDT5⑤：516、15YMDT8⑦：688、13YMDT6⑨：917）

13YMDT6⑤：516，深灰色石灰岩。背面全疤，腹面较平坦且部分覆盖有部分钙质胶结。在远端及左侧的薄锐处加工形成刃缘，半侵入型修理，修疤呈复合状，刃口长 5.8 厘米，刃角 60°~105°。长 6.15、宽 6.58、厚 3.09 厘米，重 115.79 克

（图 5-39：8）。

15YMDT8⑦：688，深灰色石灰岩。整体形状呈直角三角形，似厚石片毛坯，仅边棱保留石皮，两面均为人工剥片面，两剥片面汇聚处形成一窄斜面，刃缘即在这斜面上修理而成，修疤小而连续，呈微凸刃。刃口长 5.5 厘米，刃角 50°～60°。长 8.37、宽 6.26、厚 2.9 厘米，重 152.32 克（图 5-39：9）。

13YMDT6⑨：917，灰褐色石灰岩。块状毛坯，一面有一凸起的纵脊，一面较平坦。在一薄锐侧边修理出厚钝的凸刃，刃口长 10.85 厘米，刃角 85°～100°。片疤大小不一致，推测较小的为使用疤，大的为修理疤，修理疤以单向为主。长 11.54、宽 8.81、厚 3.42 厘米，重 413.6 克（图 5-39：10）。

13YMDT7⑥：807，灰褐色石灰岩。片状毛坯。一面平坦，一面凸起且覆盖有钙质胶结。在薄锐的边缘加工出刃缘，刃口长 7.33 厘米，刃角 85°～106°。以单向加工为主。长 7.36、宽 3.85、厚 2.72 厘米，重 85.64 克（图 5-40：1）。

13YMDT8⑤：561，浅灰色石灰岩。片状毛坯，破裂面较平整，背面全疤。石片的左右两侧和远端为刃缘，刃口长 6.5 厘米，刃角 67°～102°。右侧为交互加工，远端和左侧的修理不明显，推测为直接使用。长 8.97、宽 6.33、厚 5.97 厘米，重 190.82 克（图 5-40：2）。

13YMDT7④：614，深灰色石灰岩。片状毛坯，一面平坦，一面凸起。沿毛坯的薄锐边缘加工出凸刃，刃口长 8.6 厘米，刃角 63°～92°。片疤方向以从平坦面向凸起面加工为主。器身表面有钙质胶结。长 11.48、宽 9.33、厚 5.44 厘米，重 447.22 克（图 5-40：3）。

13YMDT7⑦：859，深灰色石灰岩。块状毛坯，形状不规则，部分器身表面有钙质胶结。在前端薄锐的边缘修理出总体比较厚钝的弧凸刃缘，刃口长 7.67 厘米，刃角 78°～104°。以单向加工为主。长 15.6、宽 7.41、厚 3.55 厘米，重 331.13 克（图 5-40：4）。

13YMDT7⑥：798，深灰色石灰岩。以石片为毛坯，少部分背面覆盖有钙质胶结。在左侧边及远端单向加工出刃缘，呈长条状端刃刮削器，刃口长分别为 8.24 厘米，刃角 69°～110°。以正向加工为主，修疤均匀连续。长 9.14、宽 4.39、厚 2.87 厘米，重 125.78 克（图 5-40：5）。

13YMDT5⑨：666，灰褐色石灰岩。片状毛坯，破裂面较为平坦，背面有一条棱脊。在一薄锐侧边交互加工出刃缘，刃口长 10.76 厘米，刃角 65°～95°。片疤连续均匀。长 11.7、宽 9.1、厚 3.18 厘米，重 285.93 克（图 5-40：6）。

15YMDT8⑧：815，浅灰色石灰岩。片状毛坯。形态略呈半圆形，两面较平坦，在一侧边窄长的边缘斜面上修理出弧凸刃缘。长 9.42、宽 6.36、厚 3.2 厘米，重 194.91 克（图 5-40：7）。

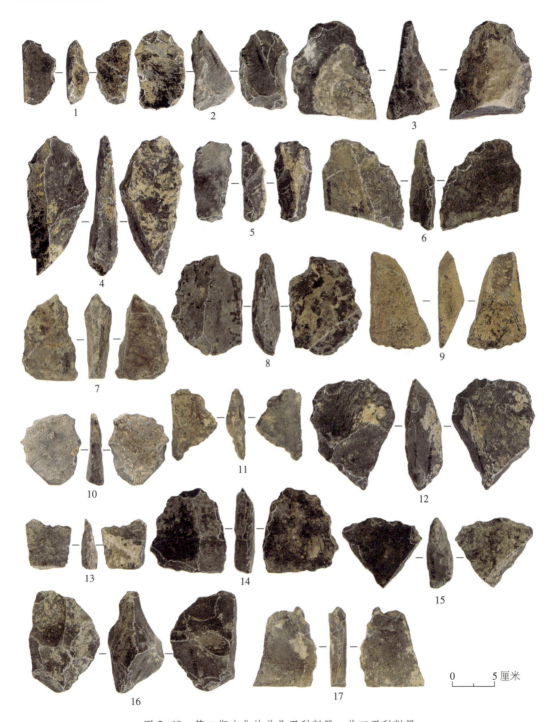

图 5-40 第二期文化的单凸刃刮削器、单凹刃刮削器

1~12、14~17. 单凸刃刮削器（13YMDT7⑥：807、13YMDT8⑤：561、13YMDT7④：614、
13YMDT7⑦：859、13YMDT7⑥：798、13YMDT5⑨：666、15YMDT8⑧：815、13YMDT5⑥：480、
15YMDT8⑧：877、15YMDT8⑦：685、15YMDT8⑧：802、13YMDT7④：640、13YMDT5⑧：605、
13YMDT7⑧：891、13YMDT7⑨：933、15YMDT8⑧：806） 13. 单凹刃刮削器（13YMDT7④：626）

13YMDT5⑥：480，黑褐色石灰岩。片状毛坯。在薄锐的边缘转向加工出刃缘，刃口长 11.27 厘米，刃角 72°～106°。部分器身表面覆盖有钙质胶结。长 11.2、宽 8.14、厚 3.17 厘米，重 331.38 克（图 5-40：8）。

15YMDT8⑧：877，黄褐色石灰岩。片状毛坯。整体呈锛状，一侧边平直，一侧边斜长，远端有斜面较薄锐，远端修理出凸刃。长 12.62、宽 7.31、厚 3.54 厘米，重 322.61 克（图 5-40：9）。

15YMDT8⑦：685，浅灰色石灰岩。锤击石片为毛坯，腹面和背面均较平坦，石片一侧缘和远端均有连续修疤，侧缘采用正向加工，远端为反向加工，形成弧度较大的凸刃缘，近台面处修疤较大，远端修疤较小。刃口长 5.4 厘米，刃角 35°～60°。长 8.2、宽 7.11、厚 2.2 厘米，重 123.51 克（图 5-40：10）。

15YMDT8⑧：802，灰褐色石灰岩。片状毛坯，整体略呈三角形，一面平坦一面凸起，在稍薄锐边缘单向加工出凸刃缘。长 11.82、宽 7.56、厚 3.1 厘米，重 268.92 克（图 5-40：11）。

13YMDT7④：640，深灰色石灰岩。片状毛坯，在毛坯远端的薄锐边缘加工出凸刃，刃口长 9.09 厘米，刃角 73°～90°。交互加工，片疤较浅平，大小不均，呈复合状。长 12.31、宽 9.54、厚 4.43 厘米，重 474.75 克（图 5-40：12）。

13YMDT5⑧：605，黑褐色石灰岩。片状毛坯，一面覆盖有少量钙质胶结。在两侧及一端修理出刃缘，刃口长 6.8 厘米，刃角 67°～98°。以单向加工为主，片疤连续但不太均匀，呈复合状。长 9.45、宽 8.76、厚 2.52 厘米，重 256.26 克（图 5-40：14）。

13YMDT7⑧：891，灰褐色石灰岩。块状毛坯，整体形状呈三角形，部分器身表面覆盖有钙质胶结。在一薄锐边修理出微凸刃，刃口长 9.2 厘米，刃角 74°～105°。以单向修理为主，片疤均匀连续。长 7.85、宽 9.2、厚 3.2 厘米，重 200.28 克（图 5-40：15）。

13YMDT7⑨：933，深灰色石灰岩。块状毛坯，略呈半圆形，除一侧断面外，其余范围均有较大片疤，深度加工，边缘形成曲折刃缘，刃口长 11.28 厘米，刃角 85°～129°。刃缘有较多单向为主的小片疤，呈鳞片状。长 11.3、宽 7.51、厚 6.86 厘米，重 504.68 克（图 5-40：16）。

15YMDT8⑧：806，浅灰色石灰岩。两面具有平行节理面的扁平片状毛坯，在一侧边具有窄长斜面处单向加工出凸刃缘。长 8.33、宽 6.72、厚 1.9 厘米，重 144.79 克（图 5-40：17）。

单凹刃刮削器 59 件。

13YMDT7④：626，浅灰色石灰岩。片状毛坯。一面微凸，一面平坦。在一薄锐斜面上单向加工出凹刃，刃口长 6.64 厘米，刃角 65°～85°。部分器身表面有钙质胶结。

长5.85、宽5.3、厚2.0厘米,重65.42克(图5-40:13)。

13YMDT5⑤:389,深灰色石灰岩。片状毛坯。一面内凹,一面有一纵脊。在一稍内凹的薄锐侧边加工出凹刃,刃口长9.17厘米,刃角63°~85°。片疤不连续,以单向加工为主。长11.9、宽7.7、厚2.43厘米,重278.3克(图5-41:1)。

13YMDT6⑤:530,深灰色石灰岩。以石片为毛坯,破裂面较平坦,背面为自然面。在一侧边修理出刃缘,刃口长7.35厘米,刃角54°~97°。以反向加工为主。部分器身表面覆盖有钙质胶结。长9.71、宽6.9、厚2.57厘米,重166.96克(图5-41:2)。

13YMDT5⑦:573,灰褐色石灰岩。片状毛坯,表面覆盖有少量钙质胶结。在一薄锐侧边修理出一凹刃缘。边缘修理,单向加工为主,片疤大小均匀,呈鳞片状。长8.28、宽6.5、厚3.18厘米,重149.33克(图5-41:3)。

13YMDT6⑦:813,灰褐色石灰岩。片状毛坯,一面平坦,一面凸起,形状不规则。在一薄锐侧边修理出凹刃,凹刃处应为主要的使用部位,刃口长8.24厘米,刃角65°~100°。以单向加工为主,器身表面有少量钙质胶结。长9.53、宽9.07、厚2.88厘米,重227.63克(图5-41:4)。

15YMDT8⑧:819,浅灰色石灰岩。块状毛坯。整体呈三角形,在薄锐的一边单向修理出微凹刃缘。长5.61、宽4.93、厚3.3厘米,重67.64克(图5-41:5)。

13YMDT7⑥:809,深灰色石灰岩。块状毛坯,部分表面覆盖有钙质胶结。在一薄锐侧边加工出凹刃,刃口长8.47厘米,刃角70°~93°。边缘修理,以单向加工为主,修疤连续,呈鳞片状。长13.13、宽9.04、厚3.72厘米,重415.97克(图5-41:6)。

13YMDT7⑧:899,灰褐色石灰岩。块状毛坯,两面均平坦,整体形状似脚印。在一弧凹的侧边单向修理出凹刃缘,刃口长5.72厘米,刃角93°~104°。边缘修理,修疤浅平连续。两端也稍做修整,部分器表有钙质胶结。长10.29、宽5.24、厚2.73厘米,重177.25克(图5-41:7)。

15YMDT8⑧:820,灰色石灰岩。块状毛坯。整体略呈梯形,一侧厚重呈断面状,另一侧较薄,在斜面上修理出凹刃缘。长13.66、宽6.54、厚4.61厘米,重451.42克(图5-41:8)。

13YMDT7⑦:830,深灰色石灰岩。片状毛坯,一面稍平坦,一面凸起,凸起面覆盖有钙质胶结。在一侧边转向加工修理出凹刃缘,刃口长6.04厘米,刃角75°~103°。长11.41、宽8.55、厚3.8厘米,重322.8克(图5-41:9)。

13YMDT6⑦:766,深灰色石灰岩。片状毛坯,破裂面稍平整,背面为凸起的自然面。在一薄锐端修理出刃缘,刃口长9.17厘米,刃角73°~95°。以单向加工为主。长9.36、宽9.88、厚3.4厘米,重287.66克(图5-41:10)。

图 5-41　第二期文化的单凹刃刮削器（一）

1~12. 单凹刃刮削器（13YMDT5⑤：389、13YMDT6⑤：530、13YMDT5⑦：573、
13YMDT6⑦：813、15YMDT8⑧：819、13YMDT7⑥：809、13YMDT7⑧：899、15YMDT8⑧：820、
13YMDT7⑦：830、13YMDT6⑦：766、13YMDT5⑨：632、13YMDT5③：334）

13YMDT5⑨：632，灰褐色石灰岩。片状毛坯，部分器身表面覆盖有钙质胶结。在薄锐的边缘转向加工出刃缘，刃口长 5.9 厘米，刃角 60°~100°。片疤大小较均匀。长 7.01、宽 2.73、厚 1.53 厘米，重 29.69 克（图 5-41：11）。

13YMDT5③：334，黑褐色石灰岩。整体形状呈三角形。片状毛坯。在一边交互加工形成凹刃，刃口长 4.95 厘米，刃角 72°~88°。部分器身表面有钙质胶结。长 7.79、宽 8.8、厚 4.55 厘米，重 202.4 克（图 5-41：12）。

15YMDT8⑨：899，灰褐色石灰岩。块状毛坯，形状不规则，在一侧边单向加工出凹刃缘，刃口长 4.65 厘米，刃角 60°~70°。长 11.28、宽 7.3、厚 3.84 厘米，重 253.16 克（图 5-42：1）。

13YMDT5③：310，深灰色石灰岩。片状毛坯。两面均平坦。在一端加工出凹刃，刃口长 6.92 厘米，刃角 85°～95°。以单向加工为主。长 10.95、宽 7.11、厚 3.88 厘米，重 517.19 克（图 5-42：2）。

15YMDT8⑦：750，灰色石灰岩。形状不规则。片状毛坯。毛坯一侧较厚一侧略薄，在较薄一侧转向加工出一凹刃缘，刃口长 6.5，刃角 70°～90°。长 10.4、宽 7.71、厚 3.1 厘米，重 277.77 克（图 5-42：3）。

13YMDT7⑤：742，浅灰色石灰岩。块状毛坯，少部分器身表面覆盖有钙质胶结。在一薄锐边修理出刃缘，刃口长 8.94 厘米，刃角 63°～87°。以单向加工为主。长 12.35、宽 9、厚 4.56 厘米，重 367.56 克（图 5-42：4）。

13YMDT6⑤：610，浅灰色石灰岩。片状毛坯，整体呈三角形。在毛坯的侧边修理出凹刃缘，刃口长 8.41 厘米，刃角 65°～89°。以反向加工为主。远端边缘有单向浅平的修疤，片疤呈复合状。长 7.62、宽 8.4、厚 2.67 厘米，重 133.21 克（图 5-42：5）。

图 5-42　第二期文化的单凹刃刮削器（二）

1~6. 单凹刃刮削器（15YMDT8⑨：899、13YMDT5③：310、15YMDT8⑦：
750、13YMDT7⑤：742、13YMDT6⑤：610、13YMDT8⑤：633）

13YMDT8⑤：633，浅灰色石灰岩。三角形片状毛坯，一面为平坦的破裂面并覆盖有部分钙质胶结，背面凸起呈锥状。在一边单向修理出刃缘，刃口长4.51厘米，刃角54°~82°。其余边缘也有少量的同向片疤。长8.95、宽5.79、厚2.27厘米，重82.33克（图5-42：6）。

双刃刮削器67件。

13YMDT5⑨：621，灰褐色石灰岩。块状毛坯，器身表面覆盖有少量钙质胶结。在两薄锐侧边加工出两凸刃，刃口长分别为14.51、14.14厘米，刃角分别为75°~105°、55°~105°。两侧刃主要为异向加工。片疤清晰连续，大小较均匀。长15.86、宽8.02、厚3.2厘米，重473.74克（图5-43：1）。

13YMDT6⑥：685，浅灰色石灰岩。以石片为毛坯，破裂面微凸，背面有疤。在石片的远端和一侧边修理出两微凸刃，刃口长分别为5.92、9.04厘米，刃角分别为85°~103、75°~112°。远端刃为交互加工，侧刃以正向加工为主。台面后缘有少量连续的片疤。长11.43、宽6.35、厚3.44厘米，重226.6克（图5-43：2）。

13YMDT6⑨：929，灰褐色石灰岩。块状毛坯，长条状平行四边形，两面各有一纵脊，两端陡直。在两薄锐侧边错向加工出两直刃，刃口分别长7.34、8.73厘米，刃角85°~105°。边缘修理，修疤均匀连续呈鳞片状。长11.51、宽5.07、厚3.0厘米，重216.8克（图5-43：3）。

13YMDT5⑨：660，灰褐色石灰岩。块状毛坯，器身表面覆盖有少量钙质胶结。在两薄锐侧边修理出两凸刃，刃口长分别为8.15、13.94厘米，刃角分别为85°~105、85°~125°。短凸刃以单向加工为主，长凸刃为转向加工。修疤连续但大小不甚均匀。长16.76、宽8.46、厚3.95厘米，重579.48克（图5-43：4）。

13YMDT6⑦：897，灰褐色石灰岩。片状毛坯，一面微凸，一面略内凹。在两薄锐侧边修理出一凹刃和一凸刃，刃口长分别为3.64、10.94厘米，刃角分别为78°~101°、75°~93°。错向加工，片疤均匀连续。器身表面有钙质胶结。长11、宽8.28、厚2.07厘米，重237.44克（图5-43：5）。

13YMDT5③：322，灰褐色石灰岩。片状毛坯，呈长条形，一面稍平坦，一面有一纵脊，横截面呈三角形。在两侧边错向加工出平行的两个直刃，刃口长分别为8.49、9.17厘米，刃角75°~100°。部分器身表面有钙质胶结，部分片疤经轻度磨蚀。长9.59、宽4.3、厚2.83厘米，重133.63克（图5-43：6）。

13YMDT6⑤：602，灰褐色石灰岩。块状毛坯，两面各有一纵脊，截面呈菱形。在两薄锐侧边修理出两直刃，刃口长分别为9.37、7.86厘米，刃角分别为80°~100°、89°~103°。均是以单向加工为主，总体上两侧刃的片疤方向相异。长10.93、宽7.33、厚

3.5 厘米，重 330.96 克（图 5-43：7）。

图 5-43　第二期文化的双刃刮削器（一）

1~15. 双刃刮削器（13YMDT5⑨：621、13YMDT6⑥：685、13YMDT6⑨：929、13YMDT5⑨：660、
13YMDT5⑦：897、13YMDT5③：322、13YMDT6⑤：602、13YMDT5⑥：493、13YMDT6③：447、
13YMDT5⑥：487、13YMDT6⑦：786、13YMDT6⑥：712、13YMDT6⑤：681、13YMDT5⑤：391、13YMDT6⑤：542）

　　13YMDT5⑥：493，燧石。片状毛坯，在两薄锐侧边修理出一直刃和一微凹刃缘，
刃口长分别为 3.45、3.81 厘米，刃角分别为 68°~100°、76°~95°。以正向加工为主。

两端亦有单向的修疤。长 4.5、宽 4.07、厚 1.42 厘米，重 28.17 克（图 5-43：8）。

13YMDT6③：447，燧石。以石片为毛坯。在石片两侧边有两凸刃，刃口长分别为 2.73、2.26 厘米，刃角 68°~80°。一凸刃为反向加工，片疤浅平。一凸刃以反向加工为主，片疤大小不均。长 4.07、宽 3.53、厚 1.88 厘米，重 24.65 克（图 5-43：9）。

13YMDT5⑥：487，浅灰色石灰岩。片状毛坯，屋脊形，截面呈三角形。在两薄锐侧边同向修理出一微凹刃和一直刃，刃口长分别为 9.28、11.97 厘米，刃角分别为 79°~114°、65°~95°。器身表面有部分钙质胶结。长 14.58、宽 6.24、厚 3.74 厘米，重 398.71 克（图 5-43：10）。

13YMDT6⑦：786，深灰色石灰岩。以厚石片为毛坯，破裂面微凸，背面全疤且有两条纵脊，远端厚重。在石片两侧边修理出一微凸刃和一凹凸刃，刃口长分别为 9.53、8.14 厘米，刃角分别为 74°~103、85°~94°。微凸刃以反向加工为主，凹凸刃为复向加工。边缘修理，大部分片疤浅平，呈鳞片状。长 11.81、宽 7.82、厚 3.36 厘米，重 411.2 克（图 5-43：11）。

13YMDT6⑥：712，深灰色石灰岩。块状毛坯，两面各有一纵脊。在两侧边对向加工出两凹刃，刃口长分别为 8.03、7.8 厘米，刃角分别为 85°~114°、65°~117°。边缘修理，修疤大而深凹，呈鳞片状分布。长 10.04、宽 7.0、厚 2.86 厘米，重 264.43 克（图 5-43：12）。

13YMDT6⑤：681，浅灰色石灰岩。片状毛坯，一面平坦，一面凸起。在薄锐的边缘修理出一弧凸刃和一曲折刃，刃口长分别为 9.14、8.38 厘米。刃角分别为 86°~113°、78°~105°。同向加工，弧凸刃片疤浅平，曲折刃片疤较深凹。长 10.95、宽 9.85、厚 3.7 厘米，重 361.72 克（图 5-43：13）。

13YMDT5⑤：391，燧石。以背面全疤的石片为毛坯。在石片的两侧边对向加工出两个凹刃，刃口长分别为 1.55、1.79 厘米，刃角 50°~78°。较长的凹刃的片疤不连续，大小不均，较短的凹刃的片疤连续均匀。长 4.9、宽 3.19、厚 1.68 厘米，重 19.86 克（图 5-43：14）。

13YMDT6⑤：542，深灰色石灰岩。块状毛坯，两面均较平坦，一面及一侧覆盖有钙质胶结。一侧经剥片去薄后修理出凸刃，刃口长 11.26 厘米，刃角 71°~105°。另一薄锐侧修理出直刃，刃口长 10.27 厘米，刃角为 80°~108°。两侧刃为异向加工。长 12.2、宽 9.65、厚 4.08 厘米，重 537.25 克（图 5-43：15）。

13YMDT7④：606，黑褐色石灰岩。块状毛坯，两面各有一纵脊。在两侧边加工出两直刃，刃口长分别为 7.48、9.64 厘米，刃角 75°~90°。一侧刃为交互加工，一侧刃为复向加工。长 10.02、宽 7.51、厚 4.31 厘米，重 288.93 克（图 5-44：1）。

13YMDT7⑤：758，灰褐色石灰岩。块状毛坯，在两端加工出一凸刃和一凹刃，刃口长分别为6.33、3.74厘米，刃角分别为65°~113°、70°~98°。凹刃为交互加工，凸刃以单向加工为主。修疤均匀连续。表面覆盖有少量的钙质胶结，长9.28、宽6.56、厚3.51厘米，重201.34克（图5-44：2）。

13YMDT7⑤：678，深灰色石灰岩。块状毛坯，表皮较为光滑且覆盖有部分钙质胶结。在两侧边加工出两微凸刃，刃口长分别为9.02、8.47厘米，刃角分别为70°~106°、85°~113°。均以单向加工为主，两侧刃的片疤主要呈异向。长11.46、宽7.49、厚3.67厘米，重355.48克（图5-44：3）。

13YMDT7④：593，浅灰色石灰岩。片状毛坯。两面平坦。在两侧边加工出两直刃，刃口长分别为2.44、4.23厘米，刃角73°~105°。较短的直刃为单向加工，较长的直刃为转向加工。长4.99、宽6.07、厚2.52厘米，重79克（图5-44：4）。

13YMDT7⑦：865，深灰色石灰岩。片状毛坯，类似屋脊形，截面呈三角形。在两侧边的薄锐部分单向加工出一直刃和一微凹刃，刃口长分别为16.9、6.99厘米，刃角分别为73°~117°、82°~100°。器身表面有少量钙质胶结。长19.28、宽6.31、厚5.1厘米，重563.95克（图5-44：5）。

15YMDT8⑦：791，灰色石灰岩。整体略呈棱锥体，片状毛坯。底面较平坦，另一面有高耸的纵脊，两条刃缘位于底面的两侧边，错向加工形成一条直刃和一条凸刃。刃口长分别为7.2、9.6厘米，刃角55°~70°。长11.08、宽7.74、厚5.23厘米，重325.17克（图5-44：6）。

13YMDT8⑤：651，深灰色石灰岩。片状毛坯。在两侧边及远端修理出两直刃，刃口长分别为6.5、4.19厘米，刃角分别为65°~100°、95°~100°。以单向加工为主。长7.56、宽5.97、厚3.82厘米，重131.84克（图5-44：7）。

13YMDT8⑥：679，浅灰色石灰岩。以石片为毛坯，破裂面微凸，有弧形凸棱，背面有疤，似零台面石片。在较薄锐两侧边加工出两个凸刃缘，刃口长分别为7.40、7.36厘米，刃角30°~54°，以腹面向背面加工为主。长8.50、宽6.32、厚1.83厘米，重126.22克（图5-44：8）。

15YMDT8⑦：756，灰褐色石灰岩。形状不规则，似石片毛坯加工，腹面平坦，背面凸起有纵脊，两侧边错向加工形成一直刃和一凹刃，刃口长分别为7.6、5.1厘米，刃角60°~80°。长13.1、宽6.74、厚3.97厘米，重346.81克（图5-44：9）。

15YMDT8⑧：844，灰褐色石灰岩。块状毛坯。一面稍平一面隆起，在一侧边形成窄长的凹斜面，斜面上单向修理形成凹刃缘。长10.23、宽9.43、厚3.49厘米，重383.92克（图5-44：10）。

图 5-44 第二期文化的双刃刮削器（二）

1~12. 双刃刮削器（13YMDT7④：606、13YMDT7⑤：758、13YMDT7⑤：678、13YMDT7④：593、
13YMDT7⑦：865、15YMDT8⑦：791、13YMDT8⑤：651、13YMDT8⑥：679、
15YMDT8⑦：756、15YMDT8⑧：844、15YMDT8⑧：843、15YMDT8⑦：689）

　　15YMDT8⑧：843，浅灰色石灰岩。片状毛坯。形态不规则，两面均微鼓，在一侧边打制较大片疤形成微凹斜面，斜面上单向修理成刃。长 6.7、宽 6.48、厚 1.56 厘米，重 78.6 克（图 5-44：11）。

　　15YMDT8⑦：689，深灰色石灰岩。块状毛坯。整体形状呈长方形，一面平台，一面有两条纵脊。两侧边均有细碎连续修疤，一边为交互加工，一边为正向加工，形成两条直刃缘，刃口长分别为 4.9、6.4 厘米，刃角 45°~60°。长 7.52、宽 4.59、厚 2.6 厘米，重 115.86 克（图 5-44：12）。

　　复刃刮削器 13 件。

　　13YMDT7⑤：723，深灰色石灰岩。片状毛坯，背面覆盖有较多的钙质胶结。在四周加工出刃缘，刃口长 9.08 厘米，刃角 75°~110°。以正向加工为主。长 9.08、宽 7.24、厚 4.48 厘米，重 258.14 克（图 5-45：1）。

13YMDT7⑤：695，深灰色石灰岩。片状毛坯，部分表面覆盖有钙质胶结。在薄锐的边缘加工出两直刃和一微凸刃，刃口长分别为 6.53、4.14、8.59 厘米，刃角分别为 65°~89°、62°~90°、65°~112°。凸刃为转向加工，直刃以单向加工为主，修疤小而连续。长 9.63、宽 5.96、厚 2.57 厘米，重 149.23 克（图 5-45：2）。

13YMDT6⑤：508，浅灰色石灰岩。三棱状块状毛坯，一面平坦。在三条边修理出两直刃和一凹刃，刃口长分别为 5.07、6.03、4 厘米，刃角 75°~102°。以单向加工为主。器身表面有少量钙质胶结。长 6.82、宽 6.77、厚 2.88 厘米，重 133.67 克（图 5-45：3）。

13YMDT4⑤：81，灰褐色石灰岩。片状毛坯，整体呈不规则长方形，中间厚边缘薄，单向加工为主，形成一直刃、一凸刃和一微凹刃，刃口长分别为 5.3、7.9、5.81 厘米，刃角分别为 75°~93°、74°~98°、65°~97°。长 11.87、宽 9.58、厚 2.89 厘米，重 494.86 克（图 5-45：4）。

13YMDT5④：360，黑褐色石灰岩。片状毛坯，在毛坯的薄锐边加工出两凹刃和一凸刃，刃口长分别为 2.85、4.55、5.84 厘米，刃角 75°~93°。两凹刃为对向加工，凸刃加工方式不规律。器身表面有钙质胶结。长 7.42、宽 5.74、厚 2.65 厘米，重 115.33 克（图 5-45：5）。

13YMDT6⑤：576，浅灰色石灰岩。以背面几乎全疤的石片为毛坯，在石片的两侧边和远端有两直刃和一凹刃，刃口长分别为 3.56、4.89、3.68 厘米，刃角 65°~89°。两直刃均为正向加工，凹刃以反向的细小片疤为主，推测为使用形成的。长 5.99、宽 5.24、厚 2.04 厘米，重 70.42 克（图 5-45：6）。

13YMDT5⑦：587，深灰色石灰岩。以背面近乎全疤的石片为毛坯。在石片的两侧及远端的薄锐处分别修理出直刃、微凹刃和凹刃，刃口分别长 7.47、5.47、4.35 厘米，刃角分别为 68°~90°、60°~89°、52°~80°。直刃为反向加工，凹刃为正向加工，微凹刃以反向片疤为主，片疤大小不均。背面部分覆盖有钙质胶结。长 9.96、宽 8.26、厚 2.31 厘米，重 164.04 克（图 5-45：7）。

13YMDT5⑤：387，深灰色石灰岩。片状毛坯，一面稍凸，一面有一纵脊。沿毛坯的四周加工形成两直刃和一凸刃，刃口长分别为 7.55、9.2、5.13 厘米，刃角分别为 78°~103°。两直刃为错向加工，凸刃以单向加工为主。片疤连续均匀，轻度磨蚀。长 11.85、宽 6.22、厚 3.65 厘米，重 268.8 克（图 5-45：8）。

15YMDT8⑧：861，灰褐色石灰岩。石片毛坯，整体呈长方形，在薄锐边修理或使用形成两凸刃和一略起伏的直刃。长 13.07、宽 6.51、厚 1.68 厘米，重 193.27 克（图 5-45：9）。

图 5-45　第二期文化的复刃刮削器
1~11. 复刃刮削器（13YMDT7⑤：723、13YMDT7⑤：695、13YMDT6⑤：508、
13YMDT4⑤：81、13YMDT5④：360、13YMDT6⑤：576、13YMDT5⑦：587、
13YMDT5⑤：387、15YMDT8⑧：861、15YMDT8⑧：793、13YMDT6⑦：827）

15YMDT8⑧：793，灰色石灰岩。石片毛坯。形状呈梯形，石片两侧边和远端分别单向修理形成三条刃缘。长 7.79、宽 7.41、厚 2.9 厘米，重 182.05 克（图 5-45：10）。

13YMDT6⑦：827，深灰色石灰岩。块状毛坯，整体形状呈三角形，两面均光滑平整。毛坯周边的薄锐部分均经修理，形成两直刃和一凸刃，刃口长分别为 8.56、10.14、9.22 厘米，刃角分别为 86°~103°、65°~93°、85°~99°。以单向加工为主。长 9.73、宽 12.75、厚 2.78 厘米，重 428.43 克（图 5-45：11）。

砍砸器 338 件，占本期石制品的 29.83%。按照刃口数量可划分为单刃（N=300）、双刃（N=33）、复刃砍砸器（N=5）3 型，单刃砍砸器又可再进一步根据刃缘形态区分为单凸刃（N=139）、单直刃（N=111）、单凹刃（N=50）3 个亚型。

单凸刃砍砸器 139 件。

13YMDT5⑦：559，灰褐色石灰岩。块状毛坯，两面均平坦。在一薄锐侧边加工出刃缘，刃口长 12.16 厘米，刃角 80°～103°。以单向加工为主。片疤较均匀，大而深凹。长 14.99、宽 9.09、厚 3.35 厘米，重 641.11 克（图 5-46：1）。

13YMDT5③：318，黑褐色石灰岩。块状毛坯，一面平坦。在一端加工出凸刃，刃口长 6.44 厘米，刃角 75°～88°。以单向加工为主，部分片疤经磨蚀。长 14.02、宽 8.07、厚 6.64 厘米，重 892.02 克（图 5-46：2）。

13YMDT5⑦：533，灰褐色石灰岩。块状毛坯，部分表面覆盖有钙质胶结。在薄锐的边缘交互加工出凸刃缘，刃口长 13.79 厘米，刃角 80°～100°。片疤大小不甚均匀。长 14.39、宽 9.37、厚 5.72 厘米，重 694.24 克（图 5-46：3）。

13YMDT6⑦：825，灰褐色石灰岩。块状毛坯，一侧厚重，一侧薄锐。在薄锐侧边修理出弧凸刃缘，刃口长 14.96 厘米，刃角 68°～102°。片疤均匀连续，以单向加工为主。器身表面有钙质胶结。长 19.63、宽 9.2、厚 4.73 厘米，重 866.47 克（图 5-46：4）。

13YMDT5⑧：610，深灰色石灰岩。块状毛坯，两面均较平坦，部分表面覆盖有钙质胶结。在一端交互加工出刃缘，刃口长 21.62 厘米，刃角 72°～110°。片疤连续但大小不均匀。长 24.57、宽 22.24、厚 8.98 厘米，重大于 2000 克（图 5-46：5）。

13YMDT6⑦：772，灰褐色石灰岩。块状毛坯，两面均较平坦。在一薄锐侧边单向加工出凸刃缘，刃口长 14.56 厘米，刃角 75°～95°。在另一侧也有连续的片疤。修理疤大而深凹，修理疤之间存在部分方向不规律的小片疤，推测为使用所致。器身表面有少量钙质胶结。长 17.5、宽 9.52、厚 4.88 厘米，重 734.91 克（图 5-46：6）。

13YMDT7⑤：722，深灰色石灰岩。片状毛坯，表皮较光滑并覆盖有少量的钙质胶结。在薄锐的边缘转向加工出刃缘，刃口长 16.55 厘米，刃角 75°～115°。修疤均匀连续。长 16.8、宽 10.84、厚 5.84 厘米，重 861.41 克（图 5-46：7）。

13YMDT5⑤：433，深灰色石灰岩。片状毛坯，一面为较平坦的破裂面，一面凸起。在一侧边转向加工出厚钝的凸刃，刃口长 15.9 厘米，刃角 90°～100°。部分器身表面有钙质胶结。长 16.72、宽 12.48、厚 6 厘米，重 1511.13 克（图 5-46：8）。

13YMDT5⑨：639，浅灰色石灰岩。块状毛坯，在一侧边及顶端单向加工形成凸刃缘，刃口长 11.15 厘米，刃角 85°～115°，底端为断口。侵入修理，片疤大而清晰，刃缘处进一步细致修理，修疤为单向。长 13.69、宽 7.9、厚 5.59 厘米，重 545.2 克（图 5-46：9）。

13YMDT6⑥：727，深灰色石灰岩。块状毛坯，一面覆盖有钙质胶结。在薄锐的边缘修理出刃缘，刃口长 12.25 厘米，刃角 82°～101°。以单向加工为主。长 15.05、宽 7.61、厚 7.59 厘米，重 781.65 克（图 5-46：10）。

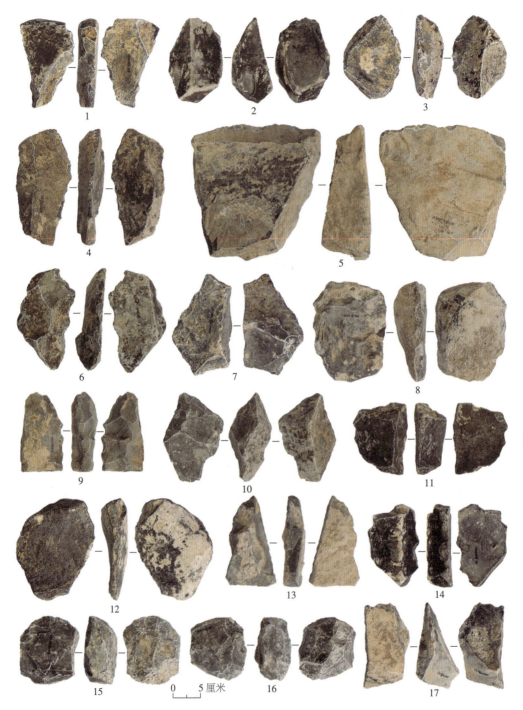

图 5-46  第二期文化的单凸刃砍砸器（一）

1~17. 单凸刃砍砸器（13YMDT5⑦：559、13YMDT5③：318、13YMDT5⑦：533、13YMDT6⑦：825、
13YMDT5⑧：610、13YMDT6⑦：772、13YMDT7⑤：722、13YMDT5⑤：433、13YMDT5⑨：639、
13YMDT6⑥：727、13YMDT6⑨：921、13YMDT6③：470、13YMDT7④：576、13YMDT5③：314、
13YMDT5⑥：438、13YMDT6⑤：588、13YMDT7④：617）

13YMDT6⑨：921，黑褐色石灰岩。块状毛坯，手握端厚重。在毛坯边缘加工出凸刃缘，刃口长 8.75 厘米，刃角 80°~103°。修疤连续，以单向加工为主，片疤经磨蚀。器身表面有少量钙质胶结。长 12.33、宽 9.72、厚 6.31 厘米，重 683.71 克（图 5-46：11）。

13YMDT6③：470，黑褐色石灰岩。以大石片为毛坯，石片特征显著，在石片右侧边由腹面向背面加工出凸刃缘，刃口长 14.76 厘米，刃角 70°~90°。石片远端有三个浅平的反向片疤，与凸刃基本相连。长 17.47、宽 13.61、厚 4.68 厘米，重 1105.98 克（图 5-46：12）。

13YMDT7④：576，深灰色石灰岩。块状毛坯，整体形状呈三角形。在一长边的薄锐部分单向加工出凸刃，刃口长 7.29 厘米，刃角 65°~85°。在另一长边的边缘也有部分不连续的小片疤。部分器身表面有钙质胶结。长 15.53、宽 8.61、厚 4.11 厘米，重 542.85 克（图 5-46：13）。

13YMDT5③：314，黑褐色石灰岩。块状毛坯，一面平坦，一面有一纵脊。在一侧边单向加工出凸刃，刃口长 11.26 厘米，刃角 78°~96°。片疤大而深凹。长 14.16、宽 9.25、厚 4.51 厘米，重 668.09 克（图 5-46：14）。

13YMDT5⑥：438，深灰色石灰岩。块状毛坯。在一端修理出凸刃缘，刃口长 9.57 厘米，刃角 86°~109°。侵入修理，片疤呈阶梯状。手握端亦有经过单向的修型加工。器身表面有钙质胶结。长 11.92、宽 10.31、厚 6.0 厘米，重 937.29 克（图 5-46：15）。

13YMDT6⑤：588，深灰色石灰岩。毛坯为多台面石核，器身仅保留少部分自然面。剥片的边缘形成曲折的凸刃，刃口长 10.64 厘米，刃角 84°~110°。长 10.91、宽 10.56、厚 6.36 厘米，重 755.62 克（图 5-46：16）。

13YMDT7④：617，深灰色石灰岩。块状毛坯，一面平坦，一面凸起。在一端及一侧边加工出弧凸刃，刃口长 9.84 厘米，刃角 75°~93°。单向加工为主。部分器身表面有钙质胶结。长 14.32、宽 7.66、厚 6.95 厘米，重 699.88 克（图 5-46：17）。

13YMDT5⑥：456，浅灰色石灰岩。片状毛坯，破裂面平坦，背面为自然面。在两侧边和一端修理出"U"形刃缘，刃口长 10.69 厘米，刃角 77°~108°。以单向加工为主，片疤连续均匀。手握端经过粗浅的单向修整。自然面覆盖有钙质胶结。长 16.91、宽 12.4、厚 6.81 厘米，重 897.06 克（图 5-47：1）。

13YMDT8⑤：556，浅灰色石灰岩。片状毛坯。在弧凸的边缘转向修理出刃缘，刃口长 18.8 厘米，刃角 76°~113°。表面覆盖有钙质胶结。长 18.79、宽 13.98、厚 4.97 厘米，重 1929.7 克（图 5-47：2）。

15YMDT8⑧：801，灰褐色石灰岩。块状毛坯，形态不规则，在一端制作出一斜面，斜面上单向修理成刃。长 12.66、宽 9.21、厚 4.76 厘米，重 552.96 克（图 5-47：3）。

13YMDT8⑤：585，灰褐色石灰岩。三角形，块状毛坯。在一薄锐边单向修理出直刃，刃口长17.36厘米，刃角75°~107°。一面覆盖有钙质胶结。长17.29、宽13.61、厚4.78厘米，重1935.18克（图5-47：4）。

13YMDT7③：545，黑褐色石灰岩。三棱状，片状毛坯，在一侧边加工出凸刃，刃口长13.4厘米、刃角85°~105°。以单向加工为主，部分刃缘经使用变钝厚。长17.53、宽13.54、厚8.4厘米，重1521.24克（图5-47：5）。

13YMDT7⑧：915，深灰色石灰岩。片状毛坯，整体形状呈三角形，破裂面较平坦，背面有疤且有钙质胶结。在一较薄锐边单向修理出凸刃缘，刃口长17.96厘米，刃角80°~113°。边缘修理，片疤均匀连续呈鳞片状。长18.05、宽11.59、厚3.16厘米，重758.41克（图547：6）。

15YMDT8⑦：678，黑灰色石灰岩。块状毛坯，形状不规则，两面各有一条横脊和纵脊，底端厚重，在顶端的边缘交互加工出较凸的刃缘，刃口长11.2厘米，刃角70°~100°。长13.71、宽11.95、厚6.82厘米，重1179.42克（图5-47：7）。

13YMDT7⑤：771，深灰色石灰岩。块状毛坯，表面覆盖有部分钙质胶结。在薄锐的边缘交互加工出刃缘，刃口长8.29厘米，刃角77°~98°。修疤连续。长13.73、宽10.51、厚6.64厘米，重818.66克（图5-47：8）。

15YMDT8⑦：722，灰褐色石灰岩。片状毛坯，形状略呈椭圆形，似石片毛坯，一面稍平坦且有一条纵脊，另一面略凸起，有较多碳酸钙胶结物质和两处新疤。在薄锐边缘交互加工形成弧形刃缘，刃口长11.8厘米，刃角60°~90°。长15.4、宽11.28、厚4.73厘米，重784.03克（图5-47：9）。

15YMDT8⑧：786，深灰色石灰岩。块状毛坯，一侧边厚重，一侧边稍薄，在稍薄的侧边修理出凸刃缘。长14.22、宽8.47、厚7.02厘米，重936.64克（图5-47：10）。

13YMDT7⑨：949，深灰色石灰岩。块状毛坯，器身表面覆盖有钙质胶结。在薄锐的边缘单向修理出刃缘，刃口长12.39厘米，刃角90°~115°。长12.13、宽12.57、厚7厘米，重871.5克（图5-47：11）。

13YMDT8④：541，黑褐色石灰岩。块状毛坯，整体形状呈三角形。在一边加工出凸刃，刃口长16.37厘米，刃角65°~75°。以单向加工为主，部分片疤经磨蚀。器身表面有钙质胶结。长17.62、宽13.93、厚5.94厘米，重1264.4克（图5-47：12）。

13YMDT8⑥：634，灰褐色石灰岩。三角形块状毛坯，部分表面覆盖有钙质胶结。在一薄锐边修理出刃缘，刃口长14.8厘米，刃角73°~102°。以单向加工为主。长16.92、宽9.81、厚5.22厘米，重795.92克（图5-47：13）。

15YMDT8⑧：832，浅灰色石灰岩。块状毛坯。两面各有一条纵脊，在较薄锐的一侧边加工或使用形成连续修疤。长 19.6、宽 10.55、厚 5.4 厘米，重 1114.52 克（图 5-47：14）。

图 5-47 第二期文化的单凸刃砍砸器（二）

1~15. 单凸刃砍砸器（13YMDT5⑥：456、13YMDT8⑤：556、15YMDT8⑧：801、
13YMDT8⑤：585、13YMDT7③：545、13YMDT8⑧：915、15YMDT8⑦：678、
13YMDT7⑤：771、15YMDT8⑦：722、15YMDT8⑧：786、13YMDT7⑨：949、
13YMDT8④：541、13YMDT8⑥：634、15YMDT8⑧：832、13YMDT7⑦：837）

13YMDT7⑦：837，黑褐色石灰岩。片状毛坯，整体呈扇形，一面较平整，一面为不平整的自然面。在弧形的边缘修理出刃缘，刃口长 13.03 厘米，刃角 72°~112°。以单向加

工为主。手握端厚重。长12.77、宽14.28、厚6.19厘米，重1049.12克（图5-47：15）。

单直刃砍砸器111件。

13YMDT7⑥：820，灰褐色石灰岩。块状毛坯，部分表面覆盖有钙质胶结。在一薄锐侧边加工出刃缘，刃口长11.16厘米，刃角78°～112°。以单向加工为主，修疤均匀连续。长17.36、宽9.68、厚5厘米，重945.52克（图5-48：1）。

13YMDT5⑦：567，灰褐色石灰岩。块状毛坯，两面各有一条纵脊，部分表面覆盖有钙质胶结。在一薄锐侧边加工出直刃缘，刃口长13.41厘米，刃角78°～100°。边缘修理，以单向加工为主，片疤大小不甚均匀，呈鳞片状。长13.77、宽9.87、厚5.74厘米，重1913.29克（图5-48：2）。

13YMDT5④：365，深灰色石灰岩。块状毛坯，整体形状呈三角形。在一薄锐边加工出直刃，刃口长12.89厘米，刃角65°～89°。以单向加工为主，修疤连续均匀，器身表面有钙质胶结。长17.24、宽13.51、厚3.67厘米，重737.73克（图5-48：3）。

13YMDT5③：317，黑褐色石灰岩。块状毛坯，一面平坦。在一侧边转向加工出直刃，刃口长10.1厘米，刃角73°～98°。长13.31、宽8.97、厚5.74厘米，重917.27克（图5-48：4）。

13YMDT5⑤：428，灰褐色石灰岩。块状毛坯，形状不规则，一侧厚重，一侧薄锐。在薄锐侧边单向加工出直刃，刃口长11.63厘米，刃角85°～98°。部分器身表面有钙质胶结，部分片疤经磨蚀。长18.67、宽11.09、厚5.02厘米，重1176.82克（图5-48：5）。

13YMDT5⑥：440，深灰色石灰岩。块状毛坯，整体形状呈三角形。较宽的一端有一人工斜面，在该斜面修理出薄锐的直刃缘，刃口长12.49厘米，刃角72°～108°。边缘修理，以单向修理为主。器身表面有少量钙质胶结。长17.21、宽11.07、厚6.06厘米，重906.99克（图5-48：6）。

13YMDT5⑨：643，灰褐色石灰岩。块状毛坯，两面均平坦，部分表面覆盖有钙质胶结。在一较薄锐侧边加工出刃缘，刃口长11.8厘米，刃角95°～115°。边缘修理，单向加工为主，片疤浅平连续，呈鳞片状。长15.24、宽1.34、厚4.47厘米，重1922克（图5-48：7）。

13YMDT6③：476，黑褐色石灰岩。块状毛坯，两面平坦。在一端单向加工出厚钝的直刃，刃口长8.28厘米，刃角90°～98°。手握端经修理，一边缘有连续单向的修疤。长10.9、宽9.63、厚5.33厘米，重699.46克（图5-48：8）。

13YMDT6⑧：818，深灰色石灰岩。块状毛坯，整体形状呈三角形。在一薄锐端修理出刃缘，刃口长9.43厘米，刃角78°～107°。以单向加工为主。长15.24、宽11.14、厚7.38厘米，重1088.71克（图5-48：9）。

图 5-48 第二期文化的单直刃砍砸器

1~19. 单直刃砍砸器（13YMDT7⑥：820、13YMDT5⑦：567、13YMDT5④：365、13YMDT5③：317、
13YMDT5⑤：428、13YMDT5⑥：440、13YMDT5⑨：643、13YMDT6③：476、13YMDT6⑧：818、
13YMDT6⑨：900、13YMDT6⑤：528、13YMDT7③：565、13YMDT7④：604、13YMDT6⑦：833、
13YMDT3⑥：92、13YMDT6⑥：719、13YMDT7⑤：770、13YMDT7⑨：980、13YMDT5⑧：608）

13YMDT6⑨：900，黑褐色石灰岩。块状毛坯，整体形状近似平行四边形，一面稍平坦，一面有一纵脊。在一薄锐边单向加工出直刃，刃口长9.29厘米，刃角82°～115°。片疤连续，除刃缘外，其余范围保留自然面，部分器身表面有钙质胶结。长15.79、宽9.53、厚4.7厘米，重590.43克（图5-48：10）。

13YMDT6⑤：528，深灰色石灰岩。块状毛坯，两面均平坦，一面覆盖有钙质胶结。在一薄锐侧边修理出直刃缘，刃口长28.32厘米，刃角75°～113°。以单向加工为主，片疤均匀连续，呈鳞片状。长29.73、宽11.5、厚4.45厘米，重大于2000克（图5-48：11）。

13YMDT7③：565，黑褐色石灰岩，块状毛坯，一面平坦，一面有一纵脊。在一长侧边有一直刃缘，片疤大小不均，方向亦不规律，刃口长12.32厘米，刃角65°～85°。在另一侧边也有片疤，但不是主要的使用刃缘。长13.82、宽12.76、厚4.97厘米，重1055.27克（图5-48：12）。

13YMDT7④：604，深灰色石灰岩。块状毛坯，两面均平坦。在一侧边转向加工出直刃，刃口长10.19厘米，刃角70°～100°。部分器身表面有钙质胶结。长13.66、宽6.66、厚3.65厘米，重458.07克（图5-48：13）。

13YMDT6⑦：833，浅灰色石灰岩。块状毛坯，平面形状似梯形，一面平整，一面不平坦。在一薄锐侧边单向修理出厚钝的直刃缘，刃口长12.42厘米，刃角95°～112°。片疤浅平、连续。器身中部有一条清晰的节理，器身表面有钙质胶结。长13.37、宽14.5、厚5.8厘米，重1113.16克（图5-48：14）。

13YMDT3⑥：92，黑灰色石灰岩。块状毛坯，刃口长8.7厘米，刃角78°～105°。长12.62、宽9.57、厚4.4厘米，重675.08克（图5-48：15）。

13YMDT6⑥：719，灰褐色石灰岩。块状毛坯，屋脊形。在一薄锐侧边转向修理出刃缘，刃口长11.47厘米，刃角66°～100°。片疤大而深凹。长13.43、宽11.4、厚6.27厘米，重991.4克（图5-48：16）。

13YMDT7⑤：770，灰褐色石灰岩。块状毛坯，表面覆盖有较多的钙质胶结和铁锰淋滤。在一薄锐侧边单向加工出刃缘，刃口长17.7厘米，刃角85°～108°。修疤连续。片疤经风化棱角变得较为平缓。长20.68、宽12.3、厚4.4厘米，重1861.18克（图5-48：17）。

13YMDT7⑨：980，灰色石灰岩。块状毛坯，一侧面覆盖有钙质胶结。在一薄锐侧边修理出刃缘，刃口长19.81厘米，刃角75°～107°。以单向加工为主，表面经风化。长21.71、宽7.04、厚5.4厘米，重1050.36克（图5-48：18）。

13YMDT5⑧：608，灰白色石灰岩。块状毛坯，两面均平坦，部分表面覆盖有较多钙质胶结。在一端的薄锐边缘处交互加工出刃缘，刃口长 11 厘米，刃角 77°～105°。片疤连续但大小不甚均匀。长 21.43、宽 20.93、厚 3.83 厘米，重大于 2000 克（图 5-48：19）。

13YMDT7⑧：879，灰褐色石灰岩。块状毛坯，形态近似砍刀，两面均较平坦。在一长薄锐侧边修理出直刃缘，刃口长 22.82 厘米，刃角 68°～110°。以单向修理为主，片疤均匀连续。在另一侧边亦修理出一较大的凹缺，凹缺口长 2.4 厘米。器身尖角也似有修理痕迹。可视为一器多用。长 23.62、宽 8.63、厚 4.36 厘米，重 932.15 克（图 5-49：1）。

13YMDT8④：550，黑褐色石灰岩。块状毛坯，一面平坦，一面部分凸起。在一端交互加工形成直刃，刃口长 6.77 厘米，刃角 80°～100°。片疤大小均匀连续，部分片疤经磨蚀。器身表面有钙质胶结。长 16.53、宽 15.88、厚 7.68 厘米，重大于 2000 克（图 5-49：2）。

13YMDT8③：531，黑褐色石灰岩。长条形块状毛坯，一面平坦，一面凸起。在一侧边单向加工出直刃缘，刃口长 10.36 厘米，刃角 75°～95°。另外一端和直刃缘有同向的片疤夹成一尖，已残断，尖部两侧的片疤分别只有一个和两个。长 15.01、宽 6.25、厚 5.46 厘米，重 518.93 克（图 5-49：3）。

13YMDT8⑤：632，浅灰色石灰岩。块状毛坯，表面光滑，两面均平坦，表面覆盖有部分钙质胶结。在一薄锐侧边修理出刃缘，刃口长 11.5 厘米，刃角 75°～94°。以单向加工为主。长 16.58、宽 8.92、厚 3.54 厘米，重 753.55 克（图 5-49：4）。

13YMDT7⑦：849，深灰色石灰岩。块状毛坯。在一薄锐侧边转向修理出直刃缘，刃口长 14.46 厘米，刃角 72°～101°。片疤连续均匀。长 18.72、宽 10.91、厚 3.53 厘米，重 880.7 克（图 5-49：5）。

15YMDT8⑧：835，灰褐色石灰岩。块状毛坯。整体呈长方体，较厚重，一面平坦另一面凸起，在一端加工出斜面，斜面上单向修理出斜直刃，刃缘长 9.6 厘米，刃角 40°～65°。长 20.96、宽 9.24、厚 8.56 厘米，重大于 2000 克（图 5-49：6）。

15YMDT8⑦：681，灰褐色石灰岩。块状毛坯，整体形态略呈长方形，一侧厚重一侧薄锐，两面均不平坦，薄锐一侧加工出较直的刃缘，刃口长 9.7 厘米，刃角 60°～75°。长 12.05、宽 7.3、厚 5.33 厘米，重 548.55 克（图 5-49：7）。

13YMDT8⑥：652，灰褐色石灰岩。块状毛坯，截面呈梯形，表面覆盖有少量钙质胶结。在一薄锐的侧边单向修理出刃缘，刃口长 8.86 厘米，刃角 67°～98°。长 12.3、宽 7.55、厚 4.5 厘米，重 693.8 克（图 5-49：14）。

单凹刃砍砸器 50 件。

13YMDT8⑤：588，浅灰色石灰岩。块状毛坯。在一薄锐侧边修理出刃缘，刃口长 9.83 厘米，刃角 63°～105°。以单向加工为主，大部分片疤小而浅薄。长 18.6、宽 10.77、厚 4.78 厘米，重 848.43 克（图 5-49：8）。

图 5-49　第二期文化的单直刃和单凹刃砍砸器

1~7、14. 单直刃砍砸器（13YMDT7⑧：879、13YMDT8④：550、13YMDT8③：531、13YMDT8⑤：632、
13YMDT7⑦：849、15YMDT8⑧：835、15YMDT8⑦：681、13YMDT8⑥：652）8~13、15. 单凹刃砍砸器
（13YMDT8⑤：588、13YMDT7④：627、15YMDT8⑨：909、15YMDT8⑧：863、13YMDT7⑤：713、
15YMDT8⑦：690、15YMDT8⑨：891）

　　13YMDT7④：627，深灰色石灰岩。块状毛坯，两面均平坦。在一侧边的薄锐部分复向加工出凹刃，刃口长 6.4 厘米，刃角 75°~105°。一面表面覆盖有钙质胶结。长16.55、宽 14.41、厚 4.15 厘米，重 1394.37 克（图 5-49：9）。

15YMDT8⑨：909，灰褐色石灰岩。块状毛坯。形态不规则，两面均有纵脊凸起，刃缘修理主要集中在一侧边宽大的斜面上。长19.6、宽10.03、厚7.57厘米，重1360.45克（图5-49：10）。

15YMDT8⑧：863，灰褐色石灰岩。片状毛坯。整体形态呈梯形，两面均为节理面，较平坦，在窄长的斜面上修理出略曲折的凹刃缘。长19.08、宽11.45、厚3.12厘米，重1061.21克（图5-49：11）。

13YMDT7⑤：713，深灰色石灰岩。块状毛坯，一侧边厚重，一侧边薄锐。在薄锐的侧边单向加工出刃缘，刃口长7.57厘米，刃角70°～130°。器身表面覆盖有少部分钙质胶结。长14.31、宽10.44、厚7.57厘米，重856.43克（图5-49：12）。

15YMDT8⑦：690，灰褐色石灰岩。块状毛坯，整体形态呈斧锛状，一面平坦一面凸起，一端厚重一端略薄锐，在薄锐的一边单向加工出凹刃缘，单层修疤，修疤较大而连续，刃口长7.3厘米，刃角差异较大60°～100°。长14.05、宽9.92、厚7.51厘米，重1123.91克（图5-49：13）。

15YMDT8⑨：891，灰褐色石灰岩。块状毛坯，形状不规则，一面为具有平坦节理破裂的破裂面，一面为具有纵脊凸起的棱脊面。在一较薄的侧边单向加工出微凹的刃缘，刃口长6.9厘米，刃角80°～100°。另一侧边也较薄锐，不见修疤，可见零星小崩疤。长10.39、宽11.1、厚6.48厘米，重716.54克（图5-49：15）。

13YMDT6③：479，黑褐色石灰岩。块状毛坯，整体形状略呈等腰梯形，一面稍平坦，一面凸起，横截面呈等腰梯形，在一侧边加工出凹刃缘，刃口长10.15厘米，刃角78°～100°。加工方式单向为主，刃缘经使用变钝厚。另一侧也有部分不连续的片疤。长17.29、宽11.47、厚8.21厘米，重1662.5克（图5-50：1）。

13YMDT5⑥：477，深灰色石灰岩。块状毛坯，器身表面覆盖有钙质胶结。在一薄锐侧边单向修理出刃缘，刃口长9.52厘米，刃角65°～103°。片疤均匀连续。长11.74、宽11.4、厚4.51厘米，重577.7克（图5-50：2）。

13YMDT6⑤：648，黑褐色石灰岩。块状毛坯，两面均平坦，一面覆盖有部分钙质胶结。在一薄锐的侧边转向修理出刃缘，刃口长19.69厘米，刃角85°～108°。长25.05、宽8.68、厚5.41厘米，重1407.44克（图5-50：3）。

13YMDT5⑤：394，深灰色石灰岩。块状毛坯，形状不规则，一面平坦，一面凸起。在一端单向加工出陡直的凹刃，刃口长4.36厘米，刃角100°。凸起面有钙质胶结。长15.06、宽11.74、厚4.63厘米，重724.37克（图5-50：4）。

13YMDT6⑦：896，灰褐色石灰岩。块状毛坯，一面平坦，一面倾斜。在一较薄锐端修理出凹刃缘，刃口长11.46厘米，刃角83°～104°。片疤较大且连续。器身表面有少量钙质胶结。长 12.5、宽 10.88、厚 5.93 厘米，重 956.16 克（图 5-50：5）。

13YMDT5⑧：603，灰褐色石灰岩。块状毛坯，器身表面覆盖有部分钙质胶结。在一薄锐边交互加工出凹刃缘，刃口长 14.5 厘米，刃角 69°～100°。边缘修理，片疤连续。长 20.87、宽 15.43、厚 6.02 厘米，重大于 2000 克（图 5-50：6）。

图 5-50　第二期文化的单凹刃砍砸器

1~13. 单凹刃砍砸器（13YMDT6③：479、13YMDT5⑥：477、13YMDT6⑤：648、13YMDT5⑤：394、
13YMDT6⑦：896、13YMDT5⑧：603、13YMDT6⑥：741、13YMDT6⑤：625、13YMDT6⑤：673、
13YMDT6⑥：797、13YMDT6⑨：1153、15YMDT8⑧：780、15YMDT8⑦：741）

13YMDT6⑥：741，灰褐色石灰岩。块状毛坯。在一薄锐侧边修理出凹凸刃，刃口长12.3厘米，刃角85°～105°。与凹刃处相对的另一侧边有一将近90°的断口，断口边缘有交互修理的小片疤。凹刃处的片疤大而深凹，而凸刃处的小而均匀。一面覆盖有钙质胶结。长14.52、宽9.28、厚4.82厘米，重633.54克（图5-50：7）。

13YMDT6⑤：625，深灰色石灰岩。块状毛坯，一侧厚重，适宜手握，另一侧薄锐，在薄锐微凹的侧边单向修理出刃缘，刃口长13.96厘米，刃角58°～97°。长16.82、宽7.2、厚5.98厘米，重718.59克（图5-50：8）。

13YMDT6⑤：673，浅灰色石灰岩。层状节理块状毛坯。在一薄锐边单向修理出刃缘，刃口长16厘米，刃角85°～112°，片疤均匀连续。在另一厚钝的边缘也有连续的片疤。长16.04、宽14.13、厚4.76厘米，重1472.66克（图5-50：9）。

13YMDT6⑦：797，灰褐色石灰岩。块状毛坯，两面均平坦，整体呈梯形。在薄锐的侧边单向修理出微凹的刃缘，刃口长11.87厘米，刃角85°～103°。边缘修理，片疤均匀连续，呈鳞片状。长19.91、宽18.46、厚6.12厘米，重大于2000克（图5-50：10）。

13YMDT6⑨：1153，灰褐色石灰岩。块状毛坯，整体形状呈三角形，一面较平坦，一面凸起。在一边单向加工出弧凹刃，刃口长10.81厘米，刃角65°～95°。长15.84、宽13.77、厚5.4厘米，重737.85克（图5-50：11）。

15YMDT8⑧：780，灰色石灰岩。块状毛坯，截面呈菱形，在较长的一侧斜边上加工出凹刃缘。长15.06、宽10.97、厚6.12厘米，重991.09克（图5-50：12）。

15YMDT8⑦：741，灰褐色石灰岩。块状毛坯，整体形态略呈直角三角形，斜边较薄，且有一窄长斜面，在斜面上单向加工形成略凹刃缘，刃口长13.2，刃角70°～90°。长14.98、宽9.6、厚5.22厘米，重744.93克（图5-50：13）。

双刃砍砸器33件。

13YMDT8⑥：666，灰褐色石灰岩。块状毛坯，一面平坦，一面有一凸起的横脊，部分表面覆盖有钙质胶结。在两端异向修理出一微凸刃和一曲折刃，刃口长分别为8.58、8.44厘米，刃角分别为72°～98°、65°～107°。边缘修理，片疤呈复合状。长16.54、宽9.03、厚4.69厘米，重881.09克（图5-51：1）。

15YMDT8⑦：736，浅灰色石灰岩。片状毛坯，形状略呈扁平长方体，两侧边为窄长斜面，斜面边缘加工修理出一直刃缘和一凸刃缘，修疤连续但大小不一，刃口长12.9、15.8厘米，刃角70°～80°。在一端两刃缘相交处有平直的三角形断口，可能汇聚成尖作为手镐使用，因不能确定暂分类归为双刃砍砸器。长16.02、宽9.18、厚3.62厘米，重704.43克（图5-51：3）。

13YMDT6⑤：518，黑褐色石灰岩。片状毛坯，部分器身表面覆盖有钙质胶结。在两侧边同向加工出一凹刃和一微凸刃，刃口长分别为12.38、14.01厘米，刃角分别为77°～121°、83°～110°。凹刃处的片疤总体较深凹，微凸刃处的片疤总体较浅平。长17.57、宽10.05、厚4.02厘米，重758.1克（图5-51：4）。

13YMDT6⑦：848，灰褐色石灰岩。片状毛坯，类似屋脊形，破裂面平坦，背面凸起相交为棱脊。在毛坯的薄锐边缘处修理出一尖刃和一凸刃，刃口长分别为12.21、15.28厘米，刃角分别为85°～109°、62°～100°。片疤以单向的为主，大小不是特别均匀，尖刃处有较多细碎、浅平的疤，推测为使用所致。长17.53、宽12.96、厚6.32厘米，重1350.61克（图5-51：5）。

13YMDT6⑤：670，深灰色石灰岩。大石片为毛坯，腹面呈弧形内凹，背面有疤并覆盖有钙质胶结。在左右两侧反向加工出一直刃和一凹刃，刃口长分别为10.97、7.21厘米，刃角分别为53°～88°、60°～97°。边缘修理，片疤较小而连续。长20.34、宽10.79、厚5.46厘米，重909.72克（图5-51：6）。

13YMDT7③：562，浅灰色石灰岩。呈长条状，块状毛坯，两面各有一纵脊，一端呈喙嘴状，横截面呈菱形。在两侧边加工出一凸刃和一直刃，刃口长分别为20.03、16.84厘米，刃角75°～95°。两侧边以对向加工为主，片疤不甚连续，轻度磨蚀，器身表面有钙质胶结。长25.24、宽8.4、厚4.6厘米，重1177.26克（图5-51：7）。

13YMDT6⑦：784，黑褐色石灰岩。块状毛坯，两面均平坦。在一侧边的曲折断口处和另一侧边修理出一凹刃和一微凸刃，刃口长分别为9.77、14.78厘米，刃角分别为85°～95°、86°～104°。凹刃以单向加工为主，微凸刃为复向加工，边缘修理，修疤连续呈复合状。器身表面有少量钙质胶结。长16.05、宽13.76、厚3.72厘米，重1064.87克（图5-51：8）。

13YMDT5⑨：628，深灰色石灰岩。块状毛坯，整体呈平行四边形，在两端加工出斜面后再分别修理刃缘，刃口长分别为6.63、6.06厘米，刃角分别为65°～115°、75°～107°。加工方式分别为复向加工和单向加工，边缘修理为主，片疤不均匀。长14.03、宽9.73、厚4.74厘米，重779克（图5-51：9）。

13YMDT6⑨：934，黑褐色石灰岩。块状毛坯，一面平坦，一面凸起。在两侧边错向加工出微凸刃和凹刃，刃口长分别为7.76、10.28厘米，刃角85°～105°。部分片疤经磨蚀，凸起面风化明显。部分器身表面有钙质胶结。长11.77、宽10.45、厚4.72厘米，重716.17克（图5-51：10）。

13YMDT7⑧：894，灰褐色石灰岩。块状毛坯，两面均较平坦。在两薄锐侧边对向修理出两凸刃，刃口长分别为11.81、11.32厘米，刃角85°～109°、85°～115°。边缘修理，片疤均匀连续，呈鳞片状。部分器身表面有钙质胶结。长 20.01、宽 11.19、厚 4.54 厘米，重 1402.11 克（图 5-51：11）。

13YMDT5④：361，灰褐色石灰岩。块状毛坯，两面均有一纵脊，截面呈菱形。在两侧边加工出一凸刃和一凹刃，刃口长分别为 20.48、15.04 厘米，刃角 60°～80°。片疤的方向不规律，以均匀小片疤为主。长 23.5、宽 9.84、厚 5.02 厘米，重 968.89 克（图 5-51：12）。

13YMDT8⑥：636，深灰色石灰岩。块状毛坯，一面平坦，一面凸起，表面覆盖有部分钙质胶结。在一侧边和一端分别修理出一直刃和一微凸刃，刃口长分别为 14.09、8.46 厘米，刃角分别为 70°～99°、72°～105°。均以单向加工为主。长 15.54、宽 8.45、厚 5.39 厘米，重 624.49 克（图 5-51：13）。

13YMDT7⑧：912，灰褐色石灰岩。块状毛坯，两面均较平坦。在两薄锐侧边修理出一微凸刃和一直刃，刃口长分别为 15.8、15.08 厘米，刃角分别为 76°～113°、87°～95°。微凸刃为不甚规律的交互加工，片疤深凹、连续。直刃的片疤浅平，片疤方向不规律，推测为使用所致。长 17.54、宽 8.36、厚 3.57 厘米，重 721.17 克（图 5-51：14）。

复刃砍砸器 5 件。

13YMDT4④：63，黑灰色石灰岩。片状毛坯，两直刃和两凹刃，刃口长分别为 6.13、3.23、5.04、3.89 厘米，刃角分别为 74°～102°、83°～117°、80°～97°、70°～90°。长 16.39、宽 10.23、厚 6.16 厘米，重 928.75 克（图 5-51：2）。

13YMDT5⑦：569，灰褐色石灰岩。砍刀形，块状毛坯，一端宽厚，一端较窄。在两侧边加工出一锯齿状刃、一凹刃和一直刃，刃口长分别为 6.63、14.87、21.71 厘米，刃角分别为 75°～100°、72°～110°、75°～95°。锯齿状刃和直刃为交互加工，凹刃为单向加工。器身表面覆盖有部分钙质胶结。长 29.5、宽 13.1、厚 4.84 厘米，重大于 2000 克（图 5-51：15）。

13YMDT5⑦：528，灰褐色石灰岩。块状毛坯。在薄锐的边加工出两直刃和一凸刃，刃口长分别为 5.2、8.92、15.1 厘米，刃角分别为 83°～124°、80°～110°、72°～103°。长直刃和凸刃为交互加工，短直刃以单向加工为主。部分片疤经磨蚀。一侧边为半侵入修理，其余边均为边缘修理，修疤呈鳞片状，部分器身表面有钙质胶结。长 15.55、宽 9.28、厚 6.59 厘米，重 766.42 克（图 5-51：16）。

13YMDT6⑨：935，黑褐色石灰岩。块状毛坯，正反两面各有棱脊。除一端外，其余边缘均修理成较厚钝的直刃、凹刃和凸刃，刃口长分别为 6.22、8.83、11.62 厘米，刃角 80°～100°。直刃和凸刃为对向加工，与凹刃的加工方向相反。边缘修理为主，修疤均匀连续，呈复合状。长 13.42、宽 9.97、厚 5.01 厘米，重 553.51 克（图 5-51：17）。

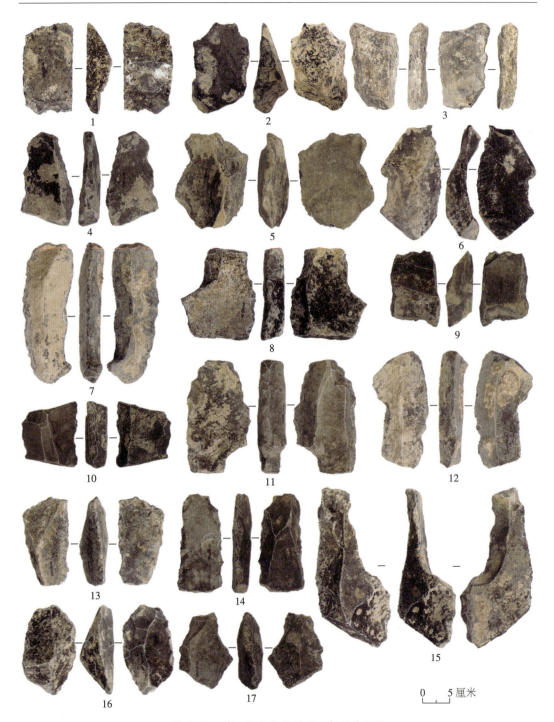

图 5-51　第二期文化的双刃、复刃砍砸器

1、3~14. 双刃砍砸器（13YMDT8⑥：666、15YMDT8⑦：736、13YMDT6⑤：518、13YMDT6⑦：848、
13YMDT6⑤：670、13YMDT7③：562、13YMDT6⑦：784、13YMDT5⑨：628、13YMDT6⑨：934、
13YMDT7⑧：894、13YMDT5④：361、13YMDT8⑥：636、13YMDT7⑧：912）2、15~17.
复刃砍砸器（13YMDT4④：63、13YMDT5⑦：569、13YMDT5⑦：528、13YMDT6⑨：935）

尖状器 114 件，占本期石制品的 10.06%。按照尖角数量分为单尖（N＝107 件）、双尖（N＝5 件）和复尖尖状器（N＝2）2 型，单尖尖状器又进一步根据尖刃形态划分为正尖（N＝48）和角尖尖状器（N＝59）2 亚型，正尖为对称刃汇聚，角尖为不对称刃汇聚。

正尖尖状器 48 件。

13YMDT5③：302，深灰色石灰岩。片状毛坯，两面平坦。沿两边往一端加工形成一尖，已残断。一侧边为单向加工，另一侧边以单向加工为主。长 10.34、宽 9.24、厚 2.74 厘米，重 342.24 克（图 5-52：1）。

13YMDT6⑥：688，灰色石灰岩。片状毛坯，破裂面微凸，背面保留少量自然面。远端和一侧边往一端加工夹成一短锐尖，尖角 82°。侵入修理，以对向加工为主，修疤呈阶梯状，底端亦有修型。长 8.75、宽 6.57、厚 3.49 厘米，重 201.92 克（图 5-52：2）。

13YMDT6⑦：837，黑灰色石灰岩。块状毛坯，一面平坦，一面凸起。两薄锐边往一端加工夹成一小舌尖，尖角 60°。一侧边为单向加工，一侧边加工方式不规律。长 8.49、宽 6.43、厚 3.21 厘米，重 156.28 克（图 5-52：3）。

13YMDT6⑤：535，黑褐色石灰岩。片状毛坯，背面为自然面。薄锐的侧边往一端加工夹成一锐尖，尖角 74°。以单向加工为主。部分器身表面覆盖有钙质胶结。长 14.14、宽 7.55、厚 3.9 厘米，重 395.62 克（图 5-52：4）。

13YMDT5⑨：668，深灰色石灰岩。块状毛坯，平面呈三角形。两边往一端加工夹成一尖，尖角 90°。一侧边为单向加工，一侧边为转向加工。片疤均匀连续。长 10.5、宽 12.24、厚 5.85 厘米，重 498.14 克（图 5-52：5）。

13YMDT6⑨：926，灰褐色石灰岩。块状毛坯，形状不规则，一面稍平坦，一面有一纵脊。沿两薄锐边往一端同向加工夹成一短尖，尖角 70°。器身表面有少量钙质胶结。长 10.61、宽 10.76、厚 4.77 厘米，重 383.71 克（图 5-52：6）。

13YMDT6⑦：754，灰褐色石灰岩。块状毛坯，整体形状呈三角形，两面均较平坦。两侧斜面上对向加工夹成一舌形尖，尖角 65°。长 16.32、宽 8.7、厚 4.41 厘米，重 600.1 克（图 5-52：7）。

13YMDT8⑤：589，灰褐色石灰岩。块状毛坯，三棱状，表面覆盖有少量钙质胶结。两面往一端加工夹成一锐尖，尖角 110°。均是以单向加工为主，均加工至底端，一侧边为凹刃，一侧边为凸刃。长 10.61、宽 12.03、厚 4.15 厘米，重 409.97 克（图 5-52：8）。

13YMDT5⑧：600，深灰色石灰岩。片状毛坯，一面覆盖有钙质胶结。两侧边往一端加工夹成一尖，尖角 120°。两侧边以同向加工为主。长 7.83、宽 6.35、厚 3.11 厘米，重 124.19 克（图 5-52：9）。

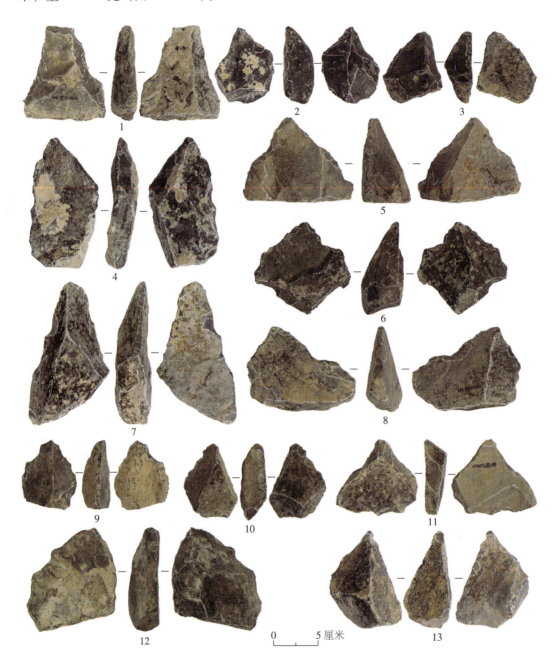

图 5-52　第二期文化的正尖尖状器（一）

1~13. 正尖尖状器（13YMDT5③：302、13YMDT6⑥：688、13YMDT6⑦：837、13YMDT6⑤：535、
13YMDT5⑨：668、13YMDT6⑨：926、13YMDT6⑦：754、13YMDT8⑤：589、13YMDT5⑧：600、
13YMDT7⑧：871、13YMDT6⑧：891、15YMDT8⑨：896、13YMDT5⑦：551）

13YMDT7⑧：871，灰色石灰岩。块状毛坯，两面均平坦，利用毛坯形态加工出三棱状尖，尖角73°。边缘修理，以单向加工为主，片疤连续，一侧边片疤较浅平，一侧边片疤深凹。长8.33、宽6.9、厚2.73厘米，重160.23克（图5-52：10）。

13YMDT6⑧：891，灰褐色石灰岩。块状毛坯，两面均平坦。两边往一端同向加工形成一短尖，尖部有一个清晰的修疤，尖角91°。底端经交互加工出曲折刃缘。长8.72、宽8.65、厚2.82厘米，重212.32克（图5-52：11）。

15YMDT8⑨：896，灰褐色石灰岩。块状毛坯，整体略呈三角形，一面为节理面较平坦，另一面有一条纵脊凸起。两侧边均为单向修理形成的圆凸刃夹成一角，尖角约85°。长7.97、宽6.15、厚2.6厘米，重132.05克（图5-52：12）。

13YMDT5⑦：551，灰褐色石灰岩。三棱状片状毛坯，部分表面覆盖有钙质胶结。两边往一端加工夹成一钝尖，尖角55°。两边均以单向加工为主，片疤总体比较均匀。长10.78、宽6.36、厚5.44厘米，重361.16克（图5-52：13）。

13YMDT7③：541，灰褐色石灰岩。片状毛坯，整体形状呈平行四边形。沿两相交边往一端同向加工形成一短尖，尖角85°。片疤经磨蚀，器身表面有少量钙质胶结。长13.22、宽8.87、厚2.61厘米，重305.04克（图5-53：1）。

13YMDT6⑤：611，黑褐色石灰岩。片状毛坯，整体形状呈三角形，一面平坦，一面有一纵脊。两薄锐边往一端加工夹成一尖，已残断。一侧边为单向加工，一侧边为转向加工。片疤均匀连续。长11.97、宽8.69、厚4.01厘米，重388.55克。（图5-53：2）。

13YMDT7⑤：767，深灰色石灰岩。块状毛坯，两面均较平坦，少部分表面覆盖有钙质胶结。两边向尖端聚拢对向加工形成一尖，尖部已残损。由平坦面向另一面单向加工，修疤连续，呈复合状。长12.46、宽7.6、厚2.69厘米，重262.91克（图5-53：3）。

15YMDT8⑦：790，黑灰色石灰岩。片状毛坯，整体形态略呈矛头状，底端似斜向截断，断口平直保留少量石皮，两侧边交互修理夹成圆钝尖，尖端有残损。长7.72、宽6.23、厚2.38厘米，重108.5克（图5-53：4）。

13YMDT7⑨：930，黑灰色石灰岩。块状毛坯，部分表面覆盖有钙质胶结。两条边往顶端加工汇聚成一尖，尖角62°。一侧边为复向加工，半侵入修理，修疤较大不均匀，呈复合状，另一侧边为单向加工，边缘修理，修疤连续均匀，呈鳞片状。长14.42、宽10.3、厚3.78厘米，重489.91克（图5-53：5）。

13YMDT7⑦：845，深灰色石灰岩。块状毛坯，截面呈三角形。两薄锐边往一端同向加工夹成一锐尖，尖角60°，两侧边较对称。器身表面覆盖有少量钙质胶结。长9.17、宽7.39、厚3.78厘米，重185.37克（图5-53：6）。

图 5-53　第二期文化的正尖尖状器（二）

1~8. 正尖尖状器（13YMDT7③：541、13YMDT6⑤：611、13YMDT7⑤：767、15YMDT8⑦：790、
13YMDT7⑨：930、13YMDT7⑦：845、13YMDT5⑥：498、15YMDT8⑧：831）

13YMDT5⑥：498，燧石。片状毛坯。两侧边往一端加工夹成一锐尖，尖角 28°，尖部可见一些浅平的小疤。一侧边单向加工至底端，一侧边加工方式不规律。侵入修理，修疤呈复合状。长 3.7、宽 2.2、厚 1.19 厘米、重 8.7 克（图 5-53：7）。

15YMDT8⑧：831，浅灰色石灰岩。片状毛坯。整体呈三角形，较薄的两边汇聚成尖，近尖部有两个较深的片疤形成不明显肩部，尖角约 60°。长 6.2、宽 4.81、厚 2.14 厘米、重 49.98 克（图 5-53：8）。

角尖尖状器 59 件。

13YMDT5③：307，深灰色石灰岩。石片毛坯，腹面稍凹，背面呈三棱状凸起。远端和一侧边对向加工形成一小舌尖，尖部有一个大而浅平的崩疤，尖角70°。长14.19、宽10.77、厚4.13厘米，重504.4克（图5-54：1）。

13YMDT6⑤：553，深灰色石灰岩。片状毛坯，破裂面弧凸，背面全疤并覆盖有部分钙质胶结。左侧边缘和远端往一端加工夹成一尖，尖角85°。左侧刃为凹刃，正向加工。远端刃为直刃，以反向加工为主。台面前缘处有修疤。长11.71、宽9.41、厚3.91厘米，重370.27克（图5-54：2）。

13YMDT6⑥：711，黑灰色石灰岩。三棱状块状毛坯。两薄锐侧边往一端交互加工夹成一尖，已残断。一侧边为直刃，一侧边为微凹刃。片疤均匀连续。凸起面覆盖有钙质胶结。部分表皮泛紫红色。长8.51、宽9.31、厚4.84厘米，重310.89克（图5-54：3）。

13YMDT6⑤：557，深灰色石灰岩。片状毛坯，背面有一长石片的阴疤。窄端经修理形成一尖，已残断。两侧边均仅在靠近尖部处异向修理，一侧有4个连续的片疤，一侧仅有1个大片疤。部分器身表面覆盖有钙质胶结。长11.76、宽11.03、厚5.33厘米，重571.16克（图5-54：4）。

13YMDT7④：613，黑褐色石灰岩。片状毛坯，整体形状呈三角形。沿一短边和一长边往一端加工夹成一尖，已残断。片疤经磨蚀，短侧边为单向加工，长侧边加工方式不规律。部分器身表面有钙质胶结。长15.76、宽9.66、厚5.02厘米，重563.8克（图5-54：5）。

13YMDT6⑨：933，深灰色石灰岩。块状毛坯，扁三棱状。沿两薄锐侧边往一端同向加工夹成一短尖，尖角75°。一侧边为直刃，一侧边为凸刃，两侧边均加工至手握端，手握端亦经修型修理，修疤连续但大小不均，呈复合状。长12.22、宽11.15、厚4.1厘米，重487.98克（图5-54：6）。

13YMDT6⑨：889，灰褐色石灰岩。块状毛坯，不对称三棱状。两条薄锐边往一端加工夹成一厚钝长尖，尖角60°。两侧边片疤大小不一致，一侧边为凸刃，片疤较大且均匀连续，方向不甚规律；另一侧边为凹刃，片疤较小而浅平，推测为使用所致。器身表面有少量钙质胶结。长13.33、宽10.19、厚5.08厘米，重446.27克（图5-54：7）。

13YMDT8⑤：607，灰白色石灰岩。块状毛坯，表皮轻度风化。两边往一端加工夹成一锐尖，尖角80°。单向加工为主，略呈半侵入修理，片疤连续且大而深凹。长13.22、宽10.83、厚4.13厘米，重488.92克（图5-54：8）。

13YMDT6③：495，黑褐色石灰岩。片状毛坯，整体形状呈三角形。沿两侧边往一端加工形成一尖，已残断。一侧边加工方式不规律，片疤经磨蚀，一侧边以单向加工为主。部分器身表面有钙质胶结。长10.32、宽7.41、厚3.71厘米，重230.41克（图5-54：9）。

图5-54　第二期文化的角尖尖状器（一）

1～12. 角尖尖状器（13YMDT5③：307、13YMDT6⑤：553、13YMDT6⑥：711、
13YMDT6⑤：557、13YMDT7④：613、13YMDT6⑨：933、13YMDT6⑨：889、
13YMDT8⑤：607、13YMDT6③：495、13YMDT5⑦：543、13YMDT6⑨：893、13YMDT7⑦：843）

13YMDT5⑦：543，浅灰色石灰岩。三棱状片状毛坯，表面覆盖有部分钙质胶结。两边往一端加工夹成一圆钝尖，尖角70°。以同向加工为主，一侧边为凹凸刃，一侧边为直刃。手握端亦有连续的单向浅平片疤。长7.69、宽8.22、厚2.69厘米，重138.84克（图5-54：10）。

13YMDT6⑨：893，浅灰色石灰岩。块状毛坯，三棱状，器身大部分保留自然面。沿两薄锐边往一端错向加工形成一短钝尖，尖角110°。尖部两侧一为凹刃，一为凸刃。凹刃与另一边亦夹成一夹角，尖部已残断。长7.8、宽8.54、厚4.35厘米，重202.49克（图5-54：11）。

13YMDT7⑦：843，黑褐色石灰岩。块状毛坯，呈长条扁三棱状。两薄锐侧边往顶端加工夹成一喙嘴状尖。两侧边靠近尖部的修理幅度较大，片疤大而深凹。一侧边以单向加工为主，一侧边是不规律地交互加工。边缘修理，修疤呈复合状，器身表面有钙质胶结。长14.34、宽5.51、厚4.77厘米，重324.21克（图5-54：12）。

15YMDT8⑦：740，灰褐色石灰岩。似石片毛坯加工，腹面略平，背面一条纵脊将毛坯分为两个斜面，斜面边缘单向加工汇聚成角尖，尖角约80°。修疤较大而连续，略有磨蚀。长8.42、宽6.93、厚2.81厘米，重163.31克（图5-55：1）。

13YMDT7⑤：741，浅灰色石灰岩。块状毛坯，部分器身表面覆盖有钙质胶结。在一端同向加工出一圆钝尖，尖角115°。一薄锐侧边有连续的单向修疤。长10.55、宽7.85、厚4.14厘米，重411.4克（图5-55：2）。

13YMDT7⑥：829，黑褐色石灰岩。片状毛坯。两边往一端加工夹成一锐尖，尖角60°。边缘修理，以单向加工为主，片疤大小不甚均匀。长12.42、宽6.02、厚3.86厘米，重263.46克（图5-55：3）。

13YMDT7⑦：860，黑灰色石灰岩。片状毛坯，破裂面较平整，背面为自然面并有一纵脊。两侧边往远端修理夹成一尖，已残断。一侧边以正向加工为主，一侧边以反向加工为主。修理疤大而深凹，手握端亦经正向修理。器身表面有少量钙质胶结。长12.73、宽8.25、厚3.21厘米，重361.82克（图5-55：4）。

13YMDT7③：546，黑褐色石灰岩。块状毛坯，一面平坦，一面有一纵脊。沿平坦面两相交边往一端加工形成一尖，已残断。一边为交互加工，一边以单向加工为主，片疤经轻微磨蚀。器身表面有少量钙质胶结。长12.1、宽6.55、厚4.2厘米，重368.18克（图5-55：5）。

13YMDT5③：308，深灰色石灰岩。块状毛坯，一面平坦。两侧边往一端加工夹成一短尖，尖角80°。一侧边单向加工形成直刃，一侧边转向加工形成凹刃。长9.32、宽5.31、厚3.25厘米，重157.87克（图5-55：6）。

图 5-55　第二期文化的角尖尖状器（二）

1~12. 角尖尖状器（15YMDT8⑦：740、13YMDT7⑤：741、13YMDT7⑥：829、
13YMDT7⑦：860、13YMDT7③：546、13YMDT5③：308、13YMDT5⑨：642、
13YMDT6⑦：803、13YMDT5⑦：508、13YMDT7⑧：887、15YMDT8⑧：817、13YMDT8④：536）

　　13YMDT5⑨：642，黑灰色石灰岩。片状毛坯，近似泪滴状。两侧往一端加工夹成一锐尖，尖角 60°。以单向加工为主，修疤总体较为均匀连续，手握端亦有修疤。长 10.7、宽 7.96、厚 2.24 厘米，重 191.61 克（图 5-55：7）。

　　13YMDT6⑦：803，深灰色石灰岩。块状毛坯，一面平坦，一面微凸。两条边往一端加工夹成一短尖，尖角 75°。以错向加工为主。部分器身表面有钙质胶结。长 9.48、宽 10.44、厚 2.13 厘米，重 220.07 克（图 5-55：8）。

　　13YMDT5⑦：508，深灰色石灰岩。矛头形片状毛坯，形制大体较对称。两边往一端加工夹成一短尖，尖角 52°。以同向加工为主，片疤较深凹且均匀。手握端亦有部分单向加工的片疤。部分片疤经磨蚀。长 10.49、宽 8.59、厚 2.79 厘米，重 191.95 克（图 5-55：9）。

　　13YMDT7⑧：887，灰褐色石灰岩。块状毛坯，一面平坦，一端呈三棱状。两薄锐边往三棱状端修理夹成一圆钝尖，尖角85°。一侧边以单向加工为主，一侧边为复向加工。半侵入修理，修疤连续，呈复合状。长9.2、宽7.13、厚3.08厘米，重237.63克（图5-55：10）。

15YMDT8⑧：817，浅灰色石灰岩。片状毛坯。一面较平另一面有长纵脊，尖部残断，底端有修铤。长11.62、宽6.89、厚2.35厘米，重176.61克（图5-55：11）。

13YMDT8④：536，黑褐色石灰岩。片状毛坯，略呈三棱状。两侧边单向加工在远端聚拢夹成一较钝的尖，尖角85°。片疤经轻度磨蚀。长10.33、宽9.81、厚4.57厘米，重371.42克（图5-55：12）。

13YMDT5⑧：598，灰褐色石灰岩。块状毛坯，一面局部覆盖有钙质胶结。两侧边往一端同向加工夹成一尖，已残断。一侧边片疤浅平且连续，一侧边片疤不均匀。长9.11、宽11.44、厚3.63厘米，重306.6克（图5-55：1）。

15YMDT8⑨：879，灰褐色石灰岩。块状毛坯。毛坯较厚，一面较平坦，一面呈三棱柱状凸起。在一个三棱状尖角两侧单向修理，一凹刃和一凸刃夹成一角尖，尖角约70°。长9.58、宽7.17、厚3.94厘米，重244.78克（图5-55：2）。

13YMDT7④：629，深灰色石灰岩。块状毛坯，三棱状。沿两侧边往一端加工夹成一短尖，尖角70°。一侧边为交互加工，一侧边以单向加工为主。部分器身表面有钙质胶结。长9.6、宽8.73、厚4.81厘米，重306.33克（图5-55：6）。

双尖尖状器5件。

13YMDT7⑧：867，灰黑色石灰岩。块状毛坯，三棱状。毛坯的三条边均由平坦面向不平坦面单向修理，形成两个有效尖刃，尖部均有残损。边缘修理，片疤均匀连续，器身表面有少量钙质胶结。长10.35、宽9.29、厚3.92厘米，重294.78克（图5-56：3）。

15YMDT8⑧：783，浅灰色石灰岩。块状毛坯。略呈梯形，一面平坦一面有四条汇聚棱脊，形成两个三棱锥状尖，尖部有修疤且稍有残损。尖角分别为35°和40°。长10.61、宽8.18、厚3.32厘米，重226.39克（图5-56：4）。

15YMDT8⑧：840，浅灰色石灰岩。片状毛坯。整体呈三角形，一面略平一面凸起，形成3个尖角，其中2个尖有明显修理，较长的尖残断。长7.33、宽4.65、厚2.28厘米，重62.86克（图5-56：7）。

13YMDT5⑦：524，黑褐色石灰岩。块状毛坯，部分表面覆盖有钙质胶结。三条边经加工两两夹成一尖，其中一尖已残断，一尖为锐尖，尖角55°。均以单向加工为主。长8.09、宽6.52、厚3.47厘米，重143.18克（图5-56：8）。

13YMDT6⑦：858，黑褐色石灰岩。以厚石片为毛坯，自然台面，破裂面微凸，背面几乎全疤，类似凸起的龟背状。台面的后缘、两侧边及远端均经修理，台面后缘与一侧边夹成一尖，已残断，该尖应为主尖。远端与另一侧边夹成一短尖，尖角85°。两侧缘与远端均为正向加工，台面后缘的加工亦同向。侵入修理，多层修疤呈阶梯状。长9.78、宽6.18、厚4.0厘米，重204.1克（图5-56：9）。

0　　　5厘米

图 5-56　第二期文化的角尖尖状器、双尖尖状器和复尖尖状器
1、2、6. 角尖尖状器（13YMDT5⑧：598、15YMDT8⑨：879、13YMDT7④：629）
3、4、7~9. 双尖尖状器（13YMDT7⑧：867、15YMDT8⑧：783、15YMDT8⑧：840、
13YMDT5⑦：524、13YMDT6⑦：858）5. 复尖尖状器（15YMDT8⑦：674）

复尖尖状器2件。

15YMDT8⑦：674，灰色石灰岩。石片为毛坯，整体略呈三角形，腹面略内凹，背面三条棱脊汇聚形成三个斜面，每个斜面的边缘均有修理，单向为主，3个修理边夹成

一个锐尖和两个钝尖，一个尖角有残损。可测量尖角约为60°、100°。长11.38、宽8.37、厚4.21厘米，重327.5克（图5-56：5）。

凹缺器63件，占本期石制品的5.56%。绝大部分凹缺器为单个凹缺的克拉克当凹缺器，也存在少量具有两个或多个凹缺的复合凹缺器，复合凹缺器的不同凹缺多分布于相邻或同一边缘，也有部分处于不同边缘。

13YMDT5③：312，深灰色石灰岩。以宽大于长的石片为毛坯。石片远端有正向加工和反向加工的片疤，以反向加工的深凹片疤为主要的使用部分，凹缺口长1.75厘米，刃角63°。长4.82、宽11.75、厚3.4厘米，重139.24克（图5-57：1）。

13YMDT5⑧：617，深灰色石灰岩。以石片为毛坯。破裂面较为平坦，背面有一纵脊。在一薄锐侧边打下一大片疤形成凹缺，凹缺口长3.85厘米，刃角65°~107°。部分器身表面覆盖有钙质胶结。长10.03、宽6.62、厚3.05厘米，重163.01克（图5-57：2）。

13YMDT5⑥：441，深灰色石灰岩。块状毛坯。在一薄锐侧边同向修理出凹缺刃，凹缺口长3.35厘米，刃角71°~98°。该侧边的其余范围也经过修理形成刃缘。部分器身表面有钙质胶结。长10.49、宽4.16、厚2.67厘米，重136.21克（图5-57：3）。

13YMDT7⑤：757，深灰色石灰岩。块状毛坯。在一较薄锐的侧边单向加工出凹缺刃，刃口长2.46厘米，刃角87°~105°。凹缺刃两侧亦有同向的连续修疤。长10.26、宽8.58、厚7.24厘米，重496.26克（图5-57：4）。

13YMDT6⑨：906，深灰色石灰岩。块状毛坯，在一边单向加工形成一凹缺，凹缺口长4.04厘米，刃角78°~92°，凹缺内部还有细碎片疤，为使用疤或修理疤。部分器身表面有钙质胶结。长7.44、宽7.07、厚3.73厘米，重125.48克（图5-57：5）。

13YMDT7⑤：698，深灰色石灰岩。块状毛坯，一面覆盖有少部分钙质胶结。在一端单向加工出凹缺刃，刃口长3.17厘米，刃角75°~98°。长10.18、宽8.64、厚2.45厘米，重301.25克（图5-57：6）。

13YMDT5⑨：646，灰褐色石灰岩。块状毛坯，一面平坦，一面有一凸起的纵脊，部分表面覆盖有钙质胶结。在一薄锐侧边同向修理出凹缺刃，刃口长为1.89厘米，刃角85°~95°。凹缺刃两侧亦有修疤。长12.21、宽6.41、厚2.91厘米，重294.16克（图5-57：7）。

13YMDT5⑦：565，深灰色石灰岩。片状毛坯，背面覆盖有钙质胶结。在右侧边单向加工出一凹缺，凹缺口长3.44厘米，刃角72°~91°。凹缺刃两侧均有连续的同向片疤。长9.89、宽6.66、厚2.55厘米，重183.07克（图5-57：8）。

13YMDT5⑦：552，灰褐色石灰岩。块状毛坯，表面覆盖有少量钙质胶结。在一侧边单向加工出一大的凹缺，凹缺口长3.88厘米，刃角87°~100°。凹缺所在边缘也有单向连续修疤。长 10.99、宽 8.92、厚 3.21 厘米，重 301.5 克（图 5-57：9）。

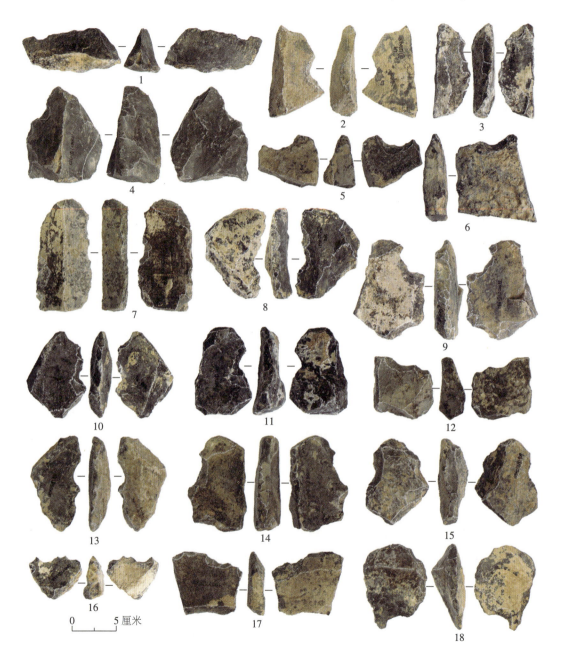

图 5-57　第二期文化的凹缺器（一）

1~18. 凹缺器（13YMDT5③：312、13YMDT5⑧：617、13YMDT5⑥：441、13YMDT7⑤：757、
13YMDT6⑨：906、13YMDT7⑤：698、13YMDT5⑨：646、13YMDT5⑦：565、13YMDT5⑦：552、
13YMDT6⑦：802、13YMDT6⑤：592、13YMDT7⑧：901、13YMDT6⑨：898、13YMDT6⑦：842、
13YMDT6⑨：909、13YMDT7③：558、13YMDT7⑦：851、15YMDT8⑧：800）

13YMDT6⑦：802，深灰色石灰岩。片状毛坯，形状不规则。薄锐边缘处交互修理出曲折刃缘，刃口长6.38厘米，刃缘处有一明显的凹缺，凹缺口长1.77厘米，刃角为74°～97°。长9.52、宽6.74、厚2.55厘米，重161克（图5-57：10）。

13YMDT6⑤：592，深灰色石灰岩。以石片为毛坯，破裂面稍平坦，背面有疤并覆盖有部分钙质胶结。在一侧边同向加工形成凹缺刃，刃口长3.2厘米，刃角68°～97°。长9.65、宽6.64、厚3.73厘米，重223.27克（图5-57：11）。

13YMDT7⑧：901，深灰色石灰岩。块状毛坯。在一较薄锐端单向加工出凹缺刃，凹缺口长2.68厘米，刃角90°～103°。器身表面有少量钙质胶结。长6.61、宽6.86、厚2.48厘米，重156.09克（图5-57：12）。

13YMDT6⑨：898，深灰色石灰岩。片状毛坯，整体形状呈钝三角形，一面平坦，一面微凸附着钙质胶结。在一长侧边单向加工形成一凹缺，凹缺口长3.35厘米，刃角82°～100°。另在凹缺口相邻处有一由3个连续小片疤形成的小凹缺，凹缺口长1.87厘米，刃角62°～73°。长10.51、宽5.9、厚2.33厘米，重156.02克（图5-57：13）。

13YMDT6⑦：842，灰褐色石灰岩。块状毛坯，形状不规则。在一薄锐侧边转向修理出曲折刃缘，刃口长8.23厘米，刃缘中部有一明显的凹缺，凹缺口长3.98厘米，刃角为76°～97°。另一侧边也有几个连续的浅平片疤。长10.64、宽6.84、厚3.07厘米，重256.18克（图5-57：14）。

13YMDT6⑨：909，深灰色石灰岩。块状毛坯，在一侧边有一单向大片疤形成凹缺，凹缺口长2.3厘米，刃角75°～85°。凹缺口边缘及该侧边有连续浅平的小片疤，推测为使用所致。器身表面有少量钙质胶结。长9.44、宽6.85、厚3.34厘米，重196.17克（图5-57：15）。

13YMDT7③：558，深灰色石灰岩。片状毛坯，整体形状呈倒三角形，在毛坯端部单向连续加工形成锯齿状刃缘，以一个深凹的片疤形成的凹缺为主要刃口，凹缺口长2.47厘米，刃角85°。部分器身表面有钙质胶结。长4.79、宽6.05、厚2.52厘米，重56.93克（图5-57：16）。

13YMDT7⑦：851，灰褐色石灰岩。块状毛坯，两面均平坦，一面覆盖有钙质胶结。在一端修理出曲折刃缘，主要使用部位为凹缺处，凹缺口长2.84厘米，刃角87°～103°。以单向加工为主，片疤均匀连续。长6.98、宽8.13、厚1.94厘米，重166.96克（图5-57：17）。

15YMDT8⑧：800，黑灰色石灰岩。片状毛坯。呈不规则椭圆形，一面较平，一面凸起，边缘较薄，边缘有连续修疤，在边缘处单向加工出较大凹缺。长9.08、宽6.7、厚 3.5 厘米，重 186.90 克（图 5-57：18）。

13YMDT7⑤：761，深灰色石灰岩。以石片为毛坯。在左侧边单向加工出两凹缺刃，刃口长分别为 2.85、3.42 厘米，刃角分别为 70°～89°、77°～85°。整体看刃缘似锯齿状。长 16.14、宽 8.91、厚 4.31 厘米，重 507.37 克（图 5-58：1）。

15YMDT8⑦：797，灰色石灰岩。块状毛坯，整体略呈长条形，一端较薄，另一端较厚，在较薄一端加工出一个凹缺刃，刃口长 2.39、深 0.5 厘米，刃角 30°～50°。长 9.39、宽 5.58、厚 2.82 厘米，重 198.66 克（图 5-58：2）。

15YMDT8⑧：826，浅灰色石灰岩。块状毛坯。形态不规则，稍薄的一侧边一次性打制大而深的凹缺。长 5.62、宽 5.37、厚 1.97、重 63.49 克（图 5-58：3）。

13YMDT8⑥：631，灰褐色石灰岩。块状毛坯，在一边单向修理出刃缘，尤以刃缘中部的一个深凹的片疤形成的凹缺刃为主要的使用部位，凹缺口长 3.07 厘米，刃角 69°～90°。长 9.59、宽 6.55、厚 3.42 厘米，重 190.26 克（图 5-58：4）。

15YMDT8⑥：687，灰褐色石灰岩。块状毛坯。整体呈长条形，在薄锐一侧加工出凹缺，凹缺内有连续单向修疤，刃角 40°～65°。凹缺刃口长 3.67、深 0.72 厘米。长 9.69、宽 4.51、厚 2.50 厘米，重 131.42 克（图 5-58：5）。

13YMDT7⑧：868，灰褐色石灰岩。块状毛坯，整体形状呈三角形，两面平坦。在一较薄锐的边单向加工出一凹缺刃，凹缺口长 4.53 厘米，刃角 80°～98°。凹缺内有少量细碎疤，器身表面有钙质胶结。长 15.27、宽 8.95、厚 3.55 厘米，重 527.82 克（图 5-58：6）。

13YMDT8⑤：623，深灰色石灰岩。片状毛坯，一面平坦，一面有一纵脊。器身除断口外，其余边缘均有连续的浅平修疤形成凸刃缘，但一侧缘的大而深的凹缺刃较为突出，凹缺口长 3.21 厘米，刃角 75°～93°。边缘修理，单向加工为主。长 12.44、宽 7.62、厚 3.63 厘米，重 307.39 克（图 5-58：7）。

13YMDT6⑤：579，深灰色石灰岩。以石片为毛坯，破裂面略有弧度，背面有疤并覆盖有钙质胶结。在右侧边一个深凹的片疤形成凹缺刃，凹缺刃口长 2.42 厘米，刃角 80°～108°。凹缺口一侧还有 4 个同向的连续小片疤。长 9.29、宽 4.37、厚 2.11 厘米，重 108.76 克（图 5-58：8）。

13YMDT7⑨：925，灰褐色石灰岩。块状毛坯，表面经水磨变光滑，一面部分覆盖有钙质胶结。在一薄锐的侧边修理出凹缺刃，凹缺口长 2.96 厘米，刃角 85°～104°。凹缺口两侧也有交互加工的片疤。长 13.75、宽 8.5、厚 4.84 厘米，重 632.83 克（图 5-58：9）。

图 5-58 第二期文化的凹缺器（二）

1~12. 凹缺器（13YMDT7⑤：761、15YMDT8⑦：797、15YMDT8⑧：826、13YMDT8⑥：631、
15YMDT8⑥：687、13YMDT7⑧：868、13YMDT8⑤：623、13YMDT6⑤：579、
13YMDT7⑨：925、13YMDT5⑨：619、15YMDT8⑦：747、15YMDT8⑧：810）

13YMDT5⑨：619，深灰色石灰岩。三角形块状毛坯，表面部分覆盖有钙质胶结。在薄锐的边上修理出凹缺刃，刃口长 2.18 厘米，刃角 85°~90°。长 8.54、宽 4.93、厚 2.78 厘米，重 96.44 克（图 5-58：10）。

15YMDT8⑦：747，灰褐色石灰岩。块状毛坯，整体形状略呈平行四边形，一面平坦，一面有一条横脊，在一侧边有连续修疤，其中一个修疤大而深，形成凹缺，凹缺口长 2.02 厘米，刃角较钝 70°~90°。长 5.9、宽 4.61、厚 2.32 厘米，重 90.11 克（图 5-58：11）。

15YMDT8⑧：810，灰色石灰岩。石片毛坯。略呈长方形，有意制造一斜面，在斜面较薄处打制凹缺。相对的一边也有明显修刃。长 7.06、宽 4.33、厚 1.57 厘米，重 53.09 克（图 5-58：12）。

锥钻 20 件，占本期石制品的 1.76%。长尖为锥，短尖为钻，锥钻形态不规则且差异较大，尖部多有磨损。

13YMDT5⑦：553，灰褐色石灰岩。块状毛坯，两面均平坦。在一端同向加工出一钻尖，已残断。片疤深凹，大小均匀。长 7.17、宽 7.05、厚 1.6 厘米，重 109.98 克（图 5-59：1）。

15YMDT8⑧：846，浅灰色石灰岩。片状毛坯。一面平坦，一面微凸，在较薄锐的两边修理呈汇聚刃，一边修较长刃缘，一边修短而深大凹缺刃，在尖部形成有肩短尖。长 7.92、宽 7.05、厚 2.16 厘米，重 111.27 克（图 5-59：2）。

13YMDT5⑨：655，灰褐色石灰岩。块状毛坯，表皮较为光滑，中度磨圆，覆盖有少量钙质胶结。两边往一端同向加工夹成一圆钝短尖。一侧片疤较浅平，另一侧片疤略深凹。边缘修理，修疤连续，呈鳞片状。长 9.69、宽 8.64、厚 3.67、重 275.04 克（图 5-59：3）。

15YMDT8⑨：883，深灰色石灰岩。块状毛坯，整体略呈梯形，一端薄锐，一端略厚重，在薄锐一端和一侧边单向修理成尖，靠近尖端有一个大而深的片疤形成肩部。另一侧靠近尖部也有修尖处理。长 8.12、宽 6.3、厚 3.41 厘米，重 179.52 克（图 5-59：4）。

15YMDT8⑦：738，黑灰色石灰岩。片状毛坯，器身形态不规则，周边均有单向修理，一弧形修理边与一小凹缺形成一单肩的短尖，尖部有残损，尖角约 60°。相对一端由两个大而深的片疤形成凹缺，凹缺口长 1.2 厘米，深 0.4 厘米，刃角 70°。长 6.32、宽 5.6、厚 1.84 厘米，重 59.82 克（图 5-59：5）。

13YMDT6⑦：785，灰褐色石灰岩。片状毛坯，形状不规则。在一端同向修理出一截面为三角形的钻尖，尖角 80°。在毛坯的薄锐边缘处还经单向修理，形成弧凸的刃缘，刃口长 7.9 厘米，刃角 77°~102°。另在紧邻钻尖的修理处还有异向的修疤，推测为修型。器身表面有钙质胶结。长 11.77、宽 13.81、厚 2.3 厘米，重 352.19 克（图 5-59：6）。

13YMDT7⑧：896，深灰色石灰岩。块状毛坯，一面平坦且表面覆盖有钙质胶结，一面有一凸起的纵脊。在一端对向加工出一截面呈三角形的钻尖，尖角 55°。钻尖的一侧还单向修理出弧凸刃，另一侧仅加工出钻肩，其余未做修理。长 17.37、宽 8.47、厚 4.74 厘米，重 609.8 克（图 5-59：7）。

13YMDT5⑤：422，燧石。块状毛坯，两个面各有一条纵脊，一直边和一凸边向尖端聚拢，错向加工形成一有肩短尖，尖部残损。底端和侧边有单向不均匀修型修疤。长 6.09、宽 4、厚 1.89 厘米，重 41.42 克（图 5-59：8）。

15YMDT8⑦：715，灰色石灰岩。块状毛坯，一端较厚一端较薄，在薄锐一端由一条凹形修理边和一断口状修疤夹成一个双肩短尖，尖角 70°。长 8.06、宽 6.8、厚 3.38 厘米，重 137.75 克（图 5-59：9）。

13YMDT7⑤：729，深灰色石灰岩。块状毛坯，两面均较平坦，表皮较为光滑。在一端的斜面上对向加工出一短尖，尖角较锐，为 56°。长 8.1、宽 5.66、厚 1.81 厘米，重 111.57 克（图 5-59：10）。

13YMDT3⑥：91，浅灰色石灰岩。块状毛坯，体积较大，底端少有加工修理，在另一端近尖部有加工修理，形成鸟喙状尖角，尖角 65°。长 13.87、宽 6.46、厚 3.85 厘米，重 338.76 克（图 5-59：11）。

13YMDT8⑤：613，浅灰色石灰岩。片状毛坯，破裂面微凸，背面有疤。在远端同向修理出截面呈三角形的钻尖，尖端残断。左右两侧也有连续的正向片疤。长 4.67、宽 5.44、厚 1.4 厘米，重 41.18 克（图 5-59：12）。

12YMDT3④：69，灰色石灰岩。块状毛坯，呈三棱柱状，体积硕大，在一端加工出肩部明显的短尖，尖角 72°。长 17.18、宽 9.07、厚 4.56 厘米，重 791.91 克。（图 5-59：13）。

13YMDT5⑧：615，深灰色石灰岩。块状毛坯，器身表面覆盖有部分钙质胶结。在一薄锐边同向加工出一钻尖，尖角 95°。两侧边的片疤大而清晰。手握端两侧有异向的修疤。长 4.54、宽 7.23、厚 4.03 厘米，重 114.11 克（图 5-59：14）。

13YMDT7⑤：692，燧石。块状毛坯，一面覆盖有钙质胶结。在一端同向加工出一长钻尖，尖角 65°。长 3.15、宽 3.37、厚 1.35 厘米，重 10.88 克（图 5-59：15）。

13YMDT6⑦：805，深灰色石灰岩。块状毛坯，一面平坦，一面微凸。在一端由平坦面向凸起面同向修理出一截面呈三角形的长三棱尖，尖角 65°。长 6.42、宽 4.28、厚 1.69 厘米，重 61.54 克（图 5-59：16）。

手镐 41 件，占本期石制品的 3.62%。手镐形态变异较大，以三棱状手镐居多。手镐的尖部多有残损，也存在一定比例的残断情况。

13YMDT7③：538，深灰色石灰岩。整体形状呈三角形，片状毛坯。相对长边往一端加工夹成一角尖，尖角 95°。两边以错向加工为主，一侧为凸刃，一侧为凹刃。长 14.12、宽 10.94、厚 4.87 厘米，重 689.08 克（图 5-60：1）。

13YMDT5⑤：395，灰褐色石灰岩。块状毛坯，一面平坦，一面有凸起的纵脊。三棱状端经加工形成一角尖，已残断。一长侧边转向加工至手握端，另一侧边和凸起的棱脊仅在靠近尖部处做粗浅的加工。片疤经轻度磨蚀，部分器身表面有钙质胶结。长 16.97、宽 8.4、厚 4.84 厘米，重 669.28 克（图 5-60：2）。

13YMDT7⑥：819，灰褐色石灰岩。块状毛坯，部分表面覆盖有钙质胶结。两边往顶端加工夹成一尖，已残断，断口明显。两边以对向加工为主，一边片疤浅平，一边片疤较深凹。边缘修理，片疤连续，呈复合状。长 20.27、宽 13.23、厚 5.53 厘米，重 1926.28 克（图 5-60：3）。

图 5-59  第二期文化的锥钻

1~16. 锥钻（13YMDT5⑦：553、15YMDT8⑧：846、13YMDT5⑨：655、15YMDT8⑨：883、
15YMDT8⑦：738、13YMDT6⑦：785、13YMDT7⑧：896、13YMDT5⑤：422、
15YMDT8⑦：715、13YMDT7⑤：729、13YMDT3⑥：91、13YMDT5⑤：613、12YMDT3④：69、
13YMDT5⑧：615、13YMDT7⑤：692、13YMDT6⑦：805）

13YMDT8⑤：630，浅灰色石灰岩。三角形块状毛坯，两面都较平坦，部分表面覆盖有钙质胶结。两边往一端加工夹成一锐尖，尖角105°。一侧为复向加工，一侧为单向加工。加工程度较浅，片疤呈复合状且不甚均匀。长15.88、宽11.14、厚4.51厘米，重908.02克（图5-60：4）。

图 5-60　第二期文化的手镐

1～13. 手镐（13YMDT7③：538、13YMDT5⑤：395、13YMDT6⑥：819、13YMDT8⑤：630、13YMDT7④：578、13YMDT5⑦：527、13YMDT5③：313、13YMDT7③：535、13YMDT6⑨：940、13YMDT8③：528、13YMDT6③：506、13YMDT5③：316、13YMDT7⑥：802）

13YMDT7④：578，浅灰色石灰岩。片状毛坯，腹面平坦，背面有一纵脊形成三棱状。两侧边向远端错向加工聚拢形成一尖，尖角80°。器身表面有钙质胶结。长15.11、宽11.15、厚6.32厘米，重858.48克（图5-60：5）。

13YMDT5⑦：527，灰褐色石灰岩。长条三棱块状毛坯。两边往顶端加工夹成一尖，尖部残损。一侧边为单向加工，一侧边为复向加工。部分器身表面覆盖有钙质胶结。长19.9、宽7.88、厚5.95厘米，重902.37克（图5-60：6）。

13YMDT5③：313，深灰色石灰岩。形状特别，片状毛坯，一面平坦，一面有一纵脊。在纵脊两侧边往一端异向加工形成一尖，尖已残断。长15.91、宽14.47、厚5.72厘米，重1095.99克（图5-60：7）。

13YMDT7③：535，黑褐色石灰岩。整体呈窄长三棱状，截面呈三角形，片状毛坯，一面平坦，另一面呈棱锥状凸起。两侧边错向加工夹成一长尖，尖部残断，部分片疤经轻度磨蚀。长16.73、宽8.54、厚5.12厘米，重550.76克（图5-60：8）。

13YMDT6⑨：940，黑褐色石灰岩。块状毛坯，截面呈三角形，一端稍宽厚，一端窄薄。两侧边的薄锐边对向加工形成一尖，尖部残损，两侧边的加工至器身中部。长15.57、宽8.55、厚6.15厘米，重692.83克（图5-60：9）。

13YMDT8③：528，黑褐色石灰岩。整体呈三棱状，块状毛坯。两侧修理边形态分别为凸刃和凹刃，二者在尖部夹成一角尖，尖角84°。两侧边均加工至手握端，其中一侧边为单向加工，一侧边为复向加工。手握端的边缘有连续的修型片疤。长14.06、宽10.27、厚6.16厘米，重657.08克（图5-60：10）。

13YMDT6③：506，灰色石灰岩。块状毛坯，两面均较平坦。沿两侧边往一端加工形成一尖，已残断。两侧边以同向加工为主。部分器身表面有钙质胶结。长15.28、宽10.62、厚5.15厘米，重1032.05克（图5-60：11）。

13YMDT5③：316，黑褐色石灰岩。块状毛坯。形状不规则，一面平坦，一面有一纵脊。沿三条边往两端加工形成两个尖，主尖已残断，副尖为长舌尖。一侧边为交互加工，另外两侧边以单向加工为主。交互加工的片疤大而深凹，单向加工的片疤浅平，二者差异较大。长12.34、宽16.3、厚6.3厘米，重981.84克（图5-60：12）。

13YMDT7⑥：802，浅灰色石灰岩。层状节理块状毛坯，两面均平坦，平面呈三角形，部分器身表面覆盖有钙质胶结。两边往一端加工夹成一短厚尖，尖角87°。两边的片疤方向大体上为异向。长17.82、宽8.43、厚2.52厘米，重507.06克（图5-60：13）。

断块与碎片17件，占本期石制品的1.5%。其中断块10件，碎片7件。断块与碎片的岩性均为硅质岩，节理裂隙发育，形态不规则，尺寸均较小，多为硅质岩结核加工修理后的副产品和废弃件，作为特殊材料全部采集。最大者长 4.6、宽 2.32、厚 1.54 厘米，重 22.1 克。最小者长 0.83、宽 0.67、厚 0.03 厘米，重 0.18 克。

### 三、动物化石

本期遗存出土动物化石共计 634 件（含骨角牙制品 36 件）。其中动物牙齿 221 件、角 4 件、骨头 409 件。分别来自 T3（N=46）、T4（N=41）、T5（N=133）、T6（N=197）、T7（N=128）、T8（N=89）的编号动物化石标本，其中第⑤层动物化石数量明显较其他层位更多，占本期动物化石的 45.5%，第⑧层动物化石数量最少，占比 2.9%，其他层位动物化石分布较为均衡，占比在 6.7%~13%。本期遗存出土动物化石较为破碎，小哺乳动物化石主要来自 T4④层和 T8⑧层。可鉴定标本主要集中在牙齿化石，经过初步的种属鉴定，动物种类较为丰富，主要包括 5 目 15 科 21 种（图 5-61）。现将本期遗存发现的典型动物化石简述如下：

大哺乳动物化石主要有：

偶蹄目 Artiodactyla Owen，1848

　　鹿科 Cervidae Gray，1821

　　　　水鹿 *Cervusunicolor* Kerr，1792

　　　　鹿（未定种）*Cervus* sp.

　　　　大赤麂 *Muntiacus muntjac margae* Hooijer，1951

　　牛科 Bovidae Gray，1821

　　　　谷氏大额牛 *Bibos gaurus grangeri* Colbert et Hooijier，1953

　　猪科 Suidse Gray，1821

　　　　野猪 *Sus scrofa* Linneaus，1758

奇蹄目 Perissodactyla Owen，1848

　　犀科 Rhinocerotidae Owen，1845

　　　　梅氏犀 *Stephanorhinus kirchbergensis*（Jäger，1839）

　　貘科 Tapiridae Burrett，1830

　　　　华南巨貘 *Megatapirus augustus* Matthew et Granger，1923

长鼻目 Proboscidea Illiger，1811

　　剑齿象科 Stegodontidae Falconer，1857

　　　　东方剑齿象 *Stegodon orientalis* Owen，1870

　　真象科 Elephantidae Gray，1821

　　　　亚洲象 *Elephas maximus* Linneaus，1758

长鼻目（未定属种）Proboscidea indet.

嵌齿象科 Gomphotheriidae Hay，1922

豕脊齿象（未定种）? *Choerolophodon* sp.

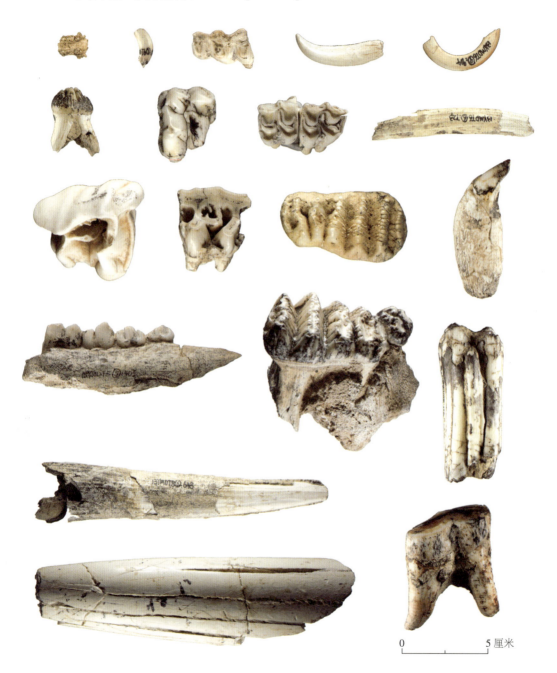

0       5 厘米

图 5-61　第二期文化遗存的哺乳动物化石

食肉目 Carnivora Bowdich，1821

 熊科 Ursidae Gray，1825

  黑熊 *Ursus thibettanus* Cuvier，1823

 大熊猫科 Ailuropodiae Pocack，1921

  巴氏大熊猫 *Ailuropoda melanoleuca* baconi Woodward，1915

 鬣狗科 Hyaenidae Gray，1869

  最后斑鬣狗 *Crocuta crocutaultima*（Matsumoto，1915）

 猫科 Felidae Fischer de Waldheim，1817

  似剑齿虎（未定种）？*Homotherium* sp.

  虎 *Panthera tigris* Linneaus，1758

小型哺乳动物化石主要有：

啮齿目 Rodentia：

 竹鼠科 Rhizomyidae Milleret Gidley，1918

  中华竹鼠 *Rhizomys sinensis*（Gray，1831）

 豪猪科 Hystricidae Burnett，1830

  华南豪猪 *Hystrix brachyura subcristata* Swinhoe，1870

  江山豪猪 *Hystrix kiangsenensis* Wang，1931

  帚尾豪猪 *Atherurus macrourus*（Linnaeus，1758）

 鼠科 Muridae Gray，1821

  大耳姬鼠 *Apodemus latronum*（Thomas，1911）

本期遗存出土的动物化石较为破碎，为了更好地掌握动物群的构成和化石保存状况，我们对出土动物化石进行了系统的信息采集，既有动物种属和解剖学部位鉴定，也有动物骨骼风化磨蚀、表面痕迹等观察分析。将本期遗存出土动物化石分类统计（表 5-7），结合标本自身特征和保存状况，可以得出以下初步认识：

1）可鉴定的大哺乳动物化石种属以长鼻目动物最多，占 9.51%。偶蹄目鹿科动物次之，占 8.78%，牛科和犀科也有一定数量，占比分别为 3.66% 和 4.02%，熊和貘也有少量发现，其余均为个例。小哺乳动物化石数量大幅减少，种属主要是啮齿目中的豪猪科、竹鼠科和鼠科，占比分别为 2.38%、0.55%、0.91%，其他食虫目和翼手目种属在本期遗存中较为少见。

2）动物化石残存部位以破碎的骨片骨块数量最多，占 36.01%。牙齿数量次之，占 34.19%，尤其小哺乳动物化石几乎均为牙齿或带牙齿的颌骨。四肢骨、关节骨以及肋骨、脊椎骨也有少量发现，其余部位的化石很少。

表5-7　玉米洞遗址第二期文化遗存出土动物化石统计表

| 部位＼种属 | 象 | 牛 | 鹿 | 麂 | 豪猪 | 竹鼠 | 姬鼠 | 犀 | 鬣狗 | 虎 | 貘 | 鸟 | 熊 | 熊猫 | 野猪 | 啮齿目 | 未定种属 | 合计 | 百分比 |
|---|---|---|---|---|---|---|---|---|---|---|---|---|---|---|---|---|---|---|---|
| 牙齿 | 50 | 17 | 28 | 14 | 13 | 3 | 5 | 21 | 1 | | 1 | | 4 | 1 | 1 | 18 | 10 | 187 | 34.19% |
| 下颌骨 | | | | | | | | | | | | | | | | | 2 | 2 | 0.37% |
| 角 | | 2 | 2 | | | | | | | | | | | | | | | 4 | 0.73% |
| 头骨 | | | | | | | | | | | | | | | | | 3 | 3 | 0.55% |
| 肩胛骨 | | | | | | | | | | | | | | | | | 5 | 5 | 0.91% |
| 脊椎骨 | | | | | | | | | | | | | | | | | 18 | 18 | 3.29% |
| 肢骨 | 1 | | 2 | | | | | 1 | | | | 1 | | | | | 42 | 47 | 8.59% |
| 股骨 | | | | | | | | | | | | | | | | | 2 | 2 | 0.37% |
| 肋骨 | | | | | | | | | | | | | | | | | 25 | 25 | 4.57% |
| 肱骨 | | | | | | | | | | | | | | | | | 5 | 5 | 0.91% |
| 胖骨 | | | | | | | | | | | | | | | | | 1 | 1 | 0.18% |
| 腕骨 | | | | | | | | | | | | | | | | | 4 | 4 | 0.73% |
| 胫骨 | | | | | | | | | | | | | | | | | 3 | 3 | 1.10% |
| 跗骨 | | | | | | | | | | | | | | | | | 6 | 6 | 1.10% |
| 指骨 | | | 1 | | | | | | | 1 | | | | | | | 2 | 4 | 0.73% |
| 趾骨 | | 1 | 1 | | | | | | | | 3 | | | | | | 13 | 18 | 3.29% |
| 掌骨 | | | | | | | | | | 1 | | | | | | | 4 | 5 | 0.91% |
| 髋骨 | | | | | | | | | | | | | | | | | 2 | 2 | 0.37% |
| 耳骨 | | | | | | | | | | | | | | | | | 1 | 1 | 0.18% |
| 膝盖骨 | | | | | | | | | | | | | | | | | 1 | 1 | 0.18% |
| 距骨 | | | | | | | | | | | | | | | | | 4 | 4 | 0.73% |
| 关节头 | | | | | | | | | | | | | | | | | 3 | 3 | 0.56% |
| 骨块 | 1 | | | | | | | | | | | | | | | | 196 | 197 | 36.01% |
| 合计 | 52 | 20 | 34 | 14 | 13 | 3 | 5 | 22 | 1 | 2 | 4 | 1 | 4 | 1 | 1 | 18 | 352 | 547 | 100.00% |
| 百分比 | 9.51% | 3.66% | 6.22% | 2.56% | 2.38% | 0.55% | 0.91% | 4.02% | 0.18% | 0.37% | 0.73% | 0.18% | 0.73% | 0.18% | 0.18% | 3.29% | 64.35% | 100.00% | |

注：表中数据来源于2013～2015年正式发掘标本，不含2011～2012年试掘标本。

3）动物化石中至少有 36 件骨牙器，占 6.6%。少量化石表面有明显的人工改造痕迹，还有骨块断口的形态、内角度等也反映部分动物化石可能与人工加工改造动物骨骼的行为相关（图 5-62、5-63）。

图 5-62　第二期文化遗存动物骨骼化石表面痕迹（一）
1、2、4、8、9. 人工砍切痕迹　3、5. 烧烤痕迹　6~7. 啮齿类动物啃咬痕迹

4）动物化石破碎程度较高，但风化磨蚀程度很低，绝大部分动物化石表面没有风化磨蚀，但大部分动物化石附着钙质胶结物，化石表面偶见浸染痕迹，少见动物啃咬痕。

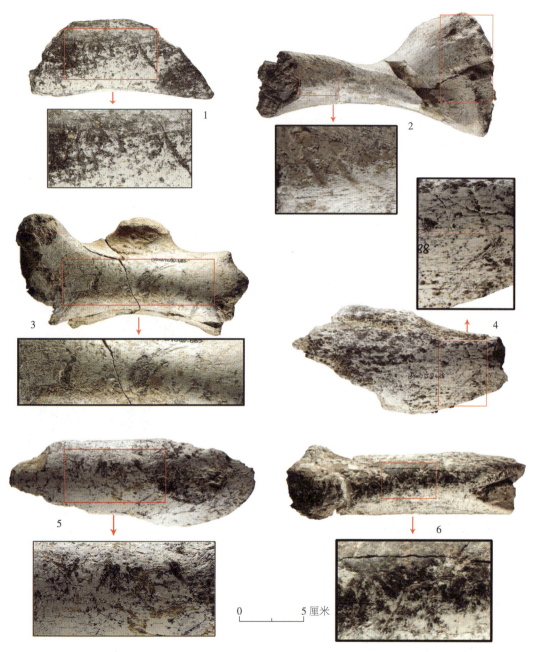

图5-63　第二期文化遗存动物骨骼化石表面痕迹（二）
1~6.人工砍砸切割痕迹

　　5）动物化石中牙齿磨耗程度可以明显反映相对死亡年龄，在犀和象这两类动物化石中幼年个体居多的现象特别明显，尤其本期遗存中象类化石发现数量较多，绝大部分为婴幼儿期的个体，少见成年和老年个体。

### 四、骨牙制品

本期遗存中共识别骨牙制品 36 件，占本期发现动物化石总数的 5.68%。分别来自 2012 年发掘的 T3~T4（N＝5）和 2013 年发掘的 T5~T8（N＝31）。本期骨牙制品出土层位以第⑤层数量最多，占比 47.2%，第⑧和第⑨层未有发现，其余各层数量相对较少。骨牙制品类型组合中骨器（N＝32）数量最多，牙器（N＝4）较少，不见角器。骨牙制品大致参照石制品的分类原则和标准，可划分为骨刮削器（N＝11）、骨尖状器（N＝15）、骨锥钻（N＝4）、骨凹缺器（N＝1）、骨镞（N＝1）、牙刮削器（N＝3）、牙铲（N＝1）等（表5-8）。绝大部分骨牙制品以较破碎的骨片和骨块为毛坯加工修理，少见可识别的残断四肢骨直接加工修理。其中的 3 件骨器和 2 件牙器的毛坯具有典型剥片特征。骨器中的少量刮削器中具有典型的端刮器。骨牙器形态尺寸略大，尺寸大于 10 厘米者 20 件，占 55.6%，尺寸小于 10 厘米者 16 件，占 44.4%。

表 5-8 第二期文化遗存的骨牙制品类型统计

| 类别\\原料 | 刮削器 | 尖状器 | 凹缺器 | 镞 | 锥钻 | 铲 | 小计（件） | 百分比（%） |
|---|---|---|---|---|---|---|---|---|
| 骨 | 11 | 15 | 1 | 1 | 4 | | 32 | 88.89 |
| 牙 | 3 | | | | | 1 | 4 | 11.11 |
| 合计（件） | 14 | 15 | 1 | 1 | 4 | 1 | 36 | |
| 百分比（%） | 38.89 | 41.67 | 2.78 | 2.78 | 11.1 | 2.78 | | 100.0 |

骨尖状器 15 件，占骨牙制品的 41.67%。可进一步划分为正尖和角尖尖状器。13YMDT5⑥：488，角尖尖状器，由较厚重的象肢骨残块加工，一面为带髓腔的破裂面，另一面局部保留天然骨面，单向加工的一直一凸刃缘交汇成尖角，尖角 65°。长 13.66、宽 6.8、厚 3.16 厘米（图 5-64：1）。13YMDT6⑤：658，正尖尖状器，以骨片为毛坯，一面为平坦天然骨面，另一面为稍平的髓腔面附着钙质胶结物，一长一短两条单向加工的直修理边夹成一尖角，尖角 47°。长 11.03、宽 4.36、厚 1.42 厘米（图 5-64：2）。13YMDT5③：344，正尖尖状器，片状毛坯，一侧稍厚另一侧略薄，腹面可见髓腔，附着钙质胶结物，背面为肢骨，光滑面有黑色铁锰浸染。尖角 55°。长 12.83、宽 4.12、厚 2.33 厘米（图 5-64：3）。13YMDT6⑦：C-1，正尖尖状器，片状毛坯，腹面保留少量髓腔面，背面均为自然骨面。两侧边单向修理汇聚成尖，尖部略有残损，修疤连续均匀。尖角 72°。长 8.39、宽 4.33、厚 1.71 厘米（图 5-64：4）。13YMDT5⑤：429，角尖尖状器，较薄的片状毛坯，一面为略弧的天然骨面，另一面部分为光滑髓腔面，两侧边形成较薄锐的斜面，在斜面上由对向修理的两条边汇聚成尖，尖角残损。长

14.3、宽5.67、厚2.94厘米（图5-64：5）。13YMDT6⑦：C-2，正尖尖状器，片状毛坯，一面为平坦天然骨面，另一面为略凸起的破裂面，破裂面除尖部外均附着大量钙质胶结物，较薄的一侧边转向修理成不齐整的直刃缘，另一侧边似齐整断口，有钙质胶结物覆盖，修疤不清楚，近尖部有少量修疤。长7.36、宽4.12、厚1.73厘米（图5-64：6）。

图5-64　第二期文化的骨尖状器
1~7. 尖状器（13YMDT5⑥：488、13YMDT6⑤：658、13YMDT5③：344、13YMDT6⑦：C-1、13YMDT5⑤：429、13YMDT6⑦：C-2、12YMDT3③：52）

骨刮削器11件，占骨牙制品的30.56%。13YMDT6⑤：668，由两面均较平坦的薄骨块加工，整体略呈钝角三角形，在较薄的一边单向加工为主，连续修理出直刃缘，修疤均匀、刃缘齐整，刃缘长6.32厘米，刃角18~35°。长10.75、宽4.22、厚1.16厘米（图5-65：2）。13YMDT8⑤：615，端刮器，片状毛坯，一面为较平坦的天然骨面，另一面为微凹的光滑髓腔，两侧为较平直的侧边，在两端分别形成斜刃和圆凸刃，圆凸刃一端两面有大而深的修疤，斜刃有单向加工的浅平连续修疤。长13、宽4.46、厚1.87厘米（图5-65：4）。13YMDT6③：445，以大型动物的肋骨为毛坯，一侧保留肋骨圆滑面，另一侧加工出斜面，在斜面上有单向加工为主的连续修疤，器身有铁锰浸染和少量钙质胶结物。长16、宽5.45、厚3.45厘米（图5-65：5）。

骨锥钻4件，占骨牙制品的11.1%。13YMDT7④：583，以剥片特征清楚的骨片为毛坯，腹面不见髓腔，较平坦，背面为不很光滑的天然骨面，由一短一长两修理边形成单溜肩骨钻。长6.78、宽2.22、厚0.73厘米（图5-65：7）。

骨凹缺器1件，占骨牙制品的2.78%。13YMDT7④：598，以管状骨片为毛坯，一面为天然光滑圆弧骨面，另一面为内弧髓腔，两侧边为较平直的断面，其中一侧边有一个大而深的凹缺疤，凹缺口长2.01、深0.7厘米。长7.35、宽2.42、厚1.86厘米（图5-65：3）。

图5-65　第二期文化的其他类型骨器（2~7比例尺同）
1. 骨镞（13YMDT6③：C）2、4、5. 骨刮削器（13YMDT6⑤：668、13YMDT8⑤：615、13YMDT6③：445）
3. 骨凹缺器（13YMDT7④：598）6、7. 骨锥钻（12YMDT4④：61、13YMDT7④：583）

骨镞1件，占骨牙制品的2.78%，镞是复合工具的代表性器物，这件骨镞在形制尺寸等方面与尖状器明显不同而与镞更为接近，故单独划分为一个类别。13YMDT6③：C，片状毛坯制作，腹面保留内弧形髓腔，两边对向加工为主，在顶端形成长尖，尖角

36°。整体形制对称，底端有意修柄处理，和内弧的器身非常适合装柄捆绑。长 3.65、宽 1.85、厚 0.74 厘米，重 2.24 克（图 5-65：1）。

牙刮削器 3 件，占骨牙制品的 8.33%。13YMDT6③：463，牙边刮器，以犀牛臼齿剥片形成牙片毛坯，毛坯保留大部分齿冠和小部分齿根，在齿冠部分单向加工形成直刃缘，刃缘残损，刃角略钝。在齿冠与齿根交界部位复向加工形成凹刃缘，刃角较锐，附着部分胶结物。长 5.34、宽 5.01、厚 1.52 厘米，重 18.42 克（图 5-66：1）。13YMDT8⑤：557，端刮器，以牛门齿作为原形坯材，由颊侧向舌侧单向加工为主，形成具有 3 层修疤的平直刃缘，修疤连续均匀，刃角 43°。刃部使用痕迹明显，颊侧也有两个浅平崩疤，齿根部位断裂。长 5.62、宽 2.65、厚 1.42 厘米，重 8.38 克（图 5-66：2）。12YMDT3⑦：103，牙边刮器，以剑齿象门齿锤击剥片形成的牙片为毛坯，牙片特征明显，可见清楚的打击点和放射线，宽大于长，近端薄锐，远端略厚钝，两侧边均有断口。以近端薄锐边缘进行复向加工形成弧形刃缘，修疤连续均匀，刃角较钝有磨损，刃缘处有黑色浸染。长 16.81、宽 5.65、厚 1.77 厘米，重 74.86 克（图 5-66：4）。

图 5-66　第二期文化的牙器（1、3~4 比例尺同）

1、2、4. 牙刮削器（13YMDT6③：463、13YMDT8⑤：557、12YMDT3⑦：103）　3. 牙铲（13YMDT5⑤：379）

牙铲 1 件，占骨牙制品的 2.78%。13YMDT5⑤：379，以剑齿象门齿尖端部位开料，形成较平坦的腹面，放射线清晰可见，在开料的腹面较宽一端再加工形成铲形斜面，刃部有使用造成的小崩疤，刃角 46°。器身表面有纵向裂缝若干，但在器身正中有一条与裂缝平行的笔直凹槽，长 7.08、最宽 0.3、最深 0.27 厘米，其成因可能与楔裂法开料有关。长 16.9、宽 4.99、厚 3.78 厘米，重 127.34 克（图 5-66：3）。

# 第三节　第三期文化遗存

## 一、遗存的类别与分布

本期遗存仅见石制品、动物化石和少量骨牙制品，合计 1443 件，其中编号石制品 902 件，动物化石 541 件，骨牙制品 14 件（表 5-9）。受发掘深度影响，本期遗存各探方均未发掘到底，T3 和 T4 未发掘至本期文化遗存，T5、T7 和 T8 发掘至第⑫层，T6 发掘至第⑱层，越往下发掘台阶预留越多，发掘面积也就越小，遗存在平剖面分布上有较大差别。从遗存的分布来看，虽然⑬~⑱层的地层仅在 T6 做了解剖性发掘，但也在较小的发掘面积中集中出土了数量丰富的文化遗物，尤其是第⑮层出土文化遗物数量明显较其他层位更多（图 5-67）。

表 5-9　　　　　　　　　第三期文化遗存各探方出土情况统计表

| 出土单位 / 遗存类别 | T3 | T4 | T5 | T6 | T7 | T8 | 合计（件） | 百分比（%） |
|---|---|---|---|---|---|---|---|---|
| 石制品 | | | 61 | 710 | 51 | 80 | 902 | 62.5 |
| 动物化石（含骨角牙制品） | | | 35 | 370 | 95 | 41 | 541（14） | 37.5（0.76） |
| 合计（件） | | | 96 | 1080 | 146 | 121 | 1443 | |
| 百分比（%） | | | 6.7 | 74.8 | 10.1 | 8.4 | | 100% |

## 二、石制品

本期共出土石制品 902 件，占石制品总数的 27.36%。分别来自 T5（N=61）、T6（N=710）、T7（N=51）、T8（N=80）。石制品出土层位以第⑩和⑪层数量最多，分别占比 27.16% 和 27.27%，第⑫层次之，占比 20.84%，第⑮层也有一定分量，占比 14.4%，其他层位分布相对较少。本期石制品平面分布差别较大，T3 和 T4 因发掘深度

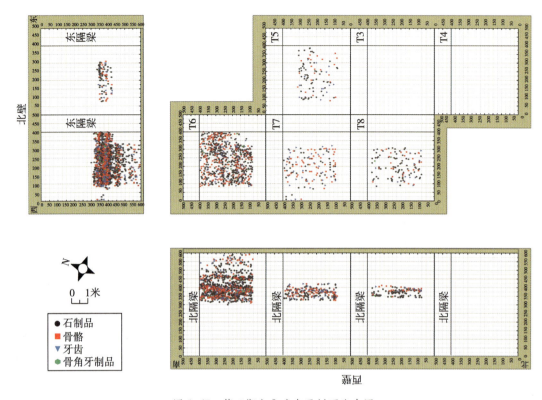

图 5-67　第三期文化遗存平剖面分布图

未到本期遗存而缺失，T6 石制品数量明显更突出，其他探方数量相对较少且差距不大。本期的石制品介绍主要以传统的功能类型划分来进行，石制品类型主要包括石核（N=6）、石片（N=15）、工具（N=874）、断块与碎片（N=5）、其他（N=2）等。工具类型组合主要有刮削器（N=438）、砍砸器（N=236）、尖状器（N=101）、凹缺器（N=55）、锥钻（N=10）、手镐（N=34）等。

表 5-10　　　　　　　　　第三期文化遗存的石制品分类统计表

| 石制品类型 | 数量（件） | 百分比（%） |
| --- | --- | --- |
| 石核（Core） | 6 | 0.67 |
| 石片（Flake） | 15 | 1.66 |
| 工具（Tool） | 874 | 96.90 |
| 刮削器（Scraper） | 438 | 50.11 |
| 砍砸器（Chopper） | 236 | 27.00 |
| 尖状器（Point） | 101 | 11.56 |
| 凹缺器（Notch） | 55 | 6.29 |

| 石制品类型 | 数量（件） | 百分比（%） |
|---|---|---|
| 锥钻（Borer） | 10 | 1.15 |
| 手镐（Pick） | 34 | 3.89 |
| 断块与碎片（Chunk and Fragment） | 5 | 0.55 |
| 其他（others） | 2 | 0.22 |
| 合计（件） | 902 | 100% |

石核6件，占本期石制品的0.67%。按台面数量可区分为单台面和双台面石核。

13YMDT6⑫：1628，多台面石核，褐色石灰岩，整体略呈圆形。台面分为自然台面和人工台面，台面角70°～120°。主要的剥片面有6个，剥下的片疤多较大且浅平，也有两个剥片面因剥片不太成功在台面或剥片面处形成小陡坎。整体仅保留少部分自然面。长12.07、宽11.87、高8.61厘米，重1881.45克（图5-68：1）。

13YMDT6⑫：1588，单台面石核，黑灰色石灰岩，形状呈不规则多面体。台面为自然台面，台面角130°，剥片略呈向心式聚拢，剥片疤较大。其余边缘较薄锐处有部分单向的小片疤。长14.15、宽10.25、高10.12厘米，重1859.25克（图5-68：2）。

15YMDT8⑫：1013，单台面石核，灰色石灰岩，自然台面，仅有一个剥片面，剥片较少，形成3个具有打破关系的剥片疤，最后剥片疤大而深，打击点清楚。石核底端一侧为断面，另一侧薄锐边缘上有连续的交互加工修理疤，形成凸刃缘，刃口长6.43厘米，刃角60°～70°。长18.67、宽8.29，高7.42厘米，重983.34克（图5-68：3）。

13YMDT6⑩：1140，双台面石核，黑灰色石灰岩。两台面为相邻的自然台面，主台面剥下的深凹片疤尾部多有陡坎，亦有较浅平的片疤。辅台面剥片较成功，但片疤较少。台面角50°～97°。长8.15、宽8.73，高7.4厘米，重560.84克（图5-68：4）。

13YMDT6⑪：1316，双台面石核，灰色石灰岩。自然台面。在石灰岩多面体角砾两端各剥下一个较大的片疤，一个浅平，一个稍内凹，其余剥片疤较小。打击点和放射线清楚，无明显的半锥体阴面。表面覆盖有钙质胶结。长13.21、宽8.74，高6.02厘米，重702.74克（图5-68：5）。

13YMDT5⑩：698，双台面石核，黑灰色石灰岩。一个为平坦的自然台面，另一个为线状台面。自然台面共有两个剥片面，片疤以长大于宽的为主。线状台面仅剥下一个较成功的片疤。片疤阴面均较浅平。石核的利用率较低。长9.35、宽7.53，高9.51厘米，重773.17克（图5-68：7）。

石片15件，占本期石制品的1.66%。均为锤击石片，大部分石片尺寸较小。

13YMDT6⑩：1075，锤击石片，黑色石灰岩，人工台面，打击点和放射线清楚，半锥体微凸，破裂面较平整，背面全疤。破裂面的远端和左侧及背面覆盖有部分钙质胶结。石片角 110°~115°。长 5.63、宽 3.17、厚 1.43 厘米，重 23.23 克（图 5-68：6）。

13YMDT6⑫：1627，锤击石片，褐色石灰岩。点状台面，半锥体微凸，放射线较清晰，有明显的锥疤，背面部分片疤、部分自然面。左侧边薄锐，右侧边较厚重，这两侧各有一个反向的片疤。远端薄锐处有一正向的片疤。长 10.17、宽 9.66、厚 4.7 厘米，重 303.25 克（图 5-68：8）。

13YMDT7⑩：969，似石叶石片，黑色石灰岩。点状台面，打击点和放射线清晰，背面有一纵脊且大部分为自然面，仅在靠近台面处有少量崩疤。远端左侧边缘有单向连续的小片疤。表面有少量钙质胶结。长 7.4、宽 2.02、厚 1.14 厘米，重 18 克（图 5-68：9）。

15YMDT6⑮：1989，锤击石片，深灰色石灰岩。人工台面，腹面较平坦，打击点放射线较清楚，背面有较大的剥片疤，有条纵脊将背面一分为二，远端一侧为斜向自然断面。长 5.86、宽 3.38、厚 1.10 厘米，重 21.89 克（图 5-68：10）。

13YMDT6⑩：1044，锤击石片，黑灰色石灰岩。自然台面，打击点和放射线清晰，半锥体明显。破裂面中部稍内凹，背面有疤并覆盖有部分钙质胶结。左侧边有少量不连续的反向片疤。石片角 78°~90°。长 7.88、宽 3.51、厚 2.54 厘米，重 66.88 克（图 5-68：11）。

15YMDT8⑫：1005，锤击小石片，浅灰色石灰岩，自然台面，打击点较清楚，半锥体微凸，腹面内凹，背面均为自然面有条纵脊，两侧较薄锐，远端稍厚钝。长 2.64、宽 2.39、厚 0.73 厘米，重 4.67 克（图 5-68：12）。

13YMDT6⑫：1534，锤击石片，褐色石灰岩。点状台面，打击点和放射线清晰，半锥体微凸，背面部分片疤、部分自然面。远端残断近乎陡坎状。左侧边缘有 3 个连续的反向小片疤。长 6.01、宽 6.1、厚 1.57 厘米，重 59.86 克（图 5-68：13）。

工具 874 件，占本期石制品的 96.90%。

刮削器 438 件，占本期石制品的 50.11%。按刃口数量分为复刃（N=8）、双刃（N=55）和单刃刮削器（N=375）三种类型，其中单刃数量较多，进一步划分为单凸刃（N=192）、单直刃（N=131）和单凹刃刮削器（N=52）三种型式。

单凸刃刮削器 192 件。

13YMDT6⑩：972，以石灰岩石片为毛坯，破裂面微凸，背面有疤。在远端和右侧边修理出刃缘，刃口长 9.59 厘米，刃角 58°~94°。以反向加工为主。长 10.4、宽 9.18、厚 3.32 厘米，重 278.85 克（图 5-69：1）。

13YMDT6⑫：1670，以石灰岩纵向断片为毛坯，破裂面平坦，背面经磨蚀。在远端修理出凸刃缘，刃口长 9.04 厘米，刃角 62°~85°。以反向加工为主，修理疤较连续。手握端亦有少量连续的片疤。长 10.04、宽 9.41、厚 2.58 厘米，重 249.38 克（图 5-69：2）。

图 5-68　第三期文化的石核和石片

1. 多台面石核（13YMDT6⑫：1628）2、3. 单台面石核（13YMDT6⑫：1588、15YMDT8⑫：1013）4、
5、7. 双台面石核（13YMDT6⑩：1140、13YMDT6⑪：1316、13YMDT5⑩：698）6、8、10~13. 锤击石片
（13YMDT6⑩：1075、13YMDT6⑫：1627、15YMDT6⑮：1989、13YMDT6⑩：1044、15YMDT8⑫：1005、
13YMDT6⑫：1534）9. 似石叶石片（13YMDT7⑩：969）

13YMDT6⑪：1477，黑灰色石灰岩。块状毛坯，整体形状呈扇形。在薄锐的边缘修理出凸刃缘，刃口长6.12厘米，刃角75°~106°。侵入性修理，3层片疤，以单向加工为主，片疤连续。长8.24、宽8.42、厚2.97厘米，重212.14克（图5-69：3）。

13YMDT6⑮：1798，褐色石灰岩。近乎半圆形片状毛坯，两面均较平坦。在弧形的边缘修理出厚钝的刃缘，刃口长8.35厘米，刃角80°~107°。以单向加工为主，片疤较大、均匀连续。长8.0、宽9.55、厚2.11厘米，重231.53克（图5-69：4）。

13YMDT6⑩：1141，黑灰色石灰岩。块状毛坯，一面平坦，表面覆盖有少量钙质胶结。在弧凸的边缘修理出刃缘，刃口长9.85厘米，刃角61°~107°。以单向加工为主，半侵入修理，修疤连续呈复合状。长6.95、宽9.84、厚3.73厘米，重199.04克（图5-69：5）。

13YMDT5⑪：751，黑灰色石灰岩。块状毛坯。在薄锐的边缘交互修理出刃缘，刃口长6.95厘米，刃角62°~90°。长5.69、宽7.21、厚2.79厘米，重96.57克（图5-69：6）。

13YMDT6⑫：1610，以节理较发育的块状石灰岩为毛坯，整体形状略呈半圆形，器身保留自然面较少，呈侵入性修理，沿薄锐的弧凸边加工成凸刃缘，刃口长11.64厘米，刃角65°~95°。以单向加工为主，双层修疤，片疤均匀连续呈复合状，手握端为垂直断口。长11.89、宽6.53、厚3.76厘米，重275.21克（图5-69：7）。

13YMDT6⑬：1745，石灰岩块状毛坯，石皮较光滑。在一薄锐的侧边加工出刃缘，刃口长10.83厘米，刃角85°~115°。以单向加工为主，片疤连续，大小不是很均匀。长10.97、宽5.01、厚3.42厘米，重223.79克（图5-69：8）。

13YMDT7⑫：1085，石灰岩块状毛坯，平面呈扇形。在薄锐的弧凸边缘加工出刃缘，刃口长10.4厘米，刃角为65°~98°。以单向加工为主，修疤连续。器身表面覆盖有少量钙质胶结。长9.14、宽10.81、厚5.03厘米，重446.19克（图5-69：9）。

13YMDT6⑪：1378，石灰岩片状毛坯，两面均平坦。在薄锐的侧边及一端交互修理出刃缘，刃口长9.25厘米，刃角75°~105°。片疤连续均匀。长13.45、宽7.11、厚2.57厘米，重277.76克（图5-69：10）。

13YMDT5⑩：673，石灰岩质片状毛坯，平面形状呈三角形。在薄锐的边缘单向加工出刃缘，刃口长15.4厘米，刃角70°~130°。片疤均匀连续。长15.62、宽9.56、厚3.42厘米，重417.4克（图5-69：11）。

13YMDT6⑩：1139，灰色石灰岩。扇形块状毛坯，两面都平坦。在弧凸端修理出刃缘，刃口长7.88厘米，刃角67°~107°。以单向加工为主。器身表面覆盖有部分钙质胶结。长11.05、宽8.44、厚3.77厘米，重228.93克（图5-69：12）。

15YMDT8⑩：937，浅灰色石灰岩。由具平行节理面的块状毛坯打制出较大的斜面，在斜面边缘单向加工为主形成凸刃缘，刃口长9.41厘米，刃角60°~85°。长9.81、宽

9.54、厚4.43厘米，重351.68克（图5-70：1）。

图5-69　第三期文化的单凸刃刮削器（一）

1~12. 单凸刃刮削器（13YMDT6⑩：972、13YMDT6⑫：1670、13YMDT6⑪：1477、13YMDT6⑮：1798、
13YMDT6⑩：1141、13YMDT5⑪：751、13YMDT6⑫：1610、13YMDT6⑬：1745、13YMDT7⑫：1085、
13YMDT6⑪：1378、13YMDT5⑩：673、13YMDT6⑩：1139）

　　15YMDT6⑫：1991，浅灰色石灰岩。块状毛坯，形状略呈三角形，毛坯较厚，一面平坦，一面微凸。在一斜面上单向加工出凸刃缘，刃口长8.63厘米，刃角较钝，为80°~90°，修疤较大。长9.12、宽8.61、厚3.52厘米，重300.3克（图5-70：2）。

　　15YMDT6⑮：1990，浅灰色石灰岩。片状毛坯加工，整体形状略呈长方形，一短边为人工齐整端口，一长边为把手修理钝化，在较薄锐的另一长边缘交互加工出凸刃缘，刃口长11.4厘米，刃角60°~75°。长11.42、宽10.5、厚3.39厘米，重311.27克（图5-70：3）。

　　15YMDT6⑮：1947，灰色石灰岩。片状毛坯加工，一面为较平坦破裂面，另一面为微凸的自然面，顶端边缘加工出舌形凸刃，刃口长6.11厘米，刃角70°~90°，底端斜向截断，类似于截断型有柄尖状器。长9.12、宽6.01、厚1.92厘米，重120.53克（图5-70：4）。

13YMDT5⑪：737，石灰岩块状毛坯。在一薄锐的侧边交互修理出刃缘，刃口长7.1厘米，刃角82°～107°。另一侧边也有少部分连续的单向片疤。长8.22、宽3.82、厚2.38厘米，重69.46克（图5-70：5）。

15YMDT6⑮：1993，褐色石灰岩，不规则块状毛坯，一侧为平直自然面断面，另一侧转向加工出略凸的曲折刃缘，刃口长10.5厘米，刃角70°～90°。长11.06、宽6.97、厚2.91厘米，重235.02克（图5-70：6）。

13YMDT6⑪：1171，石灰岩块状毛坯。在薄锐的一侧及一端修理出刃缘，刃口长8.94厘米，刃角68°～100°。以单向加工为主，片疤连续均匀。器身表面有少量钙质胶结。长9.2、宽3.36、厚2.49厘米，重94.54克（图5-70：7）。

15YMDT6⑮：1939，深灰色石灰岩。块状毛坯加工，整体形状不规则，较薄的两面均为自然面，底端为较齐整的人工断口，其余边缘均有不规律加工修理，形成略呈半圆状曲折凸刃缘，刃口长7.8厘米，刃角60°～90°。长9.7、宽7.48、厚2.27厘米，重188.54克（图5-70：8）。

13YMDT6⑫：1583，灰色石灰岩。石灰岩片状毛坯，整体形状呈三角形。在一薄锐边加工出凸刃缘，刃口长7.49厘米，刃角65°～93°。以单向加工为主，修疤连续。长7.61、宽5.73、厚2.91厘米，重115.46克（图5-70：9）。

15YMDT8⑫：1002，灰色石灰岩。石片毛坯加工，石片特征明显，人工台面，打击点清楚，隐约可见放射线，腹面内弧，背面有条斜脊分为背疤面和节理面。刃口位于石片远端，单向加工为主形成凸刃缘，刃口长5.39厘米，刃角65°～75°。另在石片一侧缘也有连续细小的片疤。长6.75、宽4.8、厚1.88厘米，重74.7克（图5-70：10）。

13YMDT6⑮：1833，石灰岩片状毛坯。在薄锐的边缘修理出刃缘，刃口长4.47厘米，刃角67°～105°。以单向加工为主。长6.79、宽4.99、厚1.95厘米，重76.87克（图5-70：11）。

单直刃刮削器131件。

13YMDT6⑮：1913，石灰岩长方形块状毛坯，两面均较平坦。在一端斜面上修理出直刃缘，刃口长8.26厘米，刃角70°～102°。以单向加工为主，片疤均匀连续。手握端有单向且连续的浅平修型片疤。长11.23、宽8.44、厚4.24厘米，重572.37克（图5-71：1）。

13YMDT5⑪：755，石灰岩块状毛坯，一面较平坦，一面有一凸起的纵脊并覆盖有部分钙质胶结。在一薄锐侧边单向修理出刃缘，刃口长9.63厘米，刃角70°～98°。刃缘处以小片疤为主。长9.71、宽8.45、厚4.02厘米，重245.94克（图5-71：2）。

13YMDT6⑫：1678，石灰岩块状毛坯。在一薄锐侧边加工出刃缘，刃口长13厘米，刃角75°～105°。以单向加工为主，边缘修理，片疤均匀连续呈鳞片状。长13.01、宽6.68、厚3.23厘米，重247.39克（图5-71：3）。

图 5-70 第三期文化的单凸刃刮削器（二）

1~11. 单凸刃刮削器（15YMDT8⑩：937、15YMDT6⑫：1991、15YMDT6⑮：1990、
15YMDT6⑮：1947、13YMDT5⑪：737、15YMDT6⑮：1993、13YMDT6⑪：1171、
15YMDT6⑮：1939、13YMDT6⑫：1583、5YMDT8⑫：1002、13YMDT6⑮：1833）

  13YMDT5⑩：708，石灰岩块状毛坯，两面均平坦。在一薄锐侧边加工出刃缘，刃口长 8.45 厘米，刃角 78°~105°。以单向加工为主，片疤连续但大小不均匀。长 12.27、宽 8.26、厚 3.2 厘米，重 518.47 克（图 5-71：4）。

  13YMDT7⑪：1018，石灰岩长方形片状毛坯，两面均较平坦。在一长侧边加工出较陡直的刃缘，刃口长 9.57 厘米，刃角 85°~105°。以单向加工为主，大部分片疤浅平。长 11.03、宽 5.56、厚 2.7 厘米，重 215.52 克（图 5-71：5）。

  15YMDT8⑪：982，石灰岩片状毛坯，整体呈长方形，一侧厚重有少量修型疤，一侧薄锐，在薄锐侧单向加工为主形成直刃缘，刃口长 7.5 厘米，刃角 50°~70°。长 9.28、宽 6.19、厚 3.41 厘米，重 243.67 克（图 5-71：6）。

  13YMDT5⑪：753，石灰岩片状毛坯，三棱状。在一薄锐侧边交互加工出刃缘，刃口长 8.54 厘米，刃角 76°~113°。长 10.41、宽 7.58、厚 4.4 厘米，重 281.98 克（图 5-71：7）。

13YMDT6⑬：1752，石灰岩块状毛坯。在一薄锐侧边加工出直刃，刃口长 7.15 厘米，刃角 85°～115°。以单向加工为主，片疤均匀连续。长 9.87、宽 5.11、厚 3.48 厘米，重 152.73 克（图 5-71：9）。

图 5-71　第三期文化的单直刃刮削器（一）

1～12. 单直刃刮削器（13YMDT6⑮：1913、13YMDT5⑪：755、13YMDT6⑫：1678、
13YMDT5⑩：708、13YMDT7⑪：1018、15YMDT8⑪：982、13YMDT5⑪：753、
13YMDT6⑩：1104、13YMDT6⑬：1752、13YMDT6⑪：1244、13YMDT6⑫：1521、15YMDT6⑯：1996）

13YMDT6⑩：1104，石灰岩块状毛坯，一面覆盖有部分钙质胶结。一侧边厚重一侧边薄锐，在薄锐侧边单向加工出直刃缘，刃口长 7.41 厘米，刃角 83°～95°。长 10.67、宽 5.45、厚 2.78 厘米，重 172.77 克（图 5-71：8）。

13YMDT6⑪：1244，石灰岩块状毛坯，两面均平坦，表面覆盖有钙质胶结。在一薄锐侧边单向修理出刃缘，刃口长 8.7 厘米，刃角 85°～105°。长 9.55、宽 5.07、厚 3.03 厘米，重 229.7 克（图 5-71：10）。

13YMDT6⑫：1521，三角形石灰岩块状毛坯。在一薄锐侧边加工出刃缘，刃口长

8. 21 厘米，刃角 67°～95°。以单向加工为主，片疤连续。长 8. 39、宽 6. 57、厚 3. 56 厘米，重 154. 43 克（图 5-71：11）。

15YMDT6⑯：1996，石灰岩，以具有平行节理面的纵向小断片为毛坯，在断面形成长而窄的斜面上单向加工出直刃缘，刃口长 8. 5 厘米，刃角 70°～80°。长 8. 54、宽 4. 02、厚 1. 43 厘米，重 52. 41 克（图 5-71：12）。

15YMDT8⑩：952，石灰岩块状毛坯，由截面呈菱形的四棱状毛坯加工，在较薄锐的一条棱脊上单向加工为主，形成直刃缘，刃口长 14. 4 厘米，刃角 60°～70°。长 16. 21、宽 6. 8、厚 3. 82 厘米，重 448. 41 克（图 5-72：1）。

15YMDT6⑱：2030，石灰岩，似碰砧石片毛坯，打击点清楚，半锥体微凸，自然台面，厚重的近端，在薄锐的远端略呈交互加工形成直刃缘，刃口长 10. 3 厘米，刃角 60°～80°。长 11. 35、宽 6. 92、厚 4. 32 厘米，重 301. 16 克（图 5-72：2）。

15YMDT6⑮：1982，石灰岩块状毛坯，整体形状呈三角形，一边为人工断面，一边为自然断面，还有一边为较薄锐的斜面，刃缘即在薄锐边缘单向加工形成，刃口长 10. 13 厘米，刃角 70°～85°。长 11. 12、宽 8. 01、厚 2. 96 厘米，重 275. 40 克。（图 5-72：3）。

15YMDT6⑮：1933，石灰岩块状毛坯，长条形毛坯加工，一面为平坦节理面，另一面有一条纵脊，在较薄锐一边缘略呈交互加工出直刃缘，刃口长 7. 57 厘米，刃角 60°～80°。长 12. 77、宽 5. 68、厚 3. 6 厘米，重 268. 92 克（图 5-72：4）。

15YMDT8⑪：984，石灰岩，整体呈长方体，一端厚重有平直断面，另一端有一斜面，在斜面上单向加工为主形成直刃缘，刃口长 6. 95 厘米，刃角 55°～70°。长 10. 31、宽 7. 59、厚 3. 78 厘米，重 434. 67 克（图 5-72：5）。

15YMDT6⑮：1969，石灰岩块状毛坯，整体形状呈三角形，由较薄锐的一条边和两条较厚的自然断面构成，刃缘集中在薄锐边缘，略呈交互加工，刃口长 8. 13 厘米，刃角 80°～95°。长 9. 91、宽 9. 32、厚 4. 93 厘米，重 368. 59 克（图 5-72：6）。

15YMDT8⑫：1009，石灰岩，似石核毛坯，形状不规则，可见 2 处较明显的剥片面，在较薄锐的边缘以单向加工为主，形成直刃缘，刃口长 6. 25 厘米，刃角 60°～70°。长 12. 39、宽 8. 06、厚 5. 6 厘米，重 331. 32 克（图 5-72：7）。

15YMDT8⑫：1012，石灰岩块状毛坯，整体呈直角三角形，具有平行节理面特征，两直角边为自然断面，斜边一侧加工出斜面，在斜面边缘转向加工形成直刃缘，刃口长 9. 36 厘米，刃角 55°～70°。长 10. 82、宽 6. 68、厚 3. 47 厘米，重 226. 36 克（图 5-72：8）。

15YMDT8⑩：939，石灰岩片状毛坯，具有平行节理面的片状毛坯加工，在一小斜面边缘交互加工形成直刃缘，刃口长 6. 81 厘米，刃角 70°～80°。长 8. 6、宽 8. 33、厚 1. 98 厘米，重 226. 23 克（图 5-72：9）。

图 5-72　第三期文化的单直刃刮削器（二）

1~9. 单直刃刮削器（15YMDT8⑩：952、15YMDT6⑱：2030、15YMDT6⑮：1982、15YMDT6⑮：1933、
15YMDT8⑪：984、15YMDT6⑮：1969、15YMDT8⑫：1009、15YMDT8⑫：1012、15YMDT8⑩：939）

单凹刃刮削器 52 件。

15YMDT8⑩：953，石灰岩块状毛坯。整体略呈三棱柱状，在一侧棱上有零星修型片疤，在较薄锐的一侧棱上略呈交互加工出一条凹刃缘，修疤大而深，刃口长 11.42 厘米，刃角 65°~80°。长 13.4、宽 5.1、厚 4.1 厘米，重 318.59 克（图 5-73：1）。

13YMDT6⑮：1862，石灰岩块状毛坯，整体形状呈三角形。在一侧破裂面的边缘修理出刃缘，刃口长 9.74 厘米，刃角 75°~92°。以单向加工为主。长 12.42、宽 7.84、厚 3.42 厘米，重 255.3 克（图 5-73：2）。

13YMDT7⑪：996，石灰岩片状毛坯，形状不规则。在一薄锐边加工出凹刃缘，刃口长 4.18 厘米，刃角 70°~91°。边缘修理，以单向加工为主，片疤小而连续均匀，呈鳞片状。部分器身表面有钙质胶结。长 11.34、宽 6.76、厚 4.04 厘米，重 220.52 克。（图 5-73：3）。

13YMDT6⑫：1620，石灰岩块状毛坯，表面经冲磨变得光滑。在一侧边单向加工出刃缘，刃口长 9.89 厘米，刃角 80°~110°。片疤磨蚀严重。长 12.12、宽 7.36、厚 4.33 厘米，重 275.96 克（图 5-73：4）。

13YMDT7⑪：1000，石灰岩片状毛坯，形状不规则。在一侧加工出凹凸刃，刃口长 6.39 厘米，刃角 65°~93°，凹刃缘处应为主要的使用部位。以单向加工为主，片疤连续。

部分器身表面有钙质胶结。长9.41、宽7、厚4.5厘米，重272.75克（图5-73：5）。

15YMDT8⑪：990，石灰岩，似片状毛坯加工，一面平坦，一面有一条纵脊凸起，在纵脊一侧的斜面上单向加工形成凹刃缘，刃口长6.96厘米，刃角40°～70°。长8.03、宽7.31、厚2.89厘米，重173.45克（图5-73：6）。

13YMDT7⑩：932，石灰岩块状毛坯。在一薄锐侧边交互加工出刃缘，刃口长5.07厘米，刃角65°～95°。修疤连续。长7.16、宽5.13、厚4.31厘米，重119.05克（图5-73：7）。

13YMDT6⑬：1747，石灰岩片状毛坯。在一薄锐侧边单向加工出刃缘，刃口长4.95厘米，刃角90°～116°。修疤连续。长8.04、宽6.05、厚2.75厘米，重161.86克（图5-73：8）。

15YMDT6⑯：1999，石灰岩片状毛坯。整体略呈长方形，一面平坦，另一面有一条纵脊分为两个平缓斜面，在较薄锐的一侧转向加工形成凹刃缘，其中两个片疤较深凹，刃口长6.9厘米，刃角70°～80°。较厚的另一侧也有连续的修型修疤，便于把握。长7.65、宽5.98、厚2.12厘米，重130.84克（图5-73：9）。

15YMDT6⑮：1936，石灰岩，具平行节理面的块状毛坯加工，在一面的人工斜面上单向加工，形成凹刃缘，刃口长6.21厘米，刃角85°～95°。长11.03. 宽8.24、厚4.81厘米，重356.23克（图5-73：10）。

13YMDT6⑫：1702，石灰岩片状毛坯。在一侧边加工出凹刃缘，刃口长12.02厘米，刃角30°～92°，另一侧也有较为连续的修型修疤。刃缘修理以单向为主，双层修疤，修疤连续呈复合状。长11.93、宽9.85、厚3.02厘米，重383.84克（图5-73：11）。

双刃刮削器55件。

13YMDT6⑪：1371，石灰岩，块状毛坯，形状不规则，两面稍平坦，一侧边内凹，一侧边弧凸，刃缘修理集中于这两侧边，一为凹刃，一为凸刃，刃口长分别为6.57、10.53厘米，刃角分别为85°～105°、85°～115°。凹刃处的片疤浅平且均为单向，推测为使用疤。凸刃为转向加工，片疤大而深凹，应为修理刃。长13.82、宽7.34、厚4.57厘米，重428.61克（图5-74：1）。

13YMDT6⑬：1759，以石灰岩石片为毛坯，破裂面较为平坦，背面有一纵脊。在左右两侧边加工出两直刃，刃口长分别为7.15、8.61厘米，刃角分别为85°～108、95°～115°，加工方式分别为交互加工、单向加工。片疤连续。长12.89、宽7.31、厚3.92厘米，重380.55克（图5-74：2）。

13YMDT6⑪：1466，石灰岩块状毛坯，整体长条形，正反两面各有一纵脊。在两薄锐侧边加工出一直刃和微凸刃，刃口长11.51、8.28厘米，刃角分别为75°～90°、75°～93°。两侧边错向加工，边缘修理，修疤连续均匀呈鳞片状。长12.88、宽

6.4、厚 3.2 厘米，重 278.18 克（图 5-74：3）。

图 5-73　第三期文化的单凹刃刮削器

1~11. 单凹刃刮削器（15YMDT8⑩：953、13YMDT6⑮：1862、13YMDT7⑪：996、13YMDT6⑫：1620、
13YMDT7⑪：1000、15YMDT8⑪：990、13YMDT7⑩：932、13YMDT6⑬：1747、15YMDT6⑯：1999、
15YMDT6⑮：1936、13YMDT6⑫：1702）

　　13YMDT6⑫：1574，石灰岩片状毛坯。在两薄锐边加工出一直刃和一凸刃，直刃为单向加工，凸刃为复向加工，修疤较连续呈复合状，刃口长分别为 8.69、11.09 厘米，刃角分别为 73°~92°、72°~101°。长 11.38、宽 12.68、厚 4.4 厘米，重 497.3 克。（图 5-74：4）。

　　15YMDT8⑩：935，石灰岩，似石片毛坯加工，整体略呈长方形，一面为平坦节理面，另一面有棱脊状凸起。在一长边交互加工出凹刃缘，刃口长 8.98 厘米，刃角 60°~70°，在一短边单向加工出凹刃缘，刃口长 7.04 厘米，刃角 50°~70°。两凹刃缘似相交于一尖角，尖部残断。长 13.8、宽 9.21、厚 3.85 厘米，重 449.72 克（图 5-74：5）。

13YMDT6⑪：1225，石灰岩片状毛坯，形状不规则，一面平坦，一面有一微凸的棱脊。毛坯两侧对向修理，形成一凹刃和一凸刃，刃口长分别为9.08、9.17厘米，刃角分别为75°～97°、85°～95°。顶端有一反向的断口，或为一尖部残断。长10.94、宽7.08、厚2.24厘米，重198.95克（图5-74：6）。

13YMDT6⑩：1114，石灰岩，以石片为毛坯，破裂面微凸，背面有疤并覆盖有部分钙质胶结。在石片左右两侧边修理出一微凸刃和一微凹刃，刃口长分别为9.84、4.67厘米，刃角分别为50°～82°、39°～88°。微凸刃以反向加工为主，微凹刃为复向加工。边缘修理，片疤均较小呈鳞片状。长9.68、宽7.61、厚3.01厘米，重220.34克。（图5-74：7）。

15YMDT6⑯：2006，石灰岩块状毛坯，整体形状不规则，一侧边单向加工为主形成凸刃缘，刃口长8.55厘米，刃角60°～65°，另一侧边转向加工形成凹刃缘，刃口长6.8厘米，刃角70°～80°。底端有明显齐整端口，顶端两侧刃缘不完全汇聚，略有残损，有点类似截断型有柄尖状器。长11.7、宽6.68、厚2.85厘米，重178.35克（图5-74：8）。

13YMDT6⑩：1025，石灰岩片状毛坯，一面稍内凹，一面覆盖有部分钙质胶结。在两侧边修理出曲折刃缘，刃口长分别为7.69、7.47厘米，刃角分别为62°～90°、83°～111°，加工方式分别为交互加工和以单向加工为主。长8.98、宽8.17、厚3.26厘米，重263.11克（图5-74：9）。

13YMDT7⑩：965，石灰岩片状毛坯，表面覆盖有少量钙质胶结。在左右两侧边加工出两直刃，刃口长分别为7.46、8.28厘米，刃角分别为70°～105°、68°～103°，加工方式分别为交互加工和以反向加工为主。修疤连续，大小不甚均匀。长9.14、宽6.92、厚2.44厘米，重187.05克（图5-74：10）。

15YMDT6⑮：1937，石灰岩，似石片毛坯加工，一面为略内凹的破裂面，另一面为有三条不规则棱脊的凸起面，在三条棱脊形成的两个斜面上单向加工出一长一短两个凹刃缘，刃口长为9.15、4.5厘米，刃角在65°～90°。长9.53、宽6.72、厚2.1厘米，重171.59克（图5-74：11）。

13YMDT6⑮：1895，石灰岩片状毛坯，在两侧边修理出两微凸刃，刃口长分别为8.82、7.92厘米，刃角分别为75°～100°、74°～98°。两侧刃主要的片疤呈错向加工。长8.86、宽6.62、厚2.42厘米，重181.59克（图5-74：12）。

13YMDT6⑫：1625，石灰岩片状毛坯，一面平坦，一面凸起。在两薄锐边同向加工出一微凹刃和一凸刃，刃口长分别为7.21、8厘米，刃角分别为72°～106°、60°～102°。长9.12、宽5.88、厚2.61厘米，重120.3克（图5-74：13）。

13YMDT6⑩：974，石灰岩扁平块状毛坯。在两侧修理出两直刃，刃口长分别为

5.11、6.94 厘米，刃角分别为 73°~90°、70°~98°，加工方式分别为单向加工、转向加工。长 7.11、宽 7.02、厚 1.48 厘米，重 107.54 克。图 5-74：14）。

13YMDT5⑩：688，石灰岩片状毛坯，破裂面和背面均较平坦。在两薄锐侧边修理出一微凸刃和一凹刃，刃口长分别为 5.63、6.63 厘米，刃角分别为 80°~110°、80°~102°。加工方式分别为转向加工和以单向加工为主。片疤连续，但大小不甚均匀。长 6.75、宽 5.31、厚 2.22 厘米，重 81.2 克（图 5-74：15）。

图 5-74　第三期文化的双刃刮削器

1~15. 双刃刮削器（13YMDT6⑪：1371、13YMDT6⑬：1759、13YMDT6⑪：1466、
13YMDT6⑫：1574、15YMDT8⑩：935、13YMDT6⑪：1225、13YMDT6⑩：1114、
15YMDT6⑯：2006、13YMDT6⑩：1025、13YMDT7⑩：965、15YMDT6⑮：1937、
13YMDT6⑮：1895、13YMDT6⑫：1625、13YMDT6⑩：974、13YMDT5⑩：688）

复刃刮削器 8 件。

13YMDT7⑩：979，石灰岩块状毛坯，两面均平坦，表面覆盖有少部分钙质胶结。在两侧边及一端分别单向加工出两凸刃和一凹刃，刃口长分别为 7.91、10.46、7.01 厘米，刃角分别为 73°~120°、70°~108°、85°~104°。两凸刃为同向加工，凹刃为异向加工。片疤浅平连续。长 10.95、宽 8.28、厚 3.79 厘米，重 442.45 克（图 5-75：1）。

13YMDT6⑪：1330，石灰岩块状毛坯，两面均平坦，整体形状呈三角形。在薄锐的边缘修理出一微凹刃和两凸刃，刃口长分别为 2.96、5.61、6.41 厘米，刃角分别为 58°~104°、68°~105°、60°~97°。均以单向加工为主，局部出现半侵入修理，修疤连续呈复合状，凹刃处有明显的两层修疤。长 12.0、宽 8.14、厚 2.65 厘米，重 254.06 克（图 5-75：2）。

13YMDT7⑫：1080，石灰岩，以破裂面平坦、背面凸起的石片为毛坯。石片的四周均有修疤，正向加工为主，局部刃缘复向修理，修疤连续不均匀，呈复合状。主刃口长 5.96 厘米，刃角 50°~97°。长 7.96、宽 5.1、厚 2.5 厘米，重 91.28 克（图 5-75：3）。

13YMDT6⑪：1411，石灰岩块状毛坯，一面覆盖有钙质胶结。在薄锐的边缘连续修理出三道相接的直刃，刃口长分别为 5.72、3.1、6.81 厘米，刃角分别为 80°~90°、78°~89°、73°~99°，加工方式分别为交互加工和单向加工，单向加工的方向为错向。最长的刃缘片疤大而深凹，其余刃缘的片疤较浅平。长 8.52、宽 8.53、厚 4.52 厘米，重 357.33 克（图 5-75：4）。

13YMDT5⑩：691，石灰岩块状毛坯，器身表面覆盖有少量钙质胶结。在四周薄锐处修理出一微凸刃、一直刃和一凸刃，刃口长分别为 4.44、6.71、6.86 厘米，刃角分别为 78°~100°、90°~120°、70°~110°。加工方式均以单向加工为主，边缘修理，片疤连续呈鳞片状。长 8.02、宽 6.39、厚 3.1 厘米，重 164.98 克（图 5-75：5）。

13YMDT6⑭：1761，石灰岩块状毛坯，在薄锐处边缘修理出一凹刃和两微凸刃，刃口长分别为 2.12、5.75、4.24 厘米，刃角分别为 90°~122°、90°~101°、80°~113°。凹刃和较长的凸刃为单异向加工，另一凸刃以单向加工为主。片疤均匀连续。长 7.54、宽 5.47、厚 2.22 厘米，重 86.5 克（图 5-75：6）。

砍砸器 236 件，占本期石制品的 27.0%。按照刃口数量将砍砸器划分为复刃（N＝4）、双刃（N＝30）和单刃（N＝202）三型，其中单刃按照刃缘形态进一步划分为单凸刃（N＝101）、单直刃（N＝68）和单凹刃砍砸器（N＝33）三种亚型。

单凸刃砍砸器 101 件。

13YMDT6⑩：949，石灰岩块状毛坯，毛坯经中度磨蚀，一面覆盖有钙质胶结。另一面为加工出的斜面。在一侧和一端单向修理出凸刃缘，刃口长 17.83 厘米，刃角 62°~

图 5-75　第三期文化的复刃刮削器
1~6. 复刃刮削器（13YMDT7⑩：979、13YMDT6⑪：1330、13YMDT7⑫：1080、
13YMDT6⑪：1411、13YMDT5⑩：691、13YMDT6⑭：1761）

107°。刃缘为边缘修理，修疤连续呈复合状。长 16.73、宽 12.56、厚 7.86 厘米，重 1421.64 克（图 5-76：1）。

　　13YMDT6⑬：1739，石灰岩片状毛坯。左侧边厚重，右侧边薄锐。于右侧边加工出凸刃缘，刃口长 13.41 厘米，刃角 85°~115°。以反向加工为主，片疤连续。长 13.91、宽 10.94、厚 5.94 厘米，重 1900.86 克（图 5-76：2）。

　　13YMDT6⑭：1807，石灰岩块状毛坯。在一侧边单向修理出刃缘，刃口长 12.97 厘米，刃角 70°~90°。修疤共有 2 层，第 1 层修疤为去薄、片疤较大，第 2 层修疤为修刃、片疤较小。长 15.55、宽 9.31、厚 3.13 厘米，重 591.76 克（图 5-76：3）。

　　13YMDT5⑪：733，石灰岩，三角形片状毛坯，表面覆盖有部分钙质胶结。在一薄锐侧边转向加工出刃缘，刃口长 16.92 厘米，刃角 78°~105°。另一陡直侧边有连续的浅平片疤。长 18.55、宽 13.54、厚 4.13 厘米，重 951.63 克（图 5-76：4）。

　　15YMDT8⑩：955，石灰岩，由具有平行节理面的片状毛坯加工，在一侧具有小斜面的边缘单向加工为主，形成略凸的刃缘，刃口长 14.3 厘米，刃角 60°~90°。长 17.72、宽 12.38、厚 3.2 厘米，重 771.48 克（图 5-76：5）。

　　15YMDT6⑮：1944，石灰岩块状毛坯，整体呈不规则几何体，在一处人工斜面上单向加工为主形成尖凸刃缘，刃口长 10.72 厘米，刃角 70°~85°。长 10.6、宽 8.98、厚 6.92 厘米，重 467.40 克（图 5-76：6）。

　　13YMDT7⑩：948，石灰岩块状毛坯，表皮较光滑并覆盖有少部分钙质胶结。在一端及侧边加工出刃缘，刃口长 9.66 厘米，刃角 73°~115°。以单向加工为主。长 17.18、宽 13.17、厚 4.61 厘米，重 1843.27 克（图 5-76：7）。

13YMDT6⑫：1558，石灰岩块状毛坯，表面经轻微风化。在一侧边加工出凸刃缘，刃口长 16.15 厘米，刃角 72°~125°。边缘修理，以单向加工为主，片疤连续均匀，呈鳞片状。长 16.56、宽 9.45、厚 3.93 厘米，重 772.85 克（图 5-76：8）。

13YMDT7⑫：1086，石灰岩块状毛坯，两面均较平坦。在一端单向加工出尖凸刃，刃口长 7.36 厘米，刃角 85°~120°。对一侧边较薄锐的边缘处进行连续的修理。长 15.78、宽 8.52、厚 2.76 厘米，重 530.98 克（图 5-76：9）。

13YMDT6⑫：1557，石灰岩块状毛坯，整体呈三角形。在一端单向加工出刃缘，刃口长 9.61 厘米，刃角 75°~97°。表面覆盖有部分钙质胶结。长 13.2、宽 11.75、厚 6.8 厘米，重 1861.57 克（图 5-76：10）。

13YMDT7⑩：954，石灰岩块状毛坯，表面覆盖有部分铁锰淋滤物质。在一端单向加工出尖凸刃，刃口长 11.14 厘米，刃角 70°~118°。两侧边经加工以修型。片疤连续但大小不甚均匀。长 11.55、宽 11.56、厚 4.11 厘米，重 626.9 克（图 5-76：11）。

13YMDT6⑪：1457，石灰岩块状毛坯。在一端单向修理出微凸刃，刃口长 7.38 厘米，刃角 70°~113°。片疤均匀连续，器身表面有部分钙质胶结。长 11.23、宽 8.73、厚 4.33 厘米，重 586.97 克（图 5-76：12）。

13YMDT6⑪：1478，石灰岩块状毛坯，两面均平坦。在顶端单向加工出汇聚型凸刃缘，刃口长 9.8 厘米，刃角 82°~100°。半侵入修理，修疤连续呈复合状。长 13.35、宽 11.49、厚 3.51 厘米，重 607.31 克（图 5-76：13）。

15YMDT8⑪：996，石灰岩，似石片毛坯加工，一面为微弧的破裂面，另一面为有纵脊的背面，一侧边也有少量不规律修疤，但刃缘主要集中在远端，有连续单向修疤，形成凸刃缘，刃口长 9.83 厘米，刃角 70°~80°，长 12.49、宽 11.68、厚 3.6 厘米，重 482.66 克（图 5-76：14）。

15YMDT8⑫：1025，石灰岩，似片状毛坯加工，一面较平坦，一面有一条纵脊略凸起形成两个斜面，在较缓的斜面边缘交互加工为主，形成凸刃缘，刃口长 14.08 厘米，刃角 75°~90°。较陡的斜面边缘也有少量修疤，应为修型修疤。长 14.61、宽 6.52、厚 3.31 厘米，重 368.3 克（图 5-76：15）。

15YMDT6⑮：1925，石灰岩，大石片毛坯加工，腹面略平，背面基本有三个较平坦的大片疤占据，保留少量石皮。刃缘主要在石片的远端，由少量较大的修疤和较多细碎疤组成，片疤大小不一但基本连续。刃口长 15.62 厘米，刃角 50°~80°。长 16.85、宽 16.01、厚 5.28 厘米，重 1632.26 克（图 5-76：16）。

13YMDT6⑮：1799，石灰岩，三角形块状毛坯，一侧为大的破裂面，其余范围保留自然面。在一薄锐端修理出刃缘，刃口长 15.05 厘米，刃角 70°~108°。加工方式不规律，片疤连续均匀。长 14.59、宽 15.12、厚 8.42 厘米，重 1461.42 克（图 5-76：17）。

单直刃砍砸器 68 件。

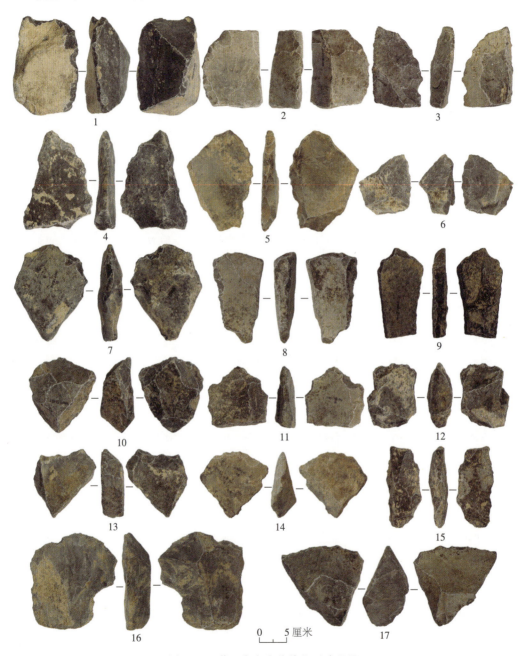

图 5-76 第三期文化的单凸刃砍砸器

1~17. 单凸刃砍砸器（13YMDT6⑩：949、13YMDT6⑬：1739、13YMDT6⑭：1807、13YMDT5⑪：733、
15YMDT8⑩：955、15YMDT6⑮：1944、13YMDT7⑩：948、13YMDT6⑫：1558、13YMDT7⑫：1086、
13YMDT6⑫：1557、13YMDT7⑩：954、13YMDT6⑪：1457、13YMDT6⑪：1478、15YMDT8⑪：996、
15YMDT8⑫：1025、15YMDT6⑮：1925、13YMDT6⑮：1799)

15YMDT8⑩：945，石灰岩块状毛坯，整体略呈三棱柱状，其中一面为人工面，其边棱上单向加工为主，形成略直的刃缘，刃口长 11.54，刃角 60°~90°。长 14.02、宽 12.66、厚 7.61 厘米，重 1528.49 克（图 5-77：1）。

13YMDT6⑫：1559，石灰岩块状毛坯，在薄锐的侧边加工出直刃缘，刃口长 9.71 厘米，刃角 64°~105°。边缘修理，以单向加工为主，片疤呈鳞片状。长 15.02、宽 7.51、厚 4.11 厘米，重 550.54 克（图 5-77：2）。

13YMDT7⑩：956，石灰岩块状毛坯，器身表面覆盖有少量钙质胶结。在薄锐端加工出刃缘，刃口长 7.37 厘米，刃角 70°~100°。以单向加工为主，修疤连续。长 13.43、宽 8.11、厚 4.5 厘米，重 616.32 克（图 5-77：3）。

15YMDT8⑩：941，石灰岩块状毛坯，整体略呈长方体，形制呈斧状，在一人工斜面和自然斜面交汇棱脊上加工出稍直的刃缘，刃缘较曲折，刃口长 7.73 厘米，刃角 75°~100°。长 14.1、宽 8.42、厚 4.87 厘米，重 1076.81 克（图 5-77：4）。

13YMDT6⑭：1840，石灰岩块状毛坯，两面均平坦。在一侧边单向加工出直刃缘，刃口长 6.83 厘米，刃角 85°~108°。修疤均匀连续呈鳞片状。长 14.32、宽 8.77、厚 4.86 厘米，重 804.25 克（图 5-77：5）。

15YMDT8⑪：993，石灰岩块状毛坯，整体形状不规则，周身少见自然面，其中一面为平坦节理面，另一面有一条不规则纵脊高凸，两侧形成两个斜面，一侧斜面上单向加工形成直刃缘，刃口长 7.61 厘米，刃角 80°~90°。长 12.68、宽 8.72、厚 5.66 厘米，重 573.6 克（图 5-77：6）。

13YMDT5⑪：726，石灰岩块状毛坯，一面较平坦，一面凸起，表面覆盖有部分钙质胶结。在顶端加工出斜面后修理出直刃缘，刃口长 13.74 厘米，刃角 94°~105°。以单向加工为主，边缘修理，片疤为鳞片状。长 16.76、宽 15.93、厚 6.75 厘米，重大于 2000 克（图 5-77：7）。

13YMDT6⑪：1157，石灰岩块状毛坯。在一薄锐边修理出直刃，刃口长 12.95 厘米，刃角 85°~115°。以单向加工为主。刃缘边缘有较多浅平的小疤，推测为使用所致。器身表面有部分钙质胶结。长 22.4、宽 15.37、厚 8.7 厘米，重大于 2000 克（图 5-77：8）。

15YMDT6⑮：1988，石灰岩块状毛坯，整体呈长三角形，底端厚重，顶端呈四棱尖状。在一侧稍薄锐的边棱上单向加工形成直刃缘，刃口长 16.82 厘米，刃角 65°~80°。在四棱尖端部位也有少量加工修理，也可作为手镐使用。长 20.18、宽 13.22、厚 7.58 厘米，重 1912.46 克（图 5-77：9）。

13YMDT6⑩：1088，石灰岩，长方形块状毛坯，表面覆盖有部分钙质胶结。在一薄锐侧边交互加工出刃缘，刃口长 17.49 厘米，刃角 75°～107°。边缘修理，片疤连续均匀呈鳞片状。长 18.6、宽 8.32、厚 4.53 厘米，重 1004.09 克（图 5-77：10）。

图 5-77  第三期文化的单直刃砍砸器
1～10. 单直刃砍砸器（15YMDT8⑩：945、13YMDT6⑫：1559、13YMDT7⑩：956、
15YMDT8⑩：941、13YMDT6⑭：1840、15YMDT8⑪：993、13YMDT5⑪：726、
13YMDT6⑪：1157、15YMDT6⑮：1988、13YMDT6⑩：1088）

单凹刃砍砸器 33 件。

13YMDT6⑩：947，石灰岩块状毛坯，一面稍内凹，一面微凸，表面覆盖有部分钙质胶结。在曲折的薄锐侧边修理出一个凹刃和一个尖刃，以凹刃修疤明显，刃口长 16.35 厘米，刃角 60°～100°。单向加工为主，修疤呈复合状。长 30.38、宽 15.6、厚 5.41 厘米，重大于 2000 克（图 5-78：1）。

13YMDT6⑮：1794，石灰岩块状毛坯，一侧和两端都是陡直的断面，表面覆盖有部分钙质胶结。在另一薄锐侧边修理出刃缘，刃口长 12.17 厘米，刃角 70°~105°。以单向加工为主，片疤连续。长 17.57、宽 10.61、厚 8.93 厘米，重 1266.55 克。（图 5-78：2）。

13YMDT7⑪：1041，石灰岩块状毛坯，一侧稍厚重，一侧薄锐。在薄锐的侧边修理出微凹的刃缘，刃口长 12.53 厘米，刃角 55°~95°。片疤连续但不均匀，以单向修理为主。长 14.83、宽 12.23、厚 4.5 厘米，重 793.55 克（图 5-78：3）。

13YMDT6⑮：1791，石灰岩，三角形块状毛坯。在一薄锐端单向修理出凹刃缘，刃口长 9.24 厘米，刃角 80°~106°。长 16.57、宽 14.95、厚 10.15 厘米，重 1371.08 克（图 5-78：4）。

13YMDT6⑬：1750，石灰岩块状毛坯。在一侧边的薄锐处加工出刃缘，刃口长 8.91 厘米，刃角 80°~110°。以单向加工为主，片疤连续。长 16.14、宽 13.01、厚 3.98 厘米，重 1820.36 克（图 5-78：5）。

13YMDT7⑫：1081，石灰岩块状毛坯，器身表面覆盖有少部分钙质胶结。在一侧边单向加工出凹刃缘，刃口长 7.79 厘米，刃角 90°~115°。片疤浅平连续，大小均匀呈鳞片状分布。长 14.41、宽 11.07、厚 3.83 厘米，重 860.34 克（图 5-78：6）。

13YMDT6⑫：1712，石灰岩块状毛坯。在一侧边的薄锐处加工出刃缘，刃口长 7.7 厘米，刃角 75°~118°。以单向加工为主。长 15.94、宽 7.45、厚 3.52 厘米，重 576.25 克（图 5-78：7）。

13YMDT6⑭：1811，石灰岩块状毛坯。在一侧边交互加工出刃缘，刃口长 9.33 厘米，刃角 80°~110°。修疤连续。长 15.37、宽 9.16、厚 4.7 厘米，重 547.06 克。（图 5-78：8）。

15YMDT8⑪：962，石灰岩，块状毛坯，整体形状略呈长梯形，两面各有一条纵脊，截面呈菱形，两端为较平直断面，在一侧长边上交互加工形成凹刃缘，修疤较深，呈曲折刃缘，刃口长 11.89 厘米，刃角 70°~80°。长 12.14、宽 9.7、厚 5.53 厘米，重 594.38 克（图 5-78：9）。

13YMDT6⑪：1500，石灰岩块状毛坯，一侧厚重，一侧薄锐。在薄锐的侧边复向加工出凹刃缘，片疤大而深凹，刃口长 11.42 厘米，刃角 65°~95°。边缘修理，修疤呈鳞片状。长 13.83、宽 9.84、厚 5.02 厘米，重 685.32 克（图 5-78：10）。

13YMDT7⑪：1023，石灰岩块状毛坯，一端厚重，一端薄锐。在薄锐端单向修理出微凹刃缘，刃口长 6.68 厘米，刃角 84°~103°。片疤浅平且连续。器身表面有钙质胶结。长 11.44、宽 9.36、厚 5.02 厘米，重 599.66 克（图 5-78：11）。

双刃砍砸器 30 件。

图 5-78　第三期文化的单凹刃砍砸器
1~11. 单凹刃砍砸器（13YMDT6⑩：947、13YMDT6⑮：1794、13YMDT7⑪：1041、13YMDT6⑮：1791、
13YMDT6⑬：1750、13YMDT7⑫：1081、13YMDT6⑫：1712、13YMDT6⑭：1811、
15YMDT8⑪：962、13YMDT6⑪：1500、13YMDT7⑪：1023）

　　13YMDT6⑭：1841，石灰岩块状毛坯，一面平坦，一面有一纵向的棱脊。在两侧边异向加工出一微凹刃和一凸刃，刃口长分别为 4.46、13.24 厘米，刃角分别为65°~98°、77°~114°。片疤均匀连续。长 19.32、宽 15.09、厚 8.1 厘米，重大于 2000克（图 5-79：1）。

　　15YMDT8⑩：917，石灰岩块状毛坯，整体略呈三棱锥体，底面为微凸的破裂面，背面为三棱汇聚凸起，在三棱锥的两条底边分别单向加工形成两条直刃缘，刃口长分别为 12.44、13.84 厘米，刃角 60°~80°，两条刃缘似相交于一尖角，尖角有残断。长 16.86、宽 13.59、厚 9.04 厘米，重 1271.51 克（图 5-79：2）。

13YMDT6⑩：1059，石灰岩块状毛坯，两面较平坦，表面覆盖有部分钙质胶结。在两薄锐侧边修理出一直刃和一微凸刃，刃口长分别为 9.46、11.81 厘米，刃角分别为 68°~90°、65°~113°。以同向加工为主。长 17.12、宽 15、厚 4.17 厘米，重 1216.24 克（图 5-79：3）。

13YMDT7⑩：950，以石灰岩石片为毛坯，背面为光滑的石皮。在两侧边加工出一凸刃和一凹刃，刃口长分别为 10.03、11.95 厘米，刃角分别为 75°~115°、70°~115°。凸刃为反向加工，凹刃以正向加工为主。背面覆盖有少部分钙质胶结。长 14.84、宽 10.74、厚 3.77 厘米，重 668.31 克（图 5-79：4）。

13YMDT6⑩：1032，石灰岩，片状毛坯，整体形状呈梯形。在两侧边修理出两直刃，刃口长分别为 8.54、15.91 厘米，刃角分别为 75°~107°、70°~108°。对向加工为主，边缘修理，修疤连续呈鳞片状。长 16.85、宽 15.65、厚 4.18 厘米，重 1428.91 克（图 5-79：5）。

13YMDT6⑪：1314，石灰岩片状毛坯，一面平坦，一面有一凸起的纵脊。在两侧边同向加工出两微凹刃，刃口长分别为 8.59、7.25 厘米，刃角分别为 83°~115°、55°~98°。一侧刃的片疤大而深凹，一侧刃的片疤碎小。凸起面覆盖有钙质胶结。长 12.27、宽 10.67、厚 4.52 厘米，重 593.57 克（图 5-79：8）。

13YMDT6⑮：1885，石灰岩块状毛坯。在两侧边修理出一凹刃和一微凹刃，刃口长分别为 10.62、9.41 厘米，刃角分别为 80°~117°、67°~95°。错向加工，片疤较均匀。长 12.84、宽 15.26、厚 7.1 厘米，重 714.66 克（图 5-79：9）。

13YMDT6⑪：1208，石灰岩块状毛坯，表面覆盖有部分钙质胶结。在两端错向加工出两直刃，刃口长分别为 7.57、9.81 厘米，刃角 66°~105°、72°~104°。边缘修理，修疤为鳞片状，较长的直刃缘处有较多浅平的方向无规律的小崩疤，推测为使用所致。长 11.29、宽 9.44、厚 5.86 厘米，重 752.62 克（图 5-79：10）。

13YMDT6⑮：1908，石灰岩，具有层状节理的块状毛坯。在两侧边修理出两直刃，刃口长 7.55、12.81 厘米，刃角 78°~103°、70°~112°。错向加工，片疤连续均匀。长 12.92、宽 10.8、厚 5.57 厘米，重 747.05 克（图 5-79：11）。

15YMDT8⑪：974，石灰岩，块状毛坯，整体形态略呈长等腰梯形，两端为断面，两长边各有一个斜面，在斜面上单向加工形成一个直刃缘和一个凸刃缘，刃口长分别为 10.82、12.11 厘米，刃角 70°~90°，具有两层修疤，个别修疤大而深。长 12.25、宽

8.71、厚4.87厘米，重632.07克（图5-79：12）。

13YMDT7⑫：1092，石灰岩，长条形块状毛坯。在两侧边加工出两微凸刃，刃口长分别为12.6、13.02厘米，刃角均为85°~115°，加工方式分别为以单向加工为主和交互加工。边缘修理，片疤不甚均匀，较浅平，呈复合状。长16.01、宽9.22、厚4.85厘米，重806.15克（图5-79：14）。

15YMDT6⑮：1956，石灰岩块状毛坯，整体呈不规则几何体，在两个人工斜面上单向加工为主形成两个较短的直刃缘，刃口长为6.78、6.12厘米，刃角75°~90°。长12.82、宽7.09、厚6.37厘米，重628.03克（图5-79：15）。

复刃砍砸器4件。

13YMDT6⑫：1598，石灰岩片状毛坯，整体形状略呈方形，一面较平坦，两面均有片疤痕，三边较为薄锐，一边稍厚钝。在薄锐边缘处分别修出两直刃、一微凹刃和一个凹缺，刃口长分别为7.21、10.55、8.11和2.14厘米，刃角分别为77°~105°、73°~98°、80°~110°。刃缘均以单向加工为主，局部复向加工，边缘修理，修疤连续多呈鳞片状。长13.0、宽11.56、厚3.72厘米，重788.46克（图5-79：6）。

13YMDT6⑪：1489，石灰岩块状毛坯，表面覆盖有部分钙质胶结。在薄锐的边缘修理出三道直刃，刃间相连，刃口长分别为11.84、8.21、9.7厘米，刃角分别为72°~120°、80°~100°、81°~109°。加工方式分别为交互加工和异向的单向加工，边缘修理，修疤呈鳞片状和复合状。长14.86、宽10.42、厚7.85厘米，重1128.34克（图5-79：7）。

13YMDT6⑪：1176，石灰岩块状毛坯，一面平坦，一面有一凸起的纵脊，表面覆盖有部分钙质胶结。在两侧和一端同向修理出一道曲折刃和两道直刃，刃口长分别为12.97、6.8、14.23厘米，刃角分别为76°~118°、99°~120°、87°~115°。曲折刃的片疤大而深凹，其余的片疤较浅平。长15.81、宽9.99、厚3.77厘米，重624.09克（图5-79：13）。

尖状器101件，占本期石制品的11.56%。按尖角数量分为复尖（N=1）、双尖（N=4）和单尖尖状器（N=96）三型，其中单尖尖状器又可按照尖角形态分为正尖尖状器（N=39）和角尖尖状器（N=57）两型。

正尖尖状器39件。

15YMDT6⑮：1951，石灰岩片状毛坯，整体形状不规则，一面为平坦节理面，一面为有一条纵脊的微凸面，在纵脊两侧边单向加工，两条修理边在顶端汇聚形成正尖，尖角约60°。长14.31、宽8.26、厚3.32厘米，重402.68克（图5-80：1）。

图 5-79　第三期文化的复刃砍砸器和双刃砍砸器

1~5、8~12、14、15. 双刃砍砸器（13YMDT6⑭：1841、15YMDT8⑩：917、13YMDT6⑩：1059、
13YMDT7⑩：950、13YMDT6⑩：1032、13YMDT6⑪：1314、13YMDT6⑮：1885、
13YMDT6⑪：1208、13YMDT6⑮：1908、15YMDT8⑪：974、13YMDT7⑫：1092、
15YMDT6⑮：1956）6、7、13. 复刃砍砸器（13YMDT6⑫：1598、13YMDT6⑪：1489、13YMDT6⑪：1176）

13YMDT7⑪：1093，石灰岩块状毛坯，整体呈泪滴状，正反两面各有棱脊。两侧边往一端加工夹成一圆钝尖，尖角136°。一侧边仅加工尖部位置，另一侧边加工至手握端，加工方式不规律。器身表面有部分钙质胶结。长14.71、宽7.1、厚5厘米，重473.79克（图5-80：2）。

13YMDT7⑩：951，三棱状石灰岩片状毛坯。两边往一端加工夹成一尖，已残断。以单向加工为主，片疤小而均匀。表面覆盖有部分钙质胶结。长11.34、宽6.04、厚4.13厘米，重235.09克（图5-80：3）。

13YMDT6⑪：1452，泪滴状石灰岩片状毛坯。两薄锐边往一端转向加工夹成一舌状尖，尖角74°。形制对称，底端亦经过修理。长11.17、宽10.19、厚3.24厘米，重381.32克（图5-80：4）。

13YMDT6⑫：1668，石灰岩，三角形块状毛坯，表面经轻度磨蚀。两边往一端加工夹成一尖，尖部残损。两侧刃以对向加工为主，边缘修理，修疤连续呈复合状，底端为齐整断口。长9.4、宽8.88、厚3.48厘米，重276.51克（图5-80：5）。

13YMDT5⑪：725，石灰岩块状毛坯。两边往一端加工夹成一短钝尖，尖角90°。交互加工，一侧边片疤浅平，一侧片疤较深凹。整体加工程度较浅。长9.38、宽6.58、厚2.57厘米，重163.59克（图5-80：6）。

15YMDT8⑩：947，以石灰岩石片为毛坯，整体略呈三角形，一面平台，另一面因棱脊凸起，在顶端形成四棱尖，在四棱尖的两侧错向加工形成尖角，尖部略有残损，尖角约50°。长12.51、宽8.88、厚3.1厘米，309.81克（图5-80：7）。

13YMDT5⑩：669，石灰岩片状毛坯，破裂面较为平坦。两薄锐边往顶端加工夹成一短钝尖，尖角90°，略有残损。两侧边以对向加工为主，片疤连续为复合状。手握端略经修型加工。长10.77、宽7.8、厚2.71厘米，重238.49克（图5-80：8）。

15YMDT6⑱：2037，石灰岩，块状毛坯，整体形状略呈梯形，一面为平坦节理面，另一面有三条聚拢状棱脊，在其中一条棱脊两侧的斜面上单向加工形成两条直修理边，夹成一约80°的尖角，尖部略有残损。长8.52、宽7.17、厚2.9厘米，重158.24克（图5-80：9）。

13YMDT6⑮：1875，石灰岩，菱形片状毛坯，破裂面稍内凹，背面为自然面。两边往一端修理夹成一锐尖，尖角60°。一侧边为单向加工，一侧边为交互加工。长8.07、宽6.78、厚2.13厘米，重96.3克（图5-80：10）。

15YMDT8⑪：975，石灰岩片状毛坯，整体略呈钝角三角形，一面较平坦，另一面有一条纵脊，两侧边较薄锐，不均匀对向修理，在顶端形成三棱状尖角，尖角45°，稍有残损。底端斜向截断，截断面与一侧边亦形成三棱状尖角，截断面与侧边也有零星修疤。长9.41、宽4.06、厚2.6厘米，重80.40克（图5-80：11）。

15YMDT6⑮：1935，石灰岩片状毛坯，似石片毛坯加工，整体形状呈梯形，一面较为平坦，另一面有一条纵脊，在纵脊两侧边加工修理，一侧边为单向加工，一侧边为交互加工，两侧边在顶端汇聚，但尖部残断，断口呈三角形。长5.58、宽4.42、厚2.62厘米，重66.09克（图5-80：12）。

13YMDT6⑩：1009，以石灰岩石片为毛坯，背面全疤。台面和远端往一端修理夹成一锐尖，尖角75°。台面为反向加工，远端为转向加工。长5.96、宽4.48、厚1.27厘米，重29.41克（图5-80：13）。

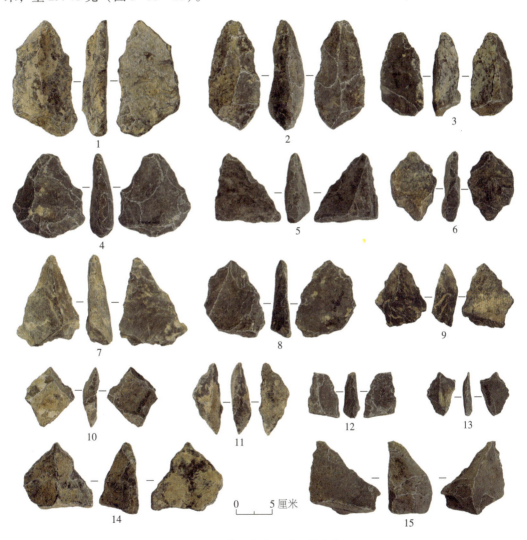

图5-80　第三期文化的正尖尖状器
1~15. 正尖尖状器（15YMDT6⑮：1951、13YMDT7⑪：1093、13YMDT7⑩：951、13YMDT6⑪：1452、
13YMDT6⑫：1668、13YMDT5⑪：725、15YMDT8⑩：947、13YMDT5⑩：669、15YMDT6⑱：2037、
13YMDT6⑮：1875、15YMDT8⑪：975、15YMDT6⑮：1935、13YMDT6⑩：1009、
13YMDT6⑪：1175、13YMDT6⑫：1545）

13YMDT6⑪：1175，石灰岩块状毛坯，三棱状，两薄锐边往一端同向加工夹成一锐尖，尖角65°。片疤均匀连续，器身表面覆盖有钙质胶结。长9.53、宽9.94、厚5.31厘米，重391.03克（图5-80：14）。

13YMDT6⑫：1545，以厚石灰岩石片为毛坯，背面有轻微的风化。远端和右侧边往一端同向加工夹成一尖，已残断。长10.86、宽9.54、厚6.28厘米，重425.78克（图5-80：15）。

角尖尖状器57件。

13YMDT6⑩：967，石灰岩，以三棱状石片为毛坯，破裂面平坦，背面凸起并覆盖有部分钙质胶结。两侧边往一端加工夹成一锐尖，尖角77°。一侧凹刃以单向加工为主，一侧直刃为交互加工。长10.01、宽10.03、厚4.66厘米，重365.23克（图5-81：1）。

15YMDT8⑩：925，石灰岩不规则块状毛坯加工，两面均不平坦，各有一条棱脊，在较薄锐的两侧边略呈交互加工，形成较钝的角尖，尖角约100°，长10.32、宽6.24、厚3.82厘米，重226.84克（图5-81：2）。

13YMDT5⑩：687，石灰岩片状毛坯，破裂面较为平坦。左右两侧边往远端加工夹成一尖，已残断，断口明显。一侧边为正向加工，一侧边为转向加工。手握端亦经修理。长6.91、宽5.21、厚1.77厘米，重68.2克（图5-81：3）。

13YMDT5⑩：675，以石灰岩石片为毛坯，表面覆盖有少量钙质胶结。左侧边及台面边缘往近端加工夹成一短锐尖，尖角70°。均为反向加工。长9.37、宽7.26、厚3.02厘米，重165.6克（图5-81：4）。

13YMDT6⑮：1899，石灰岩块状毛坯，一面平坦，一面有一纵脊。两侧边往一端同向加工夹成一尖，已残断，断口较大。片疤均匀连续。长8.92、宽6.51、厚3.48厘米，重217.93克（图5-81：5）。

15YMDT6⑮：1955，石灰岩石片毛坯，整体形状略呈正三角形，一面为平坦的石片腹面，另一面为有三棱交会的凸起面，在石片侧边和近端错向加工形成角尖，尖角略有残断。长7.01、宽6.4、厚2.2厘米，重91.95克（图5-81：6）。

13YMDT6⑬：1746，石灰岩块状毛坯，一面平坦，一面呈棱脊状凸起。两边往一端加工夹成一短尖，尖角105°。一侧边为转向加工，一侧边以单向加工为主，修疤连续。长8.44、宽5.84、厚4.01厘米，重146.86克（图5-81：7）。

15YMDT6⑯：1997，石灰岩块状毛坯，整体形状略呈三角形，毛坯一面为较平坦节理面，另一面有一条纵脊，在纵脊两侧边单向加工为主形成一个微凸一个微凹的修理边，两个修理边夹成一个角尖，尖角约70°。尖部略有残损。长5.94、宽5.25、厚2.91厘米，重73.84克（图5-81：8）。

13YMDT6⑫：1623，三棱状石灰岩片状毛坯。两边往一端同向加工夹成一尖，尖角75°。片疤连续。长6.82、宽3.88、厚1.67厘米，重44.25克（图5-81：9）。

13YMDT6⑫：1584，菱形石灰岩块状毛坯。相邻的两边往一端加工夹成一尖，尖角87°。一边为单向加工，一边为交互加工。片疤总体较深凹。长13.05、宽10.15、厚6.66厘米，重604.25克（图5-81：10）。

13YMDT6⑪：1193，石灰岩块状毛坯。两条边往一端加工夹成一角，尖角67°。两边以同向加工为主，一边较厚、片疤浅平，一边薄锐、片疤略深凹。器身表面有钙质胶结。长10.08、宽9.83、厚5.83厘米，重433.67克（图5-81：11）。

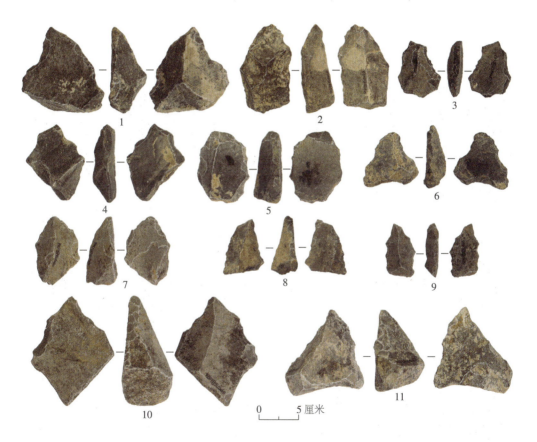

0　　　　5厘米

图5-81　第三期文化的角尖尖状器（一）

1~11. 角尖尖状器（13YMDT6⑩：967、15YMDT8⑩：925、13YMDT5⑩：687、13YMDT5⑩：675、13YMDT6⑮：1899、15YMDT6⑮：1955、13YMDT6⑬：1746、15YMDT6⑯：1997、13YMDT6⑫：1623、13YMDT6⑫：1584、13YMDT6⑪：1193）

13YMDT6⑫：1680，以背面近乎全疤的石灰岩石片为毛坯。两侧向远端加工夹成一短尖，尖角85°。左侧反向加工至手握端，右侧仅在靠近尖部处有少量的修疤，以反向为主。长15.41、宽7.41、厚4.81厘米，重424.05克（图5-82：1）。

13YMDT6⑭：1767，石灰岩块状毛坯，表面覆盖有少量钙质胶结。在一斜面上两边往一端加工夹成一锐尖，尖角77°。一侧为转向加工，一侧为单向加工。长13.56、宽5.12、厚5.41厘米，重398.39克（图5-82：2）。

15YMDT6⑮：1931，石灰岩块状毛坯，整体形状呈长条形，两面均具平坦节理面，一侧为自然断面，一侧为较狭长斜面，在狭长斜面一侧以单向加工为主，形成一条长修理边，与另一侧不规则修理的短修理边交汇成尖角，尖角残断。长11.15、宽5.01、厚3.65厘米，重243.99克（图5-82：3）。

13YMDT6⑭：1784，石灰岩块状毛坯，两面稍光滑为节理面。两边错向加工夹成一尖，尖部残断，断口明显。两侧边修疤连续，大小不甚均匀。长11.1、宽8.44、厚3.16厘米，重303.49克（图5-82：4）。

图5-82　第三期文化的角尖尖状器（二）
1~9. 角尖尖状器（13YMDT6⑫：1680、13YMDT6⑭：1767、
15YMDT6⑮：1931、3YMDT6⑭：1784、13YMDT7⑪：999、
13YMDT6⑩：932、13YMDT6⑪：1479、13YMDT6⑫：1590、13YMDT5⑪：728）

13YMDT7⑪：999，石灰岩块状毛坯，三棱状。三条棱脊均有加工，其中两条棱往一端加工夹成一短锐角尖，尖角47°，尖部一侧棱仅做少量的单向加工，另一侧棱以单向加工为主至器身中部。另一棱脊处有连续的单向浅平片疤，片疤略经磨蚀。长13.82、宽4.6、厚5.17厘米，重349.35克（图5-82：5）。

13YMDT6⑩：932，石灰岩块状毛坯。两薄锐边往顶端加工夹成一长尖，尖角82°。一侧凸刃为复向加工，一侧曲折刃以单向加工为主，半侵入修理，修疤为复合状。长14.32、宽7.71、厚3.57厘米，重352.94克（图5-82：6）。

13YMDT6⑪：1479，石灰岩，以柳叶形石片为毛坯，破裂面稍平整，背面大部分为自然面且有一条纵脊。两薄锐侧边往顶端正向加工夹成大长尖，尖角63°。边缘修理为主，片疤均匀连续呈鳞片状，加工长度指数较高。长15.22、宽6.81、厚3.36厘米，重284.41克（图5-82：7）。

13YMDT6⑫：1590，石灰岩片状毛坯，器表经轻度磨蚀。两边往一端加工夹成一厚尖，尖角65°~93°。一边为单向加工，片疤浅平。一边为交互加工，片疤深凹。边缘修理，修疤连续呈复合状。长13.05、宽7.93、厚3.46厘米，重399.96克（图5-82：8）。

13YMDT5⑪：728，以三棱状石灰岩石片为毛坯，在左右两侧边往远端交互修理夹成一尖，已残断。长10.16、宽6.02、厚3.79厘米，重186.49克（图5-82：9）。

双尖尖状器4件。

13YMDT6⑭：1828，石灰岩，块状毛坯，一端略呈"V"字形。"V"字的两个尖端即为两尖，其中一个尖残断，断口明显，另一个尖角为55°。均以单向加工为主，对毛坯的加工程度较浅。长12.55、宽10.14、厚7.03厘米，重697.71克（图5-83：1）。

15YMDT6⑮：1948，石灰岩石片毛坯加工，一面为微凹的石片腹面，另一面为三条棱脊交汇的隆起面，三条棱脊将背面一分为三，形成三个斜面，斜面边缘均有单向加工的修疤，在石片远端形成一个角尖和一个正尖，角尖尖角约65°，正尖残损。长10.5、宽9.14、厚4.15厘米，重322.37克（图5-83：2）。

13YMDT6⑪：1265，石灰岩片状毛坯，一面平坦，一面凸起。三条薄锐边经同向加工夹成一长锐尖和一短锐尖，尖角分别为43°、74°。凸起面覆盖有钙质胶结。长7.44、宽6.47、厚2.5厘米，重122.05克（图5-83：4）。

13YMDT6⑪：1467，石灰岩片状毛坯，整体呈三角形。三条边均经过不同程度的加工，一边为单向加工，另两边为复向加工，修疤较浅，片疤呈复合状，形成两个尖，其中一个尖已残断，另一个为小舌尖，尖角75°。长6.37、宽6.15、厚2.32厘米，重79.7克（图5-83：5）。

复尖尖状器 1 件。

13YMDT7⑩：946，石灰岩块状毛坯，平面呈三角形，器物表面有黑色浸染。三条边缘两两边往一端修理夹成三尖，一尖已残断，另两尖尖角为 120°、100°。均为单向加工，其中两边同向，一边异向。修疤连续，边缘修理，修疤呈鳞片状。长 8.87、宽 10.37、厚 3.22 厘米，重 252.2 克（图 5-83：3）。

图 5-83  第三期文化的复尖尖状器和双尖尖状器
1、2、4、5 双尖尖状器（13YMDT6⑭：1828、15YMDT6⑮：1948、13YMDT6⑪：1265、
13YMDT6⑪：1467）3. 复尖尖状器（13YMDT7⑩：946）

凹缺器 55 件，占本期石制品的 6.29%。

13YMDT6⑪：1290，石灰岩块状毛坯。在一侧边单向加工出一陡直的凹缺刃，凹缺口长 4.45 厘米，刃角 95°~115°。另一侧边也有连续的片疤形成短直刃，刃口长 4.52 厘米，刃角 95°~105°，以单向加工为主。器身表面有少量钙质胶结。长 11.21、宽 6.37、厚 5.25 厘米，重 384.86 克（图 5-84：1）。

13YMDT6⑫：1613，石灰岩块状毛坯，形状不规则，双凹缺，在一薄锐侧边单向加工出刃缘，相邻一大一小的两个凹缺为主要的使用部位，凹缺口长分别为 2.65、1.15 厘米，刃角分别为 55°~85°、65°~85°。长 9.91、宽 7.04、厚 3.98 厘米，重 243.21 克（图 5-84：2）。

13YMDT5⑫：764，石灰岩片状毛坯。一端和一侧经连续加工形成端凹缺刃和侧直刃，凹缺口长 3.3 厘米，刃角 87°~98°。侧直刃刃口长 7.9 厘米，刃角 80°~105°。凹缺刃为单向加工，侧直刃为交互加工。长 9.82、宽 11.43、厚 3.85 厘米，重 447.03 克（图 5-84：3）。

13YMDT7⑪：1027，石灰岩块状毛坯，整体略呈三角形。在一薄锐边单向加工出刃缘，以中部的凹缺为主要的使用部位，凹缺口长 3.44 厘米，刃角 73°～91°。凹缺口的片疤方向与刃缘其余的片疤方向相反。部分器身表面有钙质胶结。长 13.05、宽 9.23、厚 3.47 厘米，重 374.42 克（图 5-84∶4）。

13YMDT5⑪∶724，石灰岩块状毛坯，表面覆盖有钙质胶结。在一薄锐侧边单向加工出凹缺刃，刃口长 3.84 厘米，刃角 75°～107°。凹缺口两侧亦有片疤。长 11.72、宽 6.47、厚 3.23 厘米，重 192.97 克（图 5-84∶5）。

13YMDT7⑪∶1025，石灰岩块状毛坯，形状不规则，一侧为陡直的断面，一侧薄锐。在薄锐侧边单向加工出刃缘，边缘修理，修疤连续呈复合状，刃缘中部呈现大凹缺，凹缺口长 4.17 厘米，刃角 75°～95°。长 11.89、宽 4.17、厚 2.9 厘米，重 155.05 克（图 5-84∶6）。

13YMDT5⑩∶679，石灰岩块状毛坯。在一薄锐端单向加工出凹缺刃，刃口长 2.41 厘米，刃角 85°～105°。修疤共三层。长 9.11、宽 5.29、厚 4.82 厘米，重 234.02 克（图 5-84∶7）。

13YMDT6⑭∶1772，石灰岩块状毛坯。在一薄锐边缘单向加工出凹缺刃，刃口长 1.73 厘米，刃角 76°～103°。凹缺刃两侧边亦有修疤。长 9.71、宽 5.52、厚 3.02 厘米，重 142.1 克（图 5-84∶8）。

13YMDT6⑫∶1675，石灰岩块状毛坯，截面呈三角形。在两端错向加工出两个较大的凹缺刃，凹缺口长分别为 3.5、3.71 厘米，刃角分别为 50°～80° 和 70°～80°。凹缺内部有不连续细碎崩疤，应为使用所致。长 7.53、宽 5.86、厚 3.28 厘米，重 186.44 克（图 5-84∶9）。

13YMDT7⑩∶962，石灰岩，片状毛坯，表面覆盖有少部分钙质胶结。在一侧边有 4 个单向片疤，形成一条锯齿状刃缘，其中有两个片疤为明显凹缺，凹缺口长分别为 1.29、1.36 厘米，刃角分别为 55°～75°、52°～80°。长 8.11、宽 4.19、厚 2.05 厘米，重 66.89 克（图 5-84∶10）。

13YMDT6⑬∶1728，石灰岩，以背面有疤的石片为毛坯。在较薄锐的右侧边单向加工出凹缺刃，刃口长 3.47 厘米，刃角 75°～85°。凹缺刃两侧亦有修疤。长 7.31、宽 4.93、厚 2.33 厘米，重 71.89 克（图 5-84∶11）。

13YMDT6⑪∶1356，石灰岩块状毛坯。在一侧边一个深凹的片疤形成凹缺，凹缺口长 2.57 厘米，刃角 93°～105°。在另一侧边交互加工出曲折刃缘，刃口长 3.9 厘米，刃角 85°～105°。器身表面有部分钙质胶结。长 5.94、宽 6、厚 2.38 厘米，重 88.72 克（图 5-84∶12）。

13YMDT6⑫∶1608，石灰岩片状毛坯，整体形状呈三角形，腹面不平整，背面凸起，保留自然面。在远端及侧边修理出刃缘，远端中部的凹缺为主要的使用部位，凹缺口长 1.43 厘米，刃角 75°～85°。以正向加工为主。长 6.3、宽 6.16、厚 3.3 厘米，重 94.39 克（图 5-84：13）。

13YMDT5⑩：683，石灰岩片状毛坯，表面覆盖有少量钙质胶结。在一薄锐侧边单向加工出凹缺刃，刃口长 2.03 厘米，刃角 75°～95°，另一侧边也有一个不明显的凹刃。长 6.32、宽 6.12、厚 2.06 厘米，重 89.16 克（图 5-84：14）。

13YMDT6⑬：1708，石灰岩片状毛坯。在一薄锐侧边单向加工出凹缺刃，刃口长 3.08 厘米，刃角 80°～100°。另一薄锐侧边亦有单向加工的连续修疤，一器多用。长 5.12、宽 4.55、厚 1.6 厘米，重 45.55 克（图 5-84：15）。

13YMDT6⑩：1006，石灰岩片状毛坯。在一端单向修理出凹缺，刃口长 2.07 厘米，刃角 60°～80°。长 5.89、宽 4.34、厚 1.36 厘米，重 39.57 克（图 5-84：16）。

图 5-84　第三期文化的凹缺器（一）

1～16. 凹缺器（13YMDT6⑪：1290、13YMDT6⑫：1613、13YMDT5⑫：764、13YMDT7⑪：1027、
13YMDT5⑪：724、13YMDT7⑪：1025、13YMDT5⑩：679、13YMDT6⑭：1772、13YMDT6⑫：1675、
13YMDT7⑩：962、13YMDT6⑬：1728、13YMDT6⑪：1356、13YMDT6⑫：1608、13YMDT5⑩：683、
13YMDT6⑬：1708、13YMDT6⑩：1006）

13YMDT6⑩：1066，石灰岩块状毛坯，三棱状。在一侧边单向修理出凹缺刃，刃口

长 4.35 厘米，刃角 85°～102°。凹缺刃的一侧有连续浅平的异向片疤。长 13.63、宽 9.26、厚 4.82 厘米，重 547.15 克（图 5-85：1）。

15YMDT6⑮：1965，石灰岩块状毛坯，整体形状呈长方形，两面均较平坦，一面为平坦节理面，另一面有条短横脊形成一个平坦面和一个斜面，在斜面上单向加工形成一个大而深的凹缺，凹缺口长 2.62 厘米，凹缺口深 0.5 厘米，凹缺口内还有数个细碎疤。长 11.67、宽 6.54、厚 3.65 厘米，重 398.91 克（图 5-85：2）。

15YMDT6⑮：1960，石灰岩块状毛坯，整体形状不规则，一面为略平的人工破裂面，一面为带棱脊凸起的自然面，在人工破裂面一侧的边缘有一次打击形成的大而深的凹缺，凹缺口长 3.56 厘米，凹缺口深 0.8 厘米，凹缺口旁边还有零星修疤。长 9.06、宽 5.1、厚 2.28 厘米，重 140.27 克（图 5-85：3）。

13YMDT6⑮：1850，石灰岩，三角形块状毛坯，表面覆盖有部分钙质胶结。在一侧节理破裂面一个较深凹的片疤形成凹缺刃，刃口长 1.62 厘米，刃角 63°～95°。凹缺刃一侧还有交互加工形成的直刃缘。长 11.82、宽 8.29、厚 3.5 厘米，重 319.68 克（图 5-85：4）。

15YMDT8⑩：940，石灰岩似石片毛坯，在一薄锐边连续单向加工出刃缘，在刃缘一端有一个深凹的片疤形成凹缺，凹缺口 1.78 厘米，凹缺深 0.6 厘米，刃角 70°。长 10.01、宽 5.26、厚 2.42 厘米，重 122.36 克（图 5-85：5）。

13YMDT6⑪：1512，石灰岩片状毛坯。在石片远端修理出曲折刃缘，以凹缺刃处为主要的使用部位，凹缺口长 3.41 厘米，刃角 75°～94°。以反向修理为主。长 9.72、宽 7.5、厚 5.06 厘米，重 264.07 克（图 5-85：6）。

13YMDT6⑩：1095，石灰岩块状毛坯。在薄锐边单向修理出凹缺刃，刃口长 2.61 厘米，刃角 67°～90°。长 9.56、宽 4.95、厚 5.29 厘米，重 168.84 克（图 5-85：7）。

15YMDT8⑪：985，石灰岩，片状毛坯，一侧薄锐，一侧较厚，在薄锐侧单向加工形成较大凹缺，凹缺口长 2.6 厘米，深 0.66 厘米，凹缺内部还有细碎片疤。较厚一侧也有不均匀修疤，可能为把手修理。长 7.68、宽 6.12、厚 2.61 厘米，重 141.34 克（图 5-85：8）。

13YMDT6⑭：1777，石灰岩块状毛坯，表皮较为光滑。在一边单向加工出较陡直的凹缺刃，刃口长 2.64 厘米，刃角 90°～100°。手握部分经简单的修整。长 8.04、宽 6.15、厚 2.55 厘米，重 119.29 克（图 5-85：9）。

15YMDT6⑱：2041，石灰岩，略具平行节理面的片状毛坯加工，三边均为人工断面，另一边单向加工出具有两个钝尖的曲折刃缘，两个钝尖之间形成较深凹的凹缺，凹缺口长 3.03 厘米，深 0.6 厘米。长 7.56、宽 5.42、高 1.61 厘米，重 86.18 克

（图 5-85：10）。

图 5-85　第三期文化的凹缺器（二）

1~12. 凹缺器（13YMDT6⑩：1066、15YMDT6⑮：1965、15YMDT6⑮：1960、13YMDT6⑮：1850、
15YMDT8⑩：940、13YMDT6⑪：1512、13YMDT6⑩：1095、15YMDT8⑪：985、13YMDT6⑭：1777、
15YMDT6⑱：2041、13YMDT7⑩：958、13YMDT5⑫：765）

13YMDT7⑩：958，以石灰岩石片为毛坯。在一侧边单向加工出凹缺刃，刃口长 2 厘米，刃角 57°~95°。另一侧边的薄锐处亦有修疤。长 7.98、宽 4.79、厚 2.87 厘米，重 94.46 克（图 5-85：11）。

13YMDT5⑫：765，石灰岩块状毛坯，一面平坦。在一端两个同向的片疤形成凹缺刃，凹缺口长 1.92 厘米，刃角 68°~79°。一侧边分布有不连续的片疤，另一侧为较陡直的断口。长 4.71、宽 5.07、厚 2.07 厘米，重 47.92 克（图 5-85：12）。

锥钻 10 件，占本期石制品的 1.15%。

13YMDT6⑭：1837，石灰岩块状毛坯，两面均较平坦。在一端对向加工出一钻尖，尖角 90°。毛坯本身自带一尖角，手握范围的锋利部分经连续的单向修整。长

17. 14、宽 8.52、厚 3.16 厘米，重 523.23 克（图 5-86：1）。

13YMDT6⑮：1787，石灰岩块状毛坯。在一端错向加工形成一钻尖，尖角 70°，截面呈平行四边形。底端有连续的单向修疤。长 9.93、宽 7.01、厚 3.5，重 293.51 克（图 5-86：2）。

13YMDT6⑮：1813，石灰岩块状毛坯，一面为平整的节理面，一面为自然面。在一薄锐边同向修理出截面呈梯形的钻尖，尖角 70°。长 7.07、宽 6.96、厚 3.34 厘米，重 122.76 克（图 5-86：3）。

15YMDT8⑩：933，灰褐色石灰岩，似石片毛坯加工，一面为平台节理面，另一面为三棱锥状凸起，形成 3 个三棱状尖角，其中一个残断，一个略钝，在第 3 个三棱状尖角两侧对向加工出两个凹缺，构成三棱尖的肩部，呈锥状。尖角部位有残损。长 10.68、宽 8.42、厚 3.64 厘米，重 243.71 克（图 5-86：4）。

13YMDT5⑩：676，石灰岩片状毛坯。在一端修理出一钻尖，尖角 60°，一侧边为复向加工，另一侧边仅在靠近尖部处略做修理。片疤清晰连续，但大小不甚均匀。长 6.12、宽 4.69、厚 2.36 厘米，重 66.14 克（图 5-86：5）。

13YMDT6⑭：1773，石灰岩片状毛坯，两面均较平坦。在一端对向加工出一短尖，尖角 89°。手握端及一侧边缘薄锐处经连续的单向加工以修型。长 10.75、宽 9.91、厚 2.08 厘米，重 249.81 克（图 5-86：6）。

图 5-86　第三期文化的锥钻
1~7. 锥钻（13YMDT6⑭：1837、13YMDT6⑮：1787、13YMDT6⑮：1813、15YMDT8⑩：933、
13YMDT5⑩：676、13YMDT6⑭：1773、13YMDT6⑮：1869）

13YMDT6⑮：1869，石灰岩块状毛坯，整体形状呈三角形。两边往一端加工修理出截面呈三角形的钻尖，已残。靠近钻尖的两侧为同向加工，修理对称。长8.92、宽10.02、厚3.67厘米，重248.11克（图5-86：7）。

手镐34件，占本期石制品的3.89%。

15YMDT6⑮：1983，浅灰色石灰岩，块状毛坯，整体略呈长方形，具有平行节理面的毛坯加工，一面平坦，一面有两条交汇棱脊形成一宽一窄的斜面，在两斜面上单向加工交汇成尖，尖部略有残损，尖角约75°。长15.8、宽13.31、厚3.75厘米，重865.75克（图5-87：1）。

13YMDT5⑩：699，石灰岩块状毛坯，一面平坦。两边往一端加工夹成一短厚钝尖，尖角63°。两边以同向加工为主，片疤较大。手握端亦有交互修理的小片疤。长12.68、宽13.79、厚4.39厘米，重720.81克（图5-87：2）。

13YMDT6⑫：1609，菱形石灰岩块状毛坯，两面均平坦。一边缘单向加工与另一自然边夹成一短尖，尖角75°。表面覆盖有少量钙质胶结。长18.31、宽9.25、厚6.72厘米，重1851.13厘米（图5-87：3）。

13YMDT6⑪：1191，石灰岩片状毛坯，整体形状呈三角形。两边往一端异向加工形成一短锐的角尖，尖角84°。较厚的一边仅在靠近尖部处稍加修理。较薄锐边修理至手握端。器身表面有部分钙质胶结。长11.27、宽13.06、厚5.18厘米，重747.52克（图5-87：4）。

13YMDT6⑩：994，石灰岩，三棱块状毛坯。三条棱脊均有不同程度的修理，在顶端汇聚成尖，尖部有残损。一棱脊为单向的连续加工，另外两条棱脊的修疤不连续，修理的程度较浅，形态接近毛坯原型。长17.99、宽7.6、厚8.69厘米，重1113.59克（图5-87：5）。

13YMDT6⑩：1048，石灰岩，以石片为毛坯。远端与相邻的边加工夹成一尖，尖部残损。单向加工为主，修疤连续，底端为齐整断口，断口与远端形成尖角，尖角处有加工片疤，可能为工具残断后再加工。长15.19、宽9.12、厚5.89厘米，重702.76克（图5-87：6）。

15YMDT8⑪：961，灰色石灰岩，块状毛坯，形状不规则，一面为平坦节理面，另一面有三条汇聚状棱脊，其中一条棱脊延伸较长，与两侧边形成三棱状角尖，角尖两侧有不规律修疤，修疤较大而深。长14.58、宽11.5、厚5.61厘米，重793.20克（图5-87：7）。

13YMDT6⑮：1825，石灰岩，块状毛坯。对毛坯略经去薄和修型后，两侧边往一端加工形成一短锐尖，尖角70°。以单向加工为主，器身约有一半的面积保留自然面。长15.38、宽7.9、厚3.33厘米，重518克（图5-87：8）。

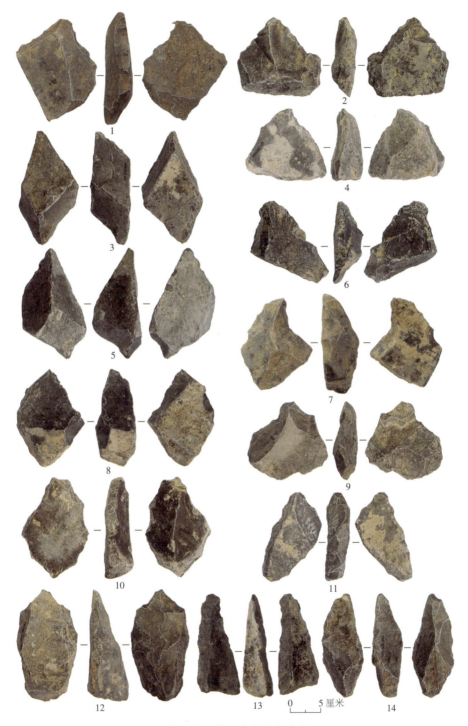

图 5-87 第三期文化的手镐

1~14. 手镐（15YMDT6⑮：1983、13YMDT5⑩：699、13YMDT6⑫：1609、13YMDT6⑪：1191、
13YMDT6⑩：994、13YMDT6⑩：1048、15YMDT8⑪：961、13YMDT6⑮：1825、13YMDT7⑩：953、
13YMDT6⑪：1377、13YMDT6⑪：1404、13YMDT7⑫：1076、15YMDT6⑮：1932、13YMDT6⑫：1544）

13YMDT7⑩：953，石灰岩块状毛坯，器身表面部分风化严重。两边往一端同向加工成一舌状尖，已残断。一侧边仅在靠近尖部处稍作加工，另一侧边加工至手握端。手握端经简单修理。长 12.62、宽 13.38、厚 4.11 厘米，重 638.31 克（图 5-87：9）。

13YMDT6⑪：1377，石灰岩片状毛坯，破裂面较平坦，背面有一微凸的纵脊。两侧往一端加工形成一尖，已残断。一侧较厚，片疤大而浅平，一侧稍薄，片疤连续均匀。两侧均为转向加工。长 16.21、宽 10.92、厚 5.02 厘米，重 835.47 克（图 5-87：10）。

13YMDT6⑪：1404，石灰岩块状毛坯，整体形状呈斜三角形，两面均较平坦，两侧边均有斜面，一长边和一短边往顶端对向加工成一尖，尖部残损。底端为齐整断口，可能为使用过程中发生断裂而废弃。长 14.87、宽 6.91、厚 3.64 厘米，重 564.33 克（图 5-87：11）。

13YMDT7⑫：1076，石灰岩块状毛坯，一面平坦，一面凸起，底端厚重。两边往一端加工成一短尖，尖角 90°。平坦面保留石块自然面，凸起面经侵入性修理，基本不见自然面，单向加工为主，片疤为复合状。器身表面覆盖有少部分钙质胶结。长 16.83、宽 9.84、厚 8.01 厘米，重 1852.51 克（图 5-87：12）。

15YMDT6⑮：1932，灰色石灰岩，块状毛坯，整体呈长条形，横截面呈菱形，在两较锐的边棱上不规则加工，修理边汇聚成角尖，尖部略有残断。长 15.76、宽 6.73、厚 3.82 厘米，重 339.76 克（图 5-87：13）。

13YMDT6⑫：1544，石灰岩块状毛坯。原坯两面具有平行节理面，两侧边半侵入型加工成斜面在尖端聚拢形成长尖，尖部残损，尖角 79°。斜面边缘又做细致修理，对向修理，修疤连续均匀呈鳞片状。长 16.55、宽 7.6、厚 5.65 厘米，重 548.5 克（图 5-87：14）。

断块和碎片 5 件，占本期石制品的 0.55%。其中 2 件为硅质岩断块，1 件为硅质岩碎片，2 件为石灰岩断块。硅质岩断块和碎片尺寸较小，为加工硅质岩制品时产生的残块和修理崩疤，作为特殊原材料的副产品全部采集。石灰岩断块为无法归入其他类别但人工痕迹明显的残断块，尺寸较大，此类断块与角砾块混杂，识别难度较大，发现数量较少。

其他 2 件，占本期石制品的 0.22%。1 件为钟乳石残块，1 件为石灰岩残块。均为差异风化形成，无明显人工痕迹但形态奇异的产品，作为特殊物件收集。此类物件黄万波先生在参与发掘时收集较多，包括但不限于"子母器""三棱石""石砧""喙嘴器""刻划符号"等（黄万波等，2016），这些物件因无明显人工痕迹，故未予采信。

## 三、动物化石

本期遗存出土动物化石共计 541 件（含骨角牙制品 14 件）。其中动物牙齿 115 件、角 8 件、骨头 418 件。分别来自 T5（N=35）、T6（N=369）、T7（N=95）、T8（N=42）的编号动物化石标本，其中第⑪层动物化石数量最多，占本期动物化石的40.85%，第⑩层动物化石次之，占比 23.1%，第⑫层再次，占比 18.11%，第⑮层虽然只发掘了 T6 一个探方，但也出土了较丰富的动物化石，占比 8.32%，第⑬层动物化石数量最少，仅占比 0.55%，其余层位动物化石分布较少且数量相当，占比在 2.4%~2.59%。本期遗存出土动物化石较为破碎，少量动物化石表面附着碳酸钙沉积物和黑色铁锰浸染。可鉴定标本主要集中在牙齿化石，经过初步的种属鉴定，动物种类较为丰富，主要包括 5 目 10 科 15 种（图 5-88）。现将本期遗存发现的典型动物化石简述如下：

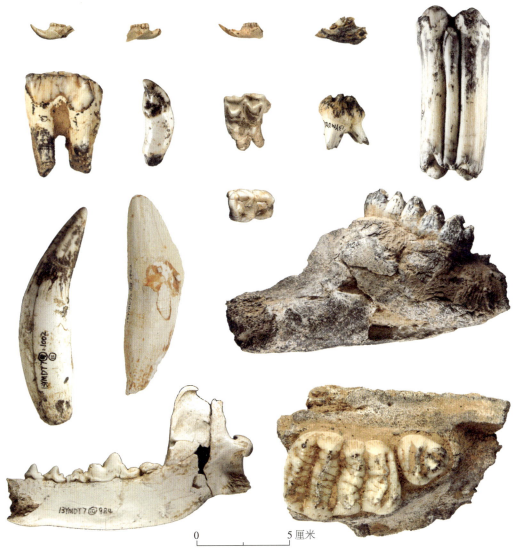

图 5-88　第三期文化的哺乳动物化石

大哺乳动物化石主要有：

偶蹄目 Artiodactyla Owen，1848

 鹿科 Cervidae Gray，1821

  水鹿 *Cervusunicolor* Kerr，1792

  鹿（未定种）*Cervus* sp.

  大赤麂 *Muntiacus muntjac margae* Hooijer，1951

 牛科 Bovidae Gray，1821

  谷氏大额牛 *Bibos gaurus grangeri* Colbert et Hooijier，1953

 猪科 Suidse Gray，1821

  野猪 *Sus scrofa* Linneaus，1758

奇蹄目 Perissodactyla Owen，1848

 犀科 Rhinocerotidae Owen，1845

  梅氏犀 *Stephanorhinus kirchbergensis*（Jäger，1839）

长鼻目 Proboscidea Illiger，1811

 剑齿象科 Stegodontidae Falconer，1857

  东方剑齿象 *Stegodon orientalis* Owen，1870

 真象科 Elephantidae Gray，1821

  亚洲象 *Elephas maximus* Linneaus，1758

长鼻目（未定属种）Proboscidea indet.

食肉目 Carnivora Bowdich，1821

 大熊猫科 Ailuropodiae Pocack，1921

  巴氏大熊猫 *Ailuropoda melanoleuca* baconi Woodward，1915

 猫科 Felidae Fischer de Waldheim，1817

  ? 似剑齿虎（未定种）? *Homotherium* sp.

小型哺乳动物化石主要有：

啮齿目 Rodentia：

 竹鼠科 Rhizomyidae Milleret Gidley，1918

  中华竹鼠 *Rhizomys sinensis*（Gray，1831）

 豪猪科 Hystricidae Burnett，1830

  华南豪猪 *Hystrix brachyura subcristata* Swinhoe，1870

  江山豪猪 *Hystrix kiangsenensis* Wang，1931

本期动物化石遗存出土状况较为破碎，为了更好地掌握动物群的构成和化石保存状况，我们对出土动物化石进行了动物种属和解剖学部位的鉴定，同时也对动物骨骼风化磨蚀、胶结物分布、表面痕迹等情况进行了观察分析。初步将本期遗存出土的动物化石进行了简要的分类统计（表5-11），结合标本信息的全面观察和分析，初步可以得出以下认识：

1) 大哺乳动物化石中可鉴定的化石种属主要是象类动物，占比10.17%。鹿科动物次之，占比6.65%，牛科和犀科动物也有少量发现，占比分别为2.96%和2.22%，其余种属发现很少，占比均不足1%。小哺乳动物化石种属主要是啮齿目中的豪猪科、竹鼠科，占比分别为0.74%、0.55%，也有少量未能鉴定到属种的啮齿目动物化石，占比0.92%，本期动物化石遗存中基本不见其他食虫目和翼手目化石。

2) 动物化石残存部位以牙齿和破碎的骨块数量最多，分别占比22.92%和21.07%。其次是脊椎骨和肢骨，分别占比10.35%和10.17%，肋骨和趾骨也有一定数量，分别占比8.13%和8.87%，其余部位的动物骨骼化石较少，占比在0.18%~3.33%。其中小哺乳动物化石几乎均为牙齿或带牙齿的颌骨，均归入牙齿统计。

3) 本期动物化石中至少有14件骨、牙器，占动物化石的2.59%。部分骨骼化石表面有人工改造痕迹，可能经历人工肢解消费和利用（图5-89、图5-90）。

4) 动物化石破碎程度较深，大部分动物化石表面没有风化磨蚀或程度较浅，少部分动物化石附着钙质胶结物，少见铁锰浸染，不见动物啃咬痕迹。

5) 动物化石中犀和象这两类大型动物化石多以牙齿发现，显示中老幼年个体居多，且绝大部分为婴幼儿期的个体，少见成年和老年个体。其他种属动物化石的年龄并无规律性集中分布现象。

## 四、骨牙制品

本期遗存中共识别骨牙制品14件，占本期发现动物化石总数的2.59%。分别来自2013年发掘的T5-T8（N=11）和2015年发掘的T6（N=1）和T8（N=2）。本期骨牙制品出土层位以第⑪层数量最多，占比50%，第⑩层次之，占比28.6%，第⑭层和第⑮层也有少量发现，占比分别为7.1%和14.3%，其余各层未发现。骨牙制品类型组合中骨器（N=12）数量最多，骨断块（N=1）和牙器（N=2）较少，未发现角器。骨牙制品大致参照石制品的分类原则和标准，可划分为骨断块（N=1）、骨刮削器（N=3）、骨尖状器（N=6）、骨凹缺器（N=1）、骨砍砸器（N=1）、牙刮削器（N=2）等（表5-12）。大部分骨牙制品以较破碎的骨片和骨块为毛坯进行加工修理，其中的2件骨器的毛坯具有典型剥片特征。骨牙制品中少见残断四肢骨直接加工修理成器。牙器中的刮削器一件为牛门齿单向加工的典型端刃刮削器，另一件为熊犬齿人工改造磨耗呈扁平状的边刃刮削器。骨牙制品形态尺寸差异略大，其中9件尺寸大于10厘米，占64.3%，5件尺寸小于10厘米，占35.7%。

表5-11　玉米洞遗址第三期文化遗存出土动物化石统计表

| 种属\部位 | 象 | 牛 | 鹿 | 麂 | 豪猪 | 竹鼠 | 犀 | 豺 | 虎 | 貘 | 鸟 | 螺蛳 | 熊猫 | 野猪 | 啮齿目 | 未定种属 | 合计 | 百分比 |
|---|---|---|---|---|---|---|---|---|---|---|---|---|---|---|---|---|---|---|
| 牙 | 47 | 13 | 20 | 5 | 4 | 3 | 12 |  | 2 |  |  |  | 1 | 3 | 5 | 9 | 124 | 22.92% |
| 下颌骨 | 1 |  | 1 |  |  |  |  | 1 |  |  |  |  |  |  |  | 4 | 7 | 1.29% |
| 角 |  |  | 4 | 2 |  |  |  |  |  |  |  |  |  |  |  | 2 | 8 | 1.48% |
| 头骨 |  |  |  |  |  |  |  |  |  |  |  |  |  |  |  | 5 | 5 | 0.92% |
| 肩胛骨 |  |  | 2 |  |  |  |  |  |  |  |  |  |  |  |  | 6 | 8 | 1.48% |
| 脊椎骨 | 2 |  |  |  |  |  |  |  |  |  |  |  |  |  |  | 54 | 56 | 10.35% |
| 肢骨 |  |  |  |  |  |  |  |  |  |  |  |  |  |  |  | 55 | 55 | 10.17% |
| 股骨 | 1 |  |  |  |  |  |  |  |  |  |  |  |  |  |  |  | 1 | 0.18% |
| 肋骨 |  |  |  |  |  |  |  |  |  |  |  |  |  |  |  | 44 | 44 | 8.13% |
| 肱骨 |  |  |  |  |  |  |  |  |  |  |  | 1 |  |  |  | 7 | 8 | 1.48% |
| 腓骨 |  |  |  |  |  |  |  |  |  |  |  |  |  |  |  | 2 | 2 | 0.37% |
| 腕骨 |  |  |  |  |  |  |  |  |  |  |  |  |  |  |  | 7 | 7 | 1.29% |
| 胫骨 |  |  |  |  |  |  |  |  |  |  |  |  |  |  |  | 3 | 3 | 0.55% |
| 跗骨 |  | 1 | 1 |  |  |  |  |  |  |  |  |  |  |  |  | 16 | 18 | 3.33% |
| 指骨 |  |  | 1 |  |  |  |  |  |  |  |  |  |  |  |  |  | 1 | 0.18% |
| 趾骨 | 2 | 1 |  |  |  |  |  |  |  | 1 | 1 |  |  |  |  | 43 | 48 | 8.87% |
| 掌骨 |  |  |  |  |  |  |  |  |  |  |  |  |  |  |  | 4 | 4 | 0.74% |
| 盆骨 | 1 |  |  |  |  |  |  |  |  |  |  |  |  |  |  | 3 | 4 | 0.74% |
| 距骨 |  | 1 |  |  |  |  |  |  |  |  |  |  |  |  |  | 3 | 4 | 0.74% |
| 桡骨 |  |  |  |  |  |  |  |  |  |  |  |  |  |  |  | 1 | 1 | 0.18% |
| 关节骨 |  |  |  |  |  |  |  |  |  |  |  |  |  |  |  | 18 | 18 | 3.33% |
| 骨块 | 1 |  |  |  |  |  |  |  |  |  |  |  |  |  |  | 113 | 114 | 21.07% |
| 甲壳 |  |  |  |  |  |  |  |  |  |  |  |  |  |  |  | 1 | 1 | 0.18% |
| 合计 | 55 | 16 | 29 | 7 | 4 | 3 | 12 | 1 | 2 | 1 | 1 | 1 | 1 | 3 | 5 | 400 | 541 | 100.00% |
| 百分比 | 10.17% | 2.96% | 5.36% | 1.29% | 0.74% | 0.55% | 2.22% | 0.18% | 0.37% | 0.18% | 0.18% | 0.18% | 0.18% | 0.55% | 0.92% | 73.94% | 100% |  |

注：表中数据来源于2013~2015年正式发掘标本，不含2011~2012年试掘标本。

图 5-89　第三期文化遗存动物骨骼化石表面痕迹（一）
1. 人工砸击痕迹；2~6. 人工砍切痕迹

图 5-90　第三期文化遗存动物骨骼化石表面痕迹（二）

1~2. 人工砍砸切割痕迹；3. 疑似锥钻痕迹；4. 人工刮痕

表 5-12　　　　　　　　　第三期文化遗存的骨牙制品类型统计表

| 类别→<br>原料↓ | 刮削器 | 尖状器 | 砍砸器 | 凹缺器 | 断块 | 小计（件） | 百分比（%） |
|---|---|---|---|---|---|---|---|
| 骨 | 3 | 6 | 1 | 1 | 1 | 12 | 85.71 |
| 牙 | 2 | | | | | 2 | 14.29 |
| 合计（件） | 5 | 6 | 1 | 1 | 1 | 14 | |
| 百分比（%） | 35.72 | 42.86 | 7.14 | 7.14 | 7.14 | | 100.0 |

骨刮削器 3 件，占本期骨牙制品的 21.43%。数量较少，有单刃和复刃之分。13YMDT6⑩：1116，复刃骨刮削器，片状毛坯，轻度磨蚀，毛坯四周几乎都有单向修理，修疤连续均匀，形成多个刃缘，刃角略显钝厚。局部刃缘有铁锰浸染现象。长 13.62、宽 6.61、厚 2.05 厘米，重 92.14 克（图 5-91：7）。15YMDT8⑮：913，整体呈窄长条状，在一侧边单向加工出大锯齿状刃缘，修疤略显大而深。长 4.86、宽 1.82、厚 1.12 厘米（图 5-91：3）。

骨尖状器 6 件，占本期骨牙制品的 42.86%。在残破的动物肢骨中较为常见带尖类骨片，其中有些可能经过使用而成为骨尖状器，但并不好识别，这里主要指尖部两侧边有明显加工修理痕迹的骨器。15YMDT8⑩：919，整体略呈长条状，由带髓腔的骨片制作，由一条较长的修理边与一条较短的修理边汇聚成尖，尖角约 40°，长 15.2、宽 3.54、厚 1.26 厘米（图 5-91：5）。13YMDT6⑮：1880，由稍厚的带髓腔骨片制作，两端均有少量修理，近尖端有明显连续修疤，形成尖角，尖部稍有残损。长 12.68、宽 3.84、厚 1.75 厘米（图 5-91：2）。13YMDT6⑪：1342，形态不规则，由较厚重的骨块打制，一侧边为稍平直的刃缘，一侧边为曲折刃缘，两侧边汇聚成尖，尖角有残损。长 13.1、宽 6.35、厚 1.99 厘米（图 5-91：1）。

骨砍砸器 1 件，占本期骨牙制品的 7.14%。骨砍砸器可能并不具有砍砸功能，这里的骨砍砸器主要以厚重且尺寸较大的骨块加工的骨器，区别于以较薄且尺寸较小的毛坯加工而成的骨器。13YMDT6⑪：1398，略呈长方形，以厚重骨片打制，在一端形成斜断刃，刃角约 40°，刃缘长 6.23 厘米。长 16.8、宽 7.37、厚 2.55 厘米（图 5-91：6）。

骨凹缺器 1 件，占本期骨牙制品的 7.14%。13YMDT6⑭：1842，以带髓腔的骨片加工，一侧边及尖部有连续单向修疤，在近尖部有大而深的凹缺刃。长 7.37、宽 2.3、厚 0.45 厘米（图 5-91：4）。

骨断块 1 件，占本期骨牙制品的 7.14%。骨断块在遗址中有较多数量出土，但不易确定其人工属性，识别难度较大，这里骨断块特指人工打制痕迹明显，骨块断口形态、内角度等均指向制作骨器有关的骨断块。

图 5-91　第三期文化的骨器
1、2、5. 骨尖状器（13YMDT6⑪：1342、13YMDT6⑮：1880、15YMDT8⑩：919）
3、7 骨刮削器（15YMDT8⑮：913、13YMDT6⑩：1116）4. 骨凹缺器（13YMDT6⑭：1842）
6. 骨砍砸器（13YMDT6⑪：1398）

　　牙刮削器 2 件，占本期骨牙制品的 14.29%。13YMDT6⑪：1311，牙端刮器，以牛门齿作为原型坯材，由舌侧向颊侧单向加工为主，形成具有 2 层修疤的凸刃缘，修疤连续，刃角 38°，舌侧有一个大而浅平的片疤，器身牙釉质脱落仅剩少量残余。长 5.4、宽 1.9、厚 1.23 厘米，重 5.20 克（图 5-92：1）15YMDT6⑮：1952，刮削器，以熊的犬齿为原型，齿冠一侧面可能经人工改造，形成明显的磨耗面，整体呈扁平状锋刃，刃部有少量使用崩疤。长 10.08、宽 3.12、厚 2.58 厘米（图 5-92：2）。

0　　　　　　　　　　5 厘米

图 5-92　第三期文化的牙器
1~2. 牙刮削器（13YMDT6⑪：1311、15YMDT6⑮：1952）

# 第六章　石制品技术的分期与演变研究

## 第一节　分期研究背景及术语说明

### 一、分期研究背景

本章研究的石制品主要来自 2011~2015 年进行的两次试掘和两次正式发掘，均为登记编号的石制品，合计 3404 件。2011 年度的初次试掘较为粗放，是作为古生物化石点进行挖掘的，石制品层位信息记录不详，不适宜分期研究和统计分析，仅作对比参考。故本章石制品分析与统计的数据主要来自 2012~2015 年度考古发掘材料的整合，合计 3297 件。其中第一期文化涉及石制品 1262 件，第二期文化涉及石制品 1133 件，第三期文化涉及石制品 902 件（表 6-1）。作者博士论文曾对 2013 年度出土的石制品进行过分层研究，但过于细致的分层研究不利于长时段观察石制品技术的历时性变化和阶段性特征，本章按照前文关于文化遗存的分期，分别对不同分期的石制品进行原料与毛坯、类型与组合、技术与形态等方面的详细分析和研究，总结不同分期的石制品组合面貌和工业特征。

表 6-1　　　　　　　　　　玉米洞遗址石制品构成统计

| 石制品分期 ＼ 石制品年度 | 2011 年度 | 2012 年度 | 2013 年度 | 2015 年度 | 合计（件） | 百分比（%） |
|---|---|---|---|---|---|---|
| 第一期文化 | ？ | 43 | 1219 | 0 | 1262 | 38.3 |
| 第二期文化 | ？ | 27 | 891 | 215 | 1133 | 34.4 |
| 第三期文化 | ？ | 0 | 743 | 159 | 902 | 27.3 |
| 合计 | 107 | 70 | 2853 | 374 | 3297（3404） | |
| 百分比（%） | 3.14 | 2.06 | 83.81 | 10.99 | | 100% |

注：2011 年度出土石制品大多脱层，缺乏准确地层信息记录，无法准确分期。

玉米洞遗址丰富的石制品数量和类型为石器技术研究奠定良好基础，而遗址长时段的地层堆积和系统的测年数据搭建起了良好的文化演化框架序列，这使得对玉米洞遗址中—晚更新世的石制品技术演变研究成为可能。中国的旧石器时代石器技术，特别是南方地区的石器技术经历了一场被认为是原始和缓慢的演变过程，是以克拉克技术模式1为主的石器技术从旧石器时代早期到晚期甚至新石器时代一直延续，没有明显变化。这种技术或者文化上历时性"不变"是真的没有变化吗？如果有变化，是什么因素造成这种技术上的变异？如果不变，那么保持不变的机制和原因又是什么？这是非常值得探索的学术问题。玉米洞遗址所处的三峡地区是中国南方最具代表性的一个区域，区内具有特定的生态环境和石器技术特征。玉米洞遗址整体的石器技术研究显示，以西方史前文化演化的5个模式理论来论证中国的石器技术演变的过程与模式并不适宜。同时，玉米洞遗址的石器技术特征揭示出中国南方地区的石器技术远比我们此前认识到的更为复杂多样。因此，基于玉米洞遗址丰富的史前遗存和特殊且具有历时性的石制品材料，适时开展特定区域下的石制品技术演变研究显得格外重要，对古人类长期占据遗址的历程和文化的适应性进行研究也极为有趣，为扩展讨论三峡地区乃至中国南方的石器技术起源与发展演变提供范例。

## 二、研究方法与术语

前文采用传统的类型学对玉米洞遗址出土的石制品材料进行了分类描述和系统报道，本章在前文基础上更多地从技术学层面对不同分期的石制品进行详细研究。石器技术研究的方法倾向于以一种不同于类型学的视角来研究石制品。石器技术的研究在旧石器考古学科发展之初就存在，一般被认为是石器打制的技巧，但石器技术研究作为一种研究方法和手段是法国学者率先发展和完善起来的，他们在原"操作链"概念基础上发展出技术—经济学和技术—认知学，二者相互依存不可分割。技术认知学分析以定义石器生产体系中所应用的技术知识为目的，可将石器打制计划及操作程式解构为理念（concept）、方法（method）、技艺（technique）和程序（technical procedure）四个层次（李英华等，2009；Inizan et al. 1992），而技术—经济学分析的目的是从经济学和社会学视角来阐释史前人类的技术行为（Boëda et al. 1990）。

按照石器工业生产操作链所包含的不同阶段，我们一般将石器技术分析分为以下四个方面：1. 石制品原料的开发与利用；2. 石器工业生产体系分析（包含以剥坯和修型两类不同概念组织的石器工业分析）；3. 工具预设功能与使用方式分析；4. 对石器工业生产体系的技术—经济学分析与解释（李英华，2017）。石器技术分析的目的是复原石器工业生产的技术体系，而这些技术特征可能在毛坯生产过程中获得，也可能在工具的二次加工和使用过程中获得，因而在石器工业生产过程中存在两大基本概念，即"剥坯"和"修型"，二者的分析方法也有明显差别。

剥坯概念的技术分析比较流行的方法是"技术分析图"，这种方法更适合单件石制品的研究和石核剥片技术的研究，对工具的修理技术分析较少。工具的修理某种意义上来说也是一种剥片行为，是以工具加工或再修理为目的的连续剥片，所以主要应用于石核剥片技术研究的理念（concept）、方法（method）、技艺（technique）和程序（technical procedure）等技术术语其实同样适用于工具修理。此外，工具修理又不同于剥片，常常以毛坯的选择、修理的方法（锤击、压制法等）、修理部位（近端、远端等）、加工方向（正向、错向、交互等）、刃缘形态（直、凹、凸刃等）、刃口状态（锯齿、平齐状等）等为参数，开展工具修理技术的分析和研究（李锋等，2020）。

修型概念的技术分析较适用的方法是"技术—功能分析"。这种方法是专门针对史前工具的分析方法，并以此来探究石器制作者打制工具的目的和工具的功能及使用方式。M. Lepot 等人运用这种方法对莫斯特文化的工具进行了实践研究，结果显示工具加工的目的是创造不同数量和形态的刃口，而工具的预设功能与使用方式由刃口的技术特征所决定（M. Lepot，1993）。李英华等人也将这种分析方法引入到中国南方观音洞遗址的石制品分析中（李英华等，2011）。技术—功能分析的基础方法是"技术阅读"（technological reading）（Inizan et al. 1999），其基础模型是刃口的"二面结构"，更关注工具的加工阶段。这种方法包含了对单件石制品的分析和对特定单位石制品的整合研究两个层次，起初"以刃口为先"揭示刃口技术特征与工具功能和使用方式的关系，反映工具生产与使用过程之间的一种技术逻辑，后来研究证明这种方法也能揭示出打制者将毛坯加工成工具的意图并以推理的方式确定工具的使用方式（Boëda，2001；Bourguignon，1997；Soriano，2000）。技术—功能分析通过寻找工具制作在"原料的开发与利用""毛坯的选择与生产""工具的加工与修理"等不同加工流程阶段起支配作用的技术机制和逻辑规则，依靠重复出现的证据理解工具的预设功能和使用方式，并揭示古人类的打制意图，达到复原操作链的目的（李英华等，2011）。

剥坯和修型是石器工业生产体系的两大基本结构或概念，理论上二者本身也是对待原料的不同处理方式。剥坯概念为主的石器工业分析侧重于揭示剥坯方法和所获剥片的技术特征，而修型概念为主的石器工业分析则侧重于揭示工具的整体构型及刃口特征来推测预设性功能和使用方式。虽然不同的石器分析概念具有不同的内涵和不同的侧重，但二者有着共同的理论前提，即认为石器工业生产体系是体现了人类意识的文化遗存，是古人类与环境资源互动的结果，因而可以据此了解古人类的技术认知与行为方式。考虑到玉米洞遗址的石制品材料的特殊性，石核石片数量较少，工具占绝对数量，且工具毛坯的原始形态多具有"平行节理面"特征,二面结构突出,非常适宜采用技术—功能分析法来进行研究。因此,我们在传统的功能类型划分基础上,主要采用以修型为主的石器工业分析方法和流程,引入法国学者"技术—功能"分析方法,以石器加工制作者和使用者的视角,对玉米洞遗址特殊的石制品开展进一步的石器工业生产体系及古人类技术行为的分析。

现对相关研究术语说明如下:

原料(raw materials):被古人类选择并用于石制品加工制作的天然原型材料,形态上可包含砾石、岩块以及天然可能作为工具加工的毛坯等,岩性可包含硅质岩、石英岩、石灰岩等。

毛坯(blank):既可指代工具制作原料的初始状态,如砾石、石块、石片等,也可指代制作工具的阶段性产品,即粗坯或半成品。这两种不同的指代内容对应到石制品技术上,代表了石器工业生产体系中两个最基本的概念:剥坯与修型。本章区分的片状和块状毛坯主要指代剥坯概念的毛坯,为工具制作原材料的初始状态,即未经修理但可能被制作成工具的人工块状或片状坯材,某些特殊形态的原料可直接优选作为毛坯。片状毛坯包含了能够识别的具有一些石片特征的毛坯和具有平行节理面且宽厚比为 5 以上的毛坯。其余不规则且宽厚比为 5 以下者归为块状毛坯。本章分类的毛坯的模块类型则主要指代修型概念的毛坯,代表了工具的预设形制和功能。

类型(type):基于特定标准进行分类的较小子类,具有一些相同特征的多个个体被称为一个"类型"。类型可根据形态、技术、功能、风格等不同参数或标准来定义。本章的类型除了传统的以功能来划分的类型,如砍砸器、牙刮削器等,还有以毛坯或形态来划分的类型,如 Type1~16,即将制作工具的毛坯形态理想化,呈现为不同形态的几何模块类型(图 6-1)。

Type 1:有一个简单的斜面,构成一个二面结构。纵剖面为梯形,横剖面、底面和顶面均为矩形。功能轴的长度一般是宽的两倍。工具的厚度和底面的形状存在一些变异性。

Type 2:有两个对称的短斜面,构成两个二面结构。纵剖面为菱形,横剖面、底面和顶面为矩形。工具的厚度存在一定变异性。

Type 3:类型 1 的变体,有一个较窄长的斜面,平行六面体结构,纵剖面为平行四边形,横剖面、底面和顶面为矩形。工具的厚度较薄,尺寸存在一些变异性。

Type 4:类型 2 的变体,平行六面体结构。有两个对称的长斜面,可构成两个二面结构。纵剖面为菱形,横剖面、底面和顶面为矩形。工具的厚度较灵活,功能轴的长度一般是宽的两倍以上。

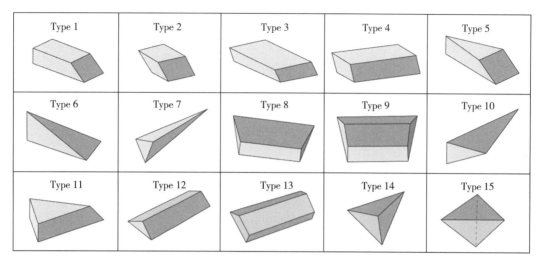

图 6-1 工具模块类型（据 Wei et al. 2017 修改）

Type 5：有一个简单的斜面，构成一个二面结构。底面和顶面为三角形，纵剖面为梯形，横剖面为四边形。

Type 6：类型 5 的变体。斜面的长度和石器的长度相同。纵剖面为四边形，底面为三角形，横剖面为三角形。

Type 7：对称的三面体结构。纵剖面、横剖面和底面都是三角形。

Type 8：纵剖面为三角形，底面为梯形，横剖面为四边形。斜面的长度和石器的长度相同。工具的厚度和底面的形态较为灵活。

Type 9：类型 8 的变体，带简单斜面的平行六面体结构，纵剖面、横剖面和底面均为梯形。工具的厚度和尺寸存在一些变异性。

Type 10：类型 7 的变体，不对称的三面体结构。纵剖面、横剖面和底面均为三角形。

Type 11：纵剖面为梯形，横剖面为矩形，底面和顶面均为三角形。工具的尺寸和形态较灵活。

Type 12：整体呈扁三棱柱状，纵剖面为三角形，横剖面和底面为矩形。功能轴的长度一般是宽的两倍以上。

Type 13：整体呈棱柱状，纵剖面呈梯形，横剖面、底面及顶面均为矩形。功能轴的长度是其宽的两倍以上。

Type 14：整体呈扁棱锥状，纵剖面、横剖面和底面均为三角形。

Type 15：不规则四面体，横、纵剖面呈四边形，底面和顶面的两条棱脊不相交且略垂直。

Type 16：不属于以上任何模块类型，整体呈扁平状，截面呈钝角三角形，形态变异较大。

组合（assemblage）：通常以原料类型来区分（如石制品组合、类型组合等），能够彼此互相关联的一套人工制品，即个体之间存在空间或时间上的关系。组合内还可进一步划分不同的亚组合，来展现更强的空间或时间联系。本章将不同的模块类型组合为汇聚型、延伸型、凹缺型等较大的技术类型组合。

剥坯（debitage）：运用多种方法将原料剥裂成不同形态和大小的石核和石片。这些石核和石片中有部分可以直接使用，也有部分作为毛坯可以进行二次加工修理成工具。从技术上看，剥坯的目的是获取毛坯，结果是产生石核、石片两类产品，二者在操作链中具有不同的地位和作用。

修型（faconnage）：按照预设产品的技术特征，优选一块原料坯材从一开始就循序打制，最终逐渐制作成具有一定结构、形态和大小的工具。修型反映的是从原料坯材到成品工具的连续递减过程。

二面结构：一种技术分析模型，通常由"基础面"和"工作面"两个不同作用的面构成。"基础面"通常是一个较平的面，既可以是自然的也可以由人为预备而成，工具加工多是以这个面为基础进行的。"工作面"是进行加工的面，可以是平面，也可以是凸面或凹面，刃口的技术特征主要在这个面上形成（图6-2）。

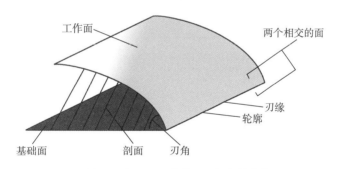

图6-2 工具刃口的"二面结构"（据李英华等，2011）

操作程式：是一种石器打制者掌握并存储于记忆中的一种非理性直觉和潜意识，包含了打制者习得的规划打制行为和实现预期目标的知识，这些知识和行为在打制者的认识中被固化形成稳定的结构即操作程式。本章将工具制作的操作程式区分为以下9种：

操作程式A：原料采备→毛坯选择→工具（成品）

操作程式A是通过原料的采备及选择来直接达成工具制作的目的，通过使用痕迹来表现工具的属性。石砧、石锤即程式A的典型代表。此外，灵活利用具有锋刃形态的各种天然石块或石片，经使用而成为工具者亦可作为程式A的成员。原料的采备与选择本身是"技术活"，既包含了对原料特性的认知和掌握，也包含了对目标工具的预判选择和构型。这里的原料是原坯本身的天然形态，通过开采和选择来获得，根据工具制作的预设目标来选择适宜的原料形态和大小。

操作程式 B：原料采备→毛坯选择→刃口加工→工具（成品）

操作程式 B 是程式 A 的延伸，根据预设目标选择接近预设的天然毛坯来构型，天然毛坯尚不能完全满足工具的预设功能要求，需要对毛坯进行必要的刃口加工从而形成有效刃缘。南方砾石工业中，以扁平砾石为毛坯直接修刃的砍砸器即程式 B 的代表，以天然石块、石片为毛坯只进行一次加工而成为工具者也可视作程式 B 的成员。

操作程式 C：原料采备→毛坯选择→修型→工具（成品）

操作程式 C 出现了石器工业生产体系的一个基本概念——修型。修型是按照预设目标产品的使用—功能部位设计，如二面结构的制造，同时也可为抓握把手部位的修整。修型概念既可用于剥坯毛坯也可用于天然毛坯，是毛坯的进一步改造修整。程式 C 是对于没有明显刃口的工具而特设的一种程式类别，如石球。

操作程式 D：原料采备→毛坯选择→修型→刃口加工→工具（成品）

操作程式 D 是程式 C 的延伸，作为有刃工具的操作程式，是天然毛坯到工具粗坯再到定型工具的构型，此种工具制作策略在南方砾石工业中有较多发现，一些石斧、锛的打制也多以这种程式出现。

操作程式 E：原料采备→剥坯→毛坯选择→工具（成品）

操作程式 E 出现了石器工业生产体系的另一个基本概念——剥坯。剥坯是运用多种方法将原型石料剥裂成不同形态和大小的片状毛坯，剥坯的目的是获取毛坯，所获毛坯既可直接作为工具使用，也可根据需要进行修整成为工具粗坯。程式 E 是剥坯后毛坯具备刃口特征而被直接使用，其典型代表类别为"使用石片"。

操作程式 F：原料采备→剥坯→毛坯选择→刃口加工→工具（成品）

操作程式 F 是程式 E 的延伸，在毛坯选择后没有可直接利用的刃口或天然刃口无法满足需求，则需要进行刃缘修理而成为成品工具。此种程式在南方砾石工业的大石片工具中尤为明显，表现为缺乏修型程序，仅有刃口加工，加工程度浅，多为边缘修理，工具的成型多依赖于毛坯本身的形态特征，是一种高效粗犷的工具加工策略。

操作程式 G：原料采备→剥坯→毛坯选择→修型→工具（成品）

操作程式 G 是兼具剥坯和修型两个基本概念的一种操作程式，此种程式大多缺乏刃口修理，即直接利用剥坯毛坯的锋利边缘作为刃口而不做修理，是一种借用毛坯天然优势的巧妙制作策略，与之对应的典型代表为琢背刀、大型石刀、薄刃斧等。

操作程式 H：原料采备→剥坯→毛坯选择→修型→刃口加工→工具（成品）

操作程式 H 是在程式 G 基础上增添刃口加工工序，是工具制作较为完整的操作程式。刃口加工是工具制作的一个关键技术阶段，反映的是毛坯或半成品向目标成品的蜕变。"在毛坯上进行的打制工作，目的是改变或创造某些技术特征实现从毛坯到工具的跨越"（Soriano，2000）。工具的制作是为了获得兼具特定功能和使用方式的工具，而工具的功能与使用方式都由该工具刃口的技术特征决定。这种操作程式在北方石片工业中使用广泛，是一种较常规的工具制作方式。

操作程式 I：原料采备→剥坯→毛坯选择→修型→刃口加工→特殊处理→工具（成品）

操作程式 I 是工具制作程序的延伸和补充，是工具制作精致化、美观化的表现，甚至已经超出实用功能范畴而具有炫技或某种象征意义。典型代表为两面器的去薄处理、莫斯特尖状器的精致修理以及复合工具的特殊处理。这种操作程式在西方旧石器文化中表现稍多，中国旧石器文化表现较少或到晚期才有所表现。

以上 9 种不同的操作程式，大致可归类为四类：1. 纯剥坯的操作程式，如程式 E、F；2. 纯修型的操作程式，如程式 C、D；3. 剥坯与修型混合的操作程式，如程式 G、H、I；4. 脱离剥坯与修型概念的操作程式，如程式 A、B。

# 第二节　第一期文化的石制品技术

## 一、石制品原料开发与利用

第一期文化的石制品原料岩性构成较为简单，其中以石灰岩占绝对主导地位，占比达到 98.65%。硅质岩也有少量发现，占比仅 1.11%。此外还有个别的石英岩和作为特殊原料采集的赤铁矿石断块，占比分别为 0.16% 和 0.08%（表 6-2）。石灰岩原料除了在断块与碎片中没有被识别外，其余各个类型均有分布，说明石灰岩原料被广泛使用。硅质岩原料不仅数量少且仅见于断块与碎片和凹缺器中，说明硅质岩原料虽然被古人类所认知，但数量较少，使用有限。石英岩和赤铁矿石在第一期文化中数量极少，均为特殊的存在，石英岩原料类型为高度磨圆的砾石，赤铁矿石原料类型为断块。石英岩砾石在玉米洞遗址周边数十公里内少见，此类形态和岩性的原料出现在玉米洞遗址，应为远距离搬运的结果。赤铁矿石原料在遗址附近有少量出露，本期文化发现的赤铁矿石，是古人类有意开发利用作为颜料，还是自然偶然风化破碎搬运至此，尚不得而知。从原料岩性构成和类型分布可以看出，第一期文化原料利用策略基本为就近或就地取材，虽然存在个别远距离搬运原料的例子，但这种原料利用方式并未得到推广。石灰岩作为绝对主流的原料被广泛应用于各种类型的工具，可谓物尽其材，而对硅质岩却并未做出过多的寻找与开发利用。

石灰岩原料占绝对主导地位，但并非所有的石灰岩都被广泛使用。石灰岩是一类岩石的总称，细分种类繁多，在不同区域甚至同一区域也有较大的结构和质量差异。第一期文化的石灰岩石制品主要为均质性和硬度均较好的轻度变质的硅质灰岩，其中白云石化粉晶微晶灰岩是最主要的选择，显然这种主体原料是在充分认知特性前提下经过选择的，被经验证明是适宜打制石器的，因而才会舍弃远距离搬运河流砾石和近距离开采硅质岩的原料利用策略。

表 6-2 第一期文化的石制品原料构成统计

| 原料＼类型 | 石核 | 石片 | 砍砸器 | 刮削器 | 尖状器 | 手镐 | 凹缺器 | 锥钻 | 原手斧 | 雕刻器 | 矛形器 | 断块与碎片 | 砾石 | 合计 N（%） |
|---|---|---|---|---|---|---|---|---|---|---|---|---|---|---|
| 石灰岩 | 1 | 5 | 289 | 687 | 164 | 48 | 32 | 15 | 2 | 3 | 1 | | 1 | 1248（98.65%） |
| 硅质岩 | | | | 3 | | | 1 | | | | | 10 | | 14（1.11%） |
| 石英岩 | | | | | | | | | | | | | 2 | 2（0.16%） |
| 赤铁矿石 | | | | | | | | | | | | 1 | | 1（0.08%） |
| 总计（N） | 1 | 5 | 289 | 690 | 164 | 48 | 33 | 15 | 2 | 3 | 1 | 11 | 3 | 1265（100%） |

## 二、毛坯的生产与选择

第一期文化的石制品中，工具数量占绝对优势，制作工具的毛坯主要分为片状和块状毛坯两大类，其中片状毛坯中存在少量石片特征清楚的石片毛坯类型。本期工具的毛坯选择块状略多于片状，占比分别为 56.1% 和 43.9%。前文的埋藏学观察证实，由于气候的变化在喀斯特洞穴内会产生黏土和洞顶塌落石灰岩碎块的互层，部分地层也有明显的短距离搬运作用，但是并没有证据表明制作工具的这种块状或片状毛坯是由于沉积后的扰动形成。第一期文化的地层堆积几乎不见流水作用的痕迹，多为原地埋藏，基本可以排除地层扰动作用形成的可能。此外，我们在进行模拟实验时，在洞内地层堆积中寻找适宜的毛坯进行实验标本制备，虽然地层中各种形态的角砾数量巨大，但寻找符合要求的块状或片状毛坯极为困难，后不得已到洞外采石场采集和制作。这说明绝大部分适宜的块状或片状毛坯并非来自洞内的就地取材，而是经过仔细的人为制造和选择，可能经历从洞外稍远距离的剥坯、挑选、携带搬运至洞内。理论上，工具毛坯一般会以四种形态进入遗址：1. 自然石块或极少剥坯的形态；2. 已完成预备工作但还未开始剥坯的石核和尚未修型的毛坯；3. 未经过二次加工的剥坯产品和已经修型的工具雏形；4. 经过修型的粗坯或半成品工具以及成品工具（Inizan et al. 1995）。从极少的石核石片和少量硅质岩的断块碎片来看，第一期文化工具的毛坯主要应为第 3 和第 4 这两种形态进入遗址，硅质岩毛坯主要是第 1 种的形态进入遗址。

通过统计可以发现，第一期文化的工具中砍砸器和手镐等重型工具的毛坯选择块状明显更多，甚至数倍于片状，而刮削器、尖状器、凹缺器等小型工具则表现为片状毛坯略多于块状毛坯，片状毛坯中的石片毛坯本身数量较少且主要分布于小型工具中，在重型工具中基本不见（表6-3），说明工具生产过程中有剥坯的概念但运用较少，而修型概念占主导地位被广泛运用。工具对毛坯特征的依赖较为明显，不同的工具类型对原料和毛坯都有着明确的选择偏好。

表 6-3　　　　　　　　　　　　第一期文化的工具毛坯统计

| 类型<br>毛坯 | 砍砸器 | 刮削器 | 尖状器 | 手镐 | 凹缺器 | 锥钻 | 原手斧 | 雕刻器 | 矛形器 | 合计 N（%） |
|---|---|---|---|---|---|---|---|---|---|---|
| 片状 | 53 | 358 | 87 | 15 | 21 | 7 | 1 | 2 | 1 | 545（43.9%） |
| 块状 | 236 | 332 | 77 | 33 | 12 | 8 | 1 | 1 | 0 | 700（56.1%） |
| 总计 N | 289 | 690 | 164 | 48 | 33 | 15 | 2 | 3 | 1 | 1245（100%） |

受石灰岩原料节理发育的影响，玉米洞遗址的工具毛坯多具有一些几何形态特征，二面结构显著，基础面多为自然面或节理面，工作面也大多是节理面。前文已经推理这种毛坯可能在洞外已完成制作和选择，也就是说这种工具最终的构型和目标刃口的特征等在毛坯选择中已经有明确预判，毛坯选择在整个工具生产体系中极为关键和重要，这在前文的模拟打制实验中也得到验证。基于此种工作制作计划和策略，我们将本期文化的工具毛坯模块化，并以此进行分类统计，来观察不同类型工具的毛坯选择倾向和偏好（第二期和第三期文化的工具也是如此，不再赘述）。通过统计发现，本期文化工具使用最多的模块类型为 Type12 和 Type5，合占 26.83%，Type4、Type6、Type8、Type9 也有较高频率的使用，合占 35.99%。在不同工具类型的毛坯选择中，同时具有两个二面结构的 Type4、Type12、Type13 在双刃工具类型中占绝对主体地位。具有汇聚形态的 Type7、Type10、Type11 在手镐类型中占绝对优势，三种模块类型占比甚至达 64.6%，在尖状器类型中也占主导，三种模块类型占比 47.6%（表6-4）。

表6-4

第一期文化工具模块类型统计表

| 毛坯模块 / 工具类型 | Type1 | Type2 | Type3 | Type4 | Type5 | Type6 | Type7 | Type8 | Type9 | Type10 | Type11 | Type12 | Type13 | Type14 | Type15 | Type其它 | 总计 | 百分比 |
|---|---|---|---|---|---|---|---|---|---|---|---|---|---|---|---|---|---|---|
| 原手斧 | 0 | 0 | 0 | 0 | 0 | 0 | 0 | 0 | 0 | 0 | 0 | 0 | 0 | 0 | 0 | 2 | 2 | 0.16% |
| 凹缺器 | 2 | 0 | 1 | 1 | 6 | 7 | 0 | 3 | 2 | 2 | 0 | 3 | 0 | 0 | 0 | 6 | 33 | 2.65% |
| 单直刃刮削器 | 12 | 6 | 12 | 15 | 36 | 17 | 1 | 28 | 20 | 5 | 3 | 30 | 7 | 0 | 0 | 10 | 202 | 16.22% |
| 单凸刃刮削器 | 11 | 1 | 25 | 14 | 47 | 61 | 1 | 34 | 24 | 18 | 2 | 26 | 7 | 2 | 0 | 13 | 286 | 22.97% |
| 单凹刃刮削器 | 1 | 1 | 1 | 2 | 12 | 4 | 0 | 6 | 11 | 0 | 0 | 11 | 2 | 0 | 0 | 2 | 53 | 4.26% |
| 双刃刮削器 | 2 | 2 | 3 | 24 | 6 | 2 | 1 | 0 | 4 | 5 | 3 | 48 | 10 | 0 | 0 | 8 | 118 | 9.48% |
| 复刃刮削器 | 0 | 0 | 3 | 3 | 2 | 2 | 0 | 1 | 3 | 0 | 0 | 8 | 0 | 0 | 1 | 8 | 31 | 2.49% |
| 手镐 | 1 | 0 | 0 | 3 | 1 | 0 | 12 | 0 | 0 | 7 | 19 | 0 | 0 | 1 | 2 | 2 | 48 | 3.86% |
| 雕刻器 | 0 | 0 | 0 | 1 | 0 | 0 | 0 | 0 | 0 | 1 | 1 | 0 | 0 | 0 | 0 | 0 | 3 | 0.24% |
| 锥 | 0 | 0 | 0 | 4 | 0 | 0 | 0 | 0 | 1 | 0 | 0 | 0 | 0 | 0 | 0 | 0 | 5 | 0.40% |
| 钻 | 1 | 0 | 0 | 0 | 4 | 1 | 0 | 3 | 0 | 0 | 0 | 0 | 0 | 0 | 1 | 1 | 10 | 0.80% |
| 齐形器 | 0 | 0 | 0 | 0 | 0 | 0 | 0 | 0 | 0 | 0 | 0 | 0 | 0 | 0 | 0 | 1 | 1 | 0.08% |
| 单直刃砍砸器 | 2 | 8 | 3 | 10 | 7 | 2 | 2 | 7 | 18 | 1 | 3 | 13 | 6 | 1 | 0 | 4 | 87 | 6.99% |
| 单凹刃砍砸器 | 1 | 1 | 1 | 9 | 10 | 3 | 1 | 3 | 2 | 0 | 0 | 5 | 1 | 0 | 0 | 2 | 39 | 3.13% |
| 单凸刃砍砸器 | 6 | 3 | 9 | 7 | 17 | 9 | 1 | 11 | 14 | 1 | 1 | 9 | 4 | 1 | 1 | 7 | 101 | 8.11% |
| 双刃砍砸器 | 1 | 2 | 3 | 13 | 1 | 1 | 0 | 1 | 0 | 0 | 3 | 11 | 8 | 1 | 0 | 3 | 48 | 3.86% |
| 复刃砍砸器 | 0 | 0 | 0 | 4 | 0 | 0 | 1 | 0 | 1 | 0 | 0 | 2 | 2 | 0 | 0 | 2 | 14 | 1.12% |
| 角尖状器 | 1 | 0 | 3 | 3 | 5 | 8 | 10 | 8 | 2 | 14 | 4 | 9 | 0 | 3 | 2 | 10 | 82 | 6.59% |
| 正尖尖状器 | 3 | 2 | 0 | 0 | 2 | 1 | 16 | 4 | 4 | 16 | 11 | 2 | 0 | 3 | 0 | 4 | 68 | 5.46% |
| 双尖尖状器 | 0 | 0 | 0 | 0 | 0 | 0 | 1 | 1 | 0 | 2 | 3 | 0 | 0 | 0 | 0 | 0 | 7 | 0.56% |
| 复尖尖状器 | 0 | 0 | 0 | 0 | 0 | 0 | 0 | 0 | 0 | 1 | 0 | 0 | 0 | 2 | 1 | 3 | 7 | 0.56% |
| 总计 | 44 | 26 | 64 | 113 | 157 | 118 | 47 | 111 | 106 | 73 | 53 | 177 | 47 | 14 | 7 | 88 | 1245 | |
| 百分比 | 3.53% | 2.09% | 5.14% | 9.08% | 12.61% | 9.48% | 3.78% | 8.92% | 8.51% | 5.86% | 4.26% | 14.22% | 3.78% | 1.12% | 0.56% | 7.07% | | 100.00% |

### 三、剥坯概念的生产体系

第一期文化剥坯概念产品仅有 1 件石核，5 件石片。石核为砸击石核，石片均为锤击石片（前文已有详细描述，此不赘述）。本期文化的石核、石片数量非常少，尺寸也相对较小，类型简单，反映的剥片技术也主要为锤击法，仅 1 例的砸击法是应用于形态特殊的高磨圆小砾石，也说明针对不同形态的原料采用了不同的剥片方法。值得注意的是，本期文化的剥坯概念产品数量虽然少，但是工具中存在少量典型石片为毛坯加工的各类工具（图 6-3）。此外，工具中的片状毛坯占比达到了 43.9%，尤其是在轻型工具中片状毛坯占比甚至超过了块状毛坯，这是在其他两个文化分期中不见的情形。以片状毛坯加工的工具中，可能有相当多的片状毛坯也经历了剥坯，只是因为原料的原因，石片特征不明显，但也应属于剥坯概念产品，为非典型的剥片。这种片状"石片"的生产是另外一种剥坯模式，我们通过模拟实验和剥片策略的观察分析（第七章有专题研究），认为玉米洞存在一种摔碰开料剥坯而非传统剥片的方法，这也正是玉米洞遗址大量块状和片状毛坯的来源（图 6-4）。

### 四、修型概念的生产体系

前文我们对第一期文化全部的工具进行了较为细致的分类统计，并对代表性标本进行详细描述。现在我们对详细分类描述的各类代表性工具开展修型概念构型的技术分析，涉及抽样标本 252 件，其中刮削器 95 件、砍砸器 72 件、尖状器 43 件、凹缺器 13 件、锥钻 10 件、手镐 17 件、手斧 2 件。这 252 件工具大致按照工具刃部的预制构型理念和刃部形态特征分为三类：A 类是锛刃状斜面延伸型，B 类是斧刃状斜面延伸型，C 类为汇聚型（图 6-5）。

第一期文化的工具中 A 类锛刃状斜面延伸型是主流构型，数量为 138 件，占比 54.8%。可进一步细分为 A1 单斜面和 A2 双斜面或多斜面。A1 型工具多采用 Type1、Type3、Type5、Type9 这几种单二面结构特征的几何形态毛坯模块构型。A2 型工具多选用 Type12 和 Type13 这种具有两个或多个二面结构的毛坯模块构型和设计。A 类锛刃状斜面延伸型的工具核心理念是利用天然或人工的平坦面作为基础面，同时人工制造一个斜面作为工作面，基础面与工作面形成一个锛刃状刃部作为使用功能部位，而锛刃状刃部以外的其他部位则作为持握功能部位，使用功能部位的形态和技术特征与工具的功能和使用方式直接相关，而持握功能部位则主要受毛坯形态影响呈现多样化，大多保留毛坯原始形态，有时会做把手的修型修理。

B 类斧刃状斜面延伸型工具 38 件，占比 15.1%。可以细分为 B1 型和 B2 型，B1 型

0       5 厘米

图 6-3    第一期文化典型石片毛坯的工具

以 Type2 和 Type4 为原型毛坯，截面呈菱形，具有双斧刃状二面结构。B2 型以 Type8 为原型毛坯，截面呈三角形，由一个钝背和相对的刃口组成，类似大型石刀的形制。B 类

0　　　5厘米

图 6-4　第一期文化似石片毛坯的工具

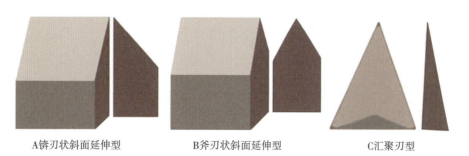

A锛刃状斜面延伸型　　　B斧刃状斜面延伸型　　　C汇聚刃型

图 6-5　三种不同结构的工具修型概念

工具毛坯的斧刃状双斜面构成二面结构，基础面和人工面不能区分可以互换。B 类工具的双斜面主要有两种成因，一种是毛坯天然具备的双斜面特征，稍作改良即可直接修刃。另一种是在单斜面基础上人为再打制出另一个斜面而成为双斜面。B 类工具的核心设计思路是利用毛坯本身或人为制造的斧刃状双斜面两面修理形成刃部使用功能部位，而刃部使用功能部位以外的其他部位均属于持握部位，持握部位形态多样，影响手持时会进行把手的修型修理。

C 类汇聚刃工具多是由两条或三条相交的修理边构成尖刃，数量为 76 件，占比 30.1%。可细分为 C1 和 C2 两型，C1 主要是尖状器、手镐等长修理边汇聚形成尖刃，C2 主要是锥钻类短修理边甚至只是两个片疤汇聚成尖。C1 类汇聚刃工具主要由 Type7、Type10、Type11 这几种几何形态的毛坯模块来构型，而 C2 类汇聚刃工具的毛坯构成比较复杂，会以各种毛坯模块的尖角或转角部位改制构型。

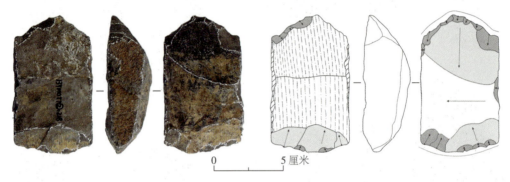

图 6-6 第一期文化 A1 型工具
（以 Type1 为原型毛坯，操作程式 D，吻突状刃）

图 6-7 第一期文化 A1 型工具
（以 Type5 为原型毛坯，操作程式 D，锯齿状刃）

第一期文化的 A、B、C 三类工具的构型，打制者可能会根据原料毛坯的情况主要选择以下几种稍有差别的操作程式：

操作程式 B：在原料采备过程中直接选择接近目标形态的天然毛坯，然后在具有锛刃状二面结构的天然斜面上直接修刃，形成工具，其他部位不做修理。这种操作程式数量较少。

操作程式 D：在原料采备基础上，通过主动人为制造斜面（即使斜面是节理面）而

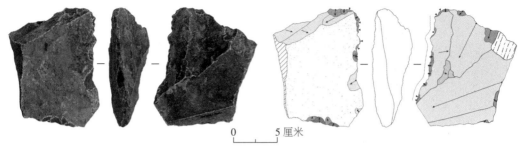

图 6-8 第一期文化 A1 型工具
（以 Type9 为原型毛坯，操作程式 D，吻突状刃）

图 6-9 第一期文化 A2 型工具
（以 Type12 为原型毛坯，操作程式 B，锯齿状刃）

图 6-10 第一期文化 B1 型工具
（以 Type4 为原型毛坯，操作程式 B，直线状刃）

产生合适的二面结构，然后再进行刃口的加工与修理。这种操作程式是第一期文化工具的主流。

操作程式 F：在操作程式 B 中的接近目标形态的天然毛坯，在起始阶段可能较易获取，但会越来越少，难以为继，因此后面需要人工制造类似的毛坯，操作程式 F 即是在操作程式 B 的基础上增加了这种人工剥坯制造毛坯并优选的流程。这种操作程式的数量在本期文化不会太多。

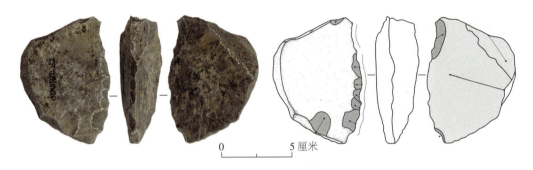

0        5 厘米

图 6-11　第一期文化 B2 型工具
（以 Type8 为原型毛坯，操作程式 B，小锯齿状刃）

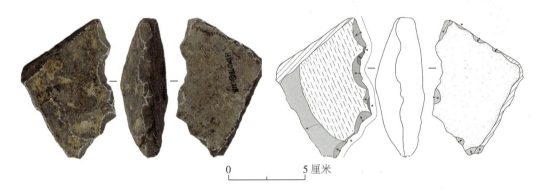

0        5 厘米

图 6-12　第一期文化 B2 型工具
（以 Type6 为原型毛坯，操作程式 B，大锯齿状刃）

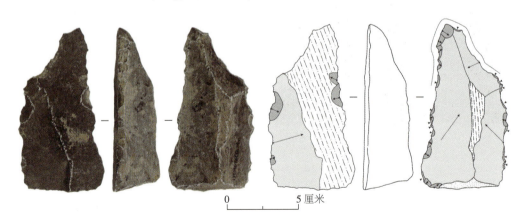

0        5 厘米

图 6-13　第一期文化 C1 型工具
（以 Type7 为原型毛坯，操作程式 H，汇聚锯齿状刃）

操作程式 H：在操作程式 F 的剥坯基础上，虽然暂时保证了毛坯的数量，但是可直接修刃的毛坯相对少很多，不能满足大量工具制作的需求，因此还需要增加修型这一个人为制造接近目标形态毛坯的流程。

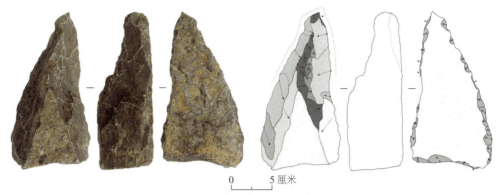

0　　　5 厘米

图 6-14　第一期文化 C1 型工具

（以 Type11 为原型毛坯，操作程式 D，鸟喙状刃）

0　　　5 厘米

图 6-15　第一期文化 C1 型工具

（以 Type15 为原型毛坯，操作程式 D，鸟喙状刃）

0　　　5 厘米

图 6-16　第一期文化 C1 型工具

（以 Type15 为原型毛坯，操作程式 D，普通汇聚状刃）

0　　　5 厘米

图 6-17　第一期文化 C1 型工具

（以 Type 其他为原型毛坯，操作程式 H，普通汇聚状刃）

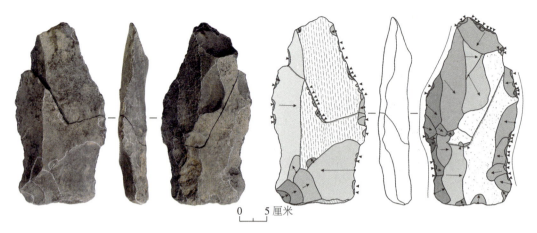

0    5 厘米

图 6-18  第一期文化 C1 型工具

（以 Type 其他为原型毛坯，操作程式 D，汇聚状刃）

0                    5 厘米

图 6-19  第一期文化 C1 型工具

（以 Type 其他为原型毛坯，操作程式 I 汇聚锯齿状刃、凹缺状刃）

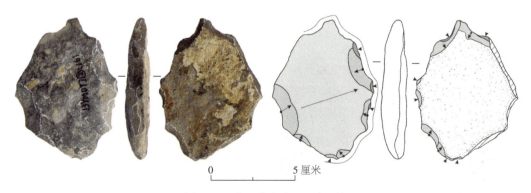

0                    5 厘米

图 6-20  第一期文化 C2 型工具

（以 Type8 为原型毛坯，操作程式 D，鸟喙状刃）

　　三类工具的操作程式具有相似性，纯修型概念（主要代表为操作程式 D）、剥坯与修型概念混合（主要代表为操作程式 H）的操作程式数量最多，纯剥坯（主要代表为操作程式 F）、脱离剥坯与修型概念的操作程式（主要代表为操作程式 B）数量相对较少。

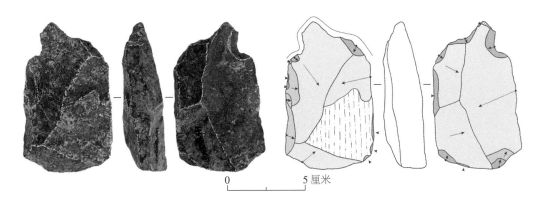

0　　　　　　5 厘米

图 6-21　第一期文化 C2 型工具

（以 Type9 为原型毛坯，操作程式 D，鸟喙状刃）

### 五、工具预设功能与使用方式分析

工具的功能与使用方式主要体现在刃口的数量和刃缘形态等方面，同时工具的尺寸形态和重量也是工具功能预设的重要影响因素，在毛坯选择时会有明显的考量。

不同的刃口数量可以清晰地反映出不同的使用方式设计意图与不同的功能效果。如单刃和双刃，单刃的使用方式较双刃肯定更单一，单刃在使用变钝后只能暂停，待刃口维护好后再使用，而双刃可以通过变换刃口来保持行为活动的延续和连贯，提高效率。双刃和复刃工具表现出工具使用方式和功能具有更多可能性，效率更高。第一期文化的工具以单刃为主，数量为 917 件，占比 80.3%，单刃工具的毛坯选择较为多样，加工方式的规律性较强，主要是由平的一面向不平一面单向加工。双刃工具也有一定数量，为 173 件，占比 15.15%，双刃工具对毛坯的选择具有明显倾向，多由 Type4、Type12、Type13 制作，表明在毛坯选择时即预设了双刃的功能和使用方式。复刃工具数量相对较少，为 52 件，占比 4.55%。复刃工具的毛坯选择没有明显的规律可循，对毛坯形态的要求更多，多由形态特殊的毛坯制作（表 6-5）。

表 6-5　　　　　　　　　　第一期文化工具刃口数量与刃缘形状统计

| 功能类型 / 刃口数量 | 刮削器 | 砍砸器 | 尖状器 | 合计（N） | 百分比% |
|---|---|---|---|---|---|
| 单刃（尖） | 541 | 227 | 149 | 768（149） | 80.3% |

| 功能类型／刃口数量 | 刮削器 | 砍砸器 | 尖状器 | 合计（N） | 百分比% |
|---|---|---|---|---|---|
| 单凸刃（角尖） | 286 | 98 | 81 | 384（81） | 50.0%（54.4%） |
| 单直刃（正尖） | 202 | 90 | 68 | 292（68） | 38.0%（45.6%） |
| 单凹刃 | 53 | 39 | | 92 | 12.0% |
| 双刃（尖） | 118 | 48 | 7 | 173 | 15.15% |
| 复刃（尖） | 31 | 14 | 7 | 52 | 4.55% |
| 合计 N | 690 | 289 | 163 | 1142 | |
| 百分比% | 60.4% | 25.3% | 14.3% | | 100% |

不同的刃缘轮廓和形态也可以较清楚地指示工具的功能和使用方式，比如差异较大的凸刃和凹刃作用在对象的接触面和接触方式完全不同，可能对应不同的作用对象和使用方式。第一期文化的工具刃缘可以简单地以直刃、凸刃和凹刃分为三种，其中凸刃数量最多，为384件，占比50.0%。直刃次之，为292件，占比38.0%，凹刃较少，为92件，占比12.0%。我们对前文进行技术分析的抽样代表性标本进行观察和分析时，发现以简单粗线条的直刃、凸刃、凹刃已不足以反映本期文化工具的刃缘形态。粗线条的刃缘轮廓中还存在较多更细小的刃缘形态特征，这种更细致的刃缘特征的修理是工具制作者为了满足特定的功能需求而特意设计打制的，应对不同的功效和使用方式。通过对前文252件抽样代表性标本的观察和统计，我们将本期文化工具的刃缘特征归纳为直线状、锯齿状、汇聚状、鸟喙状、交互曲折状、吻突状、凹缺状7种不同的刃缘特征。其中锯齿状刃缘还可进一步区分出大锯齿、小锯齿、凹锯齿、直凸锯齿和凸锯齿等形态。吻突状刃缘也可进一步区分为不同前面视的吻突形态。汇聚状刃缘可分为汇聚锯齿状和普通汇聚状（图6-22）。刃缘形态特征的统计分析显示，第一期文化的工具主要以直线状和锯齿状的刃缘形态为主，凹缺状和吻突状刃缘形态也有一定比例，其余刃缘形态数量相对较少。

不同的尺寸形态和重量也能够体现工具的不同功能和使用方式（图6-23）。第一期文化工具的尺寸形态以50~140毫米的中大型工具数量最多，巨型工具也有一定数量，小型工具非常少，微型工具几乎不见（微型的数据为碎片）。从第一期文化工具的重量分布来看，工具重量的个体差异较大，0~200克至超过2000克均有不同数量的分布，而且重量由轻到重的工具数量基本呈递减趋势。0~200克和200~400克的工具数量最多，0~200克到400~600克这个重量区间的工具数量递减明显，400~600克到1400~1600克这个区间的工具数量递减缓慢，1400~1600克至超过2000克这个区间的工具数量基本持平（图6-24）。

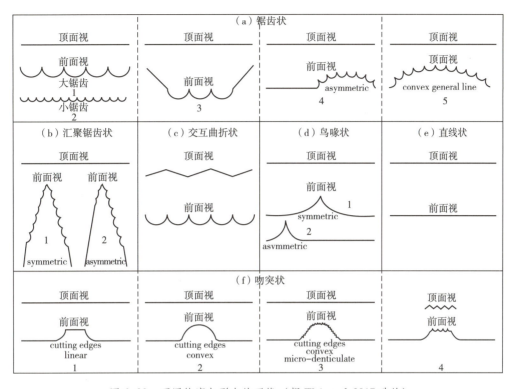

图 6-22　不同轮廓与形态的刃缘（据 Wei et al. 2017 改绘）

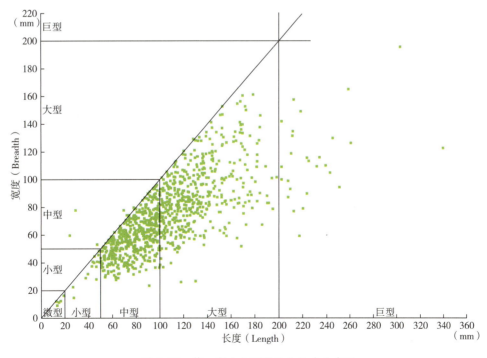

图 6-23　第一期文化石制品的尺寸分布图

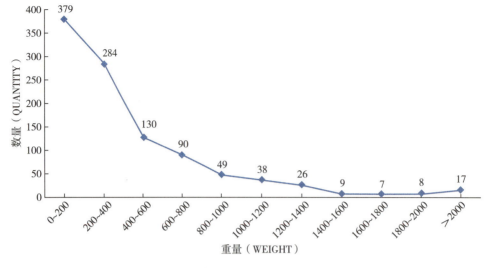

图 6-24　第一期文化工具重量分布图

# 第三节　第二期文化的石制品技术

## 一、石制品原料开发与利用

第二期文化的石制品原料岩性的构成更为简单，仅有石灰岩和硅质岩两类，不见其他岩性。其中石灰岩仍居绝对主导地位，占比达到 97.7%，硅质岩石制品也有一定数量，占比 2.3%。石灰岩原料在第二期文化的石制品类型中除了断块与碎片没有分布外，其余类型均有广泛应用（表 6-6）。石灰岩原料仍然是以经过选择的白云石化粉晶微晶灰岩为主，这种质量相对较好的硅质灰岩来源应是就近或就地取材，可能经过短距离的搬运，显示石灰岩原料可能在洞外进行了毛坯的生产这一环节，原料主要是以毛坯或粗坯形式带入遗址。本期地层堆积有明显的黏土层与角砾层交替现象，相当部分的角砾有轻度的磨圆，也不排除部分石灰岩石制品存在洞外流水短距离搬运进入遗址的可能性。值得注意的是，本期不见石英岩和赤铁矿石这两种特殊原料，而硅质岩的数量明显有所增加，不论是在工具类型还是断块与碎片中均有所增加。硅质岩原料在遗址内并未发现，经原料调查显示，遗址附近石灰岩岩层中存在少量团块状硅质岩结核，但这种原料层理发育，分布数量少，体积小，开采难度极大，这种原料的选择明显是一种刻意开采行为，且经过短距离的搬运。从硅质岩石制品的类型来看，这种原料应是以自然石块或极少剥坯的形态带入遗址，并且硅质岩的剥坯和工具修理应该都在遗址内进行，制作的工具类型只能集中在小型的刮削器、尖状器和锥钻等类型。总体上来说，除了石灰岩石制品带入遗址的形式可能有些许不同之外，这一期文化石制品的原料选择与利用策略与其他两期有一些细微的差别，如硅质岩数量增加并涉及更多的工具类型，但本质上都是较为雷同的开发利用方式。

表 6-6　　　　　　　　　　　　　　第二期文化石制品原料统计

| 类型<br>原料 | 石核 | 石片 | 砍砸器 | 刮削器 | 尖状器 | 手镐 | 凹缺器 | 锥钻 | 断块与碎片 | 合计 N（%） |
|---|---|---|---|---|---|---|---|---|---|---|
| 石灰岩 | 7 | 8 | 338 | 519 | 113 | 41 | 63 | 18 | | 1107（97.7%） |
| 硅质岩 | | | | 6 | 1 | | | 2 | 17 | 26（2.3%） |
| 总计（件（%）） | 7 | 8 | 338 | 525 | 114 | 41 | 63 | 20 | 17 | 1133（100%） |

## 二、工具毛坯的生产与选择

本期的工具毛坯统计显示，本期工具的片状毛坯明显减少，仅占比 23.8%，块状毛坯达到了 76.2%，块状毛坯是片状毛坯的 2.23 倍（表 6-7）。块状毛坯不同于块状角砾，尽管遗址地层堆积中分布有大量块状角砾，但并不是所有块状的角砾都可以作为工具的毛坯，需要经过改造和选择。而片状毛坯更不会在角砾层中大量存在，需要人工剥坯生产。因而，工具毛坯的生产大多为洞外完成后搬运进入遗址，当然也有少量毛坯可能是随季节性流水作用由洞外搬运进入遗址后被选择和改造。工具毛坯在类型的分布上，差别也较为明显，不仅是砍砸器等重型工具块状毛坯数倍于片状毛坯，刮削器、尖状器等小型工具也是块状毛坯明显多于片状。此外，这一期的石片毛坯更为稀少。因此，本期的毛坯类型的数量变化背后反映的是本期剥坯概念的运用明显减少，工具高度依赖毛坯形态，修型概念凸显。不同类型的工具对毛坯的选择偏好有所降低，即使锥钻、凹缺器等小型工具也多以块状毛坯来制作。

表 6-7　　　　　　　　　　　　　　第二期文化工具毛坯统计

| 类型<br>毛坯 | 砍砸器 | 刮削器 | 尖状器 | 手镐 | 凹缺器 | 锥钻 | 合计 N（%） |
|---|---|---|---|---|---|---|---|
| 片状 | 45 | 213 | 47 | 12 | 20 | 4 | 341（23.80%） |

| 毛坯 \ 类型 | 砍砸器 | 刮削器 | 尖状器 | 手镐 | 凹缺器 | 锥钻 | 合计 N（%） |
|---|---|---|---|---|---|---|---|
| 块状 | 293 | 312 | 67 | 29 | 43 | 16 | 760（76.20%） |
| 总计 [/件（%）] | 338 | 525 | 114 | 41 | 63 | 20 | 1101（100%） |

对本期文化工具毛坯的模块类型进行分类统计可以发现，Type9、Type5、Type12 三个类型数量最多，合计超过了工具模块类型的 40%。Type4、Type6、Type8、Type14 也占较多比重，合计 30.07%，其余模块类型数量较少，占比均不超过 5%。Type4、Type12、Type13 同时具有两个二面结构的模块类型在双刃工具中占比仍然较多。不同的工具类型对毛坯模块类型有明显的选择偏好，手镐类大型汇聚刃工具偏好 Type11，尖状器等小型汇聚刃工具却主要选择 Type10，刮削器偏好 Type12、Type9、Type5，凹缺器主要偏好 Type9 和 Type6，砍砸器主要选择 Type9，只有锥钻没有明显的选择倾向，模块类型分布比较分散（表6-8）。

### 三、剥坯概念的生产体系

本期文化的石制品中仅有 7 件被认定为石核，6 件被认定为石片。石核原料均为石灰岩岩块，形态差异较大。石核的尺寸普遍较小，少量石核剥片数量略多，基本均为单向剥片。石片虽然数量少但比较特殊，尺寸也普遍较小，与石核相对应，但出现了两件似石叶石片，对石片形态有明显的控制，其他石片背面也多具有凸起的纵向棱脊，石片破裂方向基本与纵脊相同。也有两件石片台面较宽，石片角较大，半锥体不显，具有碰砧技术特征（前文石制品类型中已有描述，此不赘述）。因此，虽然本期文化的剥坯产品少，但从剥坯产品的特征来看当时的古人类掌握了较成熟的剥坯技术，甚至存在多样化的剥坯技能。

我们对第二期文化的工具进行了详细的观察，发现其实在工具之中不乏一些以典型石片作为毛坯修理的工具（图6-25），甚至也有少量大石片毛坯，但本期文化并未发现生产大石片的石核。另外，我们对片状毛坯的工具仔细观察后发现，有相当多的片状毛坯其实也是一种"石片"，这两种片状毛坯多具有一个平坦面和一个稍凸起的背脊面，相当于石片的腹面和背面，背面的棱脊基本控制了毛坯的形态，这种毛坯的生产具备了石片生产的理念却缺乏清晰的石片特征（图6-26）。

表6-8　第二期文化工具模块类型统计表

| 工具类型 \ 毛坯模块 | Type1 | Type2 | Type3 | Type4 | Type5 | Type6 | Type7 | Type8 | Type9 | Type10 | Type11 | Type12 | Type13 | Type14 | Type15 | Type 其它 | 总计(件) | 百分比(%) |
|---|---|---|---|---|---|---|---|---|---|---|---|---|---|---|---|---|---|---|
| 手镐 | 0 | 0 | 1 | 3 | 1 | 2 | 6 | 1 | 2 | 6 | 11 | 1 | 0 | 1 | 0 | 6 | 41 | 3.72% |
| 凹缺器 | 2 | 1 | 4 | 1 | 8 | 14 | 3 | 6 | 15 | 0 | 0 | 6 | 1 | 1 | 0 | 1 | 63 | 5.72% |
| 单直刃刮削器 | 3 | 3 | 10 | 24 | 23 | 6 | 0 | 11 | 21 | 3 | 3 | 22 | 9 | 3 | 1 | 3 | 145 | 13.17% |
| 单凸刃刮削器 | 5 | 4 | 12 | 12 | 34 | 42 | 1 | 24 | 38 | 5 | 3 | 22 | 2 | 19 | 2 | 16 | 241 | 21.90% |
| 单凹刃刮削器 | 2 | 1 | 1 | 2 | 11 | 4 | 0 | 5 | 14 | 1 | 0 | 8 | 4 | 3 | 2 | 1 | 59 | 5.36% |
| 双刃刮削器 | 0 | 3 | 3 | 12 | 2 | 1 | 0 | 1 | 2 | 2 | 0 | 23 | 8 | 5 | 1 | 4 | 67 | 6.09% |
| 复刃刮削器 | 0 | 0 | 1 | 0 | 1 | 0 | 0 | 0 | 0 | 0 | 0 | 2 | 1 | 2 | 1 | 5 | 13 | 1.18% |
| 单直刃砍砸器 | 8 | 1 | 5 | 15 | 13 | 1 | 1 | 1 | 27 | 3 | 3 | 16 | 12 | 2 | 1 | 2 | 111 | 10.08% |
| 单凸刃砍砸器 | 6 | 2 | 4 | 10 | 23 | 14 | 0 | 7 | 35 | 3 | 3 | 7 | 2 | 11 | 5 | 7 | 139 | 12.62% |
| 单凹刃砍砸器 | 0 | 1 | 2 | 6 | 10 | 0 | 1 | 3 | 10 | 1 | 0 | 8 | 3 | 1 | 1 | 3 | 50 | 4.54% |
| 双刃砍砸器 | 1 | 2 | 2 | 9 | 0 | 0 | 0 | 0 | 2 | 0 | 0 | 7 | 7 | 2 | 1 | 0 | 33 | 3.00% |
| 复刃砍砸器 | 0 | 0 | 0 | 3 | 0 | 0 | 0 | 1 | 0 | 0 | 0 | 0 | 0 | 0 | 0 | 1 | 5 | 0.45% |
| 角尖尖状器 | 0 | 1 | 1 | 3 | 8 | 4 | 4 | 4 | 6 | 12 | 6 | 4 | 0 | 10 | 0 | 0 | 59 | 5.36% |
| 正尖尖状器 | 0 | 1 | 0 | 2 | 0 | 3 | 2 | 3 | 2 | 11 | 4 | 5 | 2 | 6 | 1 | 3 | 48 | 4.36% |
| 双尖尖状器 | 0 | 0 | 0 | 0 | 2 | 0 | 0 | 0 | 0 | 0 | 0 | 1 | 0 | 0 | 0 | 1 | 5 | 0.45% |
| 复尖尖状器 | 0 | 0 | 0 | 0 | 0 | 0 | 0 | 2 | 0 | 0 | 0 | 0 | 0 | 1 | 1 | 0 | 2 | 0.18% |
| 锥钻 | 0 | 1 | 3 | 2 | 3 | 2 | 0 | 2 | 2 | 1 | 0 | 1 | 0 | 1 | 0 | 2 | 20 | 1.82% |
| 总计(件) | 27 | 21 | 49 | 104 | 142 | 93 | 18 | 65 | 176 | 48 | 33 | 133 | 51 | 69 | 17 | 55 | 1101 | |
| 百分比(%) | 2.45% | 1.91% | 4.45% | 9.45% | 12.90% | 8.45% | 1.63% | 5.90% | 15.98% | 4.36% | 3.00% | 12.08% | 4.63% | 6.27% | 1.54% | 5.00% | | 100.00% |

0 ⊢———┤ 5 厘米

图 6-25　第二期文化典型石片毛坯的工具

### 四、修型概念的生产体系

我们对前文第二期文化的石制品中分类描述的各类工具进行修型概念的抽样技术分析，涉及标本 361 件，其中刮削器 152 件、砍砸器 96 件、尖状器 54 件、凹缺器 30 件、锥钻 16 件、手镐 13 件。这 361 件工具大致按照工具刃部的预制思路和刃部形态可以分为三类不同的工具构型理念：A 类是锛刃状斜面延伸型，B 类是斧刃状斜面延伸型，C 类是汇聚刃型。

A 类锛刃状斜面延伸型又可细分为 A1 单斜面和 A2 双斜面或多斜面。A1 型工具多采用 Type1、Type3、Type5、Type6、Type9 这几种单二面结构特征的几何形态毛坯模块构型。A2 型工具多选用 Type12 和 Type13 这种具有两个或多个二面结构的毛坯模块构型和设计。

B 类斧刃状斜面延伸型主要选择 Type2、Type4、Type8 这几种几何形态的毛坯来构型。B 类工具毛坯的双斜面构成二面结构，但基础面和工作面界限不清可以互换，一般人工面为工作面，自然面为基础面，如果双斜面都是人工面或都是自然面时，基础面和

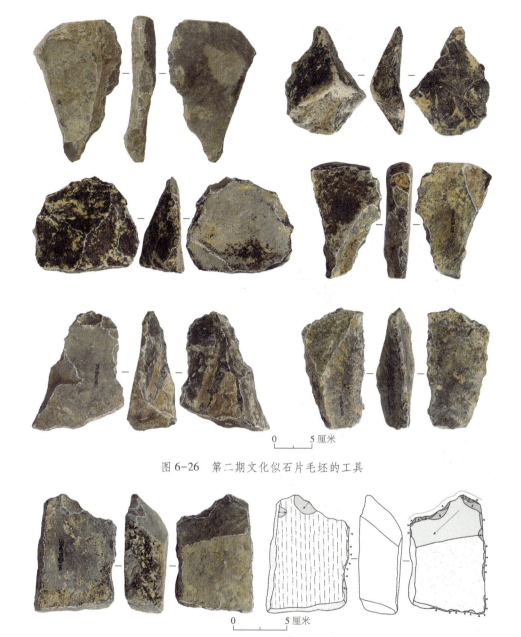

图 6-26 第二期文化似石片毛坯的工具

图 6-27 第二期文化 A1 型工具
（以 Type1 为原型毛坯，操作程式 D，凹锯齿状刃）

人工面不能区分可以互换。B 类工具的核心设计思路是利用毛坯本身的斧刃状双斜面，两面修理形成刃部使用功能部位。B 类斧刃状斜面延伸型工具其实也可以细分为 B1 型和 B2 型，B1 型以 Type2 和 Type4 为原型毛坯，截面呈菱形，具有双斧刃状二面结构。B2 型以 Type8 为原型毛坯，截面呈三角形，由一个钝背和相对的刃口组成，类似大型石刀的形制。

0          5 厘米

图 6-28    第二期文化 A1 型工具
（以 Type3 为原型毛坯，操作程式 B，锯齿状刃）

0       5 厘米

图 6-29    第二期文化 A1 型工具
（以 Type5 为原型毛坯，操作程式 D，大锯齿状刃）

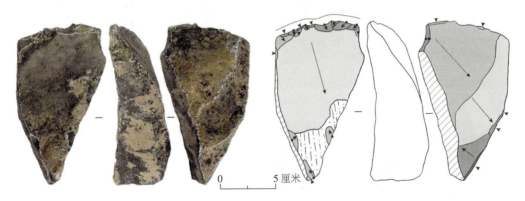

0       5 厘米

图 6-30    第二期文化 A1 型工具
（以 Type6 为原型毛坯，操作程式 H，直线状刃）

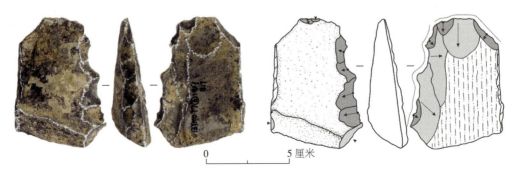

0       5 厘米

图 6-31    第二期文化 A1 型工具
（以 Type9 为原型毛坯，操作程式 F，大锯齿状刃）

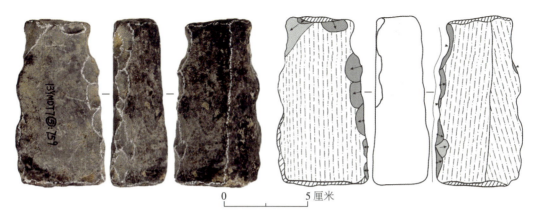

图 6-32　第二期文化 A2 型工具
（以 Type12 为原型毛坯，操作程式 B，交互曲折状刃）

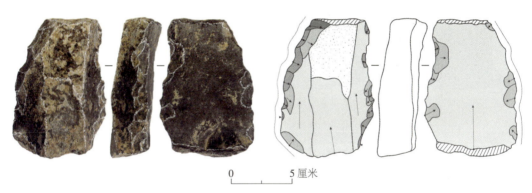

图 6-33　第二期文化 A2 型工具
（以 Type13 为原型毛坯，操作程式 H，大锯齿状刃）

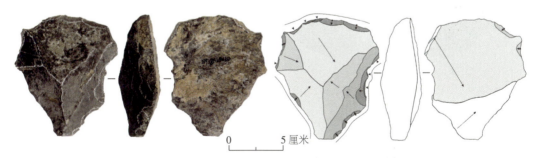

图 6-34　第二期文化 A2 型工具
（以 Type14 为原型毛坯，操作程式 D，吻突状刃）

　　C 类汇聚型主要由 Type7、Type10、Type11、Type14、Type15 这几种几何形态的毛坯模块来构型，但也会以其他毛坯模块的转角部位改制构型。C 类汇聚型多是由相交的两条或三条修理边构成尖刃，也可细分为 C1 和 C2 两型，C1 主要是尖状器、手镐等长修理边汇聚形成尖刃，C2 主要是锥钻类短修理边甚至只是两个片疤汇聚成尖。

图 6-35　第二期文化 B1 型工具
（以 Type2 为原型毛坯，操作程式 B，吻突状、凹缺状刃）

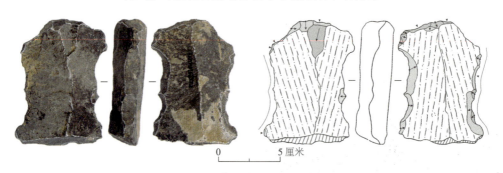

图 6-36　第二期文化 B1 型工具
（以 Type4 为原型毛坯，操作程式 D，凹锯齿状刃、吻突状刃）

图 6-37　第二期文化 B2 型工具
（以 Type8 为原型毛坯，操作程式 F，大锯齿状刃）

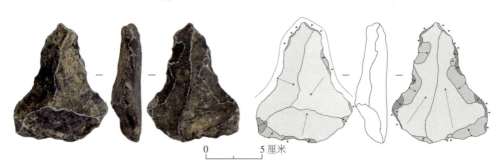

图 6-38　第二期文化 C1 型工具
（以 Type 其他为原型毛坯，操作程式 D，鸟喙状刃）

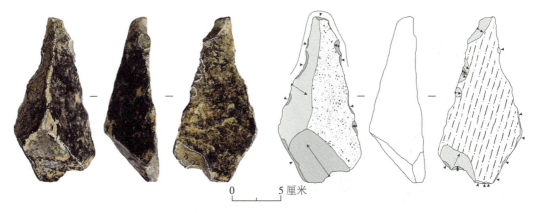

图 6-39　第二期文化 C1 型工具
（以 Type14 为原型毛坯，操作程式 B，普通汇聚状刃）

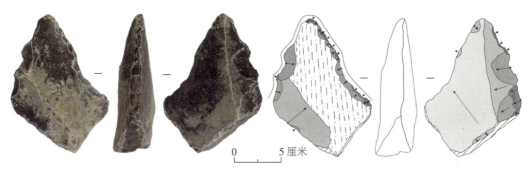

图 6-40　第二期文化 C1 型工具
（以 Type9 为原型毛坯，操作程式 D，汇聚锯齿状刃）

图 6-41　第二期文化 C1 型工具
（以 Type13 为原型毛坯，操作程式 F，汇聚锯齿状刃）

　　通过对第二期文化具有代表性的 361 件工具的观察和统计分析，仅有 6 件是属于典型剥坯产品的工具，占比 1.67%。其余均是修型产品的工具，反映了第二期文化石器工业的主要概念是修型，剥坯概念地位微弱。修型概念产品中，A 类锛刃状斜面延伸型

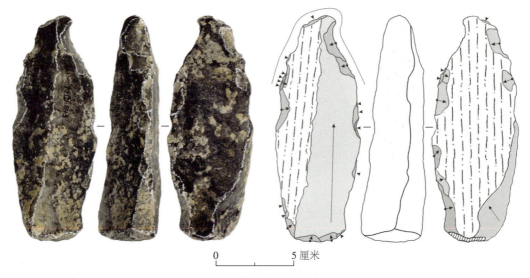

0        5 厘米

图 6-42　第二期文化 C1 型工具
（以 Type7 为原型毛坯，操作程式 B，鸟喙状刃）

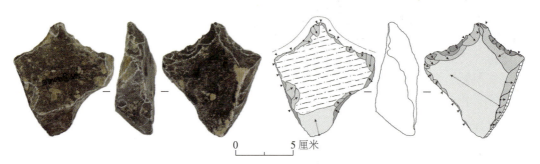

0        5 厘米

图 6-43　第二期文化 C2 型工具
（以 Type3 为原型毛坯，操作程式 D，鸟喙状刃）

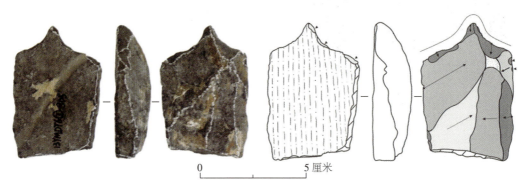

0        5 厘米

图 6-44　第二期文化 C2 型工具
（以 Type8 为原型毛坯，操作程式 B，鸟喙状刃）

226 件，占比 62.6%，A 类工具的二面结构主要由平坦的节理面作为基础面，人工或自然的斜面为工作面，A 类工具的修理方式一般是单向修理，基础面和工作面的选择与修

理方向相对应，绝大部分是由平坦一面向凸起一面修理，即由基础面向工作面修理。B
类斧刃状延伸型 46 件，占比 12.74%。B 类工具的二面结构中，基础面和工作面界限模
糊，修理方式主要仍是单向修理，但出现少量交互、转向修理。C 类汇聚型 83 件，占
23%。C 类工具的二面结构选择与 A 类较为一致，修理方向也是由平坦面向凸起面修
理，但修理方式更多为对向或错向。从各类工具修理的理念和分布数量来看，第二期文
化的工具倾向于 A 类锛刃状斜面延伸型工具的设计和打制，由平坦面向凸起面的单向加
工为主要修理方式。

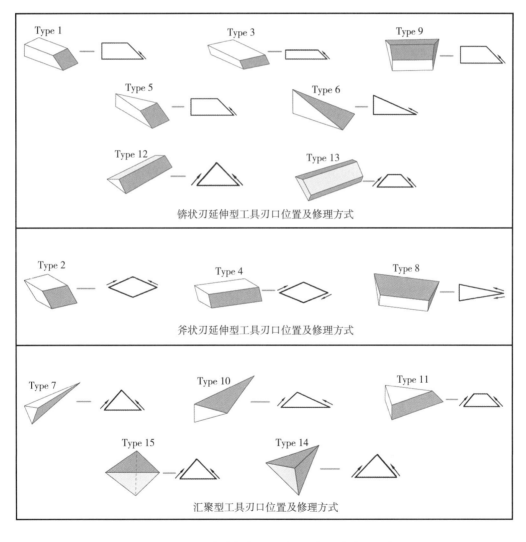

图 6-45　不同修型概念工具的刃口位置与修理方式

通过对第二期文化的工具的观察和分析，表现出来的操作程式主要有四类。第一

类，是脱离剥坯与修型基本概念的操作程式，主要集中在操作程式 B，少量工具周身均为节理面或风化石皮，仅薄锐边缘有刃口修理。第二类，是纯剥坯的操作程式，主要集中在操作程式 F，个别工具是典型的石片毛坯，石片边缘加工出刃口。第三类是纯修型的操作程式，主要表现为操作程式 D，大量工具在原料形态基础上修型制造出斜面，然后再在斜面上修理出各种刃口。第四类是剥坯与修型混合的操作程式，主要集中在操作程式 H，如果将剥坯概念只局限于典型石片毛坯的话，这种操作程式的工具仅见于几件典型的石片毛坯经过修型和刃口加工而成的工具。但我们在工具的观察和分析中发现，有相当多数量的工具毛坯虽然为块状或片状而非石片，但这种块状或片状毛坯中有一些展示出经过剥片和选择的证据，只是这种剥片工序因为原料节理等原因并未形成典型石片特征。因此，如果剥坯概念也包含这种情况的话，那么操作程式 H 的数量会有不少的增加。同时，操作程式 F 也会因为剥坯毛坯类型的扩展而有所增加。

## 五、工具预设功能与使用方式分析

从第二期文化石器工业生产体系的分析来看，毛坯的选择已经为工具功能的实现做足了准备，毛坯奠定了工具形制的基本框架，毛坯是工具的有效预制，但工具的技术特征很大程度上是在毛坯上进行二次加工决定的，而工具的技术特征决定了这件工具的预设功能和使用方式。

刃口数量和形态在某种程度上反映了工具制作的技术和思路，也指示着工具的预设功能和使用方式。第二期文化的工具的刃缘形态较为多样，部分工具修理出多个刃缘。具有多刃的工具类型主要有刮削器、砍砸器和尖状器，单刃（尖）均占据绝对优势，占比 87.2%。双刃（尖）也有一定数量，占比 10.75%，复刃（尖）也有少量发现，占比 2.05%。工具的刃缘形状被粗略地分为直刃、凸刃和凹刃，在多刃工具中还形成更多样的刃缘形状组合，如直凹刃、直凸刃等。在刮削器和砍砸器中，凸刃数量最多，占比 51.0%，直刃次之，占比 34.4%，凹刃较少，占比 14.6%。在尖状器中角尖略多于正尖（表 6-9）。一般认为单个标本是否具有多刃表明原料供给的条件和原料是否被充分利用（高星，2001），但同时还有一个因素需要考虑，即工具使用的多功能性。工具的使用是一个复杂的行为，包含了多种运动方式，有时一件工具的一个刃缘难以胜任整个使用行为而需要另外增加工具数量来完成，很显然更换工具使用部位比更换工具更为便捷，能保证使用行为的连续性，提高效率。不同形状刃缘的功能和使用方式明显不同，如凹刃与凸刃只能是应用于不同的对象和使用方式。

**表6-9**　　　　　　　　　　第二期文化工具刃口数量与刃缘形状统计

| 功能类型 刃口数量 | 刮削器 | 砍砸器 | 尖状器 | 合计（N） | 百分比% |
|---|---|---|---|---|---|
| 单刃（尖） | 445 | 300 | 107 | 745（107） | 87.2% |
| 单凸刃（角尖） | 241 | 139 | 59 | 380（59） | 51.0%（55.1%） |
| 单直刃（正尖） | 145 | 111 | 48 | 256（48） | 34.4%（44.9%） |
| 单凹刃 | 59 | 50 | | 109 | 14.6% |
| 双刃（尖） | 67 | 33 | 5 | 105 | 10.75% |
| 复刃（尖） | 13 | 5 | 2 | 20 | 2.05% |
| 合计 N | 525 | 338 | 114 | 977 | |
| 百分比% | 53.73% | 34.6% | 11.67% | | 100% |

第二期文化的工具刃缘虽然大多以直、凸、凹大致分为三种轮廓，但是在直、凸、凹轮廓形状的刃缘中还存在较多不同的刃缘形态，刃缘形态的进一步细分反映出明显不同的技术意图与加工效果。通过对第二期文化361件代表性工具的观察，可以分为以下7种刃缘形态：锯齿状、汇聚状、凹缺状、交互曲折状、鸟喙状、吻突状、直线状等。其中锯齿状还可进一步细分为大锯齿、小锯齿、凹锯齿、直凸锯齿和凸锯齿等形态。吻突状刃缘也可进一步细分出不同前面视的吻突形态。汇聚状还可进一步分为汇聚锯齿状和普通汇聚状。刃缘形态的统计分析显示，第二期文化的工具比较流行汇聚状和锯齿状的刃缘形态，吻突状和凹缺刃缘形态也有一定比例，其余刃缘形态数量较少。

体积尺寸或重量也是石器功能和使用方式的重要影响因素，尺寸和重量差别很大的工具对应于截然不同的使用姿势和用途。第二期文化工具的尺寸差异较大，从微型到巨型大致呈正态分布，中型和大型相对集中，尤其是80~120厘米尺寸的中大型工具数量最为丰富（图6-46）。从第二期文化工具的重量分布图来看，至少反映了三种趋势，一是本期文化工具的重量差异较大，重量从0~200克到超过2000克不等。二是本期文化工具的重量由轻到重逐渐递减，三是0~200克和200~400克是第二期文化工具数量最多的两个区间，而从200~400克到400~600克这个区间有个明显的骤降变化（图6-47）。

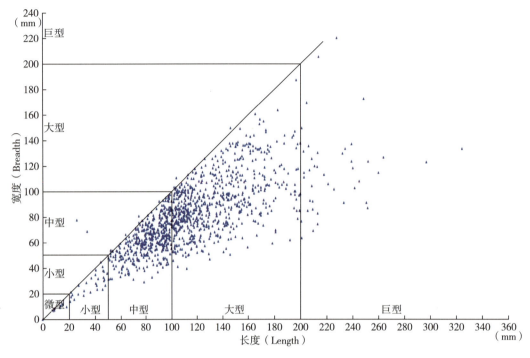

图 6-46　第二期文化工具的尺寸大小分布图

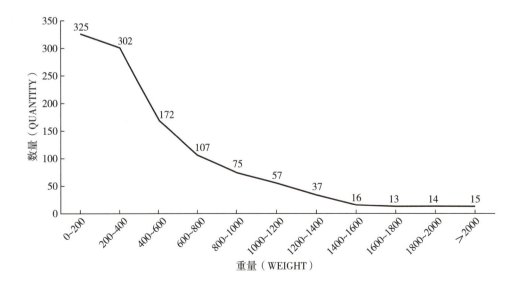

图 6-47　第二期文化工具的重量分布趋势

# 第四节　第三期文化的石制品技术

## 一、石制品原料开发与利用

第三期文化的石制品原料岩性比较简单，除了 4 件硅质岩和 1 件钟乳石之外，其余均为石灰岩，石灰岩占比达到了 99.44%（表 6-10）。石灰岩在各个不同类别的石制品中均有应用，显示了石灰岩这种原料的适用性。通过原料岩性的手标本观察发现，在第三期文化的石灰岩石制品中即已对石灰岩原料进行了不同程度的选择和开发利用。绝大部分的石灰岩石制品为白云石化粉晶微晶灰岩，此种灰岩为轻度变质的硅质灰岩，硬度比常见的石灰岩略高，质地较为细腻均质性好，脆性适中，便于打制，但缺点是层理发育不易精准控制。从原料岩性和分布来看，这种适宜打制的石灰岩原料也并非到处都是，还是需要进行仔细挑选和原坯制备，反映了这一时期古人类对此类原料特性的掌握，也反映出古人类此时具备一定的原料开发利用能力。另外，这一时期也发现了数件硅质岩石制品，主要为 3 件断块碎片和 1 件刮削器，虽然数量少，但也证明了硅质岩原料被这一文化时期的古人类所认知并应用于工具制作，而应用数量少大概率还是这种原料本身分布少，再加上开采难度大、搬运距离大等其他原因。当然，还有一种原因是这种原料本身质量并不好，体积也较小，其实并不适宜制作工具，古人类也没有驱动力去寻找和深度开发利用这种原料。此外还有 1 件钟乳石是作为疑似有人工痕迹的特殊制品被收集，钟乳石在洞穴并不陌生，也可能被应用于石制品制作，但其质量较石灰岩更差，因而也几乎不见这类原料的石制品。

表 6-10　　　　　　　　　　第三期文化石制品原料统计

| 原料＼类型 | 石核 | 石片 | 砍砸器 | 刮削器 | 尖状器 | 手镐 | 凹缺器 | 锥钻 | 断块与碎片 | 其他 | 合计 N（%） |
|---|---|---|---|---|---|---|---|---|---|---|---|
| 石灰岩 | 6 | 15 | 236 | 437 | 101 | 34 | 55 | 10 | 2 | 1 | 897（99.44%） |
| 硅质岩 | | | | 1 | | | | | 3 | | 4（0.44%） |
| 钟乳石 | | | | | | | | | | 1 | 1（0.12%） |
| 总计（件（%）） | 6 | 15 | 236 | 438 | 101 | 34 | 55 | 10 | 5 | 2 | 902（100%） |

从石制品的原型来看，石灰岩原坯大多表现为各式各样的块状形态，也有不少片状形态，大型或巨型的石核不见，断块与碎片也基本不见，部分层位还有流水冲刷的作用，说明这种原料坯材很可能来自洞外的短距离搬运，当然也不排除少量在洞内就地取材开发利用的例子，因为在本期文化的地层堆积中也含有大量角砾块，有少量地层中的角砾也可能适宜石器打制而被选用。硅质岩数量少，体积小，在洞内从未发现原料产地，这种原料只能是从洞外搬运进入遗址，并且在遗址内进行了打制和工具的修理，才会留下断块与碎片。

## 二、工具毛坯的生产与选择

第三期文化工具的毛坯以块状居多，占比达到 76.2%，片状毛坯相对较少，占比 23.8%（表 6-11）。块状与片状毛坯分布的比例与第二期文化相似，不仅是整体的块状毛坯 3.2 倍于片状毛坯，而且在各个类型中也是块状毛坯均明显多于片状毛坯，除了尖状器和凹缺器之外，其他类型的工具均是块状毛坯数倍于片状毛坯，尤其在一些重型工具如砍砸器、手镐等类型中的块状与片状相差过于悬殊。通过对本期工具毛坯原型的观察和分析，不仅是片状毛坯数量相对较少，典型的石片毛坯数量也明显更少，反映了在毛坯生产中没有刻意追求相对薄锐而适宜加工的毛坯。

表 6-11　　　　　　　　　　　第三期文化工具毛坯统计

| 毛坯 ＼ 类型 | 砍砸器 | 刮削器 | 尖状器 | 手镐 | 凹缺器 | 锥钻 | 合计 N（%） |
|---|---|---|---|---|---|---|---|
| 片状 | 27 | 111 | 45 | 4 | 20 | 1 | 208（23.80%） |
| 块状 | 209 | 327 | 56 | 30 | 35 | 9 | 666（76.20%） |
| 总计（件（%）） | 236 | 438 | 101 | 34 | 55 | 10 | 874（100%） |

第三期文化的工具不仅在块状毛坯选择上表现出明显的偏好，在毛坯模块类型上也有高度集中的选择。从毛坯模块类型的统计来看，Type9 数量最多，占比 19.22%。Type5 和 Type12 次之，占比 14.97% 和 11.20%，其他毛坯模块类型数量相对较少且分布较均衡，占比均主要集中在 3%~7%。不同类型的工具对毛坯模块的选择有明显倾向，尖状器主要选择 Type10，手镐主要选择 Type11，刮削器主要选择 Type5、Type8、Type9、Type12 这四类毛坯模块，砍砸器则主要选择 Type9 和 Type5 这两类毛坯模块，凹缺器主要选择 Type5 和 Type12 这两类毛坯模块，锥钻数量较少，没有特别集中选择的表现（表 6-12）。

表6-12

第三期文化工具模块类型统计表

| 毛坯模块<br>工具类型 | Type1 | Type2 | Type3 | Type4 | Type5 | Type6 | Type7 | Type8 | Type9 | Type10 | Type11 | Type12 | Type13 | Type14 | Type15 | Type其它 | 总计（件） | 百分比（%） |
|---|---|---|---|---|---|---|---|---|---|---|---|---|---|---|---|---|---|---|
| 钻 | 0 | 0 | 1 | 1 | 2 | 0 | 0 | 2 | 3 | 0 | 0 | 0 | 0 | 1 | 0 | 0 | 10 | 1.14% |
| 凹缺器 | 1 | 3 | 1 | 0 | 13 | 4 | 0 | 6 | 8 | 2 | 1 | 11 | 0 | 2 | 1 | 2 | 55 | 6.29% |
| 单直刃刮削器 | 4 | 5 | 6 | 9 | 20 | 5 | 0 | 13 | 34 | 3 | 0 | 22 | 0 | 8 | 0 | 2 | 131 | 14.99% |
| 单凸刃刮削器 | 3 | 2 | 4 | 5 | 44 | 15 | 0 | 24 | 42 | 1 | 0 | 15 | 0 | 13 | 9 | 15 | 192 | 21.97% |
| 单凹刃刮削器 | 1 | 1 | 0 | 4 | 11 | 7 | 0 | 6 | 10 | 0 | 0 | 6 | 1 | 1 | 3 | 1 | 52 | 5.95% |
| 双刃刮削器 | 1 | 2 | 3 | 9 | 3 | 0 | 1 | 1 | 1 | 4 | 0 | 21 | 3 | 5 | 1 | 0 | 55 | 6.29% |
| 复刃刮削器 | 0 | 0 | 1 | 2 | 0 | 1 | 0 | 0 | 1 | 0 | 0 | 0 | 1 | 2 | 0 | 0 | 8 | 0.92% |
| 手镐 | 2 | 0 | 1 | 3 | 2 | 2 | 2 | 0 | 5 | 2 | 9 | 0 | 0 | 3 | 3 | 0 | 34 | 3.89% |
| 单直刃砍砸器 | 11 | 5 | 3 | 7 | 5 | 0 | 1 | 0 | 18 | 2 | 1 | 8 | 3 | 1 | 1 | 2 | 68 | 7.78% |
| 单凸刃砍砸器 | 10 | 1 | 5 | 3 | 22 | 8 | 1 | 7 | 24 | 2 | 1 | 4 | 0 | 9 | 3 | 1 | 101 | 11.56% |
| 单凹刃砍砸器 | 0 | 6 | 2 | 2 | 4 | 1 | 0 | 6 | 7 | 0 | 1 | 0 | 1 | 1 | 1 | 2 | 33 | 3.78% |
| 双刃砍砸器 | 0 | 6 | 0 | 4 | 0 | 1 | 1 | 0 | 0 | 0 | 0 | 7 | 4 | 3 | 3 | 1 | 30 | 3.43% |
| 复刃砍砸器 | 1 | 0 | 0 | 0 | 0 | 0 | 0 | 0 | 2 | 0 | 0 | 1 | 0 | 0 | 0 | 0 | 4 | 0.46% |
| 正尖尖状器 | 0 | 0 | 2 | 1 | 1 | 1 | 4 | 3 | 3 | 13 | 4 | 0 | 0 | 5 | 1 | 1 | 39 | 4.46% |
| 角尖尖状器 | 0 | 1 | 0 | 3 | 4 | 2 | 1 | 2 | 9 | 15 | 2 | 2 | 0 | 7 | 5 | 4 | 57 | 6.52% |
| 双尖尖状器 | 0 | 0 | 0 | 0 | 0 | 0 | 0 | 0 | 1 | 0 | 0 | 0 | 0 | 2 | 0 | 1 | 4 | 0.46% |
| 复尖尖状器 | 0 | 0 | 0 | 0 | 0 | 0 | 0 | 0 | 0 | 0 | 0 | 0 | 0 | 0 | 1 | 0 | 1 | 0.11% |
| 总计（件） | 34 | 32 | 29 | 53 | 131 | 47 | 11 | 70 | 168 | 44 | 19 | 97 | 13 | 63 | 31 | 32 | 874 | 100.00% |
| 百分比（件） | 3.89% | 3.66% | 3.31% | 6.06% | 14.97% | 5.49% | 1.26% | 8.01% | 19.22% | 5.03% | 2.17% | 11.20% | 1.48% | 7.21% | 3.55% | 3.66% | 100.00% | |

### 三、剥坯概念的生产体系

第三期文化石制品中的剥坯概念产品如石核石片数量相对略多，共发现石核 6 件，石片 15 件，占本期石制品总数的 2.33%（详见前文石制品类型的分类描述，此不赘述）。石核原料均为石灰岩，形态尺寸差异较大。石核均为典型的锤击石核，类型较为多样，可根据台面数量区分出单台面、双台面和多台面石核等不同类别，台面有人工台面也有自然石皮台面，部分石核剥片数量较多、片疤较大，剥片较为成功。石片数量不少但尺寸普遍较小，仅有个别石片尺寸较大，石片特征明显，均为锤击石片，但出现了一件似石叶石片。石片背面大多保留较多天然石皮且多有纵向棱脊，表现了利用纵脊对石片形态的控制。

在本期文化的工具中，我们观察到有少量工具由典型的石片为毛坯进行加工，此类器物是剥坯概念与修型概念混合的一种类型，也体现了剥坯概念的运用，是剥坯概念生产体系的一部分，此类典型器物数量仅 8 件，占比 0.92%，背面大多保留部分石皮，腹面石片特征明显（图 6-48）。

0      5 厘米

图 6-48　第三期文化典型石片毛坯的工具

　　此外，在第三期文化的工具毛坯中，虽然片状毛坯相对块状毛坯较少，但我们在观察分析中也发现一定数量的特殊毛坯。这类毛坯虽然不具备典型的石片特征，但也是受力破裂的产品，具有石片的部分特点，是一种似石片毛坯，应是一种用特殊方法生产，但受原料节理等性质影响而未明显体现石片特征的产物，此类毛坯也应是剥坯概念生产体系的组成部分。我们通过模拟试验证实此类毛坯为摔击法剥坯后进行优选的毛坯，数量较多，部分工具毛坯与天然片状毛坯不易区分，未做统计（图6-49）。

图6-49　第三期文化似石片毛坯的工具

　　因此，本期文化石制品中剥坯概念的产品数量相较于另外两期不算少，从传统的剥坯产品反映的类型和特征来看古人类应掌握了较成熟的锤击剥坯技术，甚至已出现了利用背脊控制石片形态而生产的似石叶产品。从典型石片毛坯的工具和似石片毛坯的工具来看，剥坯概念及其生产体系较为成熟，形成了不同的剥坯产品利用策略。

### 四、修型概念的生产体系

我们对前文第三期文化详细分类描述的各类代表性工具开展修型概念构型的技术分析和观察，共涉及抽样工具 218 件，其中刮削器 76 件、砍砸器 53 件、尖状器 40 件、凹缺器 28 件、锥钻 7 件、手镐 14 件。这 218 件工具可大致按照前文所述的工具刃部形态特征和刃部预制构型理念分为 A、B、C 三类：A 类是锛刃状斜面延伸型，B 类是斧刃状斜面延伸型，C 类是汇聚刃型。

A 类锛刃状斜面延伸型数量为 129 件，占比 59.17%。A 类可进一步细分为 A1 单斜面和 A2 双斜面或多斜面两型。不同型的工具对毛坯有明显选择，A1 型工具主要采用 Type1、Type5、Type9 等单二面结构特征的毛坯模块来构型。A2 型工具多选用 Type12 和 Type13 等具有两个或多个二面结构的毛坯模块来构型。A 类工具的核心理念是利用天然或人工加工的斜面来构成一个略呈锛刃状的二面结构，一般人工面为工作面，自然面为基础面。使用功能部位主要集中于锛刃状的刃部，有不同轮廓和形态的表现，与工具功能和使用方式有关，下文会详细论述。而锛刃状的刃部以外均作为持握辅助部位，其形态主要受毛坯影响，大多保留原始毛坯形态，有时会做修钝或把手修型，便于手持掌握。

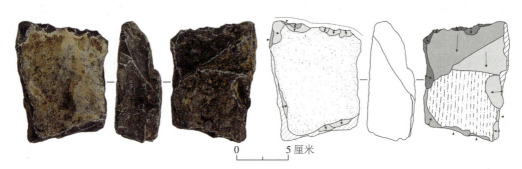

0     5 厘米

图 6-50　第三期文化 A1 型工具
（以 Type1 为原型毛坯，操作程式 D，小锯齿状刃）

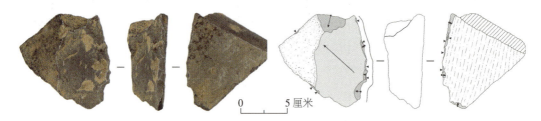

0     5 厘米

图 6-51　第三期文化 A1 型工具
（以 Type5 为原型毛坯，操作程式 D，直线与锯齿状刃）

图 6-52　第三期文化 A1 型工具
（以 Type9 为原型毛坯，操作程式 D，锯齿状刃）

图 6-53　第三期文化 A1 型工具
（以 Type9 为原型毛坯，操作程式 D，锯齿状刃）

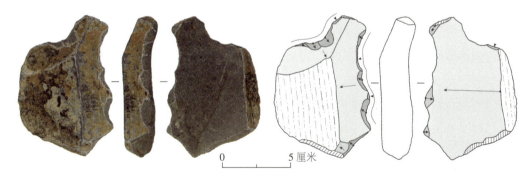

图 6-54　第三期文化 A1 型工具
（以 Type9 为原型毛坯，操作程式 F，锯齿状刃）

　　B 类斧刃状斜面延伸型数量为 28 件，占比 12.84%。B 类其实也可以细分为 B1 型和 B2 型，B1 型主要以 Type2 和 Type4 为原型毛坯，截面呈菱形，具有双斧刃状二面结构。B2 型以 Type8 或 Type6 为原型毛坯来构型，截面呈三角形，由一个钝背和相对的刃口组成，类似修背刀的形制。B 类工具的核心设计思路是利用毛坯本身的形态或人工加

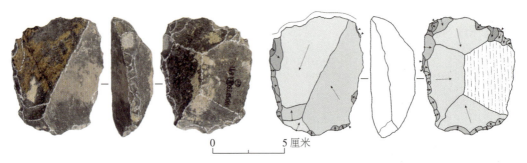

图 6-55　第三期文化 A2 型工具

（以 Type 其他为原型毛坯，操作程式 D，直线状刃与锯齿状刃）

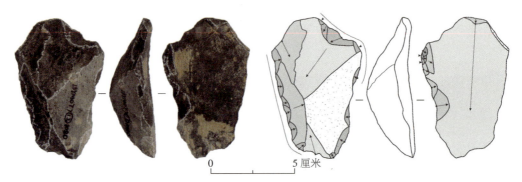

图 6-56　第三期文化 A2 型工具

（以 Type14 为原型毛坯，操作程式 H，直线状刃、锯齿状刃与吻突状刃）

工出略呈双斜面斧状刃的二面结构，一般基础面和工作面界限不清，不能准确区分，可以互换。斧刃状双斜面一般采用多种修理方式修理形成刃部使用功能部位，而刃部以外的其他部位加工较少，大多保留毛坯的原来形态，少量工具会做修钝或把手修型处理，成为持握辅助功能部位。

图 6-57　第三期文化 B1 型工具

（以 Type1 为原型毛坯，操作程式 D，吻突状刃）

C 类汇聚刃型数量为 61 件，占比 27.98%。C 类汇聚刃型多是由相交的两条或三条修理边构成尖刃，也可细分为 C1 和 C2 两型，C1 主要是尖状器、手镐等长修理边汇聚

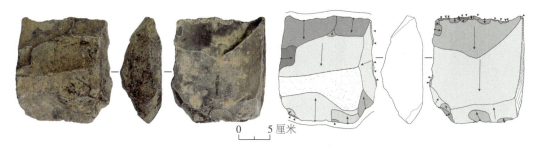

图 6-58　第三期文化 B1 型工具
（以 Type2 为原型毛坯，操作程式 H，直线状刃）

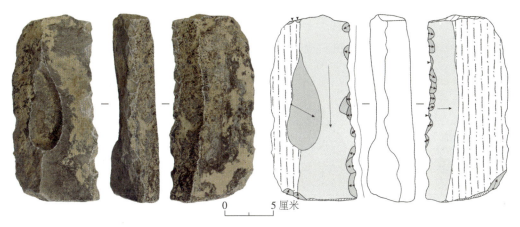

图 6-59　第三期文化 B1 型工具
（以 Type4 为原型毛坯，操作程式 B，锯齿状刃）

图 6-60　第三期文化 B2 型工具
（以 Type6 为原型毛坯，操作程式 B，大锯齿状刃）

形成尖刃，主要由 Type7、Type10、Type11、Type14、Type15 这几种毛坯模块来构型和设计，C2 主要是锥钻类短修理边甚至只是两个片疤汇聚成尖，选择的毛坯模块较为多样，没有明显的倾向选择，多以不同毛坯模块尖角或转角部位改制来构型。

　　第三期文化的工具表现出的操作程式仍然可以分为四类：第一类是以操作程式 B 为代表的模式，基本脱离剥坯与修型概念，利用优选接近目标形态的毛坯直接修刃，这类

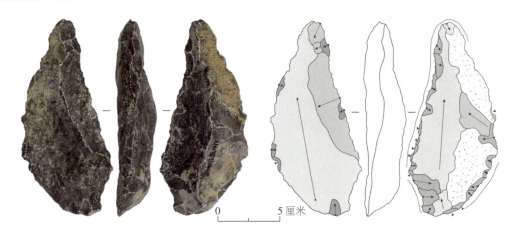

图 6-61 第三期文化 C1 型工具
（以 Type7 为原型毛坯，操作程式 H，汇聚锯齿状刃）

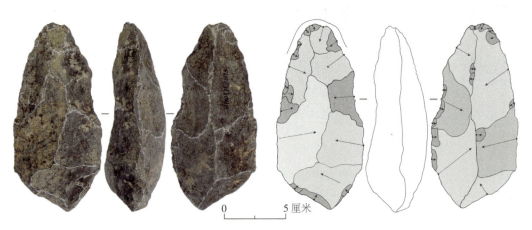

图 6-62 第三期文化 C1 型工具
（以 Type 其他为原型毛坯，操作程式 D，汇聚状刃）

图 6-63 第三期文化 C1 型工具
（以 Type14 为原型毛坯，操作程式 D，鸟喙状刃）

工具数量较少，对毛坯形态要求较高，工具表面多为自然面或节理面。第二类是主要以

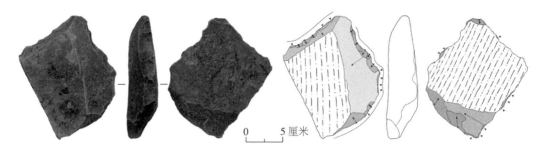

图 6-64　第三期文化 C1 型工具
（以 Type9 为原型毛坯，操作程式 H，汇聚锯齿状刃）

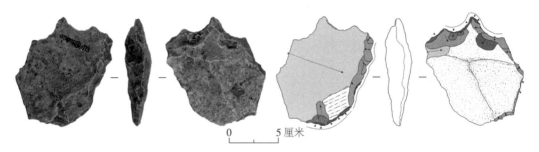

图 6-65　第三期文化 C2 型工具
（以 Type 其他为原型毛坯，操作程式 D，鸟喙状刃）

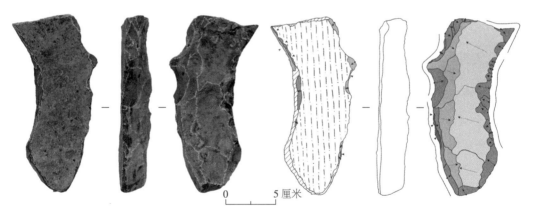

图 6-66　第三期文化 C2 型工具
（以 Type 其他为原型毛坯，操作程式 B，鸟喙状刃、吻突状刃）

操作程式 F 为代表的纯剥坯的操作程式，这种工具数量很少，本身典型的石片毛坯就少，不经修型直接修刃的纯剥坯操作程式更少，但如果将似石片毛坯也视为经历剥坯程序的话，此类工具数量也并不少见了。第三类是以操作程式 D 为代表的纯修型的操作程式，这类工具数量最多，主要表现为在原料原型基础上人为刻意修型制造出单斜面或双斜面，然后在斜面上加工刃口，这种操作程式利用了层状硅质灰岩的原料特性和形态，简单高效，普遍采用。第四类是以操作程式 H 为代表的剥坯与修型混合操作程式，这种操作程式同时具备修型与剥坯的双重概念，相当于是操作程式 D 和 F 的融合，数量相对较少，这类工具的操作程式是北方石片工具普遍采用的操作程式。

## 五、工具预设功能与使用方式分析

工具的功能与使用方式是石器制作者和使用者视角的重要研究内容，工具的功能和使用方式在打制之初即在工具制作者的脑中有所设计和考量。因此，在工具毛坯选择时即对工具的功能有所预设，即选择接近目标形态的毛坯，以便在后面的工具加工过程中更省时省力，这在毛坯的生产与选择中已有所论述。下面将从与工具直接相关的刃口数量、刃缘轮廓、刃缘形态以及工具的尺寸重量等方面阐释工具的预设功能与使用方式。

工具刃口数量的不同直接反映了工具多功能或多样化使用的可能。第三期文化的工具中，单刃（尖）工具数量占据绝对优势，占比 86.84%，双刃（尖）也有一定数量，占比 11.48%，复刃（尖）较少，仅占比 1.68%。工具刃缘形状有时会受毛坯原型边缘轮廓的影响而与毛坯边缘形状近似，但有时会根据不同的功能需求和使用方式来有意加工。第三期文化的工具中，单刃工具又可进一步区分为凸刃、直刃和凹刃，分别占比 50.8%、34.5% 和 14.7%，古人类更倾向于加工和使用凸刃缘。尖状器中单尖可区分为角尖和正尖，占比分别为 59.4% 和 40.6%，角尖略多于正尖（表 6-13）。双刃（尖）或复刃（尖）工具中还可由直刃、凸刃、凹刃等组合形成多样的刃缘轮廓和形状，可能对应着较为复杂的使用功能和方式。

**表 6-13　　　　　　　　第三期文化工具刃口数量与刃缘形状统计**

| 功能类型　　刃口数量 | 刮削器 | 砍砸器 | 尖状器 | 合计（N） | 百分比% |
|---|---|---|---|---|---|
| 单刃（尖） | 375 | 202 | 96 | 577（96） | 86.84% |
| 单凸刃（角尖） | 192 | 101 | 57 | 293（57） | 50.8%（59.4%） |
| 单直刃（正尖） | 131 | 68 | 39 | 199（39） | 34.5%（40.6%） |
| 单凹刃 | 52 | 33 | | 85 | 14.7% |
| 双刃（尖） | 55 | 30 | 4 | 89 | 11.48% |
| 复刃（尖） | 8 | 4 | 1 | 13 | 1.68% |
| 合计 N | 438 | 236 | 101 | 775 | |
| 百分比% | 56.5% | 30.5% | 13.0% | | 100% |

工具刃缘整体的形状之外，刃缘细部的形态特征也是工具功能细化分工的重要表征。我们通过对第三期文化 218 件代表性工具刃口的加工技术和形态特征观察，总结出锯齿状、汇聚状、凹缺状、交互曲折状、鸟喙状、吻突状、直线状等 7 种以上的刃缘形

态，这 7 种刃缘形态中有些还可进一步区分出更细致的类别，代表更细化的功能和使用操作方式。部分工具刃缘上具有两种以上不同刃缘形态的组合，指示着一器多用或多样化的使用方式。在古人类日常的生存适应中，工具有时需要多功能性以便满足复杂的行为需求，这时工具需要具有便携性和功能的宽泛性；但有时又需要更专业的工具来从事专门的行为活动，这时工具的功能和使用方式具有专业性和不可替代性。即使是同样轮廓形状的刃缘，不同形态特征的刃缘在功能和使用方式上也具有明显差别。譬如同样是直刃缘，直线状刃缘和锯齿状刃缘的功能和使用操作上明显不同，可能作用于不同的对象。第三期文化的工具中，锯齿状刃和汇聚状刃是最为常见的刃缘形态，数量上占据优势，而且汇聚状刃和锯齿状刃经常组合出现，其他刃缘形态发现数量较少，部分特殊的刃缘形态可能对应较为具体和狭隘的功能任务，数量本身就不会太多。

工具的体积尺寸或重量也会影响其功能与使用方式，尤其是尺寸和重量差异较大的工具，在具体的使用操作和作用对象等方面明显不同。从工具的尺寸来看，第三期文化的工具的尺寸差异较大，70～140 厘米的中型和大型工具分布相对密集，70 厘米以

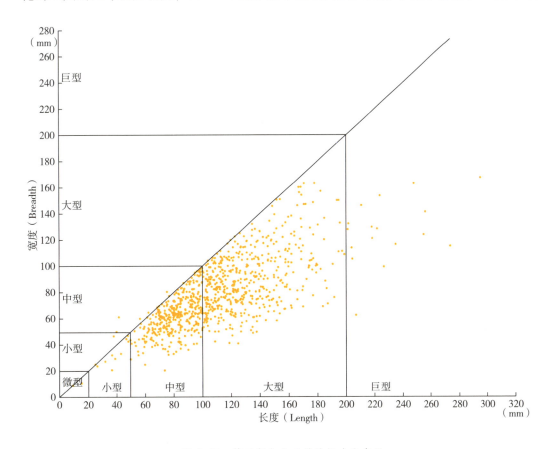

图 6-67　第三期文化工具的尺寸分布图

下和140厘米以上的工具逐渐减少，整体从微型到巨型基本呈正态分布（图6-67）。工具的重量反映的内容与尺寸可能还有一些差别，从工具的重量来看，第三期文化的工具重量差异也大，虽然面貌上看重型工具较多，但实际上工具的重量分布是由轻到重逐渐递减的，从200~400克到800~1000克这个区间的工具数量骤降，而到1200~1400克以上重量的石器数量分布变化不大（图6-68）。

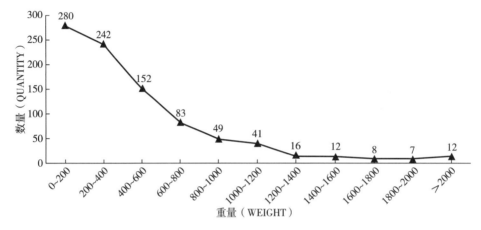

图6-68　第三期文化工具重量分布图

# 第五节　石制品技术的历时性演变

## 一、原料与毛坯

原料与毛坯关系密切，毛坯的选择、生产和加工受原料性质、结构和形态的影响巨大，进而也会影响到工具制作的策略和思路。按照修型概念的石器工业分析流程，原料与毛坯的选择和准备是修型工具总体构型的重要步骤，尤其是在中国的材料中，原料与毛坯选择在整个工具生产体系中所占比重较大。也就是说，在中国的修型工具中，通过原料与毛坯的选择和简单的打制即已完成了获得工具理想构型和刃口的基本结构，高效而实用（李英华，2017）。考虑到玉米洞遗址原料特性和石核石片较少等状况，我们将玉米洞遗址石制品中的工具原坯进行分类统计，以期获得原料与毛坯之间关系的规律性认识。下面我们将对第三期文化至第一期文化的原料与毛坯进行历时性的观察，分析原料与毛坯在不同文化分期中的变化及原因。

从原料的种类来看，第三期文化至第一期文化的原料构成基本一致，都是石灰岩和硅质岩,但第一期文化略有少许变化,出现个别的石英岩和赤铁矿石。从原料的构成来看,三期文化的石灰岩均占绝对数量,但受硅质岩数量的变化略有细微差异。硅质岩在三期文化中有较明显变化:第三期硅质岩数量最少,仅占比0.44%;到第二期文化时期,硅质岩数量较第三期有明显增加,占比达到2.3%;到第一期文化时期,硅质岩数量较第二期文化略有减少,占比1.11%。因此,从原料的种类和构成来看,玉米洞遗址的原料在历时性变化方面不明显,基本保持一致性和连续性。硅质岩这种特殊原料的数量在三期文化中分布略有起伏,但始终没有规模化,只作为补充原料使用较少。石英岩和赤铁矿石这种明显的外来原料只在较晚阶段的第一期文化中有所发现,但数量很少。这种原料利用方面的几乎不变,可以解释为原料资源条件下的被动适应,即没得选择只能沿用这种原料。但也可以解释为一种原料利用的文化传统,即习惯这种原料且没有驱动力去寻求其他原料。

从工具毛坯的数量分布来看,第三期文化和第二期文化工具的块状毛坯明显多于片状毛坯,块状毛坯占比均为76.2%,而到第一期文化时期,工具的块状毛坯明显减少,只略多于片状毛坯,占比56.1%。具体到各类型工具中,砍砸器、手镐等大型工具从第三期到第一期文化均是块状毛坯数倍于片状毛坯,没有明显历时性变化。而刮削器、尖状器、凹缺器等小型工具则从第三、二期文化的块状毛坯明显多于片状毛坯,发展到第一期文化的片状毛坯明显多于块状毛坯。因此,从第三期到第一期文化的工具历时性发展考察来看,第三期文化和第二期文化的工具制作中没有刻意追求片状毛坯,但到了第一期文化时期,明显生产了更多的片状毛坯以供工具制作时选择,这在小型工具中表现尤为明显。

从工具原型毛坯的模块类型分布来看,第三、二期文化的工具原型毛坯均以Type9和Type5最多,但到了第一期文化时期,工具原型毛坯则以Type12和Type5数量最多,在工具原型毛坯的选择上发生了一些变化。具体到各类型原型毛坯的选择上,双刃和汇聚刃工具的原型毛坯选择在三个不同文化时期较为一致,并无明显变化,但其他类型工具的原型毛坯选择越到晚期规律性越不明显。说明在三个不同文化时期的历时性变化中,双刃和汇聚刃工具对原型毛坯的选择均具有明显倾向,保持了习惯和传承,而其他类型的工具随着技能的提升对毛坯的依赖程度有所减弱,尤其是到第一期文化时期表现出一些变化。

整体来看,原料的种类和构成从第三期文化至第一期文化基本保持了原料使用的惯性,缺少明显变化,只在硅质岩的使用数量上有些许变化,而这种变化还可能受发掘区域和细致程度等因素影响,也受原料来源、数量、开采难度等客观条件限制。工具毛坯的块状片状选择和原型毛坯的模块类型则从第三至二期文化时期表现出明显的传承延续,从第二至一期文化时期表现出明显的发展与演变。

## 二、类型与组合

器物类型在某种程度上代表了古人类特定的活动内容或行为方式。通过类型学的研究，可以对石制品的组合多样性做出科学解释，从而探讨古人类在特定环境条件下的行为模式和技术水平。类型学通过对器物要素特征的分类组合来分析研究古代遗存，超越器物间的形式异同和时代特征，探讨文化结构及其相互之间更深层的内在联系，从而构建文化的时空框架与发展谱系（曹兵武，2012）。类型学进一步发展出了"考古学文化"和"区系类型"概念。类型学研究不仅可以区分考古学文化的相对年代和整体面貌，还可以解释文化系统的内在联系及与环境的互动，试图寻找文化或技术演变的规律与线索。旧石器时代考古中的石器类型学虽然难以比拟新石器时代的陶器类型学，但至少可以通过类型组合来观察石器工业面貌和技术特征，从而进一步窥探古人类的生产生活和技术组织，解释石器功能与环境资源背景之间的契合性和关联性。考虑到玉米洞遗址特殊的石器类型和漫长的地层序列，我们虽然不能以石器类型的演变来区分相对年代，但可以在年代学框架内观察不同时代阶段的石器类型组合的变化，从而总结石器类型演变的规律和特征，进而探讨演变的机制和动因。

从类型的组合来看，第三期文化至第一期文化保持了基本一致的类型组合，即石核、石片、工具、断块与碎片这几大类，其中工具均占据数量上的绝对优势，石核、石片、断块与碎片相对较少。值得注意的是，剥片类产品石核、石片的数量在第三期至第一期文化的石制品中占比呈递减趋势，从第三期文化的2.33%降至第二期的1.33%再降至第一期的0.47%。剥片类产品数量从早期到晚期这种递减趋势与工具的片状毛坯在晚期明显增加的趋势存在抵牾之处。

从工具的具体类型来看，第三期和第二期文化的工具类型基本一致，类型主要包含刮削器、砍砸器、尖状器、凹缺器、手镐、锥钻等，但到了第一期文化时期，除了上述这些工具类型外，还新出现了原型手斧、矛形器、雕刻器等少量特殊工具类型。其中大宗的轻型工具刮削器和尖状器的数量表现为逐渐递增的趋势，但从占比来看经历了先减少再大幅增加的变化。数量最多的重型工具砍砸器无论数量还是占比均经历了先增加再大幅减少的变化。手镐、锥钻等有尖类工具的数量和占比相对比较稳定，变化保持在0.6%以内。凹缺器数量上表现为先增后减，但占比表现为逐渐递减（表6-14）。

表6-14　　　第三期至第一期文化主要工具类型的数量对比统计

| 工具类型<br>文化分期 | 刮削器 | 尖状器 | 凹缺器 | 锥钻 | 砍砸器 | 手镐 |
|---|---|---|---|---|---|---|
| 第三期文化 | 438（50.11%） | 101（11.56%） | 55（6.29%） | 10（1.15%） | 236（27.00%） | 34（3.89%） |
| 第二期文化 | 525（46.34%） | 114（10.06%） | 63（5.56%） | 20（1.76%） | 338（29.83%） | 41（3.62%） |
| 第一期文化 | 690（55.47%） | 163（13.1%） | 33（2.65%） | 15（1.21%） | 289（23.23%） | 48（3.86%） |

总体来看，工具的类型组合从第三期文化到第一期文化基本以传承延续为主，但到第一期文化时期表现为较为明显的变化，石核石片减少，工具种类明显增加，片状毛坯明显增多，这种变化可能代表着对工具功能和使用的要求更加多样化。部分工具类型如砍砸器、凹缺器出现先增多后减少的情况，可能与不同文化时期环境变化或行为需求的改变有关，工具功能和数量在适应需求时做出了相应调整。

### 三、技术与形态

石制品制作技术是古人类生产能力和技术水平的重要体现。石制品制作技术可分解为剥片技术和工具加工技术两个方面（高星、裴树文，2006）。剥片技术是针对不同原料采取的应对策略和方法，一般来说包含锤击法、砸击法、碰砧法、摔击法等剥片技术。从玉米洞遗址典型的石核、石片等剥片产品及其数量分布来看，第三期到第一期文化的石灰岩石制品均体现少量的锤击剥片技术的运用，似乎第三和二期文化的锤击剥片技术较第一期文化运用略多。从数量相对较多的典型石片、似石片毛坯工具和片状毛坯工具来看，第三期至第一期文化的工具毛坯的获取均采用了摔击法，尤其发展至第一期文化时期，这种方法成为绝对主流的剥坯技术，反而锤击法有所减少。当然，针对特殊岩性和形态的原料，采取的剥片技术明显不同。硅质岩石制品从始至终均体现为锤击剥片技术，第一期文化时期出现了石英岩小砾石等原料并采用砸击技术剥片。关于剥片技术的论述后文还有专题分析，此不赘述。

从前文关于工具修型概念的生产体系分析结果来看，从第三期至第一期文化的工具均为三种主要构型，以 A 类锛刃状单斜面延伸型为主流，C 类汇聚刃型次之，B 类斧刃状双斜面延伸型最少。虽然三个文化分期的工具构型在数量上有些许微小变化，但从比例上来看基本一致，A、C、B 类工具数量的大致比例均为 5.5：3：1.5。工具制作的操作程式从早期到晚期也基本一致，主要以纯修型的操作程式 D 和剥坯修型混合的操作程式 H 为主，其他操作程式较少。

工具加工修理的方式方法也是石制品技术的重要表现。玉米洞遗址的工具修理技术从第三期至第一期文化均为自由式锤击修理，基本不见其他修理技术。工具修理方式也是从第三期到第一期文化没有太多变化，以单向修理为主，存在少量交互、错向、对向、复向修理。修疤类型也以单层修疤占绝对优势，少见多层修疤和侵入性修理，工具加工对原坯改造程度浅，工具的定型更依赖于毛坯本身的自然形态，玉米洞遗址的工具面貌也因此主要表现为"修边器物"。

石制品的形态差异与持续的再加工关系明显，但也受石核剥坯过程、毛坯形态、原料等影响（Kuhn. 1992）。实际上，石制品形态除了受制于多种客观因素之外，它既可以受文化传统因素所决定，也可以受工匠技巧优劣及其个性特点的影响（陈淳，1993），但在对石制品原坯改造程度较小的中国南方砾石工业体系中，原料质地和毛坯形态对工具最后形态的影响更为关键。具体到玉米洞遗址的石器工业，石制品形态与南方砾石工业一样受原料和毛坯形态的影响明显，形成独特的石器工业面貌，这种石器工业面貌的独特性从第三期至第一期文化一直保持传承，甚至在具体的尺寸和重量分布上也基本保持了相对的一致性（图6-69）。这种石制品形态上从早到晚的一致性可能也指示着工具制作技术和工具功能需求在历时性上没有本质变化，沿袭着特定的文化传统和习惯。

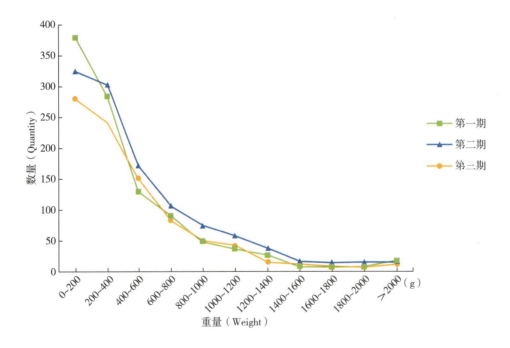

图 6-69  第三至第一期文化的石制品重量分布趋势图

# 第七章　石器工业生产体系与人类技术行为

## 第一节　石器工业生产体系的技术—经济学分析

### 一、原料利用策略分析

#### （一）原料研究背景与方法

#### 1. 原料研究背景

石制品原料分析是旧石器研究的基本步骤和必要前提，有助于区别制约石器工业的自然因素和文化因素，并深入客观地认识工艺技术传统演变和差异的特点和原因（陈淳，1996）。原料对于石制品打制技术、形制功能、文化面貌等方面的影响已有广泛讨论并形成基本共识（王幼平，1998；谢光茂，2001；Francois Bordes. 1970；Andrefsky. 1994），对不同原料的不同利用程度与方式可以揭示人类对原料的认知性、选择性和开发能力（高星，2001）。原料在石制品研究中往往被看作一种自然属性特点而不被视为一种文化特征。实际上，原料一旦被古人所利用即具有了自然与文化的双重属性，包含了古人类与环境资源的互动适应。因此，石制品原料包含了丰富的文化信息，应以资源域分析（Bailey. 1983；Flannery. 1976）的方式贯穿到古人类的生存适应当中，对全面认知遗址的内涵具有重要意义。

玉米洞遗址是重庆地区新近发现的一处重要的中—晚更新世洞穴遗址。该遗址自发现之初就备受关注，因其特殊的石灰岩石制品区别于已发现的其他旧石器文化，被视为一种可能代表中国本土起源的独树一帜的旧石器文化（Wei et al. 2015）。玉米洞遗址的石制品原料利用种类较单一，绝大部分为轻度变质的含硅质石灰岩，占98.38%，另有少量硅质岩，占1.55%（重庆中国三峡博物馆，2018）。玉米洞遗址以传统观念认为并不适宜制作工具的石灰岩作为主要原料予以充分利用，而硅质岩和其他原料却很少使用，这背后隐含着怎样的动机和利用策略？本节将从石制品原料入手，分析古人类如何以最小代价来实现原料资源利用的最大化，考察其石制品原料利用的策略和方式。

## 2. 研究方法

石制品原料利用研究中比较流行的是"资源域"理论，即通过对遗址周边石制品原料资源的调查分析来了解古人以遗址为中心的日常活动范围和资源获取方式，进而考察石器特点成因及人地关系（王青，2005；陈洪波，2006）。资源域分析的主要方法可分为"遗址外"和"遗址内"两种，前者是依据现代原始部落的民族学观察事先划定研究范围然后对区域内资源情况进行分析和研究，其中农耕定居社会以 5 千米或步行 1 小时的长度为半径的圆圈，狩猎采集社会以 10 千米或步行 2 小时的长度为半径的圆圈（陈洪波，2006）。而后者"遗址内"分析则以遗址发掘的遗物为出发点，对这些遗物进行产源的调查研究，最终描绘古人类生存和活动的大致范围（秦岭等，2010）。两种方法各有优势和局限，需根据研究目的和遗址状况灵活应用，但二者的理论前提是相同的，即人类开发利用周围的环境资源是以减少所需时间和能量的合理方式进行的，也就是说，距离居住地越远，获取资源所需时间和能量就越大，资源开发利用的价值就越小（王青，2005）。

石制品原料的资源域分析在中国的新石器及商周时期遗址有较多应用，取得了显著成绩（李果，2006；何中源等，2012；钱益汇等，2006；崔启龙等，2017），但在旧石器时代遗址中少有深入研究。旧石器时代距今时代久远，地貌环境已发生很大的改变，以现今地理地貌中人的活动范围去匹配远古地貌中的古人类活动范围显得不合时宜；而且，旧石器时代遗址中出土遗物基本上以石制品和少量动物化石为主，其他遗物少见，居址和临时性地点的关联性很难证实，石制品原料产地并不能等同于古人类的活动范围，以有限的信息量去复原复杂的人类活动显得苍白无力。因此，资源域分析在旧石器时代遗址研究中可能不具有普遍适用性。本文也并非纯粹的石制品原料"资源域"分析，但试图在"资源域"概念指导下，侧重于从原料来源、分布、质量和形态 4 个方面来分析原料资源条件和古人类利用策略之间的关联性，目的在于从原料本身入手分析石器技术和工业面貌的成因，然后结合资源环境条件逐渐扩展到古人类生存适应模式的探索和文化传统差异的讨论，具体包含以下研究步骤：

（1）通过原料来源的考察了解原料产地及与栖息地的距离，侧重对古人类石制品生产的资源条件和古人类活动半径的分析。具体方法主要是结合区域地质图进行野外实地调查，了解区域地质构造，认知区域岩石种类、出露程度及露头分布范围，判断原料的来源地。

（2）通过原料分布考察可用原料的种类、可用原料的富集程度，涉及原料的开发和选择。具体方法是以手标本的鉴定结果结合原料来源和石制品原料种类，分析古人类获取原料付出的代价和获得的成果。

（3）通过原料质量考察原料不同种类间的类别差异和同种类间的质地差异，关注原料特性的认知和掌握。具体研究方法是对原料主要矿物的结构、成分和力学性质进行分析，从而反映原料质量对石制品制作技术水平的影响。

（4）通过原料形态考察原料的存在形式和形态尺寸，反映古人类对原料形态的倾向性选择和消耗程度，涉及石制品制作的毛坯选择和设计思路。具体方法是通过对石制品类型、毛坯选择、形状大小的统计来研究影响石器工业面貌形成的因素。

（5）在石制品原料资源条件和石器工业特点背景下开展原料利用策略、行为模式及文化传统探讨。

（二）遗址所见原料资源状况分析

**1. 原料来源**

玉米洞遗址所在的巫山县庙宇镇处于巫山山脉西端的山间溶蚀盆地——庙宇盆地，地理坐标为 $30°50'44.4''N$，$109°38'09.2''E$，海拔 1085 米。该区域属于三峡库区东段的川鄂褶皱山地，呈现以侵蚀为主兼有溶蚀作用的中山峡谷间夹低山宽谷地貌景观，大巴山、巫山和七曜山 3 个中山区与 3 个条状低山区相间排列，丘陵平坝散布其间。其地貌特征明显受大地构造和岩性的控制，区内碳酸盐岩层分布区岩溶发育，形成岭脊状及台塬状岩溶中低山、溶蚀洼地。岩溶槽谷沿构造方向展布，嵌于峰林间，区内砂岩泥岩分布区多形成地势低缓的低山，山溪、河流沿构造线方向发育，河流穿越碳酸盐岩区深切多形成峡谷地貌，穿越砂岩泥岩区多形成宽坦河谷地貌。该区域层状地貌明显，自分水岭向长江河谷，呈阶梯状逐级下降过渡，地层岩性以古生代、中生代碳酸盐类地层为主，地表、地下喀斯特地貌发育（四川省巫山县志编纂委员会，1991；高振中，1999；Boëda. 2011）。玉米洞遗址位于脊状岩溶地貌边缘，靠近庙宇盆地，处于山地和丘陵平坝过渡区域。该地区的主要地貌特征为峰丛宽谷和峰丛坡立谷的多边喀斯特地形，即成群的柱状和锥状的陡峭的山谷，其间被落水沟、灰岩盆地、坡立谷等低地和干涸的山谷隔开。庙宇镇至红椿乡一带海拔在 750~2000 米，形成庙宇盆地南缘至湖北省的阶梯状连座峰丛，峰丛间广布漏斗、槽谷和洼地，灰岩裸露较少，植被茂盛。玉米洞遗址所处的自然环境属于峰丛宽谷边缘景观，由三叠纪嘉陵江石灰岩演变而来，它位于瞿塘峡南部、典型喀斯特地区的北缘。

玉米洞遗址周边地质学和岩石学工作基础薄弱，相关研究资料匮乏。与玉米洞遗址相关的地段可见从志留系到第三系早期的沉积层，厚度达几千米，主要由石灰岩和白云岩组成。从调查结果来看，以玉米洞遗址为中心，半径为 5 千米的区域内岩石种类主要有石灰岩、砂岩和泥岩。其中石灰岩分布极广，遍布全区，广泛出露；泥岩零星分布于庙宇盆地内部，出露较少；砂岩分布于庙宇盆地槽谷地带的砂岩质向斜层，主要见于河谷，出露不多。尤其在遗址周边的中低山区内，砂岩和泥岩基本不见，几乎全部为石灰岩。但是，在广泛分布的石灰岩岩体内偶然存在少量条带状、团块状或结核状分布的其他岩石，主要种类包含当地俗称的"打火石"（硅质岩）、"灰泡石"（白云石）、"白石头"（方解石）、"铁矿石"（氧化铁矿石）等。硅质岩以结核形式零星存在于石灰岩山体中，在遗址西北方约500米处零星露出；白云石以层状薄片形式零星分布于遗址西南约800米海拔略高于遗址的地方；方解石数量较多，玉米洞最初作为化石点即因爆破开采方解石而发现，此种岩石以团块状形式存在于石灰岩山体中，在洞穴内部和遗址东边约100米处均有出露；氧化铁矿石零星见于遗址北方约300米处，呈不规则分布。值得一提的是，调查区域中分布的基岩均为厚—薄层状变质灰岩，其风化破碎的大型岩块也多具有平行节理面的层状构造。

原料来源地的判断是根据岩性和石器原形特征的对比来确定，具体来说就是通过观察出土石器的原形表皮特征与可能的原料产地诸如岩石出露处、风化壳及角砾层等产出的岩石进行对比，从而确定具体原料来源地。玉米洞遗址以石灰岩作为大宗原料使用，一般来说这样的遗址原料往往就地取材或距离原料产地较近，原料来源不难确定（王幼平，2006）。遗址出土的部分石器保留了石灰岩轻度磨蚀的石皮，反映这部分石器原料应来源于遗址周边的角砾层；部分石器保留了石灰岩风化面的特征，显示这些石器的原料应来自遗址周边石灰岩露头处或风化处；少量硅质岩石器保留了结核面，暗示这些石器的原料可能来源于遗址附近石灰岩岩层中偶然发现的硅质岩结核；在采集品中还有2件高度磨圆的石英砂岩小砾石残块，人工性质明显，但这种岩性和高磨圆特征非遗址本地所有，应来自较远距离搬运。

原料来源与原料质量、分布有关，同时也与古人类的需求及成本有关。在原料质量、分布相同条件下，古人类不会舍近求远，遗址出土石器的原料来源应为就地或就近取材。玉米洞遗址洞穴内外均有大量石灰岩角砾及岩块分布，如果洞内原料资源满足需求的话，石器原料产地可能就在洞内，在洞内或洞口原料资源不足时才会向外扩张寻求，洞外短距离的活动也会将石器或原料带回洞内；此外，有时原料产地与古人类活动范围并无直接对应关系，古人类进行远距离的狩猎采集活动，如果是优质原料的精致工具，不论产地远近可能都会携带并长期保管使用，但如果是劣质原料的权宜工具，且原料充足的话，应是用止即弃的粗放式利用，无论产地远近都不会携带或长期使用，显然玉米洞遗址的情形属于后者。因此，玉米洞遗址原料产地的范围应是随着需求而逐渐外扩的，但由于石灰岩原料的充裕和极易获取，这种外扩的速度很慢，规模也很小，原料产地与遗址的距离甚至可能不超过1000米，几十千米范围内原料质量和分布相似且没有大量优质原料的回报，稍远距离搬运的时间和能量成本即高于就地或就近取材。

### 2. 原料分布

玉米洞遗址周边的石料种类本身很少，而可作为石制品制作原料的种类更为稀少，几乎没有太多选择的余地。通过区域地质调查可以看出，玉米洞遗址可用原料除了广泛分布的石灰岩和白云岩原料资源，长江及其支流丰富多样的砾石和庙宇槽谷地带丰富的砂岩、泥岩也是补充原料资源，还有零星分布于石灰岩岩层中的少量硅质岩也可作为可用原料，而方解石、铁矿石和钟乳石的分布出露和质量形态均不适宜成为石制品制作的可用原料。从遗址出土石制品原料种类来看，在有限的可用原料种类中，仅有就地取材的石灰岩、硅质岩被古人类选择和利用，石英砂岩、钟乳石和铁矿石仅作为断块和特殊类型收集，几乎可以忽略不计（表7-1）。

表 7-1 　　　　　　　　　石制品类型及原料利用统计表

| 类型\原料 | 工具 | 石核 | 石片 | 断块和碎片 | 砾石和其他 | 小计（件）（%） |
|---|---|---|---|---|---|---|
| 石灰岩 | 2763 | 11 | 15 | | 2 | 2791（98.31） |
| 硅质岩 | 14 | | | 30 | | 44（1.55） |
| 钟乳石 | | | | | 1 | 1（0.035） |
| 氧化铁矿石 | | | | 1 | | 1（0.035） |
| 石英砂岩 | | | | | 2 | 2（0.07） |
| 合计（件）（%） | 2777（97.82） | 11（0.39） | 15（0.53） | 31（1.09） | 5（0.17） | 2839（100%） |

＊原料利用以2013年度发掘和采集石制品为统计基数

　　白云岩原本质量相对较高，但由于白云岩出露较少且以薄层状形态表现，出露数量少、开发难度大、分布形式欠佳，遗址周边的白云岩不能满足石制品制作需求而未予以选择利用；长江丰富的砾石资源也应是优选，遗址中发现2件高磨圆度的小砾石也证明古人对这种资源有一定的认知，但超过30千米的远距离搬运成本让这种资源的利用变成心有余而力不足；砂岩和泥岩本身质量不高，且要经过约3千米的短距离搬运，这种高成本的投入和低质量的产出无法匹配，注定要被更经济实惠的石灰岩开发利用策略所取代；硅质岩原本作为相对优质原料应被古人类广泛开发和利用，但硅质岩在本区域仅以石灰岩岩层中的结核形式出现，零星分布，出露极少，开采难度非常大，硅质岩分布的富集程度、产出形式及可获性决定了它只能作为制作小型石制品的辅助原料，使用很少。钟乳石在石灰岩地区岩溶洞穴中有较广泛的分布，可获性略同于石灰岩，但它的丰度和质量远不及石灰岩，钟乳石被忽略，石灰岩取而代之；方解石和铁矿石在石灰岩岩层中呈团块状分布，出露较少，开采难度较大，二者的质量均不适宜石制品制作，铁矿石的硬度较高，但均质性极差，方解石的硬度过低且节理发育。因此，除了原料本身的质量因素以外，原料分布的距离、形式、丰度以及获取的难易度都是原料开发选择的重要影响因素。在一定区域内无法获得更优质原料的情况下，原料的丰度和可获性可能成为决定性因素（Kuhn. 1991；Jelinek. 1976），石灰岩成为玉米洞遗址石制品原料首选是在充分认知和权衡遗址周边资源条件下的被动选择。

石灰岩是石制品原料的主体，但并非广布于遗址周边的所有石灰岩都被用作石制品制作。通过调查和走访，遗址周边还存在当地俗称的"青石"（弱白云石化微晶灰岩和白云石化粉晶微晶灰岩）、"绿豆石"（角砾状灰岩）、"火码石"（亮晶砾屑生物碎屑灰岩）等名称的岩石种类，但经过对比分析这些岩石均为石灰岩不同质量和形式的别称，其中"青石"的分布和出露最广，洞外山体和洞内堆积层中均存在大量此类石灰岩的岩层和角砾，富集度高，可获性强。而且，"青石"为白云石化微晶灰岩，其硬度和均质性也略胜一筹，其成果效用相对较好。因此"青石"的获取成本最低且最方便，获取成果也较为理想，成为石制品原料的刻意选择，是短中取长的智慧选择，而其他同类不同质的石灰岩则因原料分布、可获性和质量的影响而很少利用（图7-1）。

0    5厘米

图7-1  遗址周边的原料分布和种类
左图是白云石化灰岩的层状分布，右图是遗址周边可见岩石种类

此外，非石质原料因其广泛的分布和低成本的可获性成为重要的补充材料，在古人类的生产生活中也扮演重要角色。从遗址出土的大量的破碎的动物化石和骨角牙器来看，动物资源的附属产品——骨、角、牙等材质都被不同程度地开发和利用（贺存定，2019），从动物群反映的植物资源来看，未能够保存下来的竹木材料也应被古人类广泛应用。非石质原料的开发利用与石制品原料的利用也存在着间接互动关系，非石质原料的开发利用在一定程度上弥补了石质原料的某些缺陷和不足。

### 3. 原料质量

从玉米洞石制品利用的原料来看，主要为石灰岩和硅质岩。硅质岩种类单一，只有局部质地上的差异，而石灰岩在不同种类间的差异巨大，需要区别对待。本文利用新鲜断面岩性观察和岩石薄片分析的方法对玉米洞周边可能作为石制品原料的 9 件不同岩石和矿物进行结构、成分、硬度等的分析，结果如下（表 7-2 和表 7-3）。

表 7-2　　　　　　　　　　　　　原料样品特性分析表

| 样品编号 | 室内定名 | 结构 | 构造 | 莫氏硬度 | 矿物成分（%） | 显微照片 |
|---|---|---|---|---|---|---|
| 15YMDC：1 | 硅质岩 | 微晶结构、泥晶结构、生物碎屑结构 | 微-薄层状构造 | 7 | 石英 93；白云石 4；方解石 1~2；炭质及有机质 1；玉髓、不透明矿物、绢云母<1 | |
| 15YMDC：2 | 方解石 | 他形半自形粒状结构 | 块状构造 | 3 | 方解石 99~100；不透明矿物、褐铁矿<1 | |
| 15YMDC：3 | 氧化铁矿石 | 隐晶质结构、他形粒状结构、半自形粒状结构 | （似）角砾及碎粒状构造、同心环带构造 | 5.9 | 褐铁矿及赤铁矿 80；石英 14~15；高岭石 5；方解石<1 | |
| 15YMDC：4 | 白云石化粉晶微晶灰岩 | 粉晶微晶结构 | 块状构造 | 3.4 | 方解石 64；白云石 35；高岭石≤1；石英、褐铁矿、绢云母、不透明矿物<1 | 见图 7-2，1 |
| 15YMDC：5 | 泥质灰岩 | 粉晶微晶结构、显微鳞片泥质结构 | 微纹层状构造 | 3 | 方解石 69~70；绿泥石 15；绢云母 8；石英、长石、高岭石 2；不透明矿物 1；褐铁矿<1 | 见图 7-2，2 |
| 15YMDC：6 | 弱白云石化微晶灰岩 | 微晶结构 | 块状构造 | 3 | 方解石 92；白云石 6；高岭石 1；石英、长石、不透明矿物、褐铁矿、绢云母<1 | 见图 7-2，3 |
| 15YMDC：7 | 角砾状灰岩 | 微晶结构、生物碎屑结构、假角砾状结构 | 略具定向构造 | 3 | 方解石 95；高岭石 3；绢云母 1；石英、长石、白云石、不透明矿物、褐铁矿<1 | 见图 7-2，4 |

续表

| 样品编号 | 室内定名 | 结构 | 构造 | 莫氏硬度 | 矿物成分（%） | 显微照片 |
|---|---|---|---|---|---|---|
| 15YMDC：8 | 亮晶砾屑生物碎屑灰岩及含生物碎屑微晶灰岩 | 生物碎屑结构、砾屑结构、砂屑结构、微晶结构、亮晶结构 | 薄层状构造 | 3 | 方解石97；高岭石2；石英、白云石、不透明矿物、绢云母、褐铁矿<1 | 见图7-2，5 |
| 15YMDC：10 | 含泥微晶白云岩 | 微晶结构、显微鳞片及隐晶质泥质结构 | 块状构造 | 3.5 | 白云石82；方解石8、高岭石8；绢云母1；石英≤1；长石、不透明矿物、褐铁矿<1 | 见图7-2，6 |

　　岩性鉴定和化学元素分析是对岩石物理结构和化学属性的判定，为更好地判别遗址石制品原料的质量优劣提供依据，但实际上岩石质量的优劣受矿物成分、结晶程度、颗粒大小、颗粒联结及胶结情况、密度、层理和裂隙的特点和方向、风化程度与含水量等诸多因素的影响。不同矿物组成的岩石，具有不同的力学性质，即使相同矿物组成的岩石，受到颗粒大小、联结胶结情况、生成条件的影响，它们的力学性质也相差很大（周振宇，2016）。

　　一般来说，对于石制品本身来说，原料的硬度高、脆性适中是质量好的表现，而对于石制品打制者来说原料的均质性、延展性好才是质优的体现。原料的脆性和硬度反映的是石制品打制的难易度和石制品本身的坚固耐用性，脆性好则打制石制品简单高效，硬度高则石制品能胜任各种行为活动，从而节省人力物力，达到效率的最大化。原料的均质性和延展性则反映的是石制品打制者对原料的操控性，更容易掌控打击破裂的走向，利于石制品加工技术的发挥，顺应打制者的设计思路，从而更快更好地形成目标成品而不发生事故。同时具备石制品自身视角和打制者视角优点的原料是最理想的优质原料，但现实情况往往并不能同时满足这些条件。中国大部分遗址的原料在硬度、脆性、均质性和延展性4个指标中往往只能满足1~2个。即使被公认为优质原料的燧石和黑曜岩，其力学性质均较适合石制品制作，但燧石和黑曜岩中个体差异也较大，部分岩石存在肉眼可见的微裂隙和气泡、结核等结构，导致其脆性和均质性并未达到石制品制作的优良条件。因此，在判断具体遗址原料质量优劣时需具体情况具体分析，传统的认知或经验有时需要重新审视和检验。

表7-3　原料样品微量化学元素半定量分析结果 $w(B)/10^{-2}$

| 样品编号 | $SiO_2$ | $Al_2O_3$ | $K_2O$ | $Fe_2O_3$ | CaO | MgO | MnO | $TiO_2$ | $SO_3$ | $Rb_2O$ | $Cr_2O_3$ | SrO | ZnO | NiO | $Na_2O$ | $In_2O_3$ | $MoO_3$ |
|---|---|---|---|---|---|---|---|---|---|---|---|---|---|---|---|---|---|
| 15Y MDC:1 | 96.3 | 0.9 | 0.09 | 1.0 | 1.3 | — | 0.01 | 0.03 | 0.2 | — | 0.2 | <0.01 | — | 0.03 | — | 0.02 | 0.01 |
| 15Y MDC:2 | 1.4 | 0.6 | 0.05 | 0.3 | 95.4 | 1.7 | — | — | 0.05 | — | — | 0.5 | — | — | — | — | — |
| 15Y MDC:3 | 20.0 | 1.2 | 0.07 | 76.3 | 1.4 | 0.3 | 0.2 | 0.04 | 0.06 | — | 0.02 | — | 0.08 | — | — | — | 0.02 |
| 15Y MDC:4 | 8.8 | 2.4 | 1.1 | 3.4 | 74.8 | 8.9 | 0.04 | 0.2 | 0.2 | — | — | 0.09 | — | — | — | — | — |
| 15Y MDC:5 | 21.5 | 6.5 | 1.2 | 5.5 | 59.1 | 3.3 | 0.07 | 1.0 | 0.3 | <0.01 | 0.03 | 0.8 | 0.01 | 0.01 | 0.5 | — | — |
| 15Y MDC:6 | 6.7 | 1.4 | 0.8 | 1.0 | 85.3 | 3.8 | 0.03 | 0.1 | 0.3 | — | 0.03 | 0.5 | — | — | — | — | — |
| 15Y MDC:7 | 7.4 | 1.9 | 0.9 | 1.2 | 86.3 | 1.7 | 0.03 | 0.2 | 0.2 | — | — | 0.3 | — | — | — | — | — |
| 15Y MDC:8 | 2.4 | 0.7 | 0.2 | 0.8 | 95.5 | — | 0.04 | — | 0.2 | — | — | 0.2 | — | — | — | — | — |
| 15Y MDC:10 | 8.0 | 2.2 | 0.3 | 0.7 | 59.1 | 29.3 | — | 0.1 | 0.1 | — | 0.02 | 0.03 | — | — | — | — | — |

通过对玉米洞遗址周边发现的不同种类岩石的手标本岩性观察、薄片分析以及简单的打制实验结果来看，这些原料中没有满足上述 3~4 个指标的"优质原料"，甚至都称不上 2~3 个指标的"中质原料"。在缺乏优质原料的情况下，传统认知的劣质原料石灰岩，通过数量、可获性及形态等其他方面的弥补，部分具有均质性和脆性的石灰岩成为玉米洞古人类退而求其次的主要选择。而传统观念中的优质原料硅质岩，虽然硬度较大，但受矿物成分、密度、层理和裂隙发育等原因影响导致其均质性、延展性和脆性不好，加之这类原料的小结核形态、产量少且可获难度大，使用很少。其他种类的原料几乎不被采用。不同种类原料间的质量差异明显，古人类较易分辨，择优选用。在同类岩石石灰岩的选择中，古人类是否也有充分的认知？从原料的分布来看，玉米洞遗址周边至少分布着多种不同质地的石灰岩（图 7-2）。从这些石灰岩的硬度、结构、成分和打

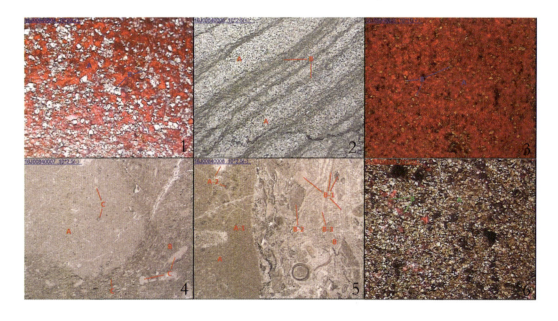

图 7-2　不同种类石灰岩的内部结构显微照片
1. 白云石化粉晶微晶灰岩（Dolomitized microcrystalline limestone）
2. 泥质灰岩（Muddy limestone）3. 弱白云石化微晶灰岩（Weak dolomitized microcrystalline limestone）
4. 角砾状灰岩（Brecciated limestones）5. 亮晶砾屑生物碎屑灰岩及含生物碎屑微晶灰岩
（Brilliant gravel bioclastic limestone and Bioclastic microcrystalline limestone）
6. 含泥微晶白云岩（Mud-containing microcrystalline dolomite）
（1 中 A 为他形粒状的方解石、B 为他形粒状白云石；
2 中 A 为方解石组成的微纹层、B 为绿泥石、绢云母、高岭石、方解石组成的微纹层；
3 中 A 为显微粒状的方解石、B 为显微粒状的白云石；
4 中 A 为岩石中的"碎块"、B 为"碎块"间的"胶结物"、C 为生物碎屑；
5 中 A 为含生物碎屑微晶灰岩薄层、B 为亮晶砾屑生物碎屑灰岩薄层；
6 中 A 为显微粒状的白云石、B 为显微粒状的方解石）

制实验的体会来看，同类间的质地差异仍然明显，力学性质相差也较大。泥质灰岩的 $SiO_2$ 含量相对较高，但其鳞片泥质结构和微纹层状构造导致其质量并不高，出土石制品中几乎不见这种原料。白云石化微晶灰岩比其他石灰岩具有稍好的均质性和延展性，硬度也略胜一筹，而且这种原料分布的数量和形态都满足石制品制作需求，遗址出土石制品的观察也证实，绝大部分的石制品原料选择了石灰岩中的白云石化粉晶微晶灰岩和弱白云石化微晶灰岩，其他石灰岩很少使用。

在可用原料缺乏的遗址中，原料质量缺点造成的一些困难往往会被迫克服或巧妙规避。比如，缺乏硬度大的原料但有大量具有均质性和延展性的原料时，石制品加工技术水平并不会受太大影响，只是石制品在使用时容易发生断裂、残缺而导致石制品使用寿命减少，但这种不足可以通过丰富的原料和石制品再加工来弥补，这种情况下硬度大在原料的特性里面并非必不可少。另外，原料的脆性好是一个相对概念，太脆对于打制技术的发挥和工具的坚固耐用都无益处，而脆性差则增加打制难度，技术发挥也受影响，这种情况下，脆性在原料的特性中只要不是极端则显得不那么重要。玉米洞遗址的石制品原料的质量和利用情况正是反映了这种情形，用石灰岩质地差异的选择和以量补质的方式克服了这种原料的不足，而且从石灰岩石制品的使用实验来看，白云石化微晶灰岩制作的工具完全能够胜任砍树、肢解动物、砍竹子、挖掘植物根茎等常规行为活动且效果良好（贺存定，2016）。

由此可见，玉米洞遗址基本缺失优质原料和中质原料，不同种类和同类不同质的原料差异均较明显，在有限的可利用原料中，部分均质性和脆性稍好的石灰岩被大量使用，而硬度较高均质性较差的硅质岩使用很少。玉米洞遗址在有限的资源条件下，将就原料，利用质量差异的现状，扬长避短，短中取长，表现出一种被动的适应性选择，反映了古人类对不同种类的原料和同类石灰岩间的质地差异有着充分了解，对原料有着较强的认知能力。

#### 4. 原料形态

石制品形态的差异可能与石核剥坯过程、毛坯形态、原料、持续的再加工等都有关系（Kuhn 1992）。石制品形态不仅受文化传统、个体技巧等多种主观因素影响，还受制于原料形态、质地等客观因素（陈淳，1993）。玉米洞遗址石制品绝大多数为修理成型的工具（占97.88%），石核、石片及断块碎片较少，该遗址石器工业整体面貌粗大厚重，但也不乏中小型工具类型（重庆中国三峡博物馆，2018）。玉米洞遗址的硅质岩原料即是因为其结核状的形态、节理发育、尺寸较小等客观条件而很少使用。硅质岩原料的形态、尺寸决定了其毛坯无法胜任重型工具的制作需求，只能满足制作小型利刃或尖刃工具的需求。而石灰岩原料的尺寸大小不定，形态多样，可满足各种工具制作的需要，在重型和轻型工具中都有广泛应用。

古人类对工具毛坯的选择性与倾向性和对材料的利用、消耗程度可以揭示人类群体所面临的资源条件及其对资源的开发能力，同时也是其文化特点的重要体现（高星，2001）。玉米洞遗址的石灰岩原料多具有"平行节理面"的层状形态特征而被巧妙利用，优选毛坯简单加工权宜工具成为工具制作策略的首选，工具的定型更依赖于毛坯本身的形态。基于这种情况，玉米洞遗址的工具非常适合以毛坯的几何形态来划分类型，可将出土石制品与原型毛坯对应，反映石器的加工技术特征。据此，我们将玉米洞遗址工具划分为 16 种模块类型，可将石制品与毛坯原型对应，不同的模块类型代表了不同的石制品形态和功能（重庆中国三峡博物馆，2018）。石制品的模块类型与形态功能类型存在着内在的联系，表现出不同的模块类型与工具形态和功能之间的对应关系，以及自然毛坯选择和适度人工改造毛坯相结合的尺度把握（图 7-3）。在刮削器和砍砸器中 Type5、Type9 数量最多，双刃刮削器和双刃砍砸器中 Type4 和 Type12 占明显优势，说明模块类型的双边缘形态与工具的双刃直接相关。尖状器中 Type10 占较大比重，手镐中 Type11 和 Type7 较多，说明模块类型的聚拢形态与尖刃对应（表 7-4）。模块制作的阶段实际上就是工具制作的·个步骤，石制品模块的形状会尽可能接近未来制作的工具，可能包含了石制品功用性的设计和制造（Boëda.2011）。

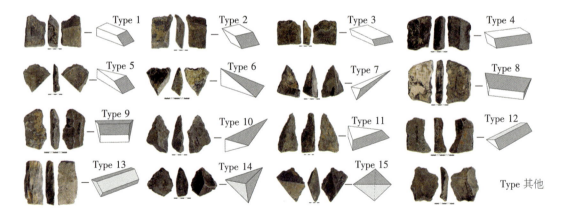

图 7-3　石制品形态功能与模块类型的对应关系（依重庆中国三峡博物馆等重绘）

玉米洞遗址石制品尺寸基本呈正态分布，以大型和中型居多，占 54.5% 和 39.9%；少量巨型和小型，占 3.2% 和 1.9%；微型石制品最少，占石制品总数的 0.5%（重庆中国三峡博物馆，2018）。大型块状毛坯适宜制作重型工具砍砸器、手镐等，而小型片状毛坯适宜加工轻型利刃工具刮削器、凹缺器等，具有角尖的毛坯稍作修理便成为尖刃工具尖状器、锥钻等。以数量最多的刮削器和砍砸器为例，刮削器的块状毛坯比片状毛坯

表 7-4　工具功能类型与模块类型统计表

| 毛坯模块 / 功能类型 | Type1 | Type2 | Type3 | Type4 | Type5 | Type6 | Type7 | Type8 | Type9 | Type10 | Type11 | Type12 | Type13 | Type14 | Type15 | Type其它 | 小计 |
|---|---|---|---|---|---|---|---|---|---|---|---|---|---|---|---|---|---|
| 矛形器 | | | | | | | | | | | | | | | | 1 | 1 |
| 锥 | | | | 4 | | | | | 1 | | | | | | | | 5 |
| 钻 | 1 | 1 | 3 | 2 | 9 | 2 | | 4 | 4 | 1 | | 1 | | | | 1 | 29 |
| 雕刻器 | | | | 1 | | | | | | 1 | 1 | | | | | | 3 |
| 凹缺器 | 3 | 3 | 4 | 2 | 22 | 20 | 2 | 12 | 22 | 4 | 1 | 19 | 1 | 2 | 1 | 9 | 127 |
| 单刃刮削器 | 36 | 20 | 64 | 76 | 217 | 140 | 2 | 127 | 181 | 33 | 9 | 145 | 27 | 39 | 14 | 51 | 1181 |
| 双刃刮削器 | 3 | 6 | 9 | 40 | 9 | 2 | 2 | 1 | 5 | 9 | 3 | 86 | 18 | 8 | 1 | 9 | 211 |
| 复刃刮削器 | | | 3 | 5 | 4 | 3 | | 1 | 4 | | | 10 | 2 | 3 | | 11 | 46 |
| 单尖尖状器 | 4 | 5 | 5 | 10 | 20 | 15 | 33 | 21 | 25 | 74 | 30 | 21 | 2 | 32 | 8 | 21 | 326 |
| 双尖尖状器 | | | | | 1 | | 1 | 1 | 1 | 2 | 3 | 1 | | 2 | | 1 | 13 |
| 复尖尖状器 | | | | | | | | | | 1 | | | | 1 | 2 | 1 | 5 |
| 单刃砍砸器 | 33 | 25 | 31 | 58 | 95 | 30 | 7 | 40 | 132 | 9 | 8 | 58 | 29 | 23 | 10 | 25 | 613 |
| 双刃砍砸器 | 2 | 7 | 4 | 22 | 1 | 1 | 1 | 1 | 2 | | 3 | 23 | 16 | 4 | 3 | 4 | 94 |
| 复刃砍砸器 | 1 | | | 5 | 1 | | | 1 | 3 | | | 3 | 2 | | | 1 | 17 |
| 手镐 | 3 | | 1 | 8 | 4 | 4 | 19 | 1 | 6 | 13 | 30 | 1 | | 5 | 5 | 4 | 104 |
| 原手斧 | | | | | | | | | | | | | | | | 2 | 2 |
| 总计 | 86 | 67 | 124 | 233 | 383 | 217 | 67 | 210 | 386 | 147 | 88 | 368 | 97 | 119 | 44 | 141 | 2777 |

稍多，但双刃和复刃的刮削器中片状毛坯则多于块状，而砍砸器的块状毛坯则 7 倍于片状毛坯，差距很大（表 7-5）。这些特点反映了古人类明显的倾向性选择意识和制作工具的思路设计。

表 7-5　　　　　　　　　　　　工具毛坯利用统计表

| 类型<br>毛坯 | 刮削器 | 砍砸器 | 尖状器 | 凹缺器 | 锥 | 钻 | 手镐 | 原手斧 | 雕刻器 | 矛形器 | 合计（件）<br>（%） |
|---|---|---|---|---|---|---|---|---|---|---|---|
| 块状（件）<br>（%） | 824<br>（45.3%） | 631<br>（34.7%） | 189<br>（10.4%） | 75<br>（4.1%） | 4<br>（0.2%） | 19<br>（1.0%） | 77<br>（4.2%） | 1<br>（0.05%） | 1<br>（0.05%） | 0<br>（0.0%） | 1821<br>（100%） |
| 片状（件）<br>（%） | 614<br>（64.2%） | 93<br>（9.7%） | 155<br>（16.2%） | 52<br>（5.5%） | 1<br>（0.1%） | 10<br>（1.1%） | 27<br>（2.8%） | 1<br>（0.1%） | 2<br>（0.2%） | 1<br>（0.1%） | 956<br>（100%） |
| 小计<br>（件） | 1438 | 724 | 344 | 127 | 5 | 29 | 104 | 2 | 3 | 1 | 2777 |

工具的刃口数量在某种程度上反映了原料供给的条件和衡量原料是否被充分利用（高星，2001）。玉米洞遗址的工具刃缘形态较为多样，部分工具修理出多个刃缘。具有多刃的工具类型有刮削器、砍砸器和尖状器，单刃均占据绝对优势，分别占 82.1%、84.7% 和 94.8%，双刃和多刃也有少量分布，合计分别占 17.9%、15.3% 和 5.2%。不考虑类型，工具中单刃与双—多刃比例为 5.5∶1（表 7-6）。较高的比值说明古人类对工具的利用程度并不深，更倾向于新工具的制造而非旧物改造。但这种策略还应考虑工具使用的多功能性因素，工具的使用是一个复杂的行为，包含了多种运动方式，有时一件工具的一个刃缘难以胜任整个使用行为而需要另外增加工具数量来完成，很显然更换工具使用部位比更换另一件工具更为便捷，能保证使用行为的连续性，提高效率。

表 7-6　　　　　　　　　刮削器、砍砸器和尖状器刃口数量统计

| 刃口数量<br>类型 | 单刃（尖） | 双刃（尖） | 多刃（尖） | 小计 N（%） |
|---|---|---|---|---|
| 刮削器（N）（%） | 1181（82.1%） | 211（14.7%） | 46（3.2%） | 1438（100%） |
| 砍砸器（N）（%） | 613（84.7%） | 94（13.0%） | 17（2.3%） | 724（100%） |
| 尖状器（N）（%） | 326（94.8%） | 13（3.8%） | 5（1.4%） | 344（100%） |
| 合计（N） | 2120 | 318 | 68 | 2506 |

玉米洞周边的石灰岩为层状灰岩，灰岩层状节理非常发育，风化破碎后很容易形成片状或块状的毛坯。遗址洞外山坡上、洞口堆积、洞内地层堆积中均有形态各异、尺寸差异较大的石灰岩角砾分布，大块角砾还可以通过摔碰等方式进行开料破碎，形成形态

各异的小尺寸毛坯。这样的原料形态为工具制作提供了天然的优势，工具制作毛坯无需通过传统的剥片来获取，可根据石制品制作意愿直接选取或摔碰法人为制造。石制品毛坯的初始形态与目标形态越接近，加工越简便，反之则越复杂。玉米洞遗址因为原料形态的缘故而简化了石制品加工程序，以毛坯选择代替了剥片、选坯和粗坯加工程序，工具加工多利用毛坯原始形态，粗坯打制很少，直接修刃，呈现"修边器物"，实现了工具加工的高效便捷。这种情形下原料毛坯的形态比打制技术的发挥更重要，毛坯本身的尺寸和形态直接影响工具最终的形态，对于石器工业面貌的形成也起决定性作用。

（三）原料利用策略、行为模式及文化传统探讨

通过玉米洞遗址原料来源、分布、质量和形态反映的原料资源条件和古人类利用策略的关联性分析，我们可以对该遗址原料利用方面的特点归纳如下：

（1）古人类活动半径内的石制品原料资源条件有限，原料利用以就地取材的石灰岩为主，主要来自遗址周边石灰岩露头处、风化处和角砾层，几乎没有远距离的搬运或交换；

（2）可用原料的种类稀少，石灰岩作为首选是充分认知和综合权衡原料资源分布的结果，石灰岩的富集度、可获性和效用起关键作用；

（3）原料质量的优劣很难评判，相对来说均质性和延展性稍好的白云石化微晶灰岩更有利于石制品制作技术的发挥，古人类通过差异选择和以量补质的方式弥补了优质原料缺乏的不足；

（4）层状石灰岩特殊的形态结构为工具制作创造天然优势，选择接近目标形态的毛坯制作权宜工具是最高效经济的策略，原料形态和尺寸对石器工业面貌的影响巨大；

（5）该遗址古人类对现有原料资源开发方式较为粗犷、灵活，原料消耗大、利用率低，一些适合作为工具的毛坯可能未经加工即直接投入使用。

从上述分析不难看出，原料资源条件对石制品加工策略和石器工业面貌的影响至关重要，按照古生态学分析方法，石器只是古人类行为和生态适应过程中众多工具的一种（Isaac G L. 1977），不仅要关注石器本身，还要关注石器所在的环境背景，应将石器置于人类对环境适应策略的讨论中（马东东、裴树文，2017），以"原料决定论"（Andrefsky W. 1994）"聚落组织论"（Binford L R. 1980）来阐释玉米洞遗址的文化面貌和生存行为具有相当的合理性。

在缺乏或缺失优质原料的地区，通常古人类会通过远距离的搬运或交换来应对这种状况，但玉米洞遗址在延续几十万年的时间里都没有发生这种行为。很显然，玉米洞遗址无法找到一种能够完全满足需求的替代原料，但通过广博的原料种类、方式的利用勉强实现了无需远距离搬运或交换的目的。该遗址以相对优质的石灰岩主体弥补了优质

原料的缺失，其他石灰岩和硅质岩在石制品中也有所表现，遗址中发现的数量可观的骨、角、牙制品说明骨、角、牙材料也被广泛利用，还有理应存在但未能保存下来的竹木材料也可以作为重要补充原料。"广撒网，重点捕捞"的原料选择利用策略在玉米洞遗址表现得较为明显，揭示了玉米洞古人类对原料的开发利用既是刻意选择又是被迫利用。

毋庸置疑，原料的制约作用对中国旧石器文化区域特点的形成是至关重要的因素（高星、裴树文，2006）。玉米洞遗址的摔击剥片和三峡地区的扬子剥片技术具有异曲同工之妙（贺存定，2016），而选择毛坯直接加工成器与砾石主工业传统中以扁平砾石省却剥片直接加工成器的策略具有结构上的同理性。这种趋同现象是文化传统的影响还是环境的造化所致？首先，无论砾石石器还是石灰岩石制品，均以权宜工具居多，工具的使用频率较低、使用寿命较短，随打随用，用止即弃，是一种粗放式的原料利用方式，与丰富的原料资源条件关系更为密切；其次，二者的毛坯在种类、形态和数量上的丰度极高，部分毛坯的形态已经趋近于工具制作的目标形态，满足其功能需求，因此直接加工修理成器而无需多此一举去剥片再加工，这是一种近乎本能的高效便捷利用原材料的策略，与环境资源条件有关，而与文化传统或技术关系不大；再次，砾石的形态是磨圆的，不加以改造是无法作为利刃工具来使用的，而改造它的形式本身应有两种，即直接加工出刃口或剥片再加工。而石灰岩毛坯形态各异，本身即可能具有有效的刃口或接近目标利刃的边缘，对它的利用形式也可分为两种，直接加工刃口和无需加工直接使用的权宜工具，这与砾石的改造利用略有区别，但这种区别也是因资源条件而异，而非文化传统或技术所致。打制实验也表明，利用原料毛坯本身的形态特点对于工具制作的效率和功能至关重要，选择接近目标形态的毛坯来加工工具是一种明智的选择。因此，我们认为玉米洞遗址的石制品加工策略与原料资源条件关系甚密而与文化传统或技术关系不大，是一种与环境资源条件高度契合的灵活适应策略。

在对石制品毛坯改造程度较小的中国南方砾石石器工业体系中，原料毛坯形态和质量对石制品最后形态的影响更为关键，原料在某种程度上决定了石器技术发挥和文化面貌特征（谢光茂，2001；王幼平，1997；裴树文，2006）。玉米洞遗址石制品原料特征鲜明：数量多、可获性强、个体差异大、质量较差、多具平行节理面。这样的原料状况必然导致石制品加工技术几乎没有太大的发挥空间，简化石制品加工程序，会形成简单加工、边缘修理、个体差异大、利用率低的权宜型工具面貌。玉米洞遗址的石器工业即体现了这样一种技术策略和文化特征，这种策略和特征正是适应特定环境资源条件而采取的一种应对方式，也是形成的一种独特文化，原料的状况是制约石制品技术发挥和工业特点的根本因素，原料决定论在这里有着非常契合的表现。

　　Haury 和 Binford 将古人类对石制品原料的获取方式分为 4 类：①偶遇式，随遇随采，且不储备原料；②嵌入式，原料采集作为其他工作的附属；③后勤移动式，特定人员在特定区域专门采集，并将其运回中心营地；④间接获取，通过交换或贸易获得原料（Haury C E. 1994；Binford L R. 1979）。从原料的分布和古人类选择利用原料的情况可以看出，玉米洞古人类对原料特性有一定程度的认知，对遗址周边现有的原料资源进行巧妙选择和开发，对稍优质的白云石化微晶灰岩具有明确的倾向性选择。但原料利用策略中并未刻意寻找开采相对优质的硅质岩，也未进行优质原料的远距离搬运，对硅质岩和磨圆的石英岩的利用更多的是一种就近随遇随采或作为狩猎采集的附属行为，原料获取方式具有偶遇式和嵌入式的特点。同时外来原料的稀缺也从一定程度上说明当时古人类活动范围相对局限，从早期到晚期的地层中原料没有任何变化，也没有发生明显的远距离搬运或交换优质原料的行为，表现出一种流动性很低的迁徙组织形式——这种迁徙组织形式在石制品工业特征上也有所表现，按照聚落组织论的观点，处于高频迁徙的狩猎采集者的工具组合具有标准化、便携性特点，以此应对技术不确定性和长途跋涉的未知生境。而玉米洞遗址的工具组合反映的是一种浪费型的原料利用方式和权宜型的工具组合，说明古人类活动范围内的原料资源和生活资源充裕，驻地距离原料产地较近，人们不需要为生产标准化、便携性的工具和节省原料而绞尽脑汁，这与聚落相对稳定的生活方式息息相关（Binford L R. 1980）。

　　此外，从玉米洞遗址的地质条件、地层堆积和出土大量的动物化石来看，该地点是古人类理想的长期生活营地：遗址所处的山地与平原过渡地带的丰富多样的自然环境为多种动植物提供了生存条件，进而为生活在这里的人类提供了充裕的水资源和食物资源；玉米洞具有天窗的洞穴形态满足居住的通风采光需求，是古人类理想的宜居场所，会被长期反复利用；山体基岩的风化裸露处、角砾层等为古人类提供了丰富的石制品原料；动物化石反映出丰富的动植物资源，可以多种资源综合营生的策略替代高频迁徙来获得生存资源。这些资源条件为古人类提供了一个相对宜居稳定的家园，使得古人类能够在该地点长期繁衍生息。

　　（四）结论

　　玉米洞遗址的石制品加工技术和文化面貌具有相对的独特性，这种独特性主要归因于该遗址特殊的石灰岩原料资源和灵活务实的石制品加工策略。通过原料来源和分布进行分析，石灰岩能够成为玉米洞遗址石制品原料的首选，是古人类在遗址周边资源条件下充分认知和权衡成本产出的一种被动选择。而从原料质量和形态的分析可以看出，古人类在原料资源不利的情况下，采取扬长避短、灵活务实的策略主动适应现有的资源条件和原料特性。玉米洞遗址石制品加工策略是适应原料资源条件而做出的调整和改变，是一种与环境资源条件高度契合的灵活适应策略，与文化或技术传统关系不大，原料的质量和形态是制约石制品技术发挥和工业特点的根本因素，原料决定论在该遗址有着非常契合的表现。同时，结合聚落组织论的观点和玉米洞遗址的环境背景，该遗址原料开发利用的策略和方式也在一定程度上反映了偶遇式和嵌入式的原料获取方式以及流动性较低的迁徙组织形式。环境资源具有多样性，古人类在面对不同的环境资源时可采取不同的应对策略，从而形成不同的区域文化变体，这为研究旧石器区域文化特点和古人类对特定生态环境的适应生存模式提供了重要启示。

## 二、原料经济的分析

原料经济分析的目的是探索古人类对不同原料的管理和利用方式，包括原料被带入遗址时的形态，不同的原料生产毛坯时是否采用不同的方法，打制者是否会根据原料的不同来制作不同类型的工具。我们具体拟通过比较石核与石片的形态尺寸考察来判定原料进入遗址时的形态，通过剥坯技术和原料的对应性考察来判断剥坯是否对原料有选择性，通过工具类型与原料种类的观察来认识二者的关系。

玉米洞遗址石制品原料种类单一，绝大部分为轻度变质的含硅质石灰岩，占比98.38%，另有少量硅质岩，占比1.55%。此外还有个别的石英岩、赤铁矿石和钟乳石作为特殊原料和形态。玉米洞遗址的原料及其构成是一个极为特殊的案例，首先是石灰岩本就是制作石制品的特殊原料，其次是石灰岩原料在石制品原料中的占比极高，还有该遗址石灰岩原料多具有平行节理面的特殊形态。因此，原料对剥坯技术、工具类型等方面均有重大影响，是在原料经济分析中格外需要思量的因素。

在进行原料进入遗址的形态考察时，我们起初以为原料的采备可能在洞内进行，因为地层堆积中原本就含有大量形态各异的角砾，甚至也包含少量洞顶塌落的岩块。后来在模拟实验寻找工具毛坯时发现洞内可用毛坯数量非常少，不得不扩展到洞外寻找，才意识到古人类对于原料毛坯的寻找或制作可能也在洞外完成。尤其是对遗址发现的石核石片进行分析时，发现遗址出土的石核石片数量少且尺寸普遍较小，根本不能满足制作大型工具的需求，而在工具毛坯观察中发现少量典型大型石片的工具以及大量可能经过人工剥坯的似石片毛坯和经过人工开料的各种块状毛坯。此外，玉米洞遗址的石核石片与断块碎片的比例与工具非常悬殊，尤其是硅质岩石制品总数虽然不多，但断块与碎片数量相对较多，而石灰岩石制品总数很多，但断块与碎片极少。而且我们也从埋藏学和沉积学角度证明部分地层为原地埋藏，并非全部被水流冲刷搬运而不见于发掘地层中。因此，我们通过观察和统计，认为玉米洞遗址的石灰岩原料大部分应来自洞外的搬运，少部分来自洞内的制备，进入遗址的原料形态大致可分为两种：一是经过选择的天然石块或者层状灰岩的天然片状毛坯；二是经过人为剥片开料的石片、似石片或者块状毛坯。而硅质岩原料全部来自洞外稍远距离的搬运，是以天然或人工开采的块状形态进入遗址，在遗址内进一步加工。

通过石核剥片的考察来看剥片技术与原料种类之间的关系，即打制者针对不同原料种类是否采用不同的剥片方法。玉米洞遗址的原料种类极为简单，针对少量硅质岩原料采用的是锤击法，针对个别石英岩砾石采用砸击法，针对石灰岩则以摔击法为主，锤击法和碰砧法为辅。虽然从这几类不同原料来看采用了有区别的剥片方法，但是硅质岩本身数量少、体积小、呈结核状，石英岩为小砾石形态，而石灰岩数量多、体积大、形态多样，是原料本身的形态和数量决定采用不同的方法剥片，是原料选择剥片方法，而不是剥片方法选择原料。硅质岩原本是较为优质的原料，但在玉米洞使用很少，是一个值得思考的问题。玉米洞的硅质岩普遍体积小，节理发育，打击破裂容易产生不规则断块，并不是理想原料，而且这种原料在遗址附近均以少量团块状结核分布于石灰岩山体中，本身的数量分布和开采难度也是这种原料没有推广的重要原因。此外，在石灰岩原料内部还存在同类不同种的石灰岩，我们通过观察发现，打制者是对粉晶微晶灰岩和白云石化粉晶微晶灰岩使用较多，说明对原料是有刻意的挑选和区分的。

通过原料类型与工具类型之间的对应关系的考察，我们想要验证是否存在"专料专用"现象。玉米洞遗址的原料种类简单，石灰岩原料被广泛应用于各种类型的工具制作，在重型工具和轻型工具中都有普遍性使用，甚至出现部分工具类型倾向于选择特定形态毛坯的现象。而硅质岩原料只被应用于刮削器、尖状器、锥钻等小型和轻型工具中，不见于大型和重型工具。说明打制者对不同原料的形态、质量、特点和性能都有清楚的认知，对原料具备一定的管理意识。

通过以上的分析和统计，我们可以对玉米洞遗址的原料经济（原料管理模式）特征揭示如下：

1. 玉米洞遗址原料以石灰岩为绝对主导，这种原料及其构成是一个极为特殊的现象，石灰岩的数量分布、形态特性对剥坯技术、工具类型等均有重大影响，在原料经济分析中应给予足够的重视；

2. 玉米洞原料种类很少，但对于硅质岩、石英岩等少量特殊原料采用了与大宗的石灰岩明显不同的剥片开料方法，甚至在同类不同种的石灰岩内部，仍然刻意选择更优质的粉晶微晶灰岩作为打制石器的主要种类。这说明古人类对不同原料及其适用的剥坯技术有明确认知；

3. 玉米洞用于制作工具的原料种类主要有石灰岩和硅质岩两大类，石灰岩原料没有专料专用现象，广泛用于各类工具，但汇聚刃工具类型对原料毛坯形态有较明确的倾向性选择。而硅质岩只适用于小型和轻型工具，反映一定的工具类型与原料的模糊对应关系。

整体上来看，玉米洞遗址的原料利用还是具有较为明确的开发利用意识，对原料分布、质量、特性、形态等有较为清楚的认识，也对于原料有扬长避短的利用策略，只是很多原料管理是在客观条件下的被动适应，主观意识和技术发挥有限。

### 三、剥片技术与策略选择

#### （一）剥片技术的研究背景

剥片技术即获取毛坯的方法，是石器工业生产体系的基本结构。从目的上来说，剥片是为了获得制作工具的毛坯，这种毛坯既可作为工具直接使用，也可根据需要深加工成工具；从过程上讲，剥片是运用不同的方法将石料剥裂成具有不同形态和尺寸的毛坯（李英华等，2008），剥片过程还可区分为不同阶段的剥片序列——初次剥片和持续剥片阶段（布鲁斯·布拉德利，2012；刘扬，2015）；从结果上看，剥片将产生石核和石片两大类产品，石核和石片是研究者命名的两个相对的概念，其本质属性即剥片的母体和子体，本质属性与石核、石片概念的形态特征等固有属性并不一定完全对应。

剥片行为实际上属于人类最为原始的简单劳动，黑猩猩和卷尾猴也会通过摔击劈裂石片（卫奇，2013）。实验证明，古老的奥杜威文化中即已存在投击或摔击（Throwing technique）剥片的技术（Toth. 1997），锤击、砸击、碰砧等剥片技术也在旧石器时代早期被发明和应用。到旧石器时代中期，勒瓦娄哇技术的广泛流行反映了一种极具预设性和规范性的技术进化，成为最具代表性的剥片技术和概念。而旧石器时代晚期，间接剥片技术的出现和发展更是将剥片工艺发挥到极致，形成了代表石器功能和人类行为转变的石叶技术和细石器技术。

石器剥片技术的发展伴随着人类的进化和文化的传播，是人类生存适应行为的直接反映。但同时，石器剥片技术也受制于环境资源的影响，尤其是原料资源的质量、形态和丰度对剥片技术的发展和策略选择至关重要。在中国南方很多地区，剥片技术自始至终也没有发展出勒瓦娄哇技术和间接剥片技术，未呈现出递进式的技术进化。北方的周口店第1地点，受脉石英等体积小、质地差、不易控制的原料影响，砸击技术成为被动而英明的选择。本节结合遗址背景，对玉米洞遗址剥片产品进行类型学与技术学的研究，了解该遗址原料利用方式和剥片技术。同时，将玉米洞遗址剥片技术与扬子技术等其他剥片技术进行对比研究，进一步探讨该遗址选择剥片策略的动因和古人类的适应性行为。

（二）剥片产品的类型与技术分析

玉米洞遗址的文化遗存大致分为三个时期，分别可对应旧石器时代早、中、晚期。玉米洞遗址地层时代跨度很长，但各文化层出土的石制品在制作程序、原料与毛坯利用、类型组合、加工技术和形态等方面均显示出较强的承袭特征。石制品制作程序比一般工序更加简化，似乎缺失剥片工序；原料种类较单一，石灰岩占绝对优势，存在少量硅质岩；石制品尺寸基本呈正态分布，以大型和中型居多，少量巨型和小型；类型组合以修理成型的工具为主导，石核、石片及断块碎片较少；石器加工技术显得颇为特殊，以单向锤击修理为主，对工具原坯形态改变较少，多呈"修边器物"，毛坯形态与工具形态关系密切（贺存定，2018）。在这些石器工业特征中，加工工具的毛坯形态较为多样，有约35%的毛坯为石片或似石片的片状毛坯（表7-7），但能反映剥片技术的石核、石片等类型仅占人工制品总数的2.3%，与占比接近98%的工具数量极不匹配，因而剥片技术及其产品成为谜之焦点。

表7-7　　　　　　　　　　　　　工具毛坯利用统计表

| 类型<br>毛坯 | 刮削器 | 砍砸器 | 尖状器 | 凹缺器 | 锥 | 钻 | 手镐 | 原手斧 | 雕刻器 | 矛形器 | 合计（件）% |
|---|---|---|---|---|---|---|---|---|---|---|---|
| 块状（件）<br>（%） | 824<br>(45.3%) | 631<br>(34.7%) | 189<br>(10.4%) | 75<br>(4.1%) | 4<br>(0.2%) | 19<br>(1.0%) | 77<br>(4.2%) | 1<br>(0.05%) | 1<br>(0.05%) | 0<br>(0.0%) | 1821（100%） |
| 片状（件）<br>（%） | 614<br>(64.2%) | 93<br>(9.7%) | 155<br>(16.2%) | 52<br>(5.5%) | 1<br>(0.1%) | 10<br>(1.1%) | 27<br>(2.8%) | 1<br>(0.1%) | 2<br>(0.2%) | 1<br>(0.1%) | 956（100%） |
| 小计（件） | 1438 | 724 | 344 | 127 | 5 | 29 | 104 | 2 | 3 | 1 | 2777 |

注：考虑到玉米洞遗址原料的特殊性，本文只区分了片状和块状毛坯。具有石片特征的毛坯和具有平行节理面特征宽厚比为5以上的毛坯均归为片状毛坯，其余毛坯均归为块状毛坯。

本文共观察了76件反映剥片技术的典型石核（14件）、石片（29件）、骨片（2件）、断块和碎片（31件），占石制品总数的2.3%。其中，以石灰岩为原料石核、石片42件，以石灰岩为原料的断块1件，以石英岩为原料的石片1件，骨片2件，以硅质岩为原料的断块和碎片30件。此外，还观察了上百件以固有属性明确的石片、角片、牙片为毛坯加工而成的工具，还有大量似石片毛坯加工的工具。这些均可视为剥片产品或及其衍生品，可以真实反映玉米洞遗址石器工业的剥片技术，这些材料主要来自2012~2015年度发掘的不同文化层位，详细的器物描述见前文石制品分期研究中的介绍，此不赘述。

1. 石核

锤击石核13件，砸击石核1件。锤击石核按照台面数量可进一步划分为多台面（2件）、双台面（7件）和单台面石核（4件）。在文化分期中，石核主要见于第二期文化

（7件）和第三期文化（6件），第一期文化仅见1件砸击石核。从锤击石核的剥片情况
来看，大部分石核剥片不少，少量石核剥片较多，但剥片片疤相对较小，石核原型均为
石灰岩岩块，形态多样，尺寸差异不大，原料原型应来自就近或就地取材的采集。砸击
石核是一个例外，剥片较少，原料虽然仍然是石灰岩，但是典型的扁圆小砾石，砸击剥
片是最适用这种扁圆小砾石的方法，这种形态的石核原型不见于玉米洞遗址周边，应为
较远距离搬运而来（图7-4）。

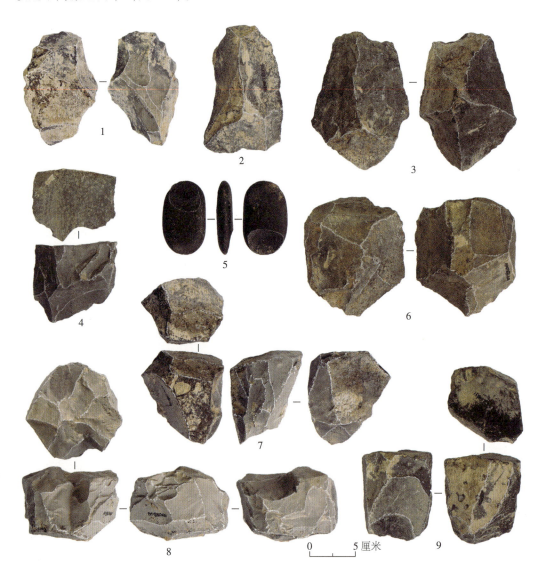

0    5厘米

图7-4　玉米洞遗址出土石核

1、3. 单台面锤击石核（13YMDT5⑦：578、13YMD T6⑫：1588）2、4、7、9. 双台面锤击石核（13YMDT6⑪：1316、
13YMDT6⑩：1140、13YMDT8⑤：618、13YMDT5⑩：698）6、8. 多台面锤击石核（13YMDT6⑫：1628、
13YMDT8⑤：643）5. 砸击石核（13YMDT6②：345）

### 2. 石片

石片 29 件。其中锤击石片 23 件，似石叶石片 3 件，碰砧石片 2 件，砸击石片 1 件。石片以第三期文化数量最多，为 15 件，第二期文化 8 件，第一期文化 5 件，在三期文化中的分布似有递减趋势。从石片的类型和技术特征来看，锤击石片占主流，似石叶石片和碰砧石片较少，砸击石片为个例。石片原料原型基本为石灰岩岩块，很多石片背面还保留了风化的岩块石皮，而仅有砸击石片为磨圆度很高的石英岩小砾石，此种原料和原型应为远距离搬运而来，适宜砸击剥片。大部分石片为完整石片，仅第一期文化有 2 件断片。石片尺寸普遍较小，适宜进行工具加工修理的石片很少。需要指出的是，碰砧石片只是从石片形态和石片台面角等特征来辨识，不排除锤击或摔击形成的可能，另外似石叶石片背面均有较长纵脊，似乎掌握了用长纵脊来控制石片形态的意识和技术，但因数量很少且未发现典型石叶石核等产品，尚不能肯定石叶技术的存在（图 7-5）。

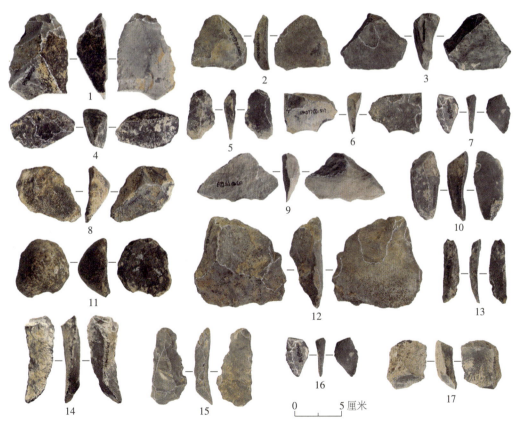

图 7-5　玉米洞遗址出土石片

1、5、7~10、12、16. 锤击石片（13YMDT8⑤：663、13YMDT6⑩：1075、13YMDT6⑥：718、13YMDT7②：436、13YMDT6⑩：1044、13YMDT6⑫：1627、13YMDT6⑥：718）2、3、6. 断片（13YMDT5②：258、13YMDT7②：517、13YMD T6⑫：1534）4、17. 碰砧石片（13YMDT6⑥：706、15YMDT8⑧：818）

11. 砸击石片（13YMD.C：20）13~15. 似石叶石片（13YMDT7⑩：969、15YMD T8⑥：669、15YMDT8⑧：809）

### 3. 断块和碎片

断块和碎片的统计分析对于研究石制品加工技术和人类行为同样具有重要意义，本文区分了断块与碎片。断块是石制品制作过程中形成的断裂石块或碎块，是石制品生产的副产品或下脚料，很难将它们划归到固定的石制品类型当中。而碎片则主要是指在剥片或工具加工修理时产生的废片，一般具有尺寸小和片状的特征。玉米洞遗址的断块和碎片较少，岩性为硅质岩（30件）和赤铁矿石（1件），而石灰岩则基本不见此类型。断块主要为硅质岩结核，形状不规则，尺寸均小于10厘米。碎片均为硅质岩，多具有小石片特征，尺寸多小于1厘米，应为剥制硅质岩石片或修理硅质岩工具产生的碎片。硅质岩数量较少但有较多断块和碎片，而石灰岩数量众多却少见断块与碎片。这是非常有意思的现象，至少说明石灰岩石制品本身剥片或修理较少，产生的断块与碎片本来就少，或者这些石灰岩断块与碎片混杂于角砾之中难以识别。

### 4. 骨片和部分牙片、角片毛坯加工的工具

我们在骨角制品中发现4件具有明显剥片技术特征的标本，其中2件锤击法打制的骨片，1件锤击角片为毛坯修理的刮削器，1件锤击或砸击牙片为毛坯加工修理的刮削器。这是非常值得注意的现象。剥片技术产品在骨角牙等不同材质上均有表现，说明玉米洞古人类将剥片技术不仅应用于石制品，甚至在骨角牙制品的加工修理中也都有应用。骨角牙制品的韧性更强，其剥片相对于石制品而言更为困难，显示古人类对于锤击剥片技术的了解和掌握已经非常深入和熟练（图7-6）。

### 5. 典型石片毛坯加工的工具

我们在工具中观察到一部分以典型石片为毛坯加工的工具，分布于刮削器、尖状器、砍砸器、凹缺器、锥钻、矛形器等多种工具类型。石片毛坯尺寸差异较大，以中小型为主，在重型工具和轻型工具中均有分布。这类以典型石片为毛坯加工修理的工具在数量上相对较少，但在三个文化分期中均有分布。因为石片毛坯的工具仍以边缘修理为主，所以大部分毛坯的石片特征仍清晰可见，石片毛坯可判别的剥片技术主要为锤击法，但不排除摔击法等也可形成类似特征石片的可能（图7-7）。

### 6. 似石片毛坯加工的工具

我们在各类工具中还发现数量较多的似石片毛坯加工修理的工具，这些工具毛坯有些为节理面破裂而形成的似石片的片状毛坯，有些为明显人工面破裂的片状毛坯但石片特征不清晰。不管何种形态，可以肯定的是，这种似石片毛坯的产生应为采用特殊方法打制生产而成，绝非石灰岩天然毛坯。这种毛坯的工具在工具数量中占比相对较多，表现形式也较为多样，尺寸变异较大。形态大多为片状，也有少量为块状，都具有相对平坦的腹面和略有棱脊或凸起的背面。这种似石片毛坯的石片特征不明显，应不是常规的

图 7-6　骨角牙片为毛坯修理的工具
1、2. 骨片（13YMDT6②：490、13YMDT6②：499）3. 牙刮削器（12YMDT3⑦：103）
4. 角刮削器（13YMDT6②：315）

锤击法生产，可以考虑摔击摔砸等方法产生，岩块受力后多沿岩石层理破裂，形成似石片的片状毛坯，这也正好可与该遗址片状毛坯数量较多相印证（图 7-8）。

（三）剥片技术及策略选择

虽然玉米洞遗址出土的石核、石片以及骨片数量较少，但通过类型与技术观察，可明确看出该遗址至少存在两种剥片技术。其一是锤击技术，主要表现为少量的锤击石核和锤击石片；其二是砸击技术，主要表现为个别的砸击石核和砸击石片。同时，在石片类型中还存在个别的似石叶石片和似碰砧石片，似石叶石片利用背脊控制石片走向，形成符合定义的石叶，但作为孤例，很有可能是在偶然情况下产生的。似碰砧石片拥有宽而厚的台面，台面角超过 125°，符合碰砧石片的特点，但这种特点并非碰砧石片专有（Aigner. 1978；李莉，1992；王益人，2004）。因而，本文不能完全排除碰砧技术和原始石叶技术在该遗址应用的可能性。此外，从遗址占比达 98% 的工具原型毛坯来说，只有少量的工具是以石片为毛坯的，而大部分工具是以片状或块状毛坯加工的。基于这种情况和遗址原料质地、形态的特殊性，我们认为玉米洞遗址制作工具的大部分毛

图7-7　部分典型石片毛坯的工具

1~3、5~6、8、9. 刮削器（13YMDT5⑦：587、13YMDT7②：477、13YMDT6⑤：576、13YMDT6⑩：1114、13YMD T7⑫：1080、13YMDT8⑤：651、13YMDT6②：258）4. 矛形器（13YMDT8②：375）7、11~13. 砍砸器（13YMDT6③：470、13YMDT6⑤：670、13YMDT5②：249、13YMDT7②：67）10. 原手斧（13YMDT7②：137）

坯并非通过常规的锤击剥片来获得，可能还存在摔碰剥片技术和自然选坯策略。通过玉米洞遗址石灰岩石器的打制实验和对比分析，我们进一步确认了摔碰剥片技术在该遗址应运而生，成为主流剥片技术策略（贺存定，2018），这种剥片技术受制于原料的特殊性，往往不能形成特征明确的石核和石片，是"剥坯"而非"剥片"。

图 7-8 部分似石片毛坯的工具
1~3. 砍砸器（13YMDT5⑥：456、13YMDT8⑥：636、13YMDT8②：333）
4、5、7. 刮削器（15YMDT6⑱：2030、13YMDT7⑩：962、13YMDT8②：204）6. 手镐（13YMDT5⑪：733）

锤击法剥片是旧石器时代最成熟、应运最广泛的剥片技术，适用于各种不同类型的原料资源。从玉米洞遗址锤击剥片产品和工具的观察和技术分析，可以肯定玉米洞遗址的古人类掌握了熟练的锤击剥片技术，并将该技术灵活应用于不同形态的石灰岩、硅质岩和骨质材料。但这种技术产品数量较少，表明其应用并不广泛，主要用于生产中小型石片，而对于大石片的获取或大块角砾的开料显得有些力不从心。砸击法剥片在旧石器时代也曾被广泛应用，是一种被动利用的浪费型技术，多用来开发个体较小不易锤击剥片或不易控制的原料（Svoboda. 1989；Kuhn. 1995）。从玉米洞遗址砸击产品和断块的观察来看，其数量很少且主要用于小型砾石和小块硅质岩的开料和剥片。砸击法因为原料数量的关系运用很少，但其因材施法的策略也显示了对这种技术的熟悉和掌握。相关实验证明，摔碰法是一种粗放、高效的毛坯生产方式，在原料丰富的地区尤为适用，这种方法在长江三峡地区较为流行，被称为"扬子技术"（高星，2008）。从玉米洞遗址的原料利用、器物组合和加工技术来看，用类似扬子技术的摔碰方式获取毛坯可能是因材施法的最佳选择。摔碰法剥片为工具的制作提供了大量可自由选择的适宜毛坯却没有形成明确的石核石片，有些毛坯无需加工即可成为锋利适用的"使用石器"，合适的毛坯边缘稍作刃缘修理即成权宜型工具成品，从而造就大量"修边器物"（乔治·奥德尔，2015），这与玉米洞遗址适应特定环境资源而形成的独特石器加工技术非常吻合。因而，摔碰法大行其道，是基于原料资源的被动选择和主动适应。

从剥片产品和工具原坯来看，玉米洞遗址反映了古人类多样化的剥片技术，不同的剥片技术各有其适用性和局限性，古人类会根据原料的尺寸形态来采取与之相应的剥片技术。摔碰技术应是玉米洞遗址制造和生产毛坯的主要剥坯技术。摔碰技术即是在充分了解石灰岩原料的质量、形态、分布等基础上做出的适应性选择，反映了古人类对剥片技术的高度认知和智慧选择。

（四）摔碰技术与扬子技术的关系

扬子技术是在三峡地区发现大量被认为是摔碰技术产品的"零台面石核石片"或"锐棱砸击石片"的背景下提出的，目的是强调这种技术的区域性和与特定环境的相关性（高星、裴树文，2010）。这种技术的流行是在面对高含量低质量的扁圆砾石，传统锤击法难以发挥作用的情况下，进而因地制宜、灵活变通地创造出的一种适用性剥片方法。玉米洞遗址存在的摔碰法剥片技术与三峡地区流行的扬子技术有异曲同工之妙，目的都是为了获取制作工具的理想毛坯，方法都是站立使用摔碰或摔击法来实施，不同只是摔碰的原材料和表现形式，与典型的扬子技术应具有渊源关系，是一种区域适应性变体（贺存定，2018）。

扬子技术的名称是由"锐棱砸击法""摔砸法""摔击法"或"摔击技术""摔碰技术"等术语演变而来，很多学者对这些技术都做过较详细的描述和定名（曹泽田，1978；卫奇，2004；裴文中、贾兰坡，1958），也对这些技术的异同进行了区分，对其剥片产品的时空分布、成因来源做过相关讨论（高星，2008；谢光茂、林强，2017；李英华、侯亚梅，2006）。结合前人研究成果，笔者对上述剥片技术进行了简单的剥片实验和详细的对比分析后认为（表7-8）：

表 7-8                                          剥片技术对比表

| 技术特征 | 扬子技术 | 锐棱砸击法 | 摔击法<br>（摔碰法） | 投击法<br>（摔砸法） |
|---|---|---|---|---|
| 实施对象 | 相对固定，主要为扁圆砾石 | 相对固定，主要为扁圆砾石 | 不固定 | 不固定 |
| 实施方式 | 站姿，单手抓握石核，高举用力向下摔向石砧 | 蹲坐，一手抓握石锤，一手抓持石核，高举石锤倾斜向下砸击石核 | 站姿，单手或双手持石核，高举用力向下摔向石砧 | 站姿，单手或双手持石锤，高举用力向下摔向石核 |
| 施力方向 | 斜向向下 | 斜向向下 | 垂直或斜向向下 | 垂直向下 |
| 力的作用点 | 扁圆砾石的侧缘和端缘之间 | 扁圆砾石的侧缘（与长轴平行的边缘） | 不固定 | 不固定 |
| 石核 | 扬子石核，石核消失或分化为子石核 | 锐棱砸击石核，石核消失或分化为子石核 | 摔击石核，石核消失或分化为子石核 | 锤击石核，石核较大且可能消失或分化为子石核 |
| 石片 | 扬子石片，特征与锐棱砸击石片相似 | 锐棱砸击石片 | 石片形态多样 | 锤击石片为主 |
| 石锤 | 无石锤 | 有石锤，手持使用，体积较小，与石核相当 | 无石锤 | 有石锤，脱手使用，体积较大，与石核相当或略小 |
| 石砧 | 地面砾石为石砧，体积形态不固定 | 地面砾石或石块为石砧，一般石砧具有操作平面 | 地面石块或砾石为石砧，体积形态不固定 | 无石砧 |

①如果将摔击法（摔碰法）的实施对象限定为扁圆砾石，对力的作用点局限到扁圆砾石的侧缘，再对施力方向和大小有所控制的话，那么摔击法（摔碰法）产生的剥片产品与扬子技术并无二致。摔击实验表明，一般情况下，摔击法（摔碰法）的实施对象不固定，力的作用点和方向也不易控制，在摔击非扁圆砾石的对象时，可能会产生类似锤击或碰砧的石片而不会产生扬子石片，甚至在摔击扁圆砾石时，如果力的作用点并非在扁圆砾石的侧缘，也不会产生扬子石片。因此，扬子技术是从摔击法（摔碰法）中分离出来的一种更为狭义的剥片技术，二者实施的方式方法基本是相同的，但实施对象不同，实施过程略有差异，形成剥片产品的结果有所不同。扬子技术既是摔击法（摔碰法）熟练运用基础上的发展进化，也是适应特定原料资源的适应调整。

②本文在模拟实验过程中发现摔击法（摔碰法）和投击法（摔砸法）的技术差别并不大，如果摔击法（摔碰法）的石砧在摔击时被石核碰击导致破裂形成石片，那么

此时的石砧则变身为石核，而原来的石核则相当于石锤，与投击法（摔砸法）如出一辙。在原料充裕、讲求权宜实用的情况下，石核、石锤和石砧的界限并不分明，剥片较为随意。因此，摔击法（摔碰法）与丁村遗址命名的"摔砸法"（裴文中、贾兰坡，1958）以及国外称之为"Throwing"（Schick 1993）等剥片技术有所区别，但在操作实施方式上极为相似，代表着一种早期人类近乎本能的极其简单的开料剥片技术。摔击法（摔碰法）和投击法（摔砸法）应属于同一个技术的不同类型，石核、石锤和石砧在某些情况下可以实现角色转换，导致趋同。

③扬子技术和锐棱砸击法在实施方式上明显不同，但实施对象和剥片产品方面具有共性。本文通过简单的模拟实验发现，扬子技术和锐棱砸击法会产生相同的剥片产品。从力学角度来讲，受力物体相同的情况下，扬子技术较长距离的运动力和重力等同于锐棱砸击法石锤的锤击作用力，二者力的作用线相同，力的作用点相同，施力方向相同，可能会产生相同的力的作用效果。已有的技术研究和模拟实验显示，相同类型或具有相同技术特征的石制品可能由不同的打制概念或结构产生（Boëda 1991）。当然，力的大小也会影响力的作用效果，扬子技术的作用力一般大于锐棱砸击法，反映出扬子技术较锐棱砸击法更容易对硬度较高、体积较大的扁圆砾石进行剥片。因此，扬子技术和锐棱砸击法虽然在实施方式上有较大区别，但其实施对象和操作的力学角度具有共性，会形成相同或相似的剥片产品。

④以剥片产品的特点很难将典型的扬子技术和锐棱砸击法准确区分，二者均适用于特殊的原料资源，分布于中国南方及东南亚地区。从剥片实施方式看，锐棱砸击法是有别于扬子技术的一种客观存在（高星、裴树文，2010），与传统的砸击法更具亲缘关系；而扬子技术与摔击法（摔碰法）关系更为密切，技术上可能同源。从剥片产品的时代、数量、功能等方面看，锐棱砸击法流行于旧石器时代晚期至新石器时代，数量较多，剥片时力的作用点和力的大小方向更容易控制，形成的石片更为规整，是制作定型工具最为理想的原坯，尤其在新石器时代乃至商周时期的石斧、锛制作中广泛应用（李天元、冯小波，2000；李英华、侯亚梅，2006）；扬子技术流行于旧石器时代中期，数量相对较少，更擅长生产大石片，石片形态变异较大，功能指向并不明确。因此，扬子技术与锐棱砸击法殊途同归，在剥片产品特征上具有趋同性，但二者是否技术同源或具有演变关系还需要更多证据。

（五）结论

剥片产品的形成和剥片策略的选择受制于很多因素，不仅受技术传统、施力方向、力的大小和力的作用点等诸多主观人为的技巧差异因素影响，还要受原料质量、形态、分布等客观条件制约，而且后者的影响更为直接。玉米洞遗址的剥片产品和策略选择即是客观物质条件决定主观意识技术的典范，在熟练掌握锤击法、砸击法等常规剥片技术的情况下，却另辟蹊径采用摔碰技术获取毛坯。剥片产品受制于石灰岩原料的质量、形态和分布状况，表现出反常的剥片产品特征和石制品类型组合，直接影响加工技术的发挥和加工策略的选择。

玉米洞遗址的剥片技术和策略选择是适应特定环境和特定原料的产物，与扬子技术有异曲同工之妙，都属于摔击法（摔碰法）在适应区域特殊资源的分化变体，二者与摔砸法、"Throwing"等早期人类的原始开料剥片技术应属于同一个技术体系，具有技术同源性。而锐棱砸击法虽然在实施对象和剥片产品特征上与扬子技术具有趋同性，但这种趋同更多地被实验证明是不同的打制概念或结构可以产生相同或相似的技术产品。扬子技术与锐棱砸击法应具有不同的技术源头，但二者殊途同归，是否具有演变关系还需进一步证实。不同的剥片技术各有其适用性和局限性，多样化的剥片技术反映了史前人类在技术认知上的共性和多样性，因地制宜、因材施法的策略选择则揭示了古人类灵活变通的生存智慧。

### 四、剥坯经济的分析

剥坯经济分析的目的是区别古人类在石器工业生产过程中是否采用不同的打制概念或方法，尤其是对操作链各阶段的技术产品采取什么样的管理模式。前文分析了各文化分期中剥坯与修型概念的生产体系，在此基础上，我们从整体上来探索玉米洞遗址的剥坯经济，即打制者对毛坯和工具的管理过程和方式。我们主要从毛坯形式、工具类型和工具二次加工所需的二面结构这3个方面展开分析。玉米洞遗址的各地层均出土石制品，后根据地层堆积规律和测年数据将18层的文化层分为三个文化分期，但分期研究显示，各期石制品技术历时性变化不明显，故我们按照整体来进行剥坯经济的分析。

玉米洞遗址的各层合计出土典型的石核、石片等剥坯产品43件，断块和碎片31件，其中绝大多数为锤击产品，个别砸击和碰砧产品，数量仅占石制品总数的2.3%。此外，在工具毛坯中识别出少量典型石片毛坯和部分似石片毛坯，与典型的锤击剥片产品不同，这种剥坯毛坯大概率可能为摔击产品。

玉米洞遗址石制工具的毛坯主要有5种形式，被归结为块状和片状2大类。其中块状毛坯包含天然石块毛坯和人工块状毛坯2种；片状毛坯包含天然片状毛坯、人工典型石片毛坯和人工似石片毛坯3种。由于工具加工对原坯形态改变程度较小，我们还将工具毛坯划分为Type1-16的模块类型，并进行统计分析，以便观察各类毛坯与工具之间关系，是否存在某些特定毛坯用来制作某类特定的工具，即是否存在"专坯专用"现象。

玉米洞遗址的工具类型采用传统的形态功能类型划分，区分为刮削器、砍砸器、尖状器、手镐、凹缺器、锥钻等数量较多的几大类，由于工具毛坯形态差异较大、形态多样，这种形态功能类型的划分还可以更细致地划分为相当多的类别。出于对这样表象的划分标准的反思，我们还根据二次加工的技术特征和结构进行了实质性划分，玉米洞遗址的工具被区分为 A 类锛刃状单斜面延伸型、B 类斧刃状双斜面延伸型、C 类汇聚刃型这 3 大类。这 3 大类中的每一类又可进一步细分为 2 型，即 3 大类 6 个技术类型。详细的划分标准和技术类型的特征详见前文修型概念生产体系的技术分析。工具的刃口按数量分为单刃、双刃和复刃 3 种，刃缘形态被粗略地分为凸刃、直刃和凹刃 3 种，但实际上刃缘形态还可细分为直线状、锯齿状、汇聚状、鸟喙状、交互曲折状、吻突状、凹缺状 7 种不同的刃缘形态特征。

工具的二次加工是在毛坯选择后，打制者人为制造一个或多个二面结构，在二面结构构成的技术—功能单元中进行刃口修理。玉米洞遗址的工具大多具有一个稳定且相似的二面结构，二面结构由一个基础面和一个工作面构成，基础面大多是自然石皮面或节理面，而工作面大多是人为制造的人工面。基础面和工作面有时可互换，因为人工面很多时候也是节理面，并能准确地区分是自然节理面还是人为制作的节理面。技术分析表明，工具的二面结构有些是利用毛坯的平行节理面特征自然选择出来的，有些是经过简单的人为加工制造出来的。

通过以上的分析和统计，我们可以对玉米洞遗址的剥坯经济（各阶段剥坯产品的管理模式）特征揭示如下：

1. 剥坯产品数量非常少，剥坯技术也较为稳定简单，不存在预制石核等复杂剥片技术；

2. 工具毛坯形态非常多样，石片毛坯数量较少，其他毛坯大多具有几何形态，制造工具对毛坯有较明显的选择性；

3. 工具的技术特征主要体现在被二次加工的使用功能单元，具有基本相同的二面结构，而非使用—功能单元加工较少，保留原始多样化形态；

4. 石器工业生产操作链的步骤中，不控制毛坯的生产过程，而通过毛坯选择控制形态和提升效率，汇聚刃工具对毛坯有明显的选择偏好。

从遗址工具与剥坯产品数量上的悬殊对比来看，这些工具从最初的原料选择就采用了不同于剥坯概念的方法和策略，从毛坯类型形态、重量尺寸到最终相对固定的工具组合，反映了一套看似简单实则精妙的工具加工设计和规划，显示出一种较成熟和高效的毛坯和工具的管理流程和模式。

# 第二节  石器工业生产体系的特征总结

上文主要从原料与毛坯、类型与组合、技术与形态等方面考察了不同文化分期的石器工业生产体系是否存在历时性变化。总的来看，玉米洞遗址的石器工业的历时性变化是局部和少量的，主体的技术特征和生产体系是传承大于创新的一脉相承，下面将从剥坯和修型两大基本概念入手来分析总结玉米洞遗址石器工业生产体系的特征。

就剥坯而言，玉米洞遗址石器工业具有最核心最主流的剥坯模式有两种：一是锤击剥坯，二是摔击剥坯。此外还可能存在砸击和碰砧等剥坯模式，但数量很少。

锤击剥坯主要是一种单向剥坯，在遗址石制品中表现为少量剥坯产品。打制者大多利用石核已有的较平坦的自然面作为台面，以石核自然的边缘和棱脊作为起始剥片面，剥片数量往往在3~5片，石片背面多为石皮，少有背疤。少量石核也具有2~3个台面和相应的剥片面，但台面和剥片面基本未经人工预制，不同的剥片面之间没有明显关联，显得随意，有效剥片数量较少，打制者对石片形态、大小的控制有限。不过值得注意的是，少量石片背部的长纵脊显示，打制者懂得利用背脊来控制石片形态，这与一些工具毛坯中利用长纵脊控制毛坯形态相类似。

摔击剥坯实际是一种较为随机的不定向剥坯，在遗址中大量各类形态的毛坯就是这种剥坯模式的反映。这种剥坯模式起初并没有被重视，是在考察工具毛坯时发现，大量形态各异的毛坯不知从何而来，模拟实验时在角砾堆积中寻找合适毛坯也并不容易，石核石片数量也很少，尤其是我们注意到在工具毛坯中存在少量典型石片毛坯、大量似石片毛坯以及具有破裂面的块状毛坯时，我们才开始意识到这种毛坯的生产方式可能是摔击法。后来经过进一步的摔击实验并与出土工具毛坯进行对比，才证实这种剥坯模式的广泛使用。这种模式是一种浪费型原料开料模式，与三峡地区阶地遗址流行的摔碰法如出一辙，只是原料形态不同。

砸击剥坯只发现于针对小型磨圆砾石的开料剥坯，数量很少，石核表现为错向或对向的剥片疤，或分解为两半的石片。砸击剥坯的模式也可能用于具有节理面石块的开料剥坯，遗址周边的三叠纪灰岩多具有明显平行节理面的层理，而且在遗址中也发现大量具有平行节理面特征的工具毛坯，因此采用砸击法生产这种毛坯特别高效，但这种推测还有待进一步证实。

碰砧剥坯只是基于发现少量具有典型碰砧特征的石片而识别的一种剥坯模式，但这种剥坯模式尚未得到证实，碰砧石片也可能由摔击和锤击法产生。

就修型而言，玉米洞遗址石器工业修型的操作程式表现出鲜明特征，技术分析显示修型操作链主要包含毛坯精选、预制修型、修刃三个阶段，当然也有少量工具制作的操作程式更加复杂，包含更多的制作阶段，或者操作程式更简单包含更少的制作阶段，但这些并不是主流。

第一个阶段是精选毛坯，主要是从大量自然形成或人为制造的岩块（岩片）中挑选出适宜制作工具的毛坯。这个过程中，打制者以母型毛坯的精心选择取代有意识的预制，即打制者花费大量的时间和精力在选择本身具有技术特征的母型毛坯上，而忽视对母型毛坯的预制。即使母型毛坯的技术特征不能满足目标工具的预设需求，打制者往往会寻找更符合预期的其他毛坯而很少对母型毛坯进行深度改造。毛坯选择这个阶段的操作，可以在洞穴内寻找，但大量而长期的毛坯选择势必会导致优选毛坯的稀少，毛坯的生产和选择必然会扩展到洞外及周边。这个过程非常关键，绝不可忽视，打制者在打制动作真正开始之前就将目标工具的部分技术特征和设计思路融合进了毛坯选择之中，母型毛坯选择合适，打制过程会简单高效，事半功倍，甚至母型毛坯选择合适直接可以成为工具。

第二个阶段是预制修型，将选定的毛坯加工出二面结构和特定的形态。这个步骤主要是针对先天缺失技术要素的毛坯进行预制加工。如果选择毛坯上没有想要的二面结构，那么加工的第一步就是人为制造斜面。简单地说，该步骤的重要性取决于毛坯选择步骤时所需要的技术特征是否得到满足。通常情况下，二面结构的两个斜面，要么是自然形成，要么是一次性打制形成。其他非功能部位基本不做修型加工，形态多样。而汇聚刃工具和部分小型工具可能是例外，它们的毛坯非常多样，其二面结构是多次打制形成的，手持部位也多有把手修理以便更好地使用掌握。

第三个阶段是修刃，主要目的是修理出一条或多条刃缘，但这个步骤也并不是必需的工序。总体而言，刃口的技术特征在选择毛坯和二面结构完成时已经具备，可以直接使用。修刃大多是毛坯选择和轮廓构型没有完成好的情况下对功能刃口进行修整，或者巩固使用变钝后对刃缘进行翻新。一些刃缘有新旧修疤共存的情况，修疤主要是硬锤锤击产生，加工方案看起来被很好地设计过，毛坯和工具的类型之间显示出一定程度的关联性。工具存在明显的多样性，有轻型工具和重型工具之分，对应于不同的使用姿势和用途。与其说石器组合中轻重型工具并存，不如说是其在质量上的强烈反差，这种反差需要解释，但到目前为止仍缺乏可回应证据，可能与资源环境适应有关。

# 第三节　石制品技术模式与古人类行为

## 一、石制品技术模式研究的背景

石制品技术演变与古人类生存方式变迁的研究一直是旧石器考古研究的重要问题。国内外学者不断尝试对不同时空的石器技术进行组合特征和阶段性的总结，并有意将石器技术演变的阶段性与人类演化阶段相对应。与西方的石器技术模式相比，中国的旧石器技术及其演变过程长期以来被认为是一种特殊的存在（高星，2006；王幼平，1995），缺少变化或阶段性不明显，甚至被贴上停滞落后、简单粗放的标签（Schick 1994；林圣龙，1996）。尤其是中国的南方地区，一直被刻板地认为属于技术模式 1 的砾石石器工业技术从更新世一直延续至全新世。近年来，随着南方地区具有阿舍利技术元素的石器被大量发现和研究，中国缺乏技术模式 2 的认识得以修正。此外，西南地区还发现较多独具区域特色的技术和文化特征，如锐棱砸击技术、扬子技术、小型石片石器技术和多样化的骨角牙制品等，甚至有学者在西南局部地区识别出个别技术模式 3 的勒瓦娄瓦技术和莫斯特技术（Hu et al. 2018；阮齐军等，2018），这些技术模式中有些虽然还未得到广泛认同，但至少说明该地区技术的多样性和复杂性。新的发现和研究使得学界对南方地区石器技术区域多样性的认识逐渐增强，也对克拉克技术模式在中国材料中的应用提出反思（李锋，2017；李浩，2018）。长期以来，我们已经习惯并接受中国北方石片石器和南方砾石石器作为我们本土文化特征，而将局部地区发现的阿舍利技术、莫斯特技术、石叶技术等视为外来文化因素的传播交流。其实，这是解释文化形成机制的理论立场和视角不同，可能会存在认知偏差，并不适用于所有区域或遗址。况且，我们以技术、类型和形态定义的文化或者技术模式，在不同地区都会表现出一定的变异性，这种变异受原料环境、功能需求、文化传统等多重因素的影响，很难简单地用传播交流或技术发展来解释，需要针对区域内特殊遗址开展具体的个案解释并进行关联推理，以便更好总结归纳区域技术模式或文化传统。我们尝试用达尔文考古学不同的理论立场与视角来解释玉米洞遗址的考古材料，同时通过考古材料的解释实践来检验和反思理论的适用性和局限性。

## 二、技术模式解释的理论立场与视角

在新石器时代考古研究中，通常将在一定时间和空间范围内具有共性的物质文化组合称为考古学文化，并在此基础上发展出了考古学文化的区系类型（苏秉琦、殷玮璋，1981），来探讨不同区域考古学文化的组合特征、传承发展与交流变异。在旧石器考古研究中也有对旧石器文化进行区系类型的探讨，但考古学文化的概念使用较少并逐渐被石器工业或器物技术的概念所取代，虽然也谈文化的传承交流却更关注石器技术的发展演变。贾兰坡提出中国华北地区存在"匼河—丁村系""周口店第 1 地点—峙峪系"两大旧石器传统（贾兰坡等，1972；王益人，2002）。张森水总结并提出了中国南北方石器主工业二元结构与多种区域性工业类型并存（张森水，1999；张森水，2002）。林圣龙撰文将"技术模式"系统引入中国，并用来描述中国的旧石器技术演化，认为中国存在技术模式 1、4、5，但不存在技术模式 2 和技术模式 3（林圣龙，1996）。王幼平阐释了中国旧石器工艺的四种类型：石片石器工业、砾石石器工业、石叶工业与细石器工业（王幼平，2004）。其实不论是新石器考古还是旧石器考古，某种程度上来讲，都是以器物类型为基础的研究，实质上都是研究器物组合的演变史，但二者为何采用不同的核心概念和研究思路？追究起来，其实是理论立场和视角的不同。

新石器考古研究主要采用达尔文考古学分化出的演化考古学的理论和视角。演化考古学立足于遗址出土的人类行为的结果——考古材料，分析考古材料中的不同变异，关注文化的传播（transmission）和自然选择（selection），作为历史性科学来研究文化的变化，主要探索时空框架内建立文化谱系并解释谱系存在和形成的原因（O'Brien et al. 1998）。这种视角将人工制品看作人类表型（phenotype）的一部分，并认为演化过程中人工制品出现的频率受生物学中表型出现频率相同机制的控制（Dunnell 1989）。显然文化演化比基因演化更为复杂，人是有别于普通生物的高智能、社会性的动物，具有复杂思维和社会学习（social learning）的能力。在这种视角下，人工制品风格特征的时空分布类似于生物学中的漂变（drift），遗传力（heritability）导致了文化的连续性，文化间的相似性是文化传播的结果（Dunnell. 1978；Neiman. 1995），预示着同源的相似性（Dunnell. 1978，Lyman and O'Brien. 1998）。旧石器考古研究更多地采用达尔文考古学分化出的行为生态学理论和视角，主要立足于解释人类行为的多样性，将人类看作是特定环境条件下的决策者，将人类行为或文化看作是对不同生态环境状况的表型适应（phenotypic adaptation）形式，通过自然选择（natural selection）起作用，而自然选择倾向于选择那些对环境适应较为有效的表型（Boone and Smith. 1998；Bird and O'Connell. 2006；Shennan. 2008），如最优化模型（optimization model）。行为生态学将文化变化主要归结为人类对环境的适应，环境因素是行为演化连续或者变化的动力（Shennan. 2008）。行为的多样性是人类对不同环境资源条件适应性反应的表现。这种视角下，技术文化反映了古人类面对各种生存挑战而采取的一系列应对措施。不同的生态环境对同一人群产生影响导致形成不同的文化，而不同人群面临同一或相近的生态环境也会产生相似的文化，这是文化的生态适应。

演化考古学代表着一种历史视角的解释逻辑，更适用于较长时间尺度演化过程中与文化基因相关的描绘式适应（delineating adaptation），而行为生态学代表着一种经济视角的解释逻辑，更有利于分析行为过程中的短时间及区域性适应的反应（Smith. 2000；Winterhalder and Smith. 2000）。当然，演化考古学与行为生态学并非水火不容，二者都是达尔文演化论的分化和发展，有相似、有互补，各有其适用性和局限性，对解释考古学材料多样性和人类行为演化具有独特的价值和意义（李锋，2012）。

在解释具体文化的多样性和变异性时，除了宏观的理论立场和视角，还需要具体的方法路径对这种文化变异的机制或原因进行分析。也就是说，如何看待文化多样性或变异现象是一回事，而怎样给出合理推理和解释是另一回事。我们主要通过石器的形制特征来判断石器技术的变化，但这种变化受广泛的因素影响。有学者将影响石器形态变异的因素划分为三个层次：分别为原料、素材、减核程度等能够直接作用的因素，生态环境、石器使用功能等间接作用的因素，个体差异、文化传统等很难获取的因素（Isaac.1986；李浩，2018）。也有学者认为推理解释需要具有不同层次的阶梯式推理过程，至少可以分为环境条件、生计活动、社会组织、意识形态四个层次，并与归纳、演绎和类比推理构成纵横交错的分层—关联的网络（陈胜前、叶灿阳，2019；Hawkes.1954）。本书为了适配演化考古学和行为生态学的二元理论与视角，将影响石器技术变化的因素也分为主观因素与客观因素两个层次，来对三峡地区玉米洞遗址石器技术与人类行为的变化及其原因进行阐释。主观因素则更倾向于人的主观能动性的发挥，在客观条件下的主动选择和调整，具体包含技术选择与创新思维、技术的个体差异与整体传统及迁徙组织形式等。客观因素更强调环境资源条件等先天条件及其衍生的功能需求在石器上的反映，具体包含原料、功能类型及被动的行为活动等。

### 三、不同视角下的技术模式归属

玉米洞遗址是中国南方渝东北喀斯特地貌区旧石器时代的一个洞穴遗址。遗址堆积厚且连续，地层序列清楚、时代跨度长，各层均含文化遗存。综合多种测年数据及地层与动物群的分析显示，该遗址绝对年代至少从距今30万年前延续至距今1万年（Shao et al. 2022；Wei et al. 2015），相对年代集中于中更新世晚期至全新世初期。玉米洞遗址巨厚的堆积和连续的文化层极为罕见，该遗址石制品的初步研究展示出与众不同的组合面貌和一种独特的技术特征，石制品在原料与毛坯、器物组合、加工技术等方面均具有特殊性。有学者研究指出玉米洞遗址石器工业与欧洲、非洲、近东甚至印度次大陆的旧石器文化相比，均表现出明显的差异，具有独一无二的组合面貌与技术特征。与泰国、越南等东南亚地区同时期的石器文化面貌相比，玉米洞也确实可称为独树一帜（Wei et al. 2015）。这种观点是建立在对玉米洞遗址石器面貌和特征的宏观观察之上，具有一定的合理性。比如石灰岩占绝对优势的原料构成、工具占绝对主流的石制品组合、中—晚更新世石制品技术的连续演变等都是世界范围内罕见的。大范围跨时空的比较难免因距离和鸿沟而不具可比性，不过与邻近小范围的三峡地区现有的石器工业相比也是风格迥异，类似该遗址的石器工业目前在三峡其他地区尚无发现，没有可供具体直接对比的遗址。显然，玉米洞的石器工业可能确实是特殊的存在，在旧石器技术体系中很难找到相应位置。因为特殊所以才更需要合理解释，我们不仅要为玉米洞遗址的石器技术模式找到归属，而且还要为该遗址特殊的石器组合面貌及其成因给出令人信服的解释。

玉米洞遗址所处的三峡地区历来被视为是人类起源演化、动物群扩散和环境变化的重要区域，三峡地区的石器工业本质上被笼统地认为是一种"似奥杜威工业"，基本上属于技术模式 1 范畴且从中更新世一直延续至全新世（裴树文，2002）。实际上，在三峡地区并非全部都是砾石工业占主导，局部地区或部分时段内存在较多砾石工业体系下的区域变体，尤其是阶地旷野遗址与山地洞穴遗址的石器工业面貌截然不同。玉米洞遗址本身所处的位置及其石器工业的特殊性带给我们很多启发和反思。很显然，从石器原料构成来看，玉米洞遗址的原料以石灰岩占绝对主导，这在全世界范围内罕见，虽然石灰岩也是很多遗址石器的原料之一，但占比超过96%的遗址还是难以遇见的，不过邻近地区的龙骨坡遗址尽管年代和原料形态上差别较大，但在石器原料构成上倒是相似。从石器面貌上来看，玉米洞的石制品并非砾石工业体系，也非一些洞穴遗址表现的既有砾石石器也有石片石器的混合石器工业，而是表现出一种有别于三峡地区石器工业的独有特征，既有大量石灰岩的重型工具也有少量硅质岩的轻型工具，这种特殊性很大程度上由原料和毛坯形态决定。从石器组合上来看，玉米洞遗址的石核、石片、断块等剥片产品很少，而工具数量占绝对优势，与绝大部分遗址的器物组合截然不同。这种器物组合也不同于三峡地区的遗址，但这种特殊组合也与原料平行节理面特征和特殊剥坯方法有关。从石器技术上来看，玉米洞大量修型概念的工具强调毛坯选择的重要性，即目标工具的制作更依赖于原料和毛坯形态的选择。通过原料与毛坯选择和简单打制即完成理想的工具构型和刃口的基本结构，简单修型修刃，高效实用（李英华，2017）。这种理念和思路与三峡地区阶地遗址砾石工业石器的制作非常相似，这种行为在中国南方各个时期的大量石器工业中都有不同程度的体现。因此，玉米洞的石器工业具有独特性，但也似乎并非无源无流，与三峡地区或者中国南方的砾石工业有着某种紧密的联系。

如果说玉米洞遗址的石器面貌和组合等外在特征还不能反映技术的本质，那么石器工业的生产技术体系分析则更能反映古人类制作石器的设计思维，更能够体现石器的技术模式。本文运用操作链理念对玉米洞遗址的工具进行分析，区分出 A~I 这 9 种不同的操作程式，大致可归类为四类：1. 纯剥坯模式，如操作程式 E、F；2. 纯修型模式，如操作程式 C、D；3. 剥坯与修型混合模式，如操作程式 G、H、I；4. 脱离剥坯与修型模式，如操作程式 A、B（图 7-9）。本文所述纯剥坯模式类似于北方石片石器工业，纯修型模式类似于南方砾石石器工业，剥坯与修型混合模式则相当于南北石器工业的交流过渡形态，而脱离剥坯与修型的模式则是玉米洞区别于其他地区石器工业的特殊模式。玉米洞遗址的石器在四类技术模式和 9 种操作程式中均有不同程度的体现，但从数量上来讲，以纯修型模式和脱离剥坯与修型模式居多，操作程式中则以 B 和 D 较多。

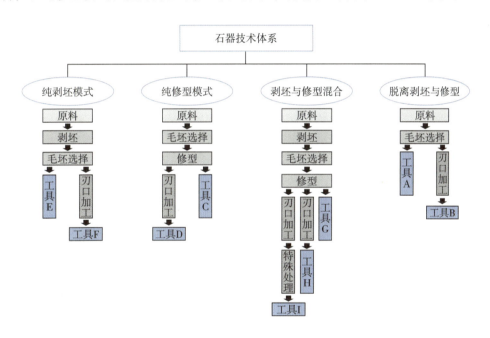

图 7-9 玉米洞遗址石器技术体系

以上可见，玉米洞遗址的石器工业虽然可能与三峡地区的砾石工业有关联之处，但独特性仍甚为显著，或可将其命名为"玉米洞石器工业"，其工业技术的特殊性可大致归结为：1. 石灰岩原料占比极高，原料形态多具平行节理面，可形成形态多样的块状或片状毛坯；2. 因原料的特殊性，毛坯生产主要采用摔击等非常规技术，但未必能产生常规的石核石片；3. 类型组合反常，以工具占绝对优势，石核、石片、断块碎片较少；4. 石器生产的技术体系复杂，兼具全而专的特点，既有其他地区常见的技术模式，也有自身特殊的技术模式；5. 毛坯本身形态差异巨大，边缘修理为主，对原坯改变较小，工具形态尺寸变异较大。玉米洞石器工业的技术模式到底如何归属，或者说该如何看待玉米洞石器工业，我们再借助演化考古学与行为生态学的不同立场和视角分别来进行考察。

从行为生态学视角来看，玉米洞遗址之所以选择石灰岩作为主要原料，是因为在遗址附近难以寻找到更优质的原料，而远距离搬运优质原料所需要付出的代价太大，石灰岩是古人类在现有原料资源条件下审时度势，做出最经济、最优化的选择。针对石灰岩这种原料，采用摔击方法获取形态各异的毛坯，也是基于石灰岩层状结构及其丰富性，这种方法最为高效实用，也是在特定原料数量、形态等条件下做出的最好决策。而在工具制作阶段，优选接近目标形态的毛坯简单修型修刃成为"修边工具"或直接选择毛坯使用及修刃，缩短工具制作的程序，省时省力，这也是在丰富而多样的毛坯选择中即完成了工具构型和形态设定，这种技术行为也是应对特定原料和毛坯状况的适应性表现。因此，在这种视角下，玉米洞遗址的石器技术反映的是该遗址古人类在应对混合森林环境背景下缺少生产石器的优质原料而采取的一系列应对措施，从而形成了独特的石制品组合面貌和技术行为。从这个视角看，玉米洞遗址即使经历多个批次、不同文化人群的生存活动，其产生的石制品组合面貌和技术行为都是大体相同的，因为再先进的技术文化在有限的资源条件下和相同的需求下也只能适应趋同。玉米洞的石器技术模式是具有区域性和独特性的，是有别于目前所见的常规技术模式，其可能代表的是三峡地区一种本土起源的独特的石器技术模式，是人类适应区域特殊环境的成功范例。

从演化考古学视角来看，玉米洞遗址从距今 30 万年至距今 1 万年的历时跨度中，石制品面貌和技术保持了相对的稳定性和连续性，缺少大幅度的明显变化，这种文化上的不变是一种文化遗传，是人类文化认同、思维习惯及学习传承的结果，也在某种程度上反映人群的组成并未发生大规模的替代和融合。也就是说，玉米洞遗址这种技术和文化的连续稳定是由于没有大规模外来人群的入侵，在文化技术上没有明显的不同文化之间碰撞或融合的表现。依这种视角来说，玉米洞遗址的古人类长期过着与世隔绝的生活，在历时超过 30 万年的时间里，同一人群连续演化而不灭绝，这是几乎不可能的事。玉米洞遗址位于三峡地区，而这个区域发现了数量众多的古遗址，尤其是玉米洞遗址所在的巫山县即发现了数个古人类—旧石器遗址。显然，玉米洞遗址与三峡地区的古人类必定有密切的联系和往来，其文化和技术必然可以在三峡地区找到相应的源流。我们发现玉米洞遗址的摔击法获取毛坯、利用形态接近目标的毛坯直接修刃这些技术行为，与三峡地区砾石工业中的扬子技术剥片获取毛坯、利用扁平砾石省却剥片程序直接修刃加工工具的思路和策略极为相似，不同的只是原料形态。玉米洞遗址工具修理中毛坯优选、边缘修理、岩块直接修型修刃等技术特征与三峡地区旧石器时代晚期部分洞穴遗址的工具加工技术与策略相近。在更强调人类主观能动性的演化考古学视角下，玉米洞遗址可能经历多个文化同源的本土人群的交流融合，玉米洞的技术和文化源头应追溯至三峡地区乃至中国南方的砾石工业，是南方砾石工业体系下的区域文化变体，其石器技术模式与三峡地区一致，也应属于技术模式 1 的范畴。

鉴于从演化考古学和行为生态学视角得出不同的认识，玉米洞遗址的发现将会对中国南方的石器技术类型提出一个新的问题，即这种特殊的石器技术类型如何形成并受哪些因素影响？客观因素与主观因素哪个起决定作用？这使得对更新世中晚期环境决定论的技术演化进行讨论成为可能，或可以玉米洞遗址为切入点扩展到三峡地区乃至中国南方的区域技术多样化和技术源流的探讨。

### 四、石器工业与环境资源及人类行为

东亚地区更新世期间相对独立的自然环境使得旧石器文化呈现发展的连续性和面貌的独特性，中国旧石器南北主工业的分异虽然略显轮廓化，但总体上是成立的。这样的分异与南北方以秦岭—淮河为界的自然地理区划基本一致，与南北方不同的自然条件和应对不同环境而形成的适应生存方式密切相关（高星、裴树文，2006）。显然，在广袤的南北大区域背景下还存在着诸多相对独立的小自然地理单元，可以发展出具有特殊小区域特征的石器工业，形成区域多样化的多元文化类型。如果石器工业或文化的形成都是由自然系统这种客观因素决定，那问题就变得简单了，但现实是石器工业或文化除了受自然系统的影响，还受人类系统的影响，小区域甚至大区域人群之间都可能存在着复杂的人群迁徙扩散和文化传承交流，有了人的参与，问题变得复杂化了。我们需要厘清玉米洞遗址的各种主客观因素，并合理解释技术类型及其演变的成因。

玉米洞遗址的石器工业是西南喀斯特地貌区的一种小区域石器工业类型，在工业面貌上具有自身的独特性，在技术文化上具有大区域石器工业的传承影响。这种具有复杂特殊石器工业特征的小区域石器工业类型的形成，既有自然环境的因素，也有技术传承和人群交流的因素。主客观因素孰轻孰重，即小区域的石器工业类型在历时性的发展演变过程中，技术或者文化的发展变异到底是主观因素的技术创新和改进，还是客观因素逼迫下的被动适应和改变？对于旧石器时代的狩猎采集人群而言，古人类的生存离不开先天的环境资源状况，它决定了古人类能否获得资源，获得资源的多寡，以及这样的环境资源状况能否满足生存需求，这是大自然馈赠的物质基础，是古人类赖以生存的客观条件。同时，资源能够为你所用才是资源，古人类的聪明才智对于开发利用资源的程度具有直接影响，也决定了其生存演化方式和策略，这是古人类主观意识思维对客观自然物质的反作用。

古人类生存适应最基本的先天首要资源是水资源和居所资源，对还没发明凿井技术

和房屋建筑技术的古人类来说，天然的饮用水和洞穴是首先考虑的问题。当然，民以食为天，食物资源也非常重要，古人类摆脱不了食物资源种类和丰度的制约，但食物资源的获取离不开石器，石器是古人类安身立命的重要介质，没有石器在手，食物资源几乎都无法获取。因此，制作石器的原料就非常关键了，也是一种不可或缺的资源，而这种资源往往被人忽视。在这些先天资源当中，古人类对水资源和居所资源的获取似乎没有太多主观能动性发挥的余地，基本上是逐水寻穴而居，很多旧石器遗址的分布都靠近河流湖泊，靠近山前地带。而食物资源和原料资源的获取则需要古人类充分发挥主观能动性的作用，充分利用自身的经验和技能，将有限的资源开发利用以满足生存需求。

原料之所以能够成为资源，首先是可用，即原料的特性能够加工工具，制作的工具能够胜任日常使用；然后是丰富，工具制作对原料的消耗比较大，如果原料不够丰富或者稀缺的话，不可持续发展；最后是优质，优质的原料可以使得技术更好发挥，工具制作更为精良。显然，玉米洞遗址并不具有先天优势资源，玉米洞遗址距离长江的砾石资源过于遥远，搬运成本太高，而遗址周边优质原料资源匮乏，虽然有硅质岩原料但质量差、数量少且呈团块状分布，难以大量开采利用。不过玉米洞遗址周边分布着可用而丰富的石灰岩原料资源，古人类对这种原料资源进行了主动性的深度开发利用，其中包含了古人类对特定种类石灰岩特性和质量的认知，即对不同种石灰岩质量和特征的主动性认知选择；有对石灰岩剥坯方法和工具制作策略的巧思，即巧妙借用石灰岩层状结构的特性借势而为进行摔击剥坯和简化程序的工具加工，是一种简单高效的策略（贺存定，2019）；也有对少量硅质岩的开发利用，硅质岩虽然数量少，开采难度大，但在遗址中还是发现少量硅质岩的小型工具和断块碎片，也算是物尽其用。甚至，面对优质石料的不足，古人类对骨角牙等材质也进行了深度的开发利用，对不同材质的认知程度和熟悉掌握，也是一种认知和技术进步（贺存定，2019）。因此，这是古人类在缺少优质原料资源的客观条件下，积极发挥主观能动作用，变通进取，去寻找可用原料的表现，既是对客观资源的创新性开发，也是对现有原料资源的最大化利用。

人类的食物资源是多样化的，但大致可以分为动物资源和植物资源两类，对应狩猎和采集两种不同的资源获取方式。动物带有季节迁徙特点而导致流动性相对较大，而植物则在固定地点生长且具有明显的季节性特点。不同环境的动植物资源也不相同，这种可食用资源在时间与空间上的差异，无疑会给人类的技术策略带来不同的影响，从而迫使人类在不同的生态环境中发展出不同的适应性行为。玉米洞出土的动物化石属于中国南方典型的大熊猫—剑齿象动物群成员，指示的生存环境应属于亚热带湿热森林环境。据民族学和环境学研究，这类环境的动植物资源相当丰富，在这种环境背景中生活的人群以狩猎采集为主要生计方式（Binford 1980；王幼平，1997）。玉米洞遗址的动植物资源丰富程度从出土动物化石的数量可知一斑，而狩猎采集行为在石制品类型技术和动物化石上又有诸多反映。一般认为手斧、薄刃斧、尖状器属于深度资源攫取型的尖锋利刃工具，适宜进行狩猎、动物肢解加工等综合行为，尤其是矛形器（投掷尖状器）的发现更是直接指示了狩猎行为，大型动物以老幼年个体为主也是狩猎行为的明证。手镐、尖状器等有尖类工具更适宜挖掘植物根茎等采集行为，而刮削器、凹缺器、小型尖状器等适宜进行切割和刮削动作，对食材进行深加工便于人类食用，而在动物化石表面大量砍切痕迹的发现正是在证明这种食物消费行为。这是古人类为了获取食物资源而对工具进行的有意识设计加工以适应具体的狩猎、采集和消费行为。因此，玉米洞遗址丰富的动植物资源正是吸引古人类在此长期居留的主要原因，而在此背景下古人类生产制作出适于这种环境资源的有力工具，是具体的功能需求决定了工具的类型。

从玉米洞遗址石制品分期的历时性发展变化来看，虽然到晚期出现了一些变异发展的因素，但主流的石制品面貌和技术特征并没有明显改变，表现出主流技术和文化的稳定性和继承性，而变化的因素往往被视为技术的创新或者进取，但实际上这种变化也可能是适应人口增加、资源减少等客观原因而做出的技术调适和策略调整。从玉米洞遗址的工具类型组合来看，既有南方砾石工业的大量砍砸器（其中含形态和功能接近薄刃斧的砍砸器，但加工技术与薄刃斧明显有别，未予区分）、手镐、手斧等重型工具的粗犷风格，也有一些北方石片石器的凹缺器、尖状器、刮削器、矛形器等（包含锯齿刃器和端刮器，以刃口数量和形态分类，未作区分）轻型工具类型的风格面貌。根据玉米洞所处的南北过渡的地理位置和南北石制品类型融合特点来看，一般的观点可能会认为玉米洞遗址表现出南北古人类的迁徙交流、文化传播融合的特点，但更多的证据显示环境因素对工具类型起决定作用。

玉米洞遗址动物化石的出土状况反映了遗址所处区域动植物资源非常丰富，这种环境资源状况决定了古人类被动地靠着一种依赖型的生计方式繁衍生息。由于获取生计资源方式的发展是一种被动发展，在资源匮乏的情况下通过流动性来获取新资源，但当生计资源在某区域内相对丰富时，人们就失去了流动的需求动机，依赖型的获取资源的方式会成为必然选择。为了长期的可持续发展，古人类对现有动植物资源进行了广谱、深度、节约型的开发利用，这在动物群的数量、种属和化石表面痕迹等方面均有明显反映。同时，在遗址周边资源匮乏时，古人类还会采取一种更为复杂的"集食者策略"（Biford，1980），即组织小规模人群在中心营地以外的较远地区进行食物资源收集，并将所收集资源带回中心营地储藏备用，这种生存适应策略和中心营地的遗址性质在玉米洞遗址都有明显表现。古人类的生存行为与环境资源密切相关，二者呈现良性互动关系，体现了古人类多样性的生存智慧和可持续发展的生存理念。

　　玉米洞遗址的石器工业是三峡库区旧石器文化体系下的区域变体，石制品面貌仍独具特色，但石制品技术和人类行为存在趋同现象。这是三峡地区区域特殊森林环境的适应性产物，其源流即根植和繁盛于本土的区域文化。石器工业特殊性的形成，客观的环境资源是主因，主观的区域传统是辅因，互相影响、共同作用。玉米洞遗址中—晚更新世的石制品面貌和技术与环境资源高度契合，呈现环境决定论的技术演化。"生态适应"是区域文化特点的主要成因，但主观的技术选择和文化传承也是石器工业特征形成和稳定的重要辅因，石制品技术与环境资源高度契合，二者互相影响、趋同适应。玉米洞的石器工业是中国南方地区区域技术多样化的表现，也是古人类独特生存适应行为的技术反映。中国古人类行为的连续性、稳定性、务实简便性、灵活机动性、因地制宜性和与环境的和谐性等"综合行为模式"（高星、裴树文，2006）在这里有着较完美的体现，进一步强化了中国远古文化本土特征和人类生存适应的独特方式。

# 第八章　石器工业的对比

比较是认识事物的基础，是人类认识、区别和确定事物异同关系的最常用的思维方法。首先，比较研究我们需要遵循可比性原则，我们在选取具有相近的时代、相同的环境、相似的文化面貌等内在联系的遗址与玉米洞遗址进行比较，这样才更具可比性；其次，我们要注意比较的范围和层次，我们选取比较的遗址考虑三峡库区、西南地区及中国南方地区三个逐渐扩展递进的空间，既注重文化的源流追溯和去向探索，也注意区分了旷野与洞穴遗址类型；再次，比较研究还需要确定比较的目的，本章是想通过遗址间的对比来探讨玉米洞遗址的石器工业的定位及其意义；最后，我们需要设定比较的具体标准，我们主要选取反映古人类技术和文化面貌的信息单元来对比（高星，1999），但要考虑遗址形成过程、遗址资源条件等客观因素的影响。本章在吸收前人对比研究考虑的标准后，确定以石制品的原料与毛坯、剥片技术、石制品类型面貌、加工修理技术等作为比较参数，并依次进行描述、解释、并列、比较等 4 个步骤的对比分析，得出文化异同的规律性认识。

## 第一节　与三峡库区洞穴遗址的对比

### 一、与龙骨坡遗址的比较

龙骨坡遗址位于重庆巫山县庙宇镇新城村，地理坐标 N30°20′25″，E109°04′50″，海拔 836 米。该遗址因 1985 年发现人类下颌骨化石而闻名于世。该遗址经历多个阶段的发掘，出土了人科化石 2 件（一段左侧下颌骨和一枚上门齿）、1000 余件石制品及 120 余种脊椎动物化石。该遗址最新的年代被测定为距今 250~180 万年，含人类化石层位的时代为距今 220 万年（Huang et al. 1995；Boëda et al. 2011；Han et al. 2012；Han et al. 2015）。该遗址人科化石备受争议，石制品也并未得到广泛认同，是迄今为止欧亚大

355

陆时代最早、内涵最丰富的"古人类"遗址之一。龙骨坡遗址的石制品主要来自第一、二阶段发掘的 26 件（Huang et al. 1995；侯亚梅等，2006），第三阶段发现的 865 件（Boëda et al. 2011），以及第四阶段发现的 206 件（资料尚未发表）。

　　侯亚梅曾对第一、二阶段的石制品特征总结如下：1. 原料以石灰岩为主，取自天然的卵石或是石块；2. 工具制作者具有很强的毛坯选择意识；3. 类型相当多样，大中小型工具兼而有之，重型与轻型工具并举；4. 多以砸击法开片，锤击法修理为主，以单面修理为主，两面修理为辅；5. 单一功能工具居多，也有不少一体多能工具；6. 把手修理现象相当普遍（侯亚梅等，2006）。博伊达（Boëda E.）和侯亚梅等对第三阶段发掘的石制品进行技术分析，得出以下认识：1. 工具呈现多样化特点，各个工具的大小和刃缘都互不相同；2. 工具中 90% 以上的都出自"单面凿"和"双面凿"这两种构型；3. 工具的制作主要有三种操作程式，以纯修型的操作程式占主导，也有部分先剥坯后修型的操作程式，还有少量通过预设性剥片来接近目标工具的构型。龙骨坡遗址原料是三叠纪灰岩，灰岩的材质坚硬，节理众多，使石制品的打制受到严重限制，那么从文化的层面分析，多种多样的打制方法的出现不失为解决这个难题的有效办法，原料并不是决定性限制因素（Boëda et al. 2011）。

　　龙骨坡遗址与玉米洞遗址直线距离约 3.5 千米，所处的地质地貌基本相同，同属于巫山庙宇镇南缘的喀斯特灰岩峰丛景观区。龙骨坡遗址的地层堆积及其成因与玉米洞遗址相近，文化层堆积厚，延续的时间长，堆积均由角砾和黏土组成，其间含部分黏土夹层，也可观察到角砾与黏土互层的现象，部分地层水动力表现明显。

　　龙骨坡遗址石制品原料岩性主要为石灰岩，占比超过 90%，石英砂岩、火成岩等相对较少，约为 5%，原料来源于就地取材的河床石灰岩砾石或周围风化破碎的三叠纪石灰岩石块。石器制作者选择工具毛坯的意识很强，岩块外形的多样性恰好弥补当时古人较薄弱的打制工艺，古人对每个岩块的形态进行了充分的利用（侯亚梅等，2006；Boëda et al. 2011）。玉米洞遗址的原料与毛坯利用策略与龙骨坡高度雷同，原料以就地或就近取材的石灰岩占绝对主导，外来原料较少，对毛坯的利用也体现出一致的思路和策略，即在遗址附近大量富集形态各异的毛坯中优选接近目标形态的岩块进行简单打制。

　　从龙骨坡遗址的石制品类型组合看，少见石核石片及断块碎片，工具居多，但以石片为毛坯的工具数量也非常少。这与玉米洞遗址极为相似，其成因也应相同。龙骨坡遗址的工具各具特色，呈现出多样化特点，大中小型工具兼而有之，重型工具与轻型工具并举（侯亚梅等，2006）。工具类型的划分和命名因人而异，如果按照龙骨坡遗址的定名分类方案，那么龙骨坡所有的定名类型在玉米洞遗址均有表现，因此玉米洞与龙骨坡的石制品组合相似，工具类型多样。即使在工具的尺寸等级和重量方面，二者也高度相似，大中型工具占优势，小型和巨型较少，轻型和重型工具并举，器物类型和大小受毛坯形态的影响较大。

龙骨坡遗址是以修型概念指导的石器工业，工具的特征主要出自两种母型的准备：一种是单面凿的构型，另一种是双面凿的构型。两种构型又分别对应多种不同的操作程式。石制品的技术分析揭示了龙骨坡遗址先民具有多样化、复杂的技术行为，这些技术和行为具有连贯性和独特性，意味着龙骨坡文化不同于非洲，代表了根植于中国本土的最古老技术演化阶段，具有原创性和区域性（侯亚梅等，2006；Boëda et al. 2011）。玉米洞的石器工业生产体系与龙骨坡相差不大，均采用以毛坯选择和修型为主导概念的工具制作模式，而剥坯概念仅作为辅助存在。二者均是一种以实用、权宜为特征的加工技术和策略，对原坯改造程度小，器形规整性较差，把手修理和一器多用的现象表现较多。

## 二、与迷宫洞遗址的比较

迷宫洞位于重庆巫山县抱龙镇马坪村，地理坐标为 E110°01′，N30°58′，海拔 165～258 米。该遗址发现于 1999 年，是一个由主洞和多个管道型支洞组成，先后经历三个阶段的考察和挖掘，在洞内 5 处不同地点作了试掘，在不同地点和地层中发现 300 余件哺乳动物化石、近 50 件石制品和 1 件智人顶骨。智人顶骨曾被命名为"河梁人"，后经证实为采集品，年代测定为近现代人，与遗址无关，遗址时代根据动物群划分为晚更新世最晚期，绝对年代被测定为距今 1.3 万年左右（陈少坤等，2015），该遗址曾作为三峡地区旧石器时代晚期洞穴遗址的典型代表，引起学术界关注。

吕遵谔和黄蕴平曾对该遗址发现的 23 件石制品进行初步的观察和研究，虽难窥其全貌，但也做了石器工业特征的归纳总结：1. 石制品的原料分为抱龙河河滩的石英岩砾石和从附近山上采集的燧石块，前者用来制作大中型工具，后者用来制作小型工具；2. 锤击法剥片用于砾石石器，剥片技术较成熟，存在对台面的预制，控制石片的形态，工具修理技术为锤击修理，由劈裂面向背面加工为主；3. 石制品类型主要有石核或石核断块、砍砸器、尖状器（钻）、刮削器、凹缺器；4. 工具多为大中型，石核断块则多为小型，从观察的石制品看，可能与我国南方的砾石工业关系较为密切，但二者也有区别（黄万波等，2000）。笔者后来也对该遗址 49 件石制品（部分）重新进行了观察和分析，发现该遗址石制品来源复杂，层位不清，整体勉为其难地归纳其石器工业特征为：1. 原料以石英岩和燧石为主，少量石英砂岩、石灰岩和个别钟乳石；2. 类型包括石核、石片、工具和断块；3. 工具组合以砍砸器、刮削器、尖状器最多，个别凹缺器、锛状器；4. 石核和石片数量较少，而断块和工具数量占优势。工具毛坯选择以石片最多，少量块状毛坯和个别砾石毛坯；5. 器物形态以中型为主，少量大型且多集中于砍砸器，器体多不规范，但存在少量较规范化的类型；6. 锤击法剥片，掌握较熟练的剥片技术。工具加工方式主要为单向加工，由平坦面向另一侧加工，少量工具存在一器两用或多用现象。

从遗址背景来看，迷宫洞遗址与玉米洞遗址直线距离约 50 千米，同属于区域位置相近的洞穴遗址，所处的地质地貌环境也较为相似。有所不同的是迷宫洞的海拔较低且洞前有一条长江的支流——抱龙河，为古人类的石制品制作提供较优质的砾石原料。迷宫洞的地层堆积主要为沙土和黏土，与玉米洞跨度长的地层层序明显不同。

迷宫洞的石制品原料以石英岩和硅质岩为主。石英岩主要是石英岩砾石，而硅质岩则从附近山上采集的硅质岩结核或岩块，前者用来制作大中型工具，后者用来制作小型工具，但多表现为断块（黄万波等，2000）。玉米洞遗址的石制品原料与毛坯的利用与迷宫洞差别较为明显，尤其是迷宫洞石英岩和石英砂岩的砾石原料，工具毛坯选择中石片毛坯占主导。然而，在燧石类硅质岩的利用策略上玉米洞与迷宫洞表现出高度一致性，均为短距离搬运的外来原料，用来制作小型工具，且断块数量多，工具成品很少。

迷宫洞的石制品类型组合较多样，工具和断块占主导，石核石片很少；工具类型以砍砸器、刮削器、尖状器最多，个别凹缺器、锛状器。玉米洞的石制品组合与迷宫洞相近，工具是主导，石核石片较少，断块主要是硅质岩产品。工具类型也基本相同，主要区别在于手镐类挖掘工具在迷宫洞缺失。石制品尺寸等级方面两个遗址也较为类似，二者的器体形制多不规整，但也存在少量形制规范的精制品。

迷宫洞的剥片技术用于砾石原料，剥片技术表现较成熟，存在对台面的预制，控制石片的形态。工具修理技术为锤击修理，由劈裂面向背面一面单向加工为主，少量工具还存在一器两用或多用现象。迷宫洞这些锤击技术和产品与玉米洞较为相近，显示技术传承的惯性，但其剥片技术略显成熟和进步，工具制作表现出以剥坯为主要概念的石器生产体系。

# 第二节　与西南地区洞穴遗址的对比

## 一、与大洞遗址的比较

大洞遗址位于贵州省盘县（今盘州市）珠东乡十里坪村，地理坐标为 N25°37′38″，

E104°44′，海拔 1630 米。该遗址处于喀斯特坡立谷西缘一处名副其实的大洞内，大洞遗址作为哺乳动物化石点发现于 1975 年，作为旧石器遗址发现于 1990 年，其后在 1992~1993 年、1996~2005 年由中外学者开展了多次试掘和发掘工作。大洞遗址的文化遗存以动物化石和石制品为主，还有 4 枚人类牙齿、少量骨制品及用火痕迹。石制品数量不详，有 3000 余件。据铀系法和电子自旋共振测年结果显示，大洞遗址的文化层堆积主要集中在距今 30 万~13 万年的范围内（黄慰文等，2012）。大洞遗址堆积物的巨厚、丰富的文化内涵以及多学科的研究结果，使得这一遗址成为国内著名的旧石器时代遗址之一。

黄慰文等人对大洞遗址的石制品进行了研究，将其工业特征总结如下：1. 原料均产自当地，主要有石灰岩、玄武岩和硅质岩 3 种，石灰岩占主导地位，据 1993~2005 年出土材料统计，3 种原料所占比例分别为 49.6%、26.3% 和 24.0%；2. 石制品组成主要有石核、石片、碎屑、备料和工具，工具类型较为复杂与多样，主要有石锤、砍砸器、手斧和手镐（也有学者在现有材料中没有发现这样的工具类型）、边刮器、端刮器、锯齿刃器、凹缺器、尖状器、钻具、雕刻器等；3. 石制品加工技术以锤击法为主，打片预制技术较为突出（也有研究显示人工预制台面非常少见），偶尔使用砸击技术“开料”，可能存在压制技术，工具的修理技术表现一般，边缘修理为主，刃缘不平齐，但也存在令人惊讶的投掷尖状器和准平行修理的端刮器（黄慰文等，2012）。

在遗址背景方面，大洞遗址与玉米洞遗址极为相似，在地层堆积、时代跨度、文化遗存、动物群等内涵上均具有很高的相似性。大洞遗址和玉米洞遗址所处的地貌环境同为喀斯特盆地边缘，地质地貌环境相似，甚至主洞厅的形态也较为接近，其巨厚的地层堆积及其成因也相似，均由洞顶或洞壁塌落的灰岩角砾、碳酸钙化学沉积、季节性流水带入洞内的堆积物以及岩溶形成的黏土等组成。遗址的时代跨度也较为接近，大洞被认为约距今 30 万~13 万年，玉米洞的年代与其接近，只是玉米洞的年代上限延续的时代更晚，可能进入全新世。大洞和玉米洞的文化遗存也非常接近，都包含了大量石制品和哺乳动物化石，同时也发现骨牙制品和用火痕迹，反映了洞内较为相似的人类行为活动。在动物群方面，大洞和玉米洞也极为相似，同属于大熊猫—剑齿象动物群，在具体的大型和小型哺乳动物种属方面也表现出较为接近的面貌特点，同时也证明二者所处的生态环境相近，同为一种混合性森林环境景观。

大洞的原料构成与玉米洞稍有不同，大洞石制品原料主要有石灰岩、玄武岩和燧石三种，石灰岩原料占比近半，玄武岩和燧石占比相当（斯信强等，1993），而玉米洞石灰岩占绝对优势，虽然也有类似劣质燧石的硅质岩，但比例很少。玉米洞与大洞的原料来源基本相同，均为就地或就近取材，石灰岩经轻度变质品质有所改善，主要用以打制重型工具，燧石、硅质岩多因获取困难和节理发育等因素导致存在局限性，工具制作受到制约，适于打制轻型工具，不能成为广泛使用的原料。但有所区别的是，大洞的燧石数量和质量较玉米洞明显更多更好，且有玄武岩作为补充材料，原料的局限性有所缓解，而玉米洞似乎没有选择，找不到比石灰岩更高效实惠的原料可供选择。

大洞的石核石片的数量与工具相当，且有约50%的工具以石片为毛坯加工（黄慰文等，1997）。这种数量和比例显示大洞遗址是以剥坯概念为主、修型为辅的生产体系。而玉米洞石核石片数量很少，工具毛坯也呈现出块状毛坯多于片状的现状，但因为玉米洞硅质岩石制品数量和质量的原因，剥片很少，单就石灰岩原料来讲，二者的毛坯利用策略应比较接近。除了传统的锤击和砸击技术，大洞遗址还发现了细石核并推证可能用压制法生产细石叶。这点在玉米洞没有发现，虽然玉米洞也有几件特征鲜明的石叶，但我们认为数量少且未发现石叶石核，可能为偶然形成，并未确认石叶技术的存在。大洞发现的细石核和石叶数量也非常少且不典型，是否可以定性为细石核及压制技术还值得商榷。玉米洞存在的摔碰法获取毛坯的技术在玉米洞被提出和肯定，而在大洞虽然也存在类似的石灰岩原料，但针对石灰岩石器的研究较少，并未涉及这一技术和方法。

大洞的石制品加工修理技术与玉米洞保持了较高的雷同性，石制品加工技术均以锤击法为主，偶尔使用砸击技术"开料"。工具的修理技术表现一般，边缘修理为主，刃缘平齐的工具不普遍，加工修理程度普遍较浅。另外值得一提的是，在玉米洞和大洞遗址中均发现了用犀牛牙齿制作工具的现象，其制作思路和技术与石器非常相似，都是借势而为的加工修理。

大洞的石制品类型划分与玉米洞有所不同，但整体来看其内涵是比较一致的。大洞石制品类型主要有石核、石片和工具，石核与石片数量相对较少，且多为燧石原料，而各类工具占比明显更高。这种石制品组合、构成比例与玉米洞较为相似。在工具类型划分上大洞以轻型工具为主，包括边刮器、锯齿刃器、端刮器、凹缺器、尖状器、鸟喙状器、投掷尖状器、雕刻器、钻具等，这些类型在玉米洞均有明显表现，只因具体器类的划分标准不同而形成略有区别的类别定名；大洞的重型工具数量较少，主要有手斧、手镐、薄刃斧、砍砸器等。玉米洞的重型工具中这些类型也均有发现，不同的是玉米洞的砍砸器和手镐数量较多，手斧和薄刃斧数量较少。整体来看，大洞的石制品类型组合与玉米洞保持较高的相似性，但具体的类型占比存在较大悬殊，这种反差既反映了石制品原料种类和质量的差别，也暗示古人类的生存适应行为可能有所不同。

## 二、与观音洞遗址的比较

观音洞遗址位于贵州毕节市黔西县（今黔西市）沙井乡观音洞村，地理坐标为

E105°58′7″，W26°51′26″，海拔 1450 米。该遗址主要经历四次发掘，合计出土大批量哺乳动物化石和约 3000 余件石制品。观音洞的堆积物分为 A、B、C 三组，其年代被认为大约在距今 20 万~5 万年，但年代结果也存有一些争议。观音洞遗址石制品的原料、制作技术与类型组合都具有鲜明的地方特色，其文化内涵独特而丰富，是有别于其他文化系统的另一种类型，被称为"观音洞文化"，对研究华南地区旧石器时代早期的人类活动具有重要的科学价值。

　　李炎贤、文本亨对观音洞遗址的石制品进行初步研究，对技术特征总结如下：1. 原料方面，以硅质灰岩为主（占总数的 65.17%），脉岩次之，硅质岩、玉髓、细砂岩各在 5% 以下；2. 石制品组合中，工具所占比例相当高（占 65% 以上），几乎不见未经加工或使用的石片，工具类型主要以刮削器为主，其次为端刮器、砍砸器、尖状器，凹缺刮器和雕刻器数量很少；3. 石制品形态面貌方面，大小悬殊，器形变化幅度较大，形状不规则，少数规则的标本也是由于毛坯本身较为规则而不是加工的结果；4. 制作石制品的毛坯以石片为主（约占总数的 50%），断片或碎片次之（约占总数的 1/3），石块、断块和石核毛坯使用较少；5. 锤击法打片和修理，加工方式以单向为主，少数错向、交互、对向加工以及很少的横向加工或雕刻器打法，刃角偏大，刃缘不平齐，单刃石制品少而复刃石制品较多。观音洞遗址在原料充分利用、技术和类型的多样性、不定型等方面均有明显表现，代表了一种具有鲜明特色的区域文化（李炎贤、文本亨，1986）。李英华的博士论文对观音洞部分石制品遴选，进行技术研究和统计分析，对其石器工业生产体系的特征进行了分析总结，也可作为重要的对比内容：1. 大多数原料来自较近的地理范围，以自然石块和少有打片的石核形态进入遗址，极少数原料采自较远距离，以石片形态带入遗址；2. 指导石器生产体系的基本概念是剥坯，工具被分为具有双边汇聚形态和单边延伸刃口两大类；3. 石器生产体系不存在剥坯经济，也不存在原料经济；4. 石器生产操作链的目的是在各类毛坯上获取相同的结构，但不对毛坯生产过程进行控制，也不对毛坯外在形态进行选择；5. 石器生产过程和技术知识表现出稳定性和连续性，遗址首先是一个石器制作场，不排除营地和屠宰场的可能性，遗址被反复占据和活动（李英华，2009）。

　　观音洞和玉米洞在遗址背景方面有诸多可比较的指标，相似度也非常高。首先，观音洞与玉米洞同属于西南片区岩溶地貌区，地质地貌与环境背景极为相近，均为喀斯特峰丛地貌环境，遗址所处的山包也均为三叠纪灰岩构成，海拔高程也较为接近；其次，同为洞穴遗址，观音洞的地层堆积较厚，被分为 9 层，除表土层和地层外各层均有石制品和化石出土，这点与玉米洞非常相似，而且在堆积成因及包含物、时代的跨度等方面也较为接近；还有观音洞和玉米洞遗址的性质都被认为是多功能的洞穴居址，古人在遗址存续期间有过多次反复的占据和活动。

观音洞的原料以硅质灰岩为主，脉岩次之，硅质岩、玉髓、细砂岩各在5%以下。原料多为就地或就近取材，少部分原料以石片形态带入遗址，大部分原料以自然石块和少有打片的石核形态带入遗址（李炎贤、文本亨，1986；李英华，2009）。玉米洞遗址的原料种类没有观音洞丰富，差异较明显，但雷同的是硅质灰岩均作为主要原料被选择和利用，石灰岩多具平行节理面特征。硅质岩虽然在玉米洞也有少量发现，但硅质岩分布的数量和质量与观音洞相比均差距较大，其开发利用不具可比性。观音洞和玉米洞石制品原料毛坯的利用方式也相近，毛坯多以天然形态被选择后带入遗址，人为剥片后的石片形态被带入遗址的较少。

在剥片技术方面，观音洞的石核石片及其占比明显比玉米洞更多，显示观音洞锤击剥片技术应用频繁而熟练。玉米洞锤击剥片运用较少，而采用摔击剥坯较多，这种差别也应与原料有关。观音洞石器生产体系是以剥坯概念为主而玉米洞则是以修型概念为主。在工具加工修理技术方面，观音洞与玉米洞基本相同。工具修理以锤击为主，加工方式以单向为主，观音洞是腹面向背面加工为主，玉米洞是平坦面向不平坦面加工为主。同时二者都存在少数错向、交互、对向加工以及很少的横向加工或雕刻器打法。

观音洞的石制品组合也较为特殊，工具数量占比明显更高，这一特点在玉米洞有着更为突出的表现。观音洞的工具类型组合与玉米洞极为相似，常见类型均为刮削器、端刮器、砍砸器、尖状器、凹缺器、锥钻和雕刻器等，不同的是观音洞缺乏手镐这一类型。观音洞和玉米洞在石制品类型的多样性和形态的不定型以及体积重量悬殊等方面均表现出较明显的一致性，但二者石制品面貌整体差异仍然较大，主因还是观音洞存在大量硅质岩和其他较优质原料的石制品，若仅以观音洞的石灰岩石制品和玉米洞相比，相信二者的石制品面貌应该十分接近。

## 第三节　与南方砾石石器工业遗址的对比

本节将玉米洞遗址与南方砾石石器工业遗址对比，其实没有可比性：一个是具体的遗址，一个是具有特定类别的遗址群；一个是洞穴遗址，一个是旷野遗址。无论遗址类型还是遗址功能定位均有明显差别。但是，这里执意将二者进行比较，其实主要是出于两方面的考虑：一是玉米洞遗址虽然是一个具体的遗址，但其背后还有大量各具小区域特点的洞穴遗址，其实二者的对比是洞穴遗址与旷野遗址的对比，是一种宏观上的不同遗址类型的对比；二是玉米洞遗址虽然在石制品面貌上与砾石石器工业遗址明显不同，但抛开原料本身，在技术和文化上还是具有较多联系和可比性。

砾石石器工业，顾名思义，其实是以制作石器的原料砾石来命名的一种石器工业。当然，南方砾石石器工业还有较多不同小区域的变体形态，但主流的、核心的特征就是这种石器工业运用的修型概念具有一致性，工具打制者对修型过程的构思和计划具有一致性，即理念、程序、工艺等内核的一致性，而忽视原料形态大小或特性等其他外在形式。工具的制作注重从毛坯上寻找稳定的二面结构，并利用这种二面结构的特征构型成为最普遍的单斜面工具——砍砸器。工具制作有计划、重选择、轻打制，在工具打制之前即将目标工具的技术特征预先考虑到原料毛坯的选择中，打制过程简明而又高效（李英华，2017）。因此，我们抛开砾石原料性质、形态、大小等外在形式，总结砾石工业的核心内涵为：1. 以优选砾石为毛坯直接加工成工具，制作程序上往往省却剥片这一程序；2. 也存在少量剥片产品，剥片方法以锤击法为主，局部地区摔碰法也占有一席之地；3. 工具类型以砍砸器为主，在局部地区存在少量手斧、手镐和薄刃斧等重型工具类型；4. 工具加工修理相对粗糙简略，权宜型工具居多且以大中型为主；5. 石制品面貌和技术从旧石器早期到晚期的阶段性发展变化不明显，砾石石器工业的技术传统延续至历史时期，细石器基本缺失。

玉米洞遗址在优选毛坯、省却剥坯、剥坯方法和策略、工具修理技术和方法、工具类型组合等方面均与砾石石器工业表现出明显的相似性，甚至在技术演变和文化面貌的历时性发展变化规律上也表现出趋同，而明显的区别则主要表现在原料性质、形态等外在形式及其引发的石制品组合面貌和利用策略。当然，如果以这种外在形式及其利用策略来命名石器工业，玉米洞遗址无疑也可以自成一体。显然，这是基于不同的原料资源而表现出不同的适应反应，但这种适应反应里面包含着技术和文化的交流与传承。

# 第九章 总结与讨论

## 第一节 玉米洞遗址文化内涵的总结及功能推测

### 一、遗址文化内涵总结

玉米洞遗址经过自 2011 年以来的多次试掘、发掘及研究，我们对该遗址的地层、年代、石制品、骨角牙制品、动物化石等方面的文化内涵有了较为充分的了解，也初步形成了一些规律性认识。

#### 1. 遗址地层堆积及年代框架

玉米洞遗址洞口、洞厅及洞尾的地层堆积有明显差别。洞口和洞尾未出土文化遗存，我们重点关注洞厅的地层堆积。洞厅地层堆积主要由机械堆积和化学沉积为主，其间夹杂人类和动物活动堆积。堆积物质主要为角砾和岩溶型黏土，局部夹粉砂条带。洞厅部分区域时段的地层堆积有黏土为主的地层和角砾为主的地层交替出现的现象。地层层序清楚，部分地层中的角砾具有一定程度的磨圆和分选，流水冲刷痕迹较为明显，小部分地层呈现钙质胶结的"钙板层"。大部分地层角砾棱脊清楚，大小块角砾和黏土混杂，没有分选和胶结现象。玉米洞遗址地层堆积较厚，层序清楚，时代跨度较大，截至 2022 年，发掘深度约 6 米，尚未到基岩层，以自然层堆积层划分出地层 18 层，每层均有石制品和哺乳动物化石出土。这 18 层又根据堆积成因、包含物、测年数据等因素划分为上、中、下部三个堆积单元。

玉米洞遗址清楚的地层层序和各层均含人类生存活动的遗存，可以构建起古人类连续生存演化的历时性年代框架。我们经过多个年度不同测年方法的综合应用，取得了丰富的测年数据，但不同测年样品和方法产生的数据有较大出入，通过对玉米洞遗址不同年代结果的贝叶斯分析，对每一地层的年代数据与相邻地层的年代关系进行整合，并与深海氧同位素曲线作对比可知，玉米洞遗址原生地层除②、③层之间出现沉积间断外，其余各层堆积均表现出连续沉积，其绝对年代大致从距今近 30 万年延续至距今 1 万年，地质时代上属于中更新世晚期至全新世，与动物群成员组合反映的相对年代结论也基本吻合，根据地层堆积单元划分的文化遗存分期也对应了考古时代上的旧石器时代早、中、晚期。因此，玉米洞遗址的地层年代及其文化遗存分期说明，在距今约 30 万年前，古人类及其文化遗存一直连续或局部时段断续发展演变至今。

### 2. 文化遗存的丰富性与多样性

玉米洞遗址经历 2 次试掘和 2 次正式发掘（截至 2015 年），发掘面积约 150 平方米，登记编号的出土品和采集品合计超过 6776 件，其中石制品 3404 件，动物化石超过 3372 件。此外，还发现 100 余件的骨角牙制品和 2 处用火遗迹，大量动物化石表面人工改造痕迹以及大量未编号的小哺乳动物化石和碎骨。这些文化遗存分布于遗址的不同区域和不同层位，其丰富性和多样性可见一斑。

石制品是文化遗存中数量较多、包含信息量最大的遗物，石灰岩石制品是数量最多、最特殊、最复杂的人工制品，此外还有少量硅质岩的石制品和个别的石英岩砾石制品。工具类型上既有大型重型的工具组合，也有小型轻型的工具组合。石制品上还有一些特殊的痕迹和现象耐人寻味，需要进一步研究。动物化石也是数量最多、包含信息最多的遗存之一，遗址部分地层的动物化石可能经过流水搬运，但大部分动物化石并未受自然营力汇集，分散于各个地层和角落。地层及动物化石不仅反映了亚热带森林环境背景和冷暖交替的气候变化，尤其是部分特殊灭绝属种和小哺乳动物化石能够确定遗址的相对年代区间。同时，动物资源的消费和骨骼的深度加工利用显示，动物化石与古人类的生产生活息息相关。骨、角、牙等多样的材质被人类制作为不同类型的工具，显示古人类对各种材质性能的掌握和工具箱中的种类的多样，尤其是骨角器中出现少量局部磨制的精致骨铲和角铲，其时代和加工工艺值得关注。在遗址上部堆积单元中还发现 2 处用火遗迹，部分动物化石也有明显的烧烤痕迹，这些都指向遗址内涵的复杂性，尤其是结合遗址形成过程、年代和古环境等信息来考察，遗址展示了丰富多样的古人类活动和复杂多变的人类行为。

## 二、遗址功能推测

作为洞穴遗址，从遗址的地层堆积及年代、文化遗存的丰富性等方面都可以很明显得出该遗址是一处"营地"性质的居住址的结论。具体一点来说，该遗址地层时代跨度大，各层均有文化遗存，说明是一处被长期占据的居址。

从遗址堆积成因来看，部分时段洞穴有流水作用的痕迹，所对应的这个时期遗址可能暂时废弃或被其他动物占据。遗址洞尾有大量流水作用的动物化石，化石表面有大量啮齿类啃咬痕迹，但遗址区化石稍有动物啃咬和流水作用痕迹，尤其是动物化石种属、部位及年龄等方面均指示出明确的狩猎行为，而且在动物骨骼表面发现大量的砍切痕迹也进一步说明动物肉食资源的消费。遗址作为屠宰加工动物资源的场所也是完全能够成立的。

从石制品原料来源及毛坯进入遗址时的形态来看，玉米洞遗址石灰岩原料采备主要是洞外就近或遗址地层就地采集，而硅质岩原料主要来自洞外稍远距离的开采和搬运。从工具毛坯形态和特征来看，相当多的工具毛坯是在遗址外剥坯后带入遗址，遗址内的剥坯和工具修理行为较少，作为石器加工场所的功能并不明显。

从遗址出土工具的类型来看，类型非常丰富，形态多样，工具命名可以更为多样和复杂，包含了南方砾石工业几乎所有的石器类型。其中既有砍砸器、手镐、手斧等重型工具类型，也有大量刮削器、尖状器、凹缺器、锥钻等小型轻型工具类型，这也从工具的功能类型角度反映了古人类从事生产活动的复杂性和多样化，也意味着遗址功能的混合型。

从长时段的历时性文化遗存分布来看，玉米洞遗址石制品、动物化石、化石上的人工痕迹等在3个文化分期中均有相当数量的发现，且这些文化遗存在历时性上表现出较为一致的认知和技术，显示出遗址存续过程的稳定性，玉米洞遗址作为中心营地，被长期连续性使用。

基于以上不同角度的分析，我们推测玉米洞遗址的功能首先是居住址，然后是具有复杂多样的混合型功能，且有功能分区，还是具有长期连续稳定使用的中心营地。

# 第二节　玉米洞石制品技术演变与区域多样性

## 一、石器工业特征

通过前文系统石制品的分期介绍和技术分析，我们从石制品原料与毛坯、类型组合、技术与形态等方面揭示了玉米洞遗址石器工业的整体特点，同时又从分期研究的角度观察了玉米洞遗址石器工业历时性演变规律。主要特征总结如下：

### 1. 原料与毛坯

玉米洞遗址的石制品原料种类较单一，石灰岩占绝对主导，另有少量硅质岩，还有个别石英岩和钟乳石、赤铁矿石等特殊类型。原料种类均为本地所产，其利用方式属于就近或就地取材。玉米洞遗址石制品的原料形态对工具制作影响极大，整体来看工具毛坯中块状毛坯多于片状，仅在复尖尖状器、复刃刮削器、双刃刮削器和雕刻器等少量轻型工具的次级分类中片状毛坯占优势。

石灰岩原料的种类、质量、丰度和形态能够以量补质，满足石制品生产需求。此种条件下，石灰岩原料的可获性与可选择性比远距离搬运原料更经济实惠，石灰岩原料成为适应资源条件的被动适应选择。硅质岩原本为硬度较高较优质的原料种类，但硅质岩体积较小，以结核状分布于石灰岩岩体中，出露少而难获取，且节理较为发育，多为断块和碎片，利用率很低，仅作为制作小型工具的辅助原料很少使用。另外，值得注意的是，玉米洞先民还注重了非石质原料的开发与利用，如动物资源的副产品骨角牙的深度利用以及竹木材质的广泛使用。

原料的种类和构成在历时性上基本保持了原料使用的惯性，缺少明显变化，只在硅质岩的使用数量上有些许增减，而这种少量的增减变化还可能受发掘区域和细致程度等因素影响，也受原料来源、数量、开采难度等客观条件限制。工具的块状片状选择和原型毛坯的模块类型，从第三至二期文化时期表现出明显的传承延续，而在第二至一期文化则是明显的发展与演变。

### 2. 类型组合

石制品类型组合以修理成型的工具（占石制品总数的 97% 以上）为大宗，石核石片及断块碎片较少。工具类型极其丰富，包括但不限于刮削器、尖状器、砍砸器、手镐、凹缺器、原手斧、锥钻、雕刻器、矛形器等。其中刮削器、尖状器、砍砸器是绝对主流类型组合，各文化分期各地层均有大量分布；手镐、凹缺器和锥钻也占相当比重，各文化分期均有大量发现，但少量地层有缺失；原手斧、雕刻器、矛形器则只见于第一期文化。在工具类型中，单刃工具数量最多，其中尤以单凸刃为主，双刃和复刃工具也占据一定比例。有尖类工具一般角尖略多于正尖，部分尖角存在使用残损现象。

玉米洞遗址的工具类型受原料平行节理面特征和毛坯形态特征影响明显。各类型工具的毛坯模块类型以 Type9 和 Type5 为主，小型的 Type9 和 Type5 适于制作刮削器，大型的 Type9 和 Type5 则更多地成为砍砸器，而具有双二面结构的 Type12 和 Type13 多被用来制作双刃的刮削器或砍砸器，具有汇聚形态的 Type7 和 Type10 则多用于制作尖状器和手镐，体现借形借势的工具构思设计。

工具的类型组合的历时性变化基本以传承延续为主，但在第一期文化时期明显有些改变，如石核石片减少、工具种类增加、片状毛坯增多等。这种变化还可以证实是功能需求的改变还是技术发展的结果，但从环境背景及人类行为适应的角度看，应是工具功能、数量在适应环境和需求时做出了相应调整。

### 3. 加工技术

玉米洞遗址石制品加工技术又可分为剥片技术和工具修理技术。从石制品类型观察到的剥片技术主要有摔碰法、锤击法和砸击法。打制实验表明摔碰法可能是玉米洞遗址针对石灰岩而开发的主流开料剥片技术，被广泛应用。锤击法剥片技术及其产品虽在各文化分期中均有所表现，但使用相对较少，而砸击法剥片技术及其产品仅见于第一期文化。此外另有碰砧和疑似石叶技术，但数量少且有不确定性，未能证实。

工具修理技术模式基本雷同，加工方式以单向为主，在双刃类型的工具中有少量错向和对向加工。对工具原坯形态改变较少，多巧妙利用原坯天然形态和边缘形状来进行工具设计和修理，工具功能、毛坯模块类型和加工修理方式三者之间巧妙结合，对刃口加工以边缘修理为主，半侵入修理和侵入修理少见，罕见深度修理，修疤连续，结构形态以鳞片状和复合状为主。值得一提的是，在各文化分期中的个别工具中，尤其是第一期文化中出现了复合工具的修柄捆绑技术和两面修理技术。

玉米洞遗址主流的剥片技术与工具修理技术在历时性方面没有明显变化，都是摔击剥坯与单向锤击修理占主导，从第三期到第一期文化没有太多变化，但在第一期文化石器还是出现了微量的多样因素，但未能形成明显改变。

### 4. 尺寸与重量

工具形态尺寸、重量与功能具有密切关系，玉米洞遗址的工具形态较为多样，部分工具修理出多个刃缘。石制品的类型与其尺寸等级、重量形态及功能具有一定的对应关系，砍砸器和手镐多集中于大型，刮削器、尖状器和凹缺器则多集中于中型。玉米洞遗址石制品尺寸基本呈正态分布，以大型和中型居多，少量巨型和小型，微型石制品最少。石制品重量以 0~500 克者最多，500~1000 克次之，1000~2000 克者再次，还有少量大于 2000 克的超重型工具。石制品重量由轻到重依次呈递减趋势。

玉米洞遗址的石器工业面貌从第三期至第一期文化一直保持稳定传承的独特面貌，其石制品尺寸与重量的分布上也基本保持了相对的一致性。这种石制品尺寸形态和重量上的不变，可能也指示着工具制作技术和工具功能需求在历时性上没有本质变化，沿袭着特定的文化传统和使用习惯。

## 二、石制品生产体系

通过石制品技术的分析可知，玉米洞遗址是以修型概念为主的石器工业，剥坯概念的石核、石片等技术产品数量较少，但在工具毛坯中存在部分典型石片、似石片毛坯和片状毛坯，可能也应用了剥坯概念。从石制品技术的历时性观察，玉米洞遗址的石制品生产体系和技术模式自始至终都基本保持一致。玉米洞遗址的工具表现出一种高效便捷的制作策略，主要包含毛坯精选、预制修型、修刃三个阶段。

从石制品生产体系的整体性来看，玉米洞遗址大致有 4 类操作程式被应用。第一类以操作程式 B 为代表，是脱离剥坯与修型基本概念的操作程式，数量较少，主要表现为少量工具周身均为节理面或风化石皮，仅薄锐边缘有刃口修理。第二类以操作程式 F 为代表，是纯剥坯的操作程式，数量很少，主要表现为个别工具是典型的石片毛坯，石片边缘加工出刃口。第三类是纯修型的操作程式，主要以操作程式 D 为代表，数量最多，主要表现为大量工具在原料形态基础上修型制造出斜面，然后再在斜面上修理出各种刃口。第四类是剥坯与修型混合的操作程式，主要以操作程式 H 为代表，如果将剥坯概念只局限于典型石片毛坯，这种操作程式的工具数量极少，但将剥坯概念扩展到似石片毛坯和可能有剥坯的片状毛坯，那这类操作程式的工具数量会明显增加。

从母型的生产和工具的修型来看，修型概念的工具按照刃部的预制构型理念和形态特征可分为三类：A 类是锛刃状斜面延伸型工具，可进一步细分为 A1 单斜面和 A2 双斜面或多斜面；B 类是斧刃状斜面延伸型工具，可以细分为具有双斧刃状二面结构的 B1 型，以及由一个钝背和相对的刃口组成，类似大型石刀形制的 B2 型；C 类是汇聚刃型。可细分为 C1 和 C2 两型，C1 主要是长修理边汇聚形成尖刃，C2 主要是短修理边汇聚成尖。三类工具中 A 类是主流构型，C 类次之，B 类较少。

从工具的预设功能和使用方式看，玉米洞遗址的工具刃口有较多双刃和复刃类型，一器两用或多用现象较为普遍。不同的刃缘轮廓和形态也可以较清楚地指示工具的功能和使用方式，工具刃缘可以粗略地分为直刃、凸刃和凹刃三种，其中凸刃数量最多，直刃次之，凹刃较少。在此基础上，工具的刃缘特征还可以细分为直线状、锯齿状、汇聚状、鸟喙状、交互曲折状、吻突状、凹缺状等 7 种不同的刃缘特征，这种更细致的刃缘特征是工具制作者为了满足特定的需求而特意设计和打制的，来应对不同的功效需要和使用方式。

### 三、技术传统归属及其技术体系中的位置

长期以来传统的观念根深蒂固，这种观念一直笼统刻板地认为，在广大的中国南方地区，属于模式 1 的砾石石器工业技术从更新世一直延续至全新世，文化面貌和技术传统的继承性和稳定性凸显，而石制品技术演变的区域性和多样性则少有人进行梳理和研究。近年来，新的发现和研究使得学界对南方地区石器技术区域多样性的认识逐渐增强，也对克拉克技术模式在中国材料中的应用提出反思。玉米洞遗址的发现将会对中国南方地区的石器技术模式提出一个新的问题，即玉米洞遗址展示出与众不同的组合面貌和独特的技术特征，是有别于 5 个技术模式之外的独特存在，还是某个技术模式体系下

的区域变体？此外，玉米洞遗址特殊的原料性质和形态可能决定了剥片技术的应用，而特殊的工具毛坯又会影响工具制作的构型设计和加工策略，那么在这种情境下，原料决定了剥片技术和工具加工技术，玉米洞遗址的石器工业可以扩展到三峡地区旧石器技术起源问题的探讨，使得在中—晚期更新世的区域环境背景下，关于原料决定论的技术演化讨论成为可能。

从生态行为学视角看，玉米洞的石器技术模式具有区域性和独特性，可能代表的是三峡地区一种本土起源的独特的石器技术模式，有别于目前所见的常规技术模式，即使不同的技术文化在有限资源条件和相同需求下也只能适应趋同，是古人类适应区域特殊环境的成功范例。而从演化考古学视角来看，玉米洞遗址反映的是区域本土人群的交流融合，玉米洞的技术和文化源头应追溯至三峡地区乃至中国南方的砾石石器工业，是南方砾石石器工业体系下的区域文化变体，其石器技术传统及模式与三峡地区一致，仍属于宽泛的技术模式 1 的范畴。

不论哪种视角，原料都是玉米洞遗址特殊的石器工业的关键性成因。砾石石器工业也正是因为大江大河丰富的砾石资源条件而产生适用于磨圆砾石的剥片技术和工具制作策略，但不同河流甚至同一河流不同区域的砾石岩性形态构成有明显差别，砾石石器工业应被划分为更细致的区域多样化模式。影响石器技术成型和变化的因素可分为两个方面，即以技术选择与创新思维、技术差异与文化传统等主观因素和以原料、功能类型及被动的行为活动等客观因素。物质决定意识，环境资源等先天条件及其衍生的需求决定了技术的选择和创新思维的发挥，即巧妇难为无米之炊。虽然原料不是解释玉米洞遗址石器工业成因的唯一原因，但原料是该遗址石器工业特殊性的决定性因素。因此，玉米洞遗址的石器工业和技术模式应是喀斯特地貌区的一个代表，是石制品对环境或原料决定论的一种技术上与人类学上的响应。

## 第三节　玉米洞遗址的地位和学术意义

### 一、对石灰岩石器的审视与反思

传统观念认为石灰岩原料的特性决定了它并不适宜制作工具，在石料硬度上具有很大的局限性，因而对石灰岩材质的石制品持一种怀疑态度。相关研究表明，石灰岩是一类岩石的统称，其在质量、分布、形态、成分等方面存在较大差异，可以细分出很多种类，而且很多遗址都有一定比例的石灰岩工具出土。因此，并非所有石灰岩都不适宜制作工具，有些石灰岩是能够胜任工具制作和使用任务的。尽管如此，绝大部分的石器都是由石灰岩制作，还是会引来质疑，或者至少会让人觉得不可思议并引发疑虑。玉米洞遗址通过大量的石灰岩工具以及共出的骨角牙器、动物化石等无可辩驳地证明了石灰岩石器的人工性质，石灰岩甚至可以作为石制品绝对主流的原料。但是，玉米洞遗址石灰岩原料开发利用的动机和原因仍是谜团。我们通过对遗址出土大量石制品原料毛坯、技术特征的考察，并结合石灰岩石器的埋藏实验、打制实验和使用功效模拟实验进一步论证和解释了石灰岩石器的适用性和局限性，探究了玉米洞遗址石灰岩原料开发利用的策略和动因。玉米洞遗址石灰岩石器的大量发现和研究，具有重要的学术价值和意义。首先是审视了石灰岩不宜制作石器的传统偏见，其次是为喀斯特地貌区石灰岩石器的辨识及自然和人工制品的区分提供了借鉴案例，最后也对我们研究在特定环境资源条件下开发利用原料的动机和原因这一课题具有启示意义。

## 二、玉米洞古人类生存适应能力和行为模式

文化是具有区域性的，不同的地区会有不同的人种和差异很大的文化（裴文中，1937），而文化差异反映出古人类不同的行为模式。遗址特殊的环境资源在石器工业、动物化石等方面有着诸多反映，记录了古人类多样的生存智慧，从生态学视角表现了玉米洞遗址环境资源、石器工业和人类行为三者之间的关系，形成特定的适应生存模式，为了解三峡地区环境与资源条件下古人类的区域性行为模式提供了重要资料。

玉米洞遗址文化内涵中表现出的古人类行为模式与高星先生提出的中国古人类综合行为模式极为相近，尤其是古人类在生物进化与行为演化上具有连续性、稳定性、务实简便性、灵活机动性、因地制宜性和与环境的和谐性特点在玉米洞遗址有着非常贴切的表现。玉米洞遗址从距今30万年~1万年的连续地层堆积和各层均存在文化遗物，表明古人类在这个遗址生存繁衍是连续的，没有出现明显的文化中断，有力地支持本地区古人类连续演化。通过石制品技术的分期研究，石制品组合面貌和加工技术一脉相承，表现出技术文化发展的连续性和稳定性，在行为方式上保持了很大程度的继承性和惯性，传承大于创新，没有明显的外来文化因素的入侵和替代。玉米洞遗址的居址选择、原料利用、动物资源消费都显示出因地制宜性和与环境的和谐性。玉米洞遗址处于山地与盆地过渡的地理位置，带有"天窗"的洞穴形态、良好的通风采光效果是玉米洞先民居址的绝佳选择；石灰岩原料的就地取材，利用石灰岩分布的广泛性和层状结构，因地制宜，借势而为加工石器。充分利用遗址周边的动植物资源，尤其是动物资源及其骨角牙材质的广谱和深度利用，实现环境资源与古人类生存适应的良性互动。玉米洞遗址在原料利用和毛坯选择上，充分利用接近目标形态的毛坯稍作修理或直接使用，利用捧碰法

将团块状石灰岩分裂破碎从而获取有效毛坯。这种剥坯技术和工具加工设计都体现出灵活、务实、高效的理念。另外，骨角牙材质甚至竹木材质广泛应用于工具制作，都是灵活与务实的表现。

玉米洞遗址反映出的古人类行为模式仍在中国古人类行为模式的范畴内，但也有适应小区域环境资源条件的微调。主要表现在对遗址丰富资源的依赖性，对遗址长时间反复地占据，并未高频迁徙，在石器技术和文化上缺乏创新与进取。玉米洞古人类的特殊的生存适应能力与行为模式，是中—晚更新世期间成功适应三峡地区特殊的森林环境并与其实现良性互动的产物，进一步强化了中国远古文化本土特征和人类生存适应的独特方式。玉米洞古人类行为模式不仅是中国古人类综合行为模式的代表，也为不同区域环境背景下人类行为的多样化提供参考。

## 三、对现代人起源与演化的启示和意义

古人类学家和分子生物学家通过寻找古人类化石和古 DNA 证据的时空分布来追索早期现代人的起源与演化，旧石器考古学家也在努力寻找"行为现代性"的证据来推测早期现代人起源的时间地点和扩散路径，但不同视角的证据各有其适用性和局限性。目前，中国大量旧石器早、中、晚期遗址构建的框架序列表明中国古人类的文化特征具有连续性和稳定性，但不排除外来文化的交流融合。旧石器考古学家也努力寻找"行为现代性"的证据，如石叶技术、精致的石器、磨制骨器、复合工具、装饰品、艺术品、居址的复杂利用等。玉米洞遗址作为一处中—晚更新世的洞穴遗址，其时代跨度大、文化地层连续叠压、遗物丰富等客观条件为探讨现代人起源与演化及东西方文化差异提供了难得的素材。

玉米洞遗址距今 30 万年~1 万年连续的地层堆积和各层均有文化遗存，年代上涵盖了现代人起源与演化的全部时段，文化上表现了现代人演化的过程，这种遗址极为罕见，对这一命题的研究具有不可替代的价值和意义。

玉米洞遗址石制品技术的分期研究表明，古人类的石制品组合面貌具有区域特殊性，石器技术呈现区域性连续稳定发展趋势，从文化发展角度诠释了玉米洞古人类的起源与演化的本土性和连续性，没有明显的外来文化或人群入侵痕迹，为研究中国南方旧石器文化的发展演变轨迹以及本地区与西方文化是否存在交流渗透提供重要证据。

玉米洞遗址发现的似石叶石片、精致石器、局部磨制骨角器、投掷尖状器、用火遗迹、居址的复杂利用等诸多元素都是行为现代性的特征。那么这些符合西方学者的早期现代人群的文化指标，作为现代人迁徙扩展的证据出现在玉米洞遗址该如何解释？这种特征指标并不能直接对应人群，而且也应具有区域性，但这种文化指标所代表的人群之

间的连续演化、融合交流值得思考。玉米洞遗址良好的保存状况、丰富的文化遗存表明，该遗址蕴含着巨大的潜力，玉米洞的地层还未到底，主人尚未现身，文化特征和人群的对应还有待于进一步的发掘和研究，中国现代人起源与演化的故事会更精彩。

# 参考文献

安家瑷．华北地区旧石器时代的骨、角器 ［J］．人类学学报，2001，20（4）：319-330.

安家瑷．小孤山发现的骨鱼镖——兼论与新石器时代骨鱼镖的关系 ［J］．人类学学报，1991，10（1）：12-18.

冰酷．关于"曙石器"问题争鸣的现况 ［J］．历史教学，1962（08）：54-56.

布鲁斯，陈淳．石器剥片顺序：术语及讨论 ［J］．江汉考古，2012（4）：125-128.

蔡回阳．白岩脚洞的人化石和骨制品 ［A］．见：董为主编．第十三届中国古脊椎动物学学术年会论文集 ［C］．海洋出版社，2012：203-210.

曹兵武．考古类型学的内与外：中外对比与历史反思——"知识考古"专栏导读 ［J］．南方文物，2012（02）：39-42.

曹泽田．贵州水城硝灰洞旧石器文化遗址 ［J］．古脊椎动物与古人类，1978（01）：67-72+92-93.

曹泽田．猫猫洞的骨器和角器研究 ［J］．人类学学报，1982，1（1）：36-41.

陈淳．旧石器研究：原料，技术及其他 ［J］．人类学学报，1996，15（3）：268-275.

陈淳．谈旧石器打制实验 ［J］．人类学学报，1993，12（4）：398-403.

陈洪波．"遗址域分析"涵义再探 ［N］．中国文物报，2006-02-17（7）.

陈少坤．迷宫洞遗址 ［M］．中国文史出版社，2015.

陈胜前，叶灿阳．细石叶工艺起源研究的理论反思 ［J］．人类学学报，2019，38（04）：547-562.

陈胜前．史前人类的狩猎 ［J］．化石，2005（02）：12-15.

陈武，季寿元．矿物学导论 ［M］．地质出版社，1985.

重庆中国三峡博物馆．重庆市巫山县玉米洞旧石器时代遗址发掘简报 ［J］．考古，2018（1）：3-16.

崔启龙，张居中，杨晓勇，等．河南舞阳贾湖遗址石制品资源域研究以及意义［J］．第四纪研究，2017，37（3）：486-497.

崔哲懋，侯哲，高星．朝鲜半岛旧石器时代晚期的有柄尖刃器［J］．人类学学报，2017，36（04）：465-477.

D. 戈尔耶夫．史前时代技术的研究［J］．考古，1959（1）：55-58.

方启．吉林省东部地区黑曜岩石器微痕研究［D］．吉林大学博士学位论文，2009：1-256.

冯兴无．中国旧石器时代骨，角器研究的历史与现状［A］．见：董为主编．第九届中国古脊椎动物学学术年会论文集［C］．海洋出版社，2004：183-191.

高星，裴树文．三峡远古人类的足迹［M］．巴蜀书社，2010.

高星，裴树文．中国古人类石器技术与生存模式的考古学阐释［J］．第四纪研究，2006，26（4）：504-513.

高星，沈辰．石器微痕分析的考古学实验研究［M］．科学出版社，2008.

高星，卫奇，李国洪．冉家路口旧石器遗址 2005 发掘报告［J］．人类学学报，2008（01）：1-12.

高星．关于"中国旧石器时代中期"的探讨［J］．人类学学报，1999，18（1）：1-16.

高星．旧石器时代考古学［J］．化石，2002（04）：2-4，7.

高星．周口店第 15 地点石器原料开发方略与经济形态研究［J］．人类学学报，2001，20（3）：186-200.

高振中．三峡万古几沉浮：长江三峡地区沉积演化研究［M］．地质出版社，1999.

顾玉才．海城仙人洞遗址出土钻器的实验研究［J］．人类学学报，1995，14（3）：219-226.

关莹，高星．旧石器时代残留物分析：回顾与展望［J］．人类学学报，2009，28（4）：418-429.

何中源，张居中，杨晓勇，等．浙江嵊州小黄山遗址石制品资源域研究［J］．第四纪研究，2012，32（02）：282-293.

贺存定，吴雁．重庆市巫山县玉米洞旧石器时代遗址发掘简报［J］．考古，2018（01）：3-16+2.

贺存定．玉米洞遗址的石器工业与人类行为［D］．吉林大学博士学位论文，2016：1-278.

贺存定．重庆玉米洞遗址发现的骨角牙制品初步研究［J］．人类学学报，2019，38（1）：33-49.

贺存定．重庆玉米洞遗址石灰岩石器加工技术的打制实验研究［J］．边疆考古研究，2018（01）：351-361.

侯亚梅，李英华，黄万波，等．龙骨坡遗址第 7 水平层石制品新材料［J］．第四纪研究，2006，26（04）：555-561.

侯亚梅．石制品微磨痕分析的实验性研究［J］．人类学学报，1992，11（3）：202-215.

胡家瑞．山西侯马市南梁旧石器遗址中的骨器［J］．考古，1961（01）：20-21+55+63.

黄万波，徐自强，郑绍华．巫山迷宫洞旧石器时代洞穴遗址 1999 年试掘报告［J］．龙骨坡史前文化志，2000（2）：36-42.

黄万波，魏光飚，易军．远祖迷踪—巫山玉米洞发掘记［M］．科学出版社，2016.

黄慰文，侯亚梅，斯信强．盘县大洞的石器工业［J］．人类学学报，1997（03）：2-23.

黄慰文，侯亚梅，斯信强主编．盘县大洞：贵州旧石器初期遗址综合研究［M］．科学出版社，2012.

黄蕴平．小孤山骨针的制作和使用研究［J］．考古，1993（3）：260-268

黄蕴平．沂源上崖洞石制品的研究［J］．人类学学报，1994，13（1）：1-11.

贾兰坡，盖培，尤玉柱．山西峙峪旧石器时代遗址发掘报告［J］．考古学报，1972（1）：39-58.

贾兰坡，王建．西侯度—山西更新世早期古文化遗存［M］．文物出版社，1978.

捷夫．关于"曙石器"和中国猿人是否为最原始人类问题的讨论［J］．考古，1962（04）：216-217.

李超荣．人工制品与非人工制品的区别［A］．见：董为主编．第十届中国古脊椎动物学学术年会论文集［C］．海洋出版社，2006：203-216.

李锋，陈福友，王山，等著．甘肃省徐家城旧石器时代遗址 2009 年发掘与研究［M］．科学出版社，2020.

李锋，陈福友，汪英华，等．晚更新世晚期中国北方石叶技术所反映的技术扩散与人群迁移［J］．中国科学：地球科学，2016，46（07）：891-905.

李锋．"文化传播"与"生态适应"——水洞沟遗址第 2 地点考古学观察［D］．中国科学院博士论文，2012.

李锋．克拉克的"技术模式"与中国旧石器技术演化研究［J］．考古，2017（09）：73-81.

李果. 资源域分析与珠江口地区新石器时代生计［A］. 见：中国社会科学院考古研究所编. 华南及东南亚地区史前考古［C］. 文物出版社，2006.

李浩. 中国旧石器时代早-中期石器技术多样性研究的新进展［J］. 人类学学报，2018，37（04）：602-612.

李莉. 碰砧法和锤击法打片的实验研究［J］. 南方民族考古，1992（05）：180-197.

李天元，冯小波. 零台面石片与磨制石斧［J］. 农业考古，2000（01）：79-82.

李卫东. 燧石尖状器实验研究［J］. 考古学研究，1992：91-123.

李炎贤，文本亨. 观音洞：贵州黔西旧石器时代初期文化遗址［M］. 文物出版社，1986.

李英华，侯亚梅，Erika BODIN. 法国旧石器技术研究概述［J］. 人类学学报，2008，27（1）：51-65.

李英华，余西云，侯亚梅. 关于三峡地区石器工业中的锐棱砸击制品［A］. 见：董为主编. 第十届中国古脊椎动物学学术年会论文集［C］. 海洋出版社，2006.

李英华，包爱丽，侯亚梅. 石器研究的新视角：技术-功能分析法——以观音洞遗址为例［J］. 考古，2011（09）：58-70+113.

李英华，侯亚梅，Boëda E. 观音洞遗址古人类剥坯模式与认知特征［J］. 科学通报，2009，54（19）：2864-2870.

李英华. 贵州黔西观音洞遗址石器工业技术研究［D］. 中国科学院博士学位论文，2009.

李英华. 旧石器技术：理论与实践［M］. 社会科学文献出版社，2017.

李宗宪，张大辉. 我国旧石器时代晚期的有柄尖刃器功能和修复研究［J］. 韩国旧石器学报，2011（23）：103-120.

梁钊韬. 论"曙石器问题"争论的学术背景与中国猿人及其文化的性质问题［J］. 学术研究，1962（01）：60-73.

林圣龙. 楔劈技术，沟裂技术和雕刻器［J］. 人类学学报，1993，12（2）：182-193.

林圣龙. 中西方旧石器文化中的技术模式的比较［J］. 人类学学报，1996，15（1）：1-20.

刘扬，侯亚梅，杨泽蒙. 鄂尔多斯市乌兰木伦遗址石核剥片技术的阶段类型学研究［J］. 考古，2015（06）：68-79.

刘扬. 中国北方小石器技术的源流与演变初探［J］. 文物春秋，2014（02）：3-13.

刘扬. 鄂尔多斯乌兰木伦遗址石器工业［D］. 中国科学院博士学位论文，2013.

刘扬．鄂尔多斯乌兰水伦遗址发现的带铤石镞及其对现代人迁徙研究的启示［J］．鄂尔多斯文化遗产，2013：21-22.

吕遵谔，黄蕴平．大型肉食哺乳动物啃咬骨骼和敲骨取髓破碎骨片的特征［A］．见：北京大学考古学系编．纪念北京大学考古专业三十周年论文集［C］．文物出版社，1990：4-39.

吕遵谔．海城小孤山仙人洞鱼镖头的复制和使用研究［J］．考古学报，1995（1）：1-17.

马东东，裴树文．旧石器时代早期石器技术与人类认知能力关系研究的回顾与探讨［J］．第四纪研究，2017，37（4）：754-764.

毛永琴，曹泽田．贵州穿洞遗址1979年发现的磨制骨器的初步研究［J］．人类学学报，2012，31（4）：335-343.

裴树文，高星，冯兴无，等．三峡地区更新世人类适应生存方式［J］．第四纪研究，2006（04）：534-542.

裴树文，高星，许春华，等．湖北建始高坪洞穴调查及其试掘简报［J］．人类学学报，2010，29（04）：383-394.

裴树文．三峡地区晚更新世环境与石器工业［D］．中国科学院博士学位论文，2002.

裴文中，贾兰坡．丁村旧石器［A］．见：裴文中主编．山西襄汾县丁村旧石器时代遗址发掘报告［M］．中国科学院古脊椎动物与古人类研究所甲种专刊，1958（2）：97-111.

裴文中．洞穴的知识［J］．文物春秋，2004（3）：1-4.

裴文中．关于中国猿人骨器问题的说明和意见［J］．考古学报，1960（2）：1-9.

裴文中．裴文中史前考古学论文集［M］．文物出版社，1987.

裴文中．中国第四纪哺乳动物群的地理分布［J］．古脊椎动物学报，1957（1）：9-24.

钱益汇，方辉，于海广，等．大辛庄商代石器原料来源和开发战略分析［J］．第四纪研究，2006（04）：612-620.

乔治·奥德尔．破译史前人类的技术与行为：石制品分析［M］．三联书店，2015.

秦岭，傅稻镰，张海．早期农业聚落的野生食物资源域研究——以长江下游和中原地区为例［J］．第四纪研究，2010，30（02）：245-261.

曲彤丽，Nicholas JCONARD．德国旧石器时代晚期骨角器研究及启示［J］．人类学学报，2013，32（02）：169-181.

阮齐军，刘建辉，胡越，等．云南鹤庆天华洞旧石器遗址石制品研究［J］．人类学学报，2019，38（2）：166-181.

沈辰，陈淳．微痕研究（低倍法）的探索与实践——兼谈小长梁遗址石制品的微痕观察［J］．考古，2001（7）：62-73.

沈辰．石器微痕分析的考古学实验：理论，方法与运用．石器微痕分析的考古学实验研究［M］．科学出版社，2008.

沈冠军，金林红．北京猿人遗址年代上限再研究［J］．人类学学报，1991（4）：273-277.

斯信强，刘军，张汉刚，等．盘县大洞发掘简报［J］．人类学学报，1993（02）：113-119+195-196.

四川省巫山县志编纂委员会．巫山县志［M］．四川人民出版社，1991：43-45.

苏秉琦，殷玮璋．关于考古学文化的区系类型问题［J］．文物，1981（05）：10-17.

童恩正．石器的微痕研究［J］．史前研究，1983（2）：151-158.

王青．西方环境考古研究的遗址域分析［N］．中国文物报，2005-06-17（7）.

王尚尊，郭志慧，张丽黛．河北泥河湾早更新世骨制品的初步观察［J］．人类学学报，1988，7（4）：302-305.

王社江．小空山遗址大型石器的实验研究［J］．史前研究，1990：245-259.

王小庆．石器使用痕迹显微观察的研究［A］．见：21世纪中国考古学与世界考古学：纪念中国社会科学院考古研究所成立50周年大会暨21世纪中国考古学与世界考古学国际学术研讨会论文集［C］．中国社会科学出版社，2002：552-568.

王益人．贾兰坡与华北两大旧石器传统［J］．人类学学报，2002，21（3）：171-177.

王益人．碰砧石片及其实验研究之评述［A］．见：邓聪，陈星灿编．桃李成蹊集［C］，香港中文大学中国考古艺术研究中心，2004.

王幼平．雕刻器实验研究［J］．考古学研究，1992：65-90.

王幼平．更新世环境与中国南方旧石器文化发展［M］．北京大学出版社，1997.

王幼平．关于中国旧石器的工艺类型［J］．人类学学报，2004，23（增刊）：108-117.

王幼平．石器研究——旧石器时代考古方法初探［M］．北京大学出版社，2006.

王幼平．试论石器原料对华北旧石器工业的影响［A］．见：北京大学考古系编．"迎接二十一世纪的中国考古学"国际学术讨论会论文集［C］．北京大学出版社，1998：75-85.

王幼平.中国早期原始文化的相对独立性及成因［A］见：北京大学传统文化研究中心编.国学研究［C］，北京大学出版社，1995.

王志浩，侯亚梅，杨泽蒙，等.内蒙古鄂尔多斯市乌兰木伦旧石器时代中期遗址［J］.考古，2012（7）：3-13.

卫奇，裴树文.石片研究［J］.人类学学报，2013，32（4）：454-469.

卫奇.三峡地区的旧石器［A］.见：吕遵谔主编.中国考古学研究的世纪回顾（旧石器时代考古卷）［C］.科学出版社，2004：340-369.

卫奇.中国早更新世旧石器［J］.文物春秋，2000（02）：1-14.

夏竞峰.燧石刮削器的微痕观察［J］.中国国家博物馆馆刊，1995（1）：22-42.

谢光茂，林强.广西锐棱砸击石片及相关问题探讨［J］.考古与文物，2017（01）：52-61.

谢光茂.原料对旧石器加工业的影响［J］.广西民族研究，2001，（2）：99-102.

杨石霞，侯亚梅，JacquesPELEGRIN.模拟打制实验及其在丁村角页岩石器研究中的应用［J］.人类学学报，2015，34（4）：492-502.

仪明洁，高星，Robert BETTINGER.狩猎采集觅食模式及其在旧石器时代考古学中的应用［J］.人类学学报，2013，32（02）：156-168.

张俊山.峙峪遗址碎骨的研究［J］.人类学学报，1991，10（4）：333-345.

张森水.管窥新中国旧石器考古学的重大发展［J］.人类学学报，1999，（03）：193-214.

张森水.近20年来中国旧石器考古学的进展与思考［J］.人类学学报，2002，22（1）：11-19.

张森水.述评《石器使用的试验鉴定——微磨损分析》一书［J］.人类学学报，1986，5（4）：392-395.

张森水.中国旧石器文化［M］.天津科学技术出版社，1987.

张晓凌.石器功能与人类适应行为：虎头梁遗址石制品微痕分析［D］.中国科学院博士学位论文，2009.

赵海龙，徐廷，马东东，等.吉林和龙大洞遗址黑曜岩雕刻器的制作技术与功能［J］.人类学学报，2016，35（4）：537-548.

赵静芳，宋艳华，陈虹，等.石器捆绑实验与微痕分析报告［C］.见：高星，沈辰主编：《石器微痕分析的考古学实验研究》［M］，科学出版社，2008：145-176.

周明镇.华南第三纪和第四纪初期哺乳动物群的性质和对比［J］.科学通报，1957，13：394-400.

周振宇，郇勇，刘薇，等. 石料力学性能分析在旧石器考古学研究中的应用［J］. 人类学学报，2016，35（3）：407-417.

Aigner J S. Important archaeological remains from North China［J］. Early Paleolithic in South and East Asia，1978：163-232.

Andrefsky W. Raw-material availability and the organization of technology［J］. American Antiquity，1994，59（1）：21-34.

Bailey G N，Davidson I. Site exploitation territories and topography：Two case studies from palaeolithic spain［J］. Journal of Archaeological Science，1983，10（2）：87-115.

Behrensmeyer A K. Taphonomic and Ecologic Information from Bone Weathering［J］. Paleobiology，1978，4（2）：150-162.

Binford L R. Organization and formation processes：Looking at curated technologies［J］. Journal of anthropological research，1979，35（3）：255-273.

Binford L R. Where Do Research Problems Come From？ ［J］. American Antiquity，2001，66（4）：669-678.

Binford L R. Willow smoke and dog's tails：Hunter-gatherer settlement systems and archaeological site formation［J］. American Antiquity，1980，45：2-20.

Bird D W，O'Connell J F. Behavioral ecology and archaeology［J］. Journal of Archaeological Research，2006，14（2）：143-188.

Boëda E，Geneste J M，Meignen L. Identification de chaînes opératoires lithiques du Paléolithique ancien et moyen［J］. Paléo，Revue d'archéologie préhistorique，1990，2（1）：43-80.

Boëda E，Hou Y M. Analyse des artefacts lithiques du site de Longgupo［J］. L'Anthropologie，2011，115（1）：78-175.

Boëda E. Approche de la variabilité des systèmes de production lithique des industries du Paléolithique inférieur et moyen：chronique d'une variabilité attendue［J］. Techniques & Culture，17/18，janvier-décembre，1991：37-79.

Boëda E. Détermination des unités techno-fonctionnelles de pièces bifaciales provenant de la couche acheuléenne C'3 base du site de Barbas I ［A］. In：D. Cliquet（ed.），Lesindustries à outils bifaciaux du Paléolithique moyen d'Europe occidentale［C］. Actes de latable-ronde internationale organisée à Caen（Basse-Normandie，France），14-15 Octobre 1999，ERAUL，98，2001：51-75.

Boëda E. Levallois：a volumetric construction，methods，a technique［M］. The definition and interpretation of Levallois technology. Madison: Prehistory Press, 1995, 23: 41-65.

Boone J L, Smith E A. Is it evolution yet? A critique of evolutionary archaeology [J]. Current anthropology, 1998, 39 (S1): S141-S174.

Bourguignon. Le Moustérien de type Quina: nouvelle définition d'une entitétechnique [M]. Thèse de doctorat, Université de Paris X-Nanterre, 2 tomes, 1997.

Briuer F L. New clues to stone tool function: Plant and animal residues [J]. American Antiquity, 1976, 41 (4): 478-484.

Callahan E, Forsberg L, Knutsson K, et al. Frakturbilder kulturhistoriska kommentarer till det säregna söndergallet vid bearbetning av kvarts [J]. Tor. Tidskrift för Nordisk Fornkunskap Uppsala Universitet, 1992, 24: 27-63.

Colbert E H, Hooijer D A. Pleistocene mammals from the limestone fissures of Szechuan, China [J]. Bull Am Mus Nat Hist, 1953, 102: 1-134.

Crabtree D E. An introduction to flintworking. Part 1. An introduction to the technology of stone tools [M]. Occasional Papers of the Idaho State University Museum 29, Pacatello, I-daho, 1972.

Curwen E C. Agriculture and the Flint Sickle in Palestine [J]. Antiquity, 1935, 9 (33): 62-66.

Curwen E C. Prehistoric Flint Sickles [J]. Antiquity, 1930, 4 (14): 179-186.

D'Errico F, Backwell L. Assessing the function of early hominin bone tools [J]. Journal of Archaeological Science, 2009, 36 (8): 1764-1773.

Driscoll K. Vein quartz in lithic traditions: an analysis based on experimental archaeology [J]. Journal of Archaeological Science, 2011, 38 (3): 734-745.

Dunnell R C. Style and Function: A Fundamental Dichotomy [J]. American Antiquity, 1978, 43 (2): 192-202.

Dunnell R C, Stein J K. Theoretical issues in the interpretation of microartifacts [J]. Geoarchaeology, 1989, 4 (1): 31-41.

Fauvelle M, Smith M, Brown S H, et al. Asphaltum hafting and projectile point durability: an experimental comparison of three hafting methods [J]. Journal of Archaeological Science 2012, 39 (8): 2802-2809.

Flannery K V. The village and its catchment area: Introduction [M]. Flannery K V ed. Early Mesoamerican Society. New York: Cambridge University Press, 1976: 97-109.

Flenniken JJ, Haggarty JC. Trampling as an agency in the formation of edge damage: an experiment in lithic technology [J] . Northwest Anthropological Research Notes, 1977, 13 (2): 208-214.

Francois Bordes, Denise de Sonneville-Bordes. The significance of variability in Palaeolithic assemblages [J] . World Archaeology, 1970, 2 (1): 61-73.

GAO X. Explanations of typological variability in Paleolithic remains from Zhoukoudian locality 15, China [D] . The University of Arizona, 2000: 1-294.

Gifford-Gonzalez D P, Damrosch D B, Damrosch D R, et al. The third dimension in site structure: an experiment in trampling and vertical dispersal [J] . American Antiquity, 1985: 803-818.

Han F, Bahain J J, Boëda É, et al. Preliminary results of combined ESR/U-series dating of fossil teeth from Longgupo cave, China [J] . Quaternary Geochronology, 2012, 10: 436-442.

Han F, Bahain J J, Deng C, et al. The earliest evidence of hominid settlement in China: Combined electron spin resonance and uranium series (ESR/U-series) dating of mammalian fossil teeth from Longgupo cave [J] . Quaternary International, 2017, 434: 75-83.

Haslam M, Clarkom C, Robert R G, et al. A southern Indian Middle Palaeolithic occupation surface sealed by the 74 ka Toba eruption: Further evidence from Jwalapuram Locality 22 [J] . Quaternary International, 2011 (258): 148-164.

Haury C E. Defining lithic procurement terminology [A] . In: Tim Church ed. Lithic Resource Studies: A Sourcebook for Archeologists [C], Special Publication#3. Lithic Technology, 1994: 26-31.

Hawkes C. Archaeological theory and method: some suggestions from the Old World [J] . American Antiquity, 1954, 56: 155-168.

Holmes W H. Handbook of Aboriginal American Antiquities: Part I. Introductory. The Lithic Industries [M] . US Government Printing Office, 1919.

Hu Y, Marwick B, Zhang J F, et al. Late Middle Pleistocene Levallois stone-tool technology in southwest China [J] . Nature, 2018, 565 (7737) .

Huang W, Russel C, Gu Y, et al. Early Homo and associated artefacts from Asia [J] . Nature, 1995, 378 (6554): 275-278.

Inizan M L, Lechevallier M, Plumet P. A Technological Marker of the Penetration into North America: Pressure Microblade Debitage, its Origin in the Paleolithic of North Asia and its Diffusion［J］. Mrs Proceedings，1992，267：661-681.

Inizan M L，Reduron M，Roche H，et al. Technologie de la pierre taillée. Préhistoire de la pierre taillée［J］. Meudon：CREP，1995.

Inizan M L，Reduron-Ballinger M，Roche H. Technology and terminology of knapped stone：followed by a multilingual vocabulary arabic，english，french，german，greek，italian，portuguese，spanish［M］. Cercle de Recherches et d'Etudes Préhistoriques，1999.

IOVITA R. Shape Variation in Aterian Tanged Tools and the Origins of Projectile Technology：A Morphometric Perspective on Stone Tool Function［J］. Plops ONE，2011（12）：1-14.

Isaac G L. Foundation stones：Early artifacts as indicators of activities and abilities［A］. Bailey GN，Callow P. Stone Age Prehistory：Studies in Memory of Charles McBurney［C］. Cambridge：Cambridge University Press，1986：221-241.

Isaac G L. Squeezing blood from stones［A］In：Wright R V S ed. Stone Tools as Cultural Markers：Change，Evolution，and Complexity［C］. Canberra：Australian Institute of Aboriginal Studies，1977：5-12.

Jelinek A J. Form，Function，and Style in Lithic Analysis［C］. In C. E. Cleland（ed）Culture Change and Continuity：Essays in Honor of James Bennett Griffin［M］. New York，Academic Press，1976：19-34.

Jelinek A J. Lithic Technology Conference，Les Eyzies，France［J］. American Antiquity，1965，31（2）：277-279.

John J Shea. The origins of lithic projectile point technology：evidence from Africa，the Levant，and Europe［J］. Journal of Archaeological Science 2006（33）：823-846.

Johnson L L，Behm J A，Bordes F，et al. A history of flint-knapping experimentation，1838-1976［and Comments and Reply］［J］. Current Anthropology，1978：337-372.

Jones P. Experimental Butchery with Modern Stone Tools and its Relevance for Palaeolithic Archaeology［J］. World Archaeology，1980，12：153-175.

Kamminga，Johan. Over the Edge：Functional Analysis of Australian Stone Tools［M］. Occasional Papers in Anthropology No. 12，Anthropology Museum，University of Queensland，1982.

Keeley L H. Experimental Determination of Stone Tool Uses：A Microwear Analysis［M］. University of Chicago Press，Chicago，1980.

Knudson R. Inference and imposition in lithic analysis［J］. Lithic Use Wear Analysis，1979：269-281.

Kuhn S L. "Unpacking" reduction: Lithic raw material economy in the mousterian of west-central Italy [J]. Journal of Anthropological Archaeology, 1991, 10 (1): 76-106.

Kuhn S L. Blank form and reduction as determinants of Mousterian scraper morphology [J]. American Antiquity, 1992, 57 (1): 115-128.

Kuhn S L. Mousterian Lithic Technology: An Ecological Perspective [M]. Princeton: Princeton University Press, 1995.

Lepot, M. Approche tech nofonctionnelle de d'outil lage lithique moustérien: essai de classification des parties actives en termes d'efficacité technique, Application à lacouche M2e sagittale du Grand Abri de LAFERR ASSIE [D], Mémoire de maîtrise, Université de Paris X, 1993.

Leroi-Gourhan A. Evolution et Techniques Ⅰ: L'Homme et la Matière [M]. Paris: Albin Michel (réélité en 1971), 1943.

Loy T H. Prehistoric blood residues: detection on tool surfaces and identification of species of origin [J]. Science, 1983, 220: 1269-1271.

Lyman and O'Brien, The Goals of Evolutionary Archaeology: History and Explanation [J]. Current Anthropology, 1998, 39 (5): 616-652.

Matthew W D, Granger W. New fossil mammals from the Pliocene of Szechuan, China [J]. Bull Am Mus Nat Hist, 1923, 48: 563-598.

McBrearty S, Bishop L, Plummer T, et al. Tools underfoot: human trampling as an agent of lithic artifact edge modification [J]. American Antiquity, 1998: 108-129.

Nash DT. Distinguishing stone artifacts from naturefacts created by rockfall processes [J]. Formation processes in archaeological context, 1993, 17.

Neiman F D. Stylistic variation in evolutionary perspective: inferences from decorative diversity and interassemblage distance in Illinois Woodland ceramic assemblages [J]. American Antiquity, 1995, 60 (1): 7-36.

Nelson MC. The study of technological organization [J]. Archaeological method and theory, 1991, 3: 57-100.

Nonaka T, Bril B, Rein R. How do stone knappers predict and control the outcome of flaking? Implications for understanding early stone tool technology [J]. Journal of Human Evolution, 2010, 59 (2): 155-167.

Nowell A. Defining Behavioral Modernity in the Context of Neandertal and Anatomically Modern Human Populations [J]. Annual Review of Anthropology, 2010, 39 (1): 437-452.

O'Brien M J, Lyman R L, Leonard R D. Basic Incompatibilities between Evolutionary and Behavioral Archaeology [J]. American Antiquity, 1998, 63（3）：485-498.

Odell G H, Cowan F. Experiments with spears and arrows on animal targets [J]. Journal of Field Archaeology, 1986, 13（2）：195-212.

Odell G H. Lithic Analysis [M]. Springer US, 2004.

Odell G H. Stone Tool Research at the End of the Millennium：Classification, Function, and Behavior [J]. Journal of Archaeological Research, 2001, 9（1）：45-100.

Odell G H. The application of micro-wear analysis to the lithic component of an entire prehistoric settlement：methods, problems, and functional reconstructions [J]. PhD dissertation, Department of Anthropology, Harvard University, 1977.

Peacock, Evan. Distinguishing between Artifacts and Geofacts：A Test Case from Eastern England [J]. Journal of Field Archaeology, 1991, 18：345-361.

Pei S, Gao X, Wu X, et al. Middle to late pleistocene hominin occupation in the three gorges region, South China [J]. Quaternary International, 2013, 295：237-252.

Pelegrin J. Long blade technology in the Old World：an experimental approach and some archaeological results [J]. Skilled production and social reproduction, 2006, 2：37-68.

Pond A W. Primitive methods of working stone：based on experiments of Halvor L. Skavlem [M]. Logan Museum, Beloit College, 1930.

Pryor JH. The effects of human trample damage on lithics：a consideration of crucial variables [J]. Lithic Technology, 1988：45-50.

Qingfeng Shao, Anne Philippe, Cunding He, et al. Applying a Bayesian approach for refining the chronostratigraphy of the Yumidong site in the Three Gorges region, central China [J]. Quaternary Geochronology, on line, 2022.

Richter D, Moser J, Nami M, et al. New chronometric data from Ifrin Ammar（Morocco）and the chronostratigraphy of the Middle Paleolithic in the western Maghreb [J]. Journal of Human Evolution 2010, 59（6）：672-679.

Roux V, Bril B, Dietrich G. Skills and learning difficulties involved in stone knapping：The case of stone - bead knapping in Khambhat, India [J]. World Archaeology, 1995, 27（1）：63-87.

Schick KD, Toth N P. Making silent stones speak：human evolution and the dawn of technology [J]. New York：Simon & Schuster, 1993：1-351.

Schick KD, Toth N. Making Silent Stones Speak：Human Evolution and the Dawn of

Technology [M]. New York: Simon and Schuster, 2003.

Schick KD. The Movius line reconsidered: Perspectives on the earlier Paleolithic of Eastern Asia [A]. In: Corruccini R S, Ciochon R L eds. Integrative Paths to the Past [C]. New Jersey: Prentice Hall, 1994: 569-596.

Semenov S A. Prehistoric technology: An Experimental Study of The Oldest Tools and Artifacts from Traces of Manufacture and Wear [M]. London: Cory, Adams&Mackay, 1964.

Semenov S A. Prehistoric technology: An Experimental Study of The Oldest Tools and Artifacts from Traces of Manufacture and Wear [M]. London: Cory, Adams&Mackay, 1964.

Seong C T. Tanged points, micro blades and Late Paleolithic hunting in Korea [J]. Antiquity, 2008 (82): 872-883.

Shafer H J, Holloway R G. Organic residue analysis in determining stone tool function [M]. Lithic usewear analysis. 1979.

Shea J J, Davis Z J. Quantifying lithic curation: An experimental test of Dibble and Pelcin's original flake-tool mass predictor [J]. Journal of Archaeological Science, 1998, 25 (7): 603-610.

Shennan S J. Evolution in archaeology [J]. Annual Review of Anthropology, 2008, 37: 75-91.

Smith E A. Three styles in the evolutionary study of human behavior [A]. In Cronk L, Irons W, Chagnon N. (eds.), Human Behavior and Adaptation: An Anthropological Perspective [C], New York: Aldine de Gruyter, Hawthorne, 2000: 27-46.

Soriano S. Outillage bifacial et outillage sur éclat au Paléolithique ancien et moyen: Coexistence et interaction [J]. Thèse de l' Université de Paris X-Nanterre. 2000.

Stout D, Bril B, Roux V, et al. Skill and cognition in stone tool production: An ethnographic case study from Irian Jaya 1 [J]. Current anthropology, 2002, 43 (5): 693-722.

Svoboda J. Middle Pleistocene adaptations in central Europe [J]. Journal of world Prehistory, 1989 (1): 33-69.

Toth N. The artifact assemblages in the light of experimental studies [A]. In: Isaac, G. and Isaac, B., (eds.), Koobi For a Research Project, Volume 5: Plio-Pleistocene Archaeology [M]. Oxford: Oxford University Press, 1997: 363-401.

Trigger B G. A History of Archaeological Thought: Pragmatic Synthesis [M]. Cambridge University Press, 2006.

Warnier J P. Construire la Culture Matérielle, L'homme q ui p ensait avec ses doi g ts

［M］, Paris：PUF , coll Sciences sociales et sociétés, 1999.

Wei G, Huang W, Boëda E, et al. Recent discovery of a unique Paleolithic industry from the Yumidong Cave site in the Three Gorges region of Yangtze River, southwest China ［J］. Quaternary International. 2014, 434：107-120.

Whittaker J C. Flintknapping：Making and understanding stone tools ［M］. University of Texas Press, Austin, 1994.

Winterhalder B, Smith E A. Analyzing adaptive strategies：Human behavioral ecology at twenty-five ［J］. Evolutionary Anthropology, 2000, 9（2）：51-72.

Wobst H M. The Archaeo-Ethnology of Hunter-Gatherers or the Tyranny of the Ethnographic Record in Archaeology ［J］. American Antiquity, 1978, 43（2）：303-309.

Yerkes R W, Kardulias P N. Recent developments in the analysis of lithic artifacts ［J］. Journal of Archaeological Research, 1993, 1（2）：89-119.

Zhang S, D'Errico F, Backwell LR, et al. Ma'anshan cave and the origin of bone tool technology in China ［J］. Journal of Archaeological Science, 2016, 65：57-69.

# 后　记

　　本书是在博士论文和国家社科基金项目的基础上修改完善而成，是我专业学习和科研成果的阶段性展示，也算是我在重庆生活工作十年的经历总结。书稿完成后，感觉如释重负，有一点窃喜和无奈，又感觉诚惶诚恐，有一丝自责和不安。

　　在重庆中国三峡博物馆工作期间，我先后主持或参与了龙骨坡、玉龙公园、马家湾洞、玉米洞等多个遗址的发掘和研究工作，其中玉米洞遗址付诸心血最多。玉米洞遗址也是对我影响最深远的一个遗址。该遗址的材料非常丰富而且特殊，它不仅让我完成了博士论文和国家社科基金项目，也使我的科研能力和水平有了大幅提升，取得了一些阶段性的前期成果，这是一种幸福和幸运，内心难掩欣喜！至今仍感激这个遗址的材料，感谢重庆中国三峡博物馆的平台，感念那些让我顺利完成论文和项目的人！

　　在重庆工作之初，我就意识到重庆的旧石器遗址发掘简报很少，发掘报告几乎缺失。在负责发掘玉米洞遗址时，心里其实一直有个声音提醒我，将来一定要出版发掘报告。我是这么想的也是这么做的，不仅积极创造条件进行资料整理工作，也在为发掘报告的撰写做准备。然而，越是想做的事情可能越是做不成，由于重庆中国三峡博物馆机构的调整和人员的变动，玉米洞遗址的资料整理工作受到严重影响，勉强将发掘简报完成并发表，发掘报告只能暂时搁置。这个时候，既感辛酸又觉无奈，但也深刻认识到"既要埋头拉车，也要抬头看路"的重要性。

　　工作调入西北大学，诸多师友的鼓励和出版报告的执念让我又重拾信心，想把之前的"欠账"还清。虽然博士论文和社科基金成果为本书做了很好的铺垫，但当书稿真的要出版之时，内心还是充满惶恐和忐忑。一方面玉米洞遗址还有很多学术问题尚未解决，相关认知还需进一步深化和研究，觉得自己投入不足，书稿不够成熟。另一方面自身能力水平有限，先前的执念和设想由于种种原因未能全部如愿，自觉有些愧对玉米洞遗址。不过，想到要让更多的人准确了解玉米洞遗址，我责无旁贷，心中又充满了动力和干劲。

　　在西北大学工作后，更加认识到材料对于旧石器考古研究者的重要性，但又不能局限于材料的报道，还需要深入地研究。这种认识上的转变也使我重新审视本书的定位。起初是想作为考古发掘报告来出版，尽量系统全面地报道玉米洞遗址的材料，弱化研究性和个人观点。然而，社科基金成果要求为专著，我也对该遗址做了不少的工作，又希望将自己的研究成果和观点全面展示出来，因而就形成了"考古报告"＋"专题研究"这样有点不伦不类的专著，内心多少有点忐忑，希望不会贻笑大方。

无论如何，本书出版在即，虽然这是我第一本独著的专著，但实际上书稿的完成仍然包含了很多人的帮助和贡献。首先，特别感谢高星研究员和陈全家教授，两位老师是我的博士生导师，从玉米洞的选题到实地考察再到论文的写作修改都倾注了大量心血，本书的出版离不开他们的指导和帮助；其次，感谢重庆中国三峡博物馆程武彦、魏光飚等领导和吴雁、刘光彩等同事的支持与帮助，本书的出版也有他们的功劳；再次，感谢"西北大学考古学系列研究"出版计划的资助和彭胜蓝、贺欣熠、陈雨倩、陈彦伊同学帮忙整理部分图版和器物描述；最后，感谢所有对玉米洞遗址研究提供过帮助和指点的领导和专家，感谢所有曾经关照我学术成长的师长和朋友，我会继续努力，不负大家的期望！

贺存定

2024 年 9 月 9 日